Sous la direction de
Nicolas Henckes, Myriam Winance
Alis Sopadzhiyan, Cyril Desjeux
Louis Bertrand et Noémie Rapegno

Interroger le médico-social

Regards des sciences sociales

DUNOD

Cet ouvrage est issu des travaux du réseau de recherche « Organisations et pratiques du médico-social » financé par l'IRESP et la CNSA dans le cadre de l'appel à projets « Les établissements et services médico-sociaux pour personnes âgées en perte d'autonomie et personnes handicapées » (2018).

11 rue Paul Bert, 92240 Malakoff
www.dunod.com

ISBN 9978-2-10-086632-8

Table des matières

SIXIÈME PARTIE

L'APPROCHE PAR LES DROITS : QUELLE RÉCEPTION DANS LE MÉDICO-SOCIAL ?

Les auteurs et autrices

Pierre-Yves BAUDOT est professeur de sociologie à l'université Paris-Dauphine. Il travaille sur les politiques du handicap entendues comme espaces de production de décisions politiques et de confrontation des intérêts, comme espace de production d'affiliations politiques (notamment par le vote des personnes handicapées) ou comme modalités d'organisation des trajectoires individuelles (par l'analyse des conditions de logement des personnes handicapées).

Aude BÉLIARD est sociologue, maîtresse de conférences à l'université Paris-Cité et membre du CERMES3 (Centre de recherche médecine, sciences, santé, santé mentale et société). Ses travaux portent sur les pratiques de soin et d'accompagnement, les trajectoires individuelles et familiales des personnes accompagnées, les interactions familles/professionnels, dans le domaine de la santé mentale, du handicap et de la dépendance.

Louis BERTRAND travaille sur l'insertion par le logement en thèse, puis sur le handicap lors de recherches postdoctorales. Deux problématiques traversent ces différentes recherches : celle des catégorisations pratiquées dans des politiques censées être individualisées ; celle des rapports entre institutions et usagers dans la pratique.

Pierre BOUTTIER est mandataire judiciaire à la Protection des majeurs (MJPM) depuis 2001. Il participe à la refonte et la professionnalisation du secteur tutélaire depuis 2007, notamment comme Président de l'ANDP entre 2008 et 2018.

Aujourd'hui enseignant à mi-temps auprès des professionnels MJPM (formation initiale et continue) et en Master, il participe également à des recherches et des colloques autour des questions des vulnérabilités, capacités et exercice des droits.

Arnaud CAMPÉON est sociologue à l'École des hautes études en santé publique, chercheur rattaché au laboratoire Arènes (UMR 6051). Ses travaux s'intéressent aux politiques sociales et de santé, et notamment aux situations de vulnérabilité (perte d'autonomie, isolement, etc.) durant la vieillesse ainsi qu'à la mobilisation des professionnels et des proches aidants.

Anne-Lyse CHABERT est chargée de recherches CNRS en philosophie au laboratoire IHRIM de Lyon (ENS) depuis 2021. Sa position de personne en situation de handicap au niveau moteur associée à ses compétences de chercheuse au CNRS lui ont permis d'écrire un certain nombre de textes sur le handicap en général, dont certains reprennent son expérience de vie particulière. C'est le cas de son second ouvrage publié en 2021 chez Albin Michel, *Vivre son destin, vivre sa pensée*, qui fait la part belle à cet universel qu'elle retrouve au travers de sa situation de vie.

Bao Hao DANG a baigné dans le monde associatif, médical et social dès ses premières expériences professionnelles. Elle travaille depuis 2005 au sein de l'association Arc-en-Ciel, basée à Saint-Denis (93230). Exerçant dans un dispositif de coordination, elle a contribué à en créer quelques autres et a la faiblesse de penser que ces dispositifs restent des solutions pour fluidifier le système de santé.

Cyril DESJEUX est docteur en sociologie. Il est actuellement directeur scientifique de Handéo après avoir passé plusieurs années à l'Anesm (Agence nationale de la qualité des établissements et services sociaux et médico-sociaux). Il réalise des recherches actions participatives et émancipatoires sur les thèmes de la participation politique, de la qualité dans le médico-social et des aides humaines (PCH, autisme, handicap psychique, polyhandicap, lésions cérébrales acquises, jeunes aidants, etc.).

François-Xavier DEVETTER est chercheur au Clersé (université de Lille) et à l'IRES. Ses travaux portent sur le temps de travail et les emplois à bas salaire, tout particulièrement les agentes et agents d'entretien, les aides à domiciles et les assistantes maternelles agréées. Il a publié récemment *Aides à domiciles, un métier en souffrance : sortir de l'impasse* avec Annie Dussuet et Emmanuelle Puissant aux éditions de l'Atelier.

Annie Dussuet est enseignante-chercheuse émérite en sociologie au Centre nantais de sociologie (CENS – UMR 6025) à Nantes Université. Ses travaux portent sur le travail dans les emplois ultra-féminisés des services, en particulier dans les associations. Elle a notamment assuré la direction scientifique du programme ANR Profam (2018-2022) sur les transformations du travail à domicile auprès des personnes âgées en perte de capacités.

Benoît Eyraud est enseignant-chercheur en sociologie à l'université de Lyon. Il travaille sur les questions de protection et d'autonomie dans une perspective de sociologie affirmative des droits humains. Il a participé à la création de la démarche de recherche citoyenne Capdroits qui anime une communauté mixte de recherche sur les enjeux de droits humains, de capacités et de participation : https://confcap-capdroits.org/.

Ève Gardien est maîtresse de conférences à l'université Rennes 2 et responsable scientifique du programme de recherche EXPAIRs (www.expairs.net). Elle dédie ses recherches depuis une dizaine d'années aux soutiens et aux accompagnements par les pairs. Dans ce cadre, elle a été amenée à conceptualiser le savoir expérientiel et ses modalités de production.

Olivier Giraud est spécialiste d'analyse comparée de l'action publique dans le domaine des politiques sociales (emploi, formation professionnelle, politiques de l'autonomie). Il a rejoint un laboratoire de sociologie, le Lise (UMR 3320), en 2012. Il a récemment co-édité (avec Gwenaëlle Perrier), l'ouvrage *Politiques sociales. L'état des savoirs*, Paris, La Découverte.

Nicolas Guilhot est docteur en histoire et maître de conférences en sciences de gestion à l'Institut de formation et de recherche sur les organisations sanitaires, médico-sociales et sociales et leurs réseaux (IFROSS – université Lyon 3). Il est responsable d'un Master destiné aux cadres de direction des secteurs médico-social et social. Ses travaux de recherche portent sur l'histoire des organisations de santé et les dispositifs de coordination interprofessionnelle dans le secteur médico-social.

Nicolas Henckes est chargé de recherche au CNRS. Ses travaux portent depuis une vingtaine d'années sur les transformations contemporaines de la psychiatrie et plus largement la réorganisation du social au cours des cinquante dernières années. Il a publié notamment *Maladies mentales et sociétés. 19e-21e siècle* (2022, avec Benoît Majerus).

Lara HERMANN est mère de deux enfants dont l'aîné, jeune adulte, est en situation de handicap complexe. Elle milite dans l'Association française du syndrome d'Angelman (Afsa) et intervient comme formatrice auprès d'établissements médico-sociaux.

Virginie HOAREAU est diplômée de l'École des hautes études en santé publique en 2006 où elle a suivi la filière des directeurs et directrices d'hôpital. Son parcours est marqué par un engagement depuis 20 ans pour le service public et en particulier pour le secteur médico-social en établissement, en fédération, au sein des services et opérateurs de l'État, en cabinet ministériel puis au sein de la Caisse nationale de solidarité pour l'autonomie.

Olivier HUET est titulaire d'un DEA de sociologie. Il a exercé l'essentiel de sa carrière dans le champ de la formation en travail social. Il a publié plusieurs ouvrages chez Dunod. Il est à présent directeur d'une fédération nationale dans le champ de l'éducation populaire

Guillaume JAUBERT est maître de conférences en sciences de gestion à l'Institut de formation et de recherche sur les organisations sanitaires, médico-sociales et sociales et leurs réseaux (IFROSS — université Lyon 3). Il est responsable du Master direction et pilotage stratégique destiné aux directeurs d'établissement des secteurs social et médico-social. Ses travaux portent sur la gouvernance des associations du secteur médico-social et sur la maltraitance des personnes adultes.

Blanche LE BIHAN est politiste à l'École des hautes études en santé publique et chercheur rattaché au laboratoire Arènes (UMR 6051). Ses travaux, menés dans une perspective nationale et comparative, portent sur les politiques sociales et de santé, et plus particulièrement sur les questions du *care*, des aidants et de l'autonomie.

Stéphane LENOIR défend, depuis près de vingt ans, les droits des personnes handicapées auprès des pouvoirs publics. Il a rempli la fonction de coordinateur au sein du réseau GIHP entre 2013 et 2020, puis au Collectif Handicaps jusqu'en septembre 2023. Il est actuellement directeur général adjoint à l'Uniopss.

Iris LOFFEIER est sociologue. Elle travaille sur le vieillissement comme objet de connaissance, notamment au sein d'établissements pour personnes âgées. La thèse qu'elle a soutenue a reçu le prix « Le Monde de la recherche universitaire » en 2014. Avant de rejoindre HESAV/HES-SO, à Lausanne (Suisse), en tant qu'adjointe scientifique à partir de 2016, elle a réalisé un postdoctorat à l'université du Luxembourg.

Claude Martin est sociologue, directeur de recherche émérite. Ses principaux domaines de recherche sont les politiques d'autonomie, en direction de l'enfance, de la famille et de l'avancée en âge. Il a enseigné à l'EHESP, au Cnam, à Science-Po Rennes et à l'université de Paris-Descartes.

Laura Nirello est enseignante chercheuse à l'IMT Nord Europe et membre du laboratoire Clerse. Ses travaux s'intéressent aux évolutions des politiques publiques dans le domaine de la prise en charge des personnes âgées et à leurs conséquences sur l'emploi notamment dans l'ESS.

Julien Paynot est directeur général de Handeo. Il est un acteur engagé dans le secteur de l'économie sociale et solidaire et plus particulièrement dans le secteur du handicap depuis plus de 20 ans. Il a commencé sa carrière en CMPP, puis au siège d'une association gestionnaire d'établissements et services sociaux et médico-sociaux sur des projets de développement associatif. Il a travaillé quelques années pour un syndicat employeur avant de rejoindre Handeo en 2011. Militant dans l'aide à domicile, il a présidé une association d'aide et de soin à domicile pendant quelques années et en assure aujourd'hui la vice-présidence.

Célia Poulet a soutenu à l'université d'Aix-Marseille en 2011 une thèse consacrée à l'apprentissage en franc-maçonnerie pour laquelle elle a obtenu le prix d'excellence du pôle universitaire Aix-Marseille. Elle a enseigné ensuite à l'ENS de Lyon ainsi qu'à la faculté de droit de Clermont-Ferrand. Elle a rejoint en 2018 le programme de recherche PPECPA à HESAV (Lausanne).

Emmanuelle Puissant est enseignante-chercheuse en économie au Creg (Université Grenoble Alpes). Ses travaux portent sur le travail et l'emploi dans les associations. Elle a récemment coordonné une recherche financée par l'IRES sur l'impact des outils technologiques sur les conditions de travail dans les activités médico-sociales.

Noémie Rapegno est géographe, enseignante-chercheuse à l'université de Rennes, École des hautes études en santé publique. Elle est membre du laboratoire Arènes (UMR 6051), et membre associée au laboratoire Espaces et Sociétés (UMR 6590). Elle travaille sur la construction des politiques médico-sociales et leurs traductions en termes de modes d'habiter et d'appropriation des espaces par les personnes en situation de handicap et de perte d'autonomie.

Alis SOPADZHIYAN est maîtresse de conférences en science politique à l'Université de Rennes, École des hautes études en santé publique, et membre du laboratoire Arènes (UMR 6051). Elle travaille sur les politiques d'autonomie en France et dans une perspective comparée et s'intéresse tout particulièrement aux enjeux de coordination des secteurs social, médico-social et de santé.

Sophia STAVROU est professeure adjointe de sociologie au département des sciences sociales et politiques de l'université de Chypre. Elle est titulaire d'un doctorat en sociologie d'Aix-Marseille Université (France). Ses travaux portent sur les politiques d'éducation et de formation, avec un intérêt particulier pour les discours internationaux et leur mise en œuvre dans différents contextes nationaux et locaux.

Livia VELPRY est sociologue, maîtresse de conférences à l'université de Paris 8-Saint-Denis et rattachée au CERMES3 (Centre de recherche médecine, sciences, santé, santé mentale et société). Ses travaux portent sur la transformation des pratiques de soin et d'accompagnement dans le domaine de la santé mentale et du handicap. https://liviavelpry.nonconformes.org/

Pierre VIDAL-NAQUET est sociologue au CERPE et associé au centre Max-Weber (Lyon). Ses travaux portent sur l'évolution des politiques sociales et médico-sociales. Il s'est notamment intéressé aux usages de la contrainte dans la relation d'aide et de soin. Parmi ses dernières publications : « À l'épreuve de l'influence. Le consentement dans la relation d'aide et de soin », *Pratiques en santé mentale*, vol. 4, 2021 ; (avec L. Velpry), « Dans l'ordinaire de l'aide et du soin : la prudence éthique », *Revue française d'éthique appliquée*, 2019.

Myriam WINANCE est chercheuse à l'INSERM. Elle est sociologue, rattachée au CERMES3. Elle développe une sociologie politique du handicap, articulant un axe sociohistorique sur l'évolution des conceptions du handicap et un axe ethnographique sur les expériences des personnes handicapées. Actuellement, elle s'intéresse à l'ordinaire des familles dont l'un des membres est polyhandicapé. Elle est également présidente du conseil scientifique de la CNSA (2023-2027).

Introduction

Le médico-social et les sciences sociales : origines et contours d'un questionnement

Nicolas Henckes, Myriam Winance, Alis Sopadzhiyan,
Cyril Desjeux, Louis Bertrand, Noémie Rapegno

Cet ouvrage propose des clés de lecture pour rendre compte des dynamiques et des tensions qui structurent aujourd'hui le secteur médico-social. Il voudrait rendre accessible à un large public le regard que portent les sciences sociales sur une série de questions fondamentales auxquelles font face ses acteurs. Ces questions portent notamment sur le sens de leurs pratiques, sur les objectifs que visent celles-ci et les contraintes auxquelles elles sont soumises, sur les façons dont ces pratiques sont discutées collectivement ou encore sur les moyens dont disposent les acteurs. Nous avons conçu, en cela, cet ouvrage comme un manuel à destination d'étudiants, mais aussi de professionnels, d'usagers et de chercheurs, qu'ils se destinent à des activités de recherche ou qu'ils désirent acquérir des éléments pour nourrir leurs pratiques.

Nous entendons cependant l'idée de manuel en un sens particulier. Cet ouvrage n'est pas une encyclopédie, un atlas ou un répertoire rassemblant dans un seul volume l'ensemble des informations dont pourrait avoir besoin, pour se repérer ou s'orienter, un usager ou un professionnel du médico-social. Il ne suffira pas pour guider son lecteur dans le maquis des réglementations, des acronymes et des référentiels qui composent aujourd'hui le médico-social. Il n'apportera qu'un éclairage limité sur les pratiques spécifiques développées dans les établissements et services médico-sociaux par les professionnels et sur l'expérience qu'en font leurs usagers. Il paraîtra insuffisant à celles et ceux qui y chercheraient des réponses précises aux nombreuses questions qui se posent dans le quotidien de leur travail, sur les façons de monter des projets de services, de répondre à des demandes spécifiques, ou encore sur les décisions complexes appelées par les situations de vie des personnes accompagnées. Il n'aidera pas plus les militants, usagers ou professionnels, à la recherche d'outils pour organiser un mouvement d'opinion et infléchir l'action publique.

Nous avons plutôt conçu cet ouvrage comme une introduction aux façons de penser et de problématiser ces questionnements avec les outils des sciences sociales. En ce sens, son titre, *Interroger le médico-social*, est à prendre au pied de la lettre. Nous aimerions que, le livre refermé, son lecteur ait acquis la capacité d'interroger le médico-social au-delà des thématiques qui y sont abordées. L'exercice auquel se sont prêtés les auteurs et autrices des différents chapitres est moins d'apporter des réponses définitives que de dégager une série de questionnements, d'en mettre en évidence à chaque fois les dimensions multiples, de rendre compte des analyses auxquelles ces questionnements ont donné lieu et d'indiquer quelles en sont les implications.

Nous voudrions surtout montrer que les différentes composantes du médico-social font face à un certain nombre de questionnements partagés. Le médico-social se caractérise en effet par son émiettement en une série de catégories revendiquant une spécificité et autour desquelles ont été créées des politiques publiques, des systèmes d'établissements et de services, des problématiques, les unes et les autres pensées comme singulières et distinctes. Cela vaut pour les organisations, les pratiques, les professionnels comme pour les personnes concernées et les chercheurs. Les uns et les autres se sentent, d'une façon ou d'une autre, spécialistes d'une catégorie, ou encore affectés par les problèmes ou les questionnements propres à une catégorie. Or il nous semble qu'au-delà des singularités de chacune de celles-ci, des questionnements communs traversent le médico-social. Ceux-ci portent notamment sur le sens des politiques publiques, sur les façons d'organiser des pratiques dont les ressorts sont pluriels, sur les questionnements moraux auxquels font face des professionnels au contact de leurs publics.

Nous faisons ainsi nôtre, mais en un sens très spécifique, cette antienne souvent répétée dans le secteur : « dépasser les cloisonnements ». Ces cloisonnements sont en effet pour nous non seulement ceux qui traversent le médico-social et qui mènent inévitablement à la question de sa définition, mais aussi ceux qui découlent de la distance entre le monde de la recherche et le monde professionnel du médico-social, ou encore entre les auteurs et autrices de ce manuel et ses lecteurs et lectrices. Avant de préciser les questionnements abordés dans cet ouvrage, la suite de cette introduction donne des éléments de définition sur ce que nous entendons par médico-social et sur les choix qui nous ont guidés dans la constitution de cet ouvrage.

QU'EST-CE QUE LE MÉDICO-SOCIAL ?

Qu'est-ce que le médico-social ? Pourquoi pensons-nous qu'il fait l'objet ou qu'il est le terrain de questionnements spécifiques susceptibles d'être éclairés par les sciences sociales ?

On serait en peine d'en trouver dans les publications officielles, professionnelles ou scientifiques, une définition (voir le chapitre 1). Pour les différents acteurs du secteur, professionnels, personnes concernées, chercheurs, le médico-social a quelque chose d'une évidence. « Cette situation relève d'une orientation médico-sociale », ou bien « ici on est dans le médico-social » disent souvent les uns et les autres pour qualifier des situations, pratiques ou postures professionnelles. Mais, si l'on creuse ces affirmations, il est difficile d'expliciter ce qu'elles veulent dire précisément et ce qui confère à ces situations, pratiques ou postures, leur caractère proprement médico-social. Celui-ci ne correspond ni à des organisations strictement déterminées, ni à des professions spécifiques, ni à des catégories de personnes, ni même à des règlements juridiques très précis. Si certains services ou établissements paraissent clairement identifiés comme relevant du médico-social, il est souvent difficile de donner les critères qui justifient cette identification et d'indiquer ce qui les distingue de structures qui seraient seulement sociales ou seulement médicales.

Nous éviterons donc de donner une définition substantielle du médico-social. Celui-ci qualifie plutôt pour nous une série d'espaces ouverts dans l'État social, au sein desquels un double regard est porté sur les problèmes qu'il s'agit de résoudre : à la fois médical et social. La métaphore spatiale, dans cette définition, doit être prise dans un sens littéral. Le médico-social caractérise en effet d'abord un ensemble de sites, des établissements, des administrations, des guichets, des services, des consultations ou encore, dans certaines conditions, des domiciles personnels voire des portions de l'espace public. Ces sites sont le lieu de pratiques diverses, professionnelles ou non, mises en œuvre par des acteurs aux statuts eux aussi divers, qui mobilisent pour cela des savoirs, des catégories juridiques ou des techniques tout aussi diverses. C'est bien la façon dont ces différents éléments mêlent des dimensions médicales et sociales qui les caractérisent comme relevant du médico-social.

Une série de catégories de populations incarnent de façon idéale ce double regard : le handicap, le grand âge, la maladie mentale. Mais ces catégories ne définissent pas en elles-mêmes le médico-social : la réponse au handicap ou au grand âge peut aussi mobiliser des perspectives exclusivement sociale ou médicale, ou qui échappent à ces différentes caractérisations. *A contrario* l'approche médico-sociale est susceptible de s'étendre à une série de problèmes qui peuvent sembler plus exogènes, comme l'incapacité civile, les addictions ou encore la grande précarité. Ses contours sont sujets à des discussions, des négociations et des conflits qui lui donnent son aspect très plastique. Les discussions sur l'inclusion ou non d'un « handicap social » dans la définition du handicap, les conflits autour de l'assimilation de la maladie mentale à un handicap, ou encore les critiques de l'« alzheimérisation » ou même simplement de la « médicalisation » du grand âge, sont quelques exemples de ces conflits.

L'association de ces deux adjectifs, médical et social, exprime par ailleurs d'emblée une asymétrie. Le regard médical renvoie en effet à une série de savoirs et de catégories spécifiques, sanctionnées, développées et mises en œuvre sous le contrôle de la profession médicale. Cette dernière n'est certes pas d'un bloc. Elle est traversée par des conflits et elle entretient en son sein des conceptions divergentes de ses objets — les visions psychanalytiques et biologiques de la psychiatrie, les approches holistiques opposées à la biomédecine, par exemple. Mais le regard médical se caractérise dans son ensemble par son adhésion à une série de normes et de valeurs que les appels à faire du patient un acteur de sa santé n'ont pas réussi à bousculer : la dimension individuelle des problèmes, la centralité des corps voire de la biologie ou encore l'appui sur la science.

Ce qu'est le regard social est par contraste bien moins déterminé. Il renvoie avant tout à l'existence de politiques sociales, lesquelles définissent des interventions spécifiques sur une série de problèmes sociaux. Ces interventions peuvent relever, par exemple, de l'éducation, des apprentissages, de l'économie sociale, des sciences du travail, de la justice, ou encore de l'économie familiale, de l'animation sociale, de la citoyenneté, de la lutte contre les inégalités, de l'habitat, voire de l'urbanisme. Pour une part, le regard social porte sur ce que la médecine ne se sent pas en mesure ou ne veut pas prendre en charge ou encore sur ce qui déborde de son cadre. Une partie du secteur médico-social a ainsi été constituée en sortant du giron médical des réponses aux problèmes de certaines catégories.

Mais pour une part le social se définit aussi à partir de savoirs spécifiques en concurrence avec la médecine.

À cet égard la sociologie a insisté, avec la notion de médicalisation ou, plus récemment, de biomédicalisation des sociétés, sur les façons dont la médecine a requalifié certains problèmes sociaux pour les faire entrer dans sa « juridiction professionnelle » et s'assurer le contrôle sur les réponses qui leur sont apportées. Les sociologues ont eu tendance à faire de la (bio)médicalisation un processus à la fois irrésistible et sans limite. En soulignant l'existence, en dehors, à côté ou autour de la médecine, de façons de construire des interventions à la fois complémentaires et concurrentes à celle-ci, le médico-social soulève profondément la question des limites de la (bio)médicalisation des sociétés contemporaines.

C'est cette tension qui fait du médico-social un objet et un terrain particulièrement fructueux pour les sciences sociales. La question de l'association des regards médicaux et sociaux pose en effet un ensemble de questions particulièrement riches de nature organisationnelles, institutionnelles, épistémiques, identitaires, ou éthiques. Sur quels principes asseoir les politiques publiques ? Comment organiser des pratiques reposant sur des légitimités et des savoirs différents ? Comment choisir entre des systèmes normatifs divergents voire contradictoires au moment de prendre des décisions ? Comment appréhender les multiples sens que revêtent les pratiques pour leurs différents protagonistes, professionnels et usagers ?

QUELLES SCIENCES SOCIALES POUR QUELLES QUESTIONS ?

Les lecteurs familiers avec les sciences sociales auront peut-être noté que cette liste de questions exprime un certain point de vue au sein de ces disciplines. De fait, cet ouvrage défend une approche spécifique en sciences sociales. En premier lieu nous nous sommes efforcés de ne jamais perdre de vue la réalité empirique qui fait le quotidien du médico-social. Nous avons voulu nous garder d'un discours théorique sophistiqué mais hors-sol. Si les chapitres développent des pistes théoriques, s'ils élaborent un certain nombre de concepts ou s'ils reviennent sur certaines démarches analytiques, ils le font en nourrissant ces réflexions d'éléments empiriques et de données d'enquête. En particulier, les chercheurs qui ont contribué à cet ouvrage ont tous eux-mêmes mené de nombreux travaux de recherche sur le médico-social.

Ensuite le regard que proposent les chapitres s'efforce d'aller au-delà de l'analyse des systèmes normatifs qui encadrent le médico-social, législation et réglementation, rapports, schémas et projets divers, recommandations des agences, des fédérations de services ou des associations professionnelles, ou encore manuels et guides de pratiques. Les auteurs s'efforcent de rendre compte des pratiques telles qu'elles sont effectivement accomplies, des façons concrètes dont les acteurs s'engagent et accomplissent ces pratiques, dont ils mettent en œuvre des politiques et font vivre des organisations. Ils s'attachent à décrire la nature concrète des organisations émergentes, le statut effectivement occupé par les intervenants dans ces organisations, les réponses élaborées dans l'action aux questionnements moraux auxquels ils font face. Si nous sommes attentifs à rendre compte des régularités dans les comportements des acteurs, des règles que des collectifs font émerger pour organiser leurs activités, de l'ordre qui se dégage dans des systèmes d'action, nous ne faisons pas l'hypothèse que ceux-ci sont automatiquement ceux inscrits dans les manuels, les guides, les règlements ou les codes juridiques.

Cette perspective explique également le type de critique que développent les chapitres. Si nous cherchons à montrer les mécanismes sociaux qui régissent certains processus de décision, si nous soulignons le caractère contingent de certains arrangements qui pourraient paraître naturels, si par ailleurs nous portons un regard distancé sur une série de transformations sociales, nous ne faisons pas de la dénonciation de l'ordre établi une fin en soi. Nous ne croyons pas nécessairement que le monde du médico-social pourrait être meilleur dans d'autres conditions.

Toutes les disciplines des sciences sociales ne sont par ailleurs pas représentées de manière égale dans cet ouvrage. Les chapitres développeront des perspectives de sociologie, de science politique, d'économie, de sciences de la gestion et de géographie. Au-delà de ces disciplines, les auteurs mobilisent des concepts et des analyses empruntées à l'anthropologie, à l'histoire, à la psychologie, au droit ou encore aux sciences de l'éducation. On pourrait d'ailleurs regretter que certains de ces points de vue ne soient pas plus approfondis et que certains apports disciplinaires soient totalement absents de l'ouvrage. Pour une part ces choix sont contingents et tiennent à notre volonté de conserver à cet ouvrage des proportions raisonnables. Pour une part ils tiennent aussi à notre volonté de préserver une certaine unité de ton et de perspective entre les chapitres.

Cet ouvrage est issu d'un séminaire et de plusieurs journées d'études organisés entre 2018 et 2021 à l'École des hautes études en sciences sociales à Paris et à l'École des hautes études en santé publique à Rennes. Les uns et les autres répondaient à notre impression, qu'il manquait un espace de réflexion transversal où partager et élaborer les questions que chacun d'entre nous avait dans ses propres recherches sur des segments du médico-social. Nous nous sommes ainsi efforcés dans un premier temps de créer un réseau de collègues chercheurs issus de disciplines et travaillant dans des perspectives variées intéressés par ces échanges. À partir de questions thématiques, les séminaires réunissaient à chaque fois des spécialistes de plusieurs sous-secteurs du médico-social qui devaient exposer les façons spécifiques dont ces questions étaient posées sur leur terrain d'enquête. Dans un second temps nous avons voulu associer à nos réflexions, en les faisant intervenir à la suite des chercheurs, des personnalités engagées sur le terrain dans une posture autre que la recherche. Il nous a semblé important en effet, dans une dynamique qui peut s'apparenter à la recherche participative (voir chapitre 20), d'associer un point de vue situé qui permette de fertiliser l'analyse scientifique. Ce dispositif a ensuite été reproduit dans l'écriture du manuel.

Ces différents choix expliquent enfin que cet ouvrage ne se veut pas exhaustif. Il n'aborde pas de nombreuses problématiques pourtant importantes pour la compréhension des transformations contemporaines du médico-social, notamment de nature économique ou éthique. Celles qui y sont présentes sont celles sur lesquelles nous nous sentions compétents ou qui nous ont semblé répondre particulièrement aux préoccupations exprimées par les uns et les autres au cours de nos réunions.

ORGANISATION DE L'OUVRAGE

L'ouvrage est organisé en sept parties correspondant à autant de grands problèmes : les catégories du médico-social, le devenir des institutions et organisations du secteur, sa régulation et planification, les transformations des professionnalités, les enjeux du prendre soin, l'approche par les droits, et les savoirs entre expérience et recherche. Chaque partie comporte trois ou quatre chapitres. Deux d'entre eux, rédigés par des chercheurs, explorent un même problème à partir de deux perspectives différentes. Ils sont complétés par des chapitres rédigés par des personnes concernées, des professionnels, des représentants des administrations ou encore des militants. Ces chapitres « en réaction » proposent, à chaque fois, une analyse faisant écho à celles proposées par les chercheurs. Ils ne sont donc ni une illustration ni une discussion des autres chapitres, mais bien des propositions de problématisation à partir du terrain, qui, le lecteur pourra le constater, tout à la fois dialoguent avec, empruntent à, ou nourrissent les travaux de recherche. Ce dialogue, qui a été essentiel tout au long de ce projet pour l'ensemble de ses participants, nous a semblé de nature à contraster et nourrir mutuellement les savoirs élaborés par les uns et les autres, et ainsi contribuer à consolider ces recherches sur et avec le médico-social.

La première partie, « Situer le médico-social », revient sur l'épineuse question de la définition du médico-social à partir de deux perspectives, respectivement française et internationale. Ces deux perspectives permettent de problématiser cette notion et de montrer que celle-ci prend son sens, d'une part, dans l'articulation d'une série de catégories portant sur différents types d'objets et, d'autre part, par rapport à l'histoire de nos États sociaux, et notamment à l'évolution des modèles de protection et de prise en charge, sanitaire et social. Cette partie rend compte également de l'usage pratique et politique des catégories et des systèmes de classification. Elle permet ainsi de mieux comprendre que le flou qui caractérise le médico-social est aussi ce qui fait son intérêt et sa force.

La deuxième partie prolonge directement cette réflexion en s'intéressant aux institutions et aux organisations du médico-social, à leurs évolutions et à leurs formes. Il s'agit ici d'interroger les manières dont des prises en charges, des types d'accompagnement, etc., sont organisés dans des établissements, des services, des dispositifs, etc. Si deux formes d'organisation du soin ont longtemps prédominé : l'établissement d'hébergement et de soin, de type parfois asilaire, et les services à domicile, elles ont fait place aujourd'hui, à des dispositifs hybrides, nécessitant dès lors de la coordination pour éviter les « ruptures de parcours ».

Les analyses proposées dans la troisième partie abordent la planification et l'évaluation du secteur médico-social. En revenant sur la manière dont ces deux techniques de gouvernement ont été pensées par les pouvoirs publics à différentes étapes de leur déploiement et sous différentes formes, les chapitres montrent comment elles contribuent à façonner le secteur. Les dynamiques de complexification de la régulation, de multiplication des niveaux décisionnels ou de spécialisation des bureaucraties gouvernementales décrites dans cette partie ont des effets multiples et fortement imbriqués. Elles alimentent les processus de catégorisation et de fragmentation analysés dans les parties précédentes, tout en contribuant à mettre à l'épreuve les pratiques des professionnels.

Ces pratiques, les conditions et les sites de leur production, font l'objet de la quatrième partie consacrée aux conditions de travail et d'emploi et à leur régulation professionnelle. Les chapitres passent au crible les choix politiques, nationaux comme transnationaux, qui empêchent le travail auprès des personnes ou qui le décontextualisent, tendant à brouiller davantage les frontières du médico-social. Les analyses permettent de décortiquer les ressorts de ce qui est souvent et rapidement décrit comme la crise que traverse le secteur, pour mieux comprendre l'inefficacité des mesures proposées en réponse à ces constats anciens.

La cinquième partie de l'ouvrage est consacrée aux pratiques menées auprès des personnes dans le médico-social, pratiques que nous rassemblons dans l'expression « prendre soin ». Cette partie interroge la manière dont ces pratiques sont construites à l'intersection de plusieurs dimensions : travail social et soin médical, aide formelle et aide informelle, articulation du domicile et des établissements et services, enjeux politiques et enjeux pratiques. Les analyses portent également sur l'évolution des politiques publiques dont elles montrent comment elles cadrent les pratiques, en définissent les frontières, induisant en retour leur transformation.

La sixième partie de l'ouvrage examine les enjeux que pose aujourd'hui au médico-social « l'approche par les droits », c'est-à-dire l'insistance sur la nécessité de mettre au premier plan les droits fondamentaux des personnes concernées. Les chapitres font la genèse de ces approches et de leur implémentation en France. Ils montrent comment le secteur médico-social s'appuie, est cadré, confronté, bousculé par différents types de droits et propose des pistes d'analyse pour penser la question complexe de l'accès aux droits des personnes.

Enfin, la septième et dernière partie de l'ouvrage offre une excursion dans la multiplicité des savoirs en présence au sein et sur le médico-social. Le regard que l'on porte sur le médico-social diffère selon que l'on en fait l'objet d'une recherche ou qu'il est une expérience vécue au quotidien. Dans les deux cas, les acteurs développent une diversité de savoirs. Ceux-ci s'appuient sur des modalités et des cheminements différents, dont les apports s'avèrent complémentaires, et l'agencement nécessaire, pour inciter à analyser les dynamiques qui traversent le secteur médico-social sous des angles encore inexplorés.

PARTIE I

Situer le médico-social

Chapitre 1

Le médico-social en catégories

Cyril Desjeux, Nicolas Henckes

Résumé

Ce chapitre examine différents jeux de catégories sur lesquels s'appuient les acteurs et qui contribuent à donner sa forme au secteur médico-social. Contrairement aux autres secteurs de l'État social, celui-ci ne tire pas son unité d'une catégorie unique orientant l'action publique, les pratiques et les identités. Il est au contraire balisé par une profusion de catégories de tous ordres, relatives aux personnes, aux actes, ou encore aux services et établissements qui déterminent des droits, des prestations, des financements ou encore des identités, et autour desquels se structurent les coopérations et les conflits des acteurs. Le chapitre analyse dans un premier temps la nature du médico-social comme catégorie. Il montre en particulier le flou entourant à la fois sa définition et sa délimitation. Dans un second, temps il propose une réflexion sur la nature et les usages des catégories appliquées, au sein du secteur médico-social, aux services et établissements d'une part et aux personnes de l'autre.

Mots-clés : classifications, services et établissements, droit sanitaire et social, étiquetage social

Pour une partie des acteurs, le secteur médico-social est simple à définir. Il renvoie aux structures relevant des financements de la Caisse nationale de la solidarité pour l'autonomie (CNSA) au titre de l'objectif national de dépenses d'assurance maladie médico-social (Ondam médico-social) et de la compétence administrative (exclusive ou conjointe) des agences régionales de santé (ARS).

Cette lecture strictement économique s'avère cependant réductrice. De manière plus marquée encore que pour les autres secteurs de l'État social, comme le logement, les retraites, la santé ou encore le travail, le médico-social ne tient pas son unité d'une catégorie unique orientant l'action publique, les pratiques et les identités. Il est au contraire balisé par une profusion de catégories de tous ordres qui lui donnent sa forme et sa consistance, et autour desquelles se structurent à la fois les coopérations et les conflits des acteurs.

Ces catégories déterminent des droits, des prestations ou des financements. Elles contribuent à façonner des identités personnelles et des pratiques professionnelles. Elles donnent encore un sens à des lieux d'accueil, de résidence ou de travail. Inscrites dans les codes réglementaires, dans des classifications créées par diverses autorités, administrations, agences, groupes professionnels ou militants, ou encore dans des infrastructures informatiques, ces catégories se manifestent aussi dans les discours des acteurs du secteur à travers une avalanche d'acronymes (Ehpad, IME, Samsah, Ssiad, FAM, MAS, etc. Voir la liste des sigles), donnant souvent l'impression que ceux-ci ont développé une langue à eux et rendant en tout cas le médico-social particulièrement opaque à toute personne qui n'en est pas.

Cette démultiplication des catégories est liée à plusieurs dynamiques politiques, économiques et sociales qui travaillent l'État providence depuis son origine. La première est la formalisation et la rationalisation à la fois juridique et économique promues par les administrations et qui, dans une perspective d'efficacité et de légitimité, les poussent à déterminer des catégories de personnes, de financements ou d'interventions au fondement des organisations. Ensuite, la professionnalisation des métiers de la santé et du social conduit, dans des processus de spécialisation, à la création de catégories pour caractériser des façons originales d'intervenir autour de populations spécifiques, dans des organisations ou des dispositifs ou encore à l'aide de techniques et de savoirs eux aussi spécifiques. Enfin, les revendications des personnes concernées ou de leurs proches amènent également, dans des dynamiques identitaires, à la reconnaissance de statuts, à la création de lieux d'accueil ou de traitement, à celle de services spécialisés, ou encore au financement de prestations dédiées.

En partitionnant l'État providence en une série de segments revendiquant d'une façon ou d'une autre autonomie et spécificité, ces dynamiques garantissent une meilleure prise en compte de certaines difficultés ou des difficultés de certaines personnes. Mais cette segmentation conduit aussi à un émiettement des interventions qui crée de nouvelles difficultés : ruptures d'accompagnement, manque de coordination entre services devant intervenir de concert, ou encore surcoûts

(Bloch et Henaut, 2014). C'est ce qui explique qu'elle appelle aussi, en sens inverse, des interventions, la mise en place d'organisations ou encore la création d'outils qui permettent une forme de continuité par-delà ce partitionnement (voir sur ce point le chapitre 6).

C'est de ce mouvement dialectique que le secteur médico-social tire sa consistance. Celui-ci peut en effet être appréhendé comme la tentative d'instituer un ensemble d'interventions qui dépassent ou transcendent les partitions catégorielles qu'elles supposent cependant. Il organise un espace caractérisé à la fois par l'affirmation et la fluidité des catégories.

Ce chapitre propose de guider le lecteur dans une exploration des différentes catégories du médico-social. Il interroge la façon dont celles-ci découpent le secteur médico-social, les pratiques et les identités qu'elles déterminent, les façons dont elles structurent des espaces et la nature des organisations qu'elles inspirent. Il se concentre pour cela sur les catégories et les systèmes de classification formels, qu'il aborde dans leur matérialité et leur objectivité. Nous incluons notamment parmi ces derniers les nomenclatures de services et d'établissements, les classifications appliquées aux personnes, mais aussi le corpus constitué de la réglementation et des codes juridiques. Il ne s'agira pas de développer une sémantique des catégories du langage ordinaire — le médico-social en général —, mais bien plutôt de lire et de prendre à la lettre ces systèmes formels pour explorer ce qu'ils expriment des forces qui traversent le secteur. Classifications et catégories peuvent être abordées en ce sens comme des façons de penser et d'agir sur le monde. Ce faisant, ce chapitre propose aussi une introduction à l'étude sociale des classifications et des catégories dans le prolongement des travaux des sociologues Geoffrey Bowker et Susan Leigh Star (2023 (1999)).

Les deux premières sections du chapitre interrogent la catégorie du médico-social elle-même. Elles tentent de cerner la place qu'elle occupe dans les systèmes de catégories autour desquels s'organise le gouvernement du secteur. Nous examinons d'abord si et dans quelle mesure le médico-social est une catégorie dans la réglementation française avant d'explorer les catégories mobilisées dans le gouvernement du secteur. La suite du chapitre examine les deux grands types de catégories qui font la substance du médico-social : les catégories de services et d'établissements et celles appliquées aux personnes. Nous chercherons spécifiquement à comprendre comment ces catégories sont structurées et la manière dont elles contribuent à façonner notamment les organisations, les pratiques et les identités du secteur.

LE MÉDICO-SOCIAL EST-IL UNE CATÉGORIE ?

On peut se demander pour commencer si le terme de « médico-social » lui-même caractérise une catégorie et, si oui, de quelle catégorie il s'agit. Une première réponse, nuancée, à cette question peut être retirée de la lecture du *Code de l'action sociale et des familles*. Le terme « médico-social » y est en effet employé comme un qualificatif, utilisé le plus souvent conjointement avec celui de social — dans l'expression « social et médico-social » —, pour former principalement trois locutions : l'action sociale et médico-sociale, les équipes médico-sociales, et les établissements et services sociaux et médico-sociaux (Bauduret, 2017 ; Jaeger, 2020).

Ces trois locutions héritent de trois problématisations développées au cours du XXe siècle et qui façonnent aujourd'hui encore le secteur médico-social. Le terme d'action sociale et médico-sociale, d'abord, a son origine au début du XXe siècle. Il renvoie alors aux interventions développées par des associations confessionnelles ou laïques en direction de populations défavorisées. L'action sociale et médico-sociale relève ainsi d'un militantisme philanthropique encouragé par l'État, qui y voit un complément à son assistance publique. Elle connaît par la suite une forme d'institutionnalisation au cours du XXe siècle à mesure que l'État, les collectivités et les différentes institutions publiques développent leur propre action sociale et médico-sociale. Des fonds d'action sociale et médico-sociale sont notamment créés par l'État ou les caisses de sécurité sociale pour doter l'action en direction de certaines populations comme les personnes âgées ou les immigrants. D'un point de vue juridique, l'action sociale et médico-sociale relève de l'aide sociale facultative dans le sens où les services et prestations correspondantes ne sont pas versés de droit aux bénéficiaires (Borgetto et Lafore, 2015). Elle est cependant organisée par l'État qui émet des recommandations et des normes, ou encore contribue à sa planification.

La locution « action médico-sociale » renvoie cependant à une seconde problématisation lorsque, dans les années 1950 et 1960, l'État et certains départements ou collectivités locales la mobilisent pour nommer des directions au sein de leurs administrations sociales : les directions de l'action médico-sociale. L'expression remplace alors celle d'hygiène sociale, qui s'était imposée dans les années 1930 pour qualifier les administrations en charge de la conception et de la mise en œuvre de réponses à une série de problèmes conçus comme des fléaux ou des maladies sociales : tuberculose, maladies mentales, cancer, rhumatisme, protection maternelle et infantile... La caractéristique de ces problèmes est en effet à la fois de constituer une menace pour la société tout entière par leur caractère épidémique ou en raison de leurs conséquences se manifestant à l'échelle de la société, et de s'exprimer, chez les individus, par la conjonction de difficultés médicales et sociales. En conséquence, les réponses à apporter à ces dernières doivent comporter des dimensions relevant de la médecine — fournir des traitements, organiser un séjour hospitalier — et de l'aide ou de l'assistance sociale — apporter une aide dans les gestes de la vie quotidienne, fournir des compléments de revenus.

L'action médico-sociale et plus largement le qualificatif de médico-social renvoient alors dans ce contexte à des structures, des professionnels ou des équipes cumulant les deux compétences, comme les dispensaires, les infirmières visiteuses, les équipes pluridisciplinaires — aujourd'hui les équipes d'évaluation du Conseil départemental pour l'APA en seraient un bon exemple. Sur un plan philosophique, il caractérise plus largement une volonté d'appréhender de façon holistique les difficultés des personnes et d'éviter tout réductionnisme médical. La circulaire instituant la sectorisation psychiatrique, en 1960, prévoit ainsi que dans chaque secteur « la même équipe médico-sociale [assure] pour tous les malades, hommes et femmes, la continuité indispensable entre le dépistage, le traitement sans hospitalisation quand il est possible, les soins avec hospitalisation et, enfin, la surveillance de postcure ».

La troisième problématisation, enfin, émerge des transformations des établissements sanitaires et sociaux après les années 1960 (Rapegno, 2014 ; Winance et Bertrand, 2017). La notion d'« institutions sociales et médico-sociales » est consacrée par la loi du 30 juin 1975. Celle-ci est alors une réponse à la loi hospitalière du 31 décembre 1970 qui avait interdit aux hôpitaux de gérer des services ou des établissements de nature sociale : il convenait dans ces conditions de créer un nouveau cadre juridique pour encadrer les structures à vocation résidentielle sorties du giron des hôpitaux — centres d'hébergement, maisons de retraite ou foyers. La loi de 1975 permet également d'unifier le statut d'établissements créés et encadrés par une réglementation jusqu'alors éparse. Elle définit les institutions sociales et médico-sociales et détermine les conditions de leur création et de leur gestion. L'enjeu est, de façon générale, à la fois d'accorder une reconnaissance à des établissements et services proposant des prestations spécialisées à des populations données, notamment dans le champ du handicap, et d'organiser le système : les qualificatifs de social et de médical caractérisent dans cette perspective des fonctions différentes qu'il doit être possible de distinguer et d'organiser selon leur logique propre.

Pour leurs promoteurs, les lois de 1970 et 1975 doivent ainsi permettre d'organiser un système distinguant nettement établissements de santé et sociaux.

Les établissements et services proposant de façon indistincte des prestations de santé et sociales forment un ensemble résiduel et ils sont dans un premier temps en petit nombre : maisons d'accueil spécialisées, maisons de retraite avec section de cure notamment. Les années suivantes voient cependant croître ce groupe de structures proprement médico-sociales. Par ailleurs, les réformes successives apportées à ces législations conduisent à brouiller la distinction et la frontière entre ces différentes catégories : par exemple des services relevant de financements différents proposent des services analogues à des populations manifestement peu différentes, comme les Ssiad ou les lits haltes soins santé[1] ; tandis que l'ordonnance du 24 avril 1996 redonne aux hôpitaux la possibilité de gérer et créer des structures à caractère social ou médico-social. Le médico-social émerge ainsi progressivement à la fois comme une catégorie propre de services et d'établissements et comme une zone grise de la protection sociale où l'on ne sait pas distinguer ce qui est du ressort de la médecine et du social.

Dans ces trois problématisations, le médico-social apparaît ainsi comme une catégorie relativement indéterminée. D'une part, on l'a dit, le terme est le plus souvent associé à celui de « social » sans qu'il soit possible, généralement, de déterminer ce qui relève de l'un et de l'autre. La définition que donne le Code de l'action sociale et des familles de l'action sociale et médico-sociale dans son article L. 311-1 la traite ainsi en masse sans distinguer les spécificités de l'une par rapport à l'autre. De la même façon, la liste des établissements et services sociaux et médico-sociaux de l'article L. 312-1 de ce même code ne permet pas d'identifier les structures relevant de l'une et de l'autre détermination. L'indicateur juridique le plus fort pour identifier le médico-social est le croisement de l'article L. 1431-2 du Code de la santé publique avec l'article L. 313-3 du Code de l'action sociale et des familles. Ce croisement permet d'y repérer une liste d'établissements et de services médico-sociaux au sens de l'ARS (soulignés dans la liste reproduite dans l'encadré 1). Ce repère a néanmoins des limites car ces articles ne mentionnent pas certains services relevant manifestement du médico-social — comme les centres d'action médico-sociale précoce de l'alinéa 3 de l'article L. 312-1 du Casf.

D'autre part, lorsqu'il qualifie spécifiquement certaines interventions, organisations ou approches, le qualificatif de médico-social est peu et mal défini. En principe, on l'a dit, le médico-social renvoie à l'association des deux perspectives médicale et sociale. Dans certains cas, il correspond effectivement à l'association

1. Voir sur ce point et pour un bilan de la loi de 1975 vingt après le rapport de l'Inspection générale des affaires sociales (Igas, 1995).

d'interventions sociales et médicales au sein d'une même organisation ou bien dans le cadre d'un même accompagnement. Mais dans d'autres situations, le médico-social caractérise la prise en compte de la dimension sociale au sein d'une approche globalement médicale, comme les Ssiad, ou inversement, comme dans le cas de certains hébergements dans le champ de la grande précarité. Dans d'autre cas encore, il désigne une approche sociale destinée à des populations qualifiées en termes médicaux. Le médico-social tend dans cette dernière approche à qualifier en masse certaines catégories de population : notamment les personnes handicapées ou les personnes âgées dépendantes. Dans les deux cas, la caractérisation de médico-sociale est étendue à certains services ne proposant pourtant en principe qu'une approche sociale, comme les Savs ou les Saad. À l'inverse il peut renvoyer à une approche médicale à destination de populations qualifiées de sociales comme avec les équipes mobiles santé précarité ou les équipes spécialisées en soins infirmiers précarité.

Les 17 catégories d'établissements et services sociaux et médico-sociaux de l'article L. 312-1 du Code de l'action sociale et des familles, article L. 312-1 alinéa I

[La liste ci-dessous énumère les établissements sociaux et médico-sociaux de l'article L. 312-1, I du CASF. Elle précise en gras les établissements et services médico-sociaux au sens de l'article L. 1431-2 du Code de la santé publique et l'article L. 313-3 du Code de l'action sociale et des familles.]

Sont des établissements et services sociaux et médico-sociaux [...] :

1° Les établissements ou services prenant en charge habituellement, y compris au titre de la prévention, des mineurs et des majeurs de moins de vingt et un ans [...].

[Il s'agit des établissements ou services de l'Aide sociale à l'enfance (ASE) : par exemple l'action éducative en milieu ouvert (AEMO), les maisons d'enfants à caractère social (MECS)] ;

2° Les établissements ou services d'enseignement qui assurent, à titre principal, une éducation adaptée et un accompagnement social ou médico-social aux mineurs ou jeunes adultes handicapés ou présentant des difficultés d'adaptation.

[Par exemple les centres médico-psychopédagogiques (CMPP), les Instituts thérapeutiques, éducatifs et pédagogiques (Itep), les Instituts médico-éducatifs (IME), Instituts médico-professionnels (Impro) ou les Services d'éducation spécialisée et de soins à domicile (Sessad)] ;

3° Les centres d'action médico-sociale précoce [CAMSP] [...] ;

4° Les établissements ou services mettant en œuvre les mesures éducatives ordonnées par l'autorité judiciaire [...] ou les mesures d'investigation préalables aux mesures d'assistance éducative [...]

[Il s'agit des établissements et services intervenant dans le domaine de la Protection judiciaire de la jeunesse (PJJ). Par exemple, les services d'action éducative en milieu ouvert (AEMO), les maisons d'enfants à caractère social (MECS)] ;

5° Les établissements ou services :

a) D'aide par le travail [Esat] [...] ;

b) De réadaptation, de pré-orientation et de rééducation professionnelle [Espo et ESRP] [...] ;

6° Les établissements et les services qui [accompagnent] des personnes âgées [...]

[Par exemple, les résidences autonomies, les établissements d'hébergement pour personnes âgées (EHPA), les établissements d'hébergement pour personnes âgées dépendantes (Ehpad), les services autonomie à domicile (SAD)] ;

7° Les établissements et les services [...] qui [accompagnent] des personnes handicapées [...] ou des personnes atteintes de pathologies chroniques [...].

[Par exemple les foyers d'hébergement (FH), les établissements d'accueil médicalisés (EAM), les maisons d'accueil spécialisées (MAS), les services d'accompagnement médico-social pour personnes adultes handicapées (Samsah), les services d'accompagnement à la vie sociale (SAVS), les services autonomie à domicile (SAD)] ;

8° Les établissements ou services [...] [accompagnant] des personnes ou des familles en difficulté ou en situation de détresse.

[Par exemple les Centres d'hébergement et de réinsertion sociale (CHRS)] ;

9° Les établissements ou services qui assurent l'accueil et l'accompagnement de personnes confrontées à des difficultés spécifiques [...] dont les centres de soins, d'accompagnement et de prévention en addictologie [Csapa], les centres d'accueil et d'accompagnement à la réduction des risques pour usagers de drogue [Caarud], les structures dénommées « lits halte soins santé », les structures dénommées « lits d'accueil médicalisés » et les appartements de coordination thérapeutique [ACT] ;

10° Les foyers de jeunes travailleurs [...] [FJT] ;

11° Les établissements ou services [...] mettant en œuvre des actions de dépistage, d'aide, de soutien, de formation ou d'information, de conseil, d'expertise ou de coordination au bénéfice d'usagers, ou d'autres établissements et services.

[Par exemple, les centres locaux d'information et de coordination (CLIC), les Centres de ressources pour personnes autistes (CRA), les centres de ressources pour personnes atteintes de handicaps rares, les unités d'évaluation, de réentraînement et d'orientation sociale et socioprofessionnelle pour personnes cérébro-lésées (Ueros)] ;

12° Les établissements ou services à caractère expérimental ;

13° Les centres d'accueil pour demandeurs d'asile [CADA] [...] ;

14° Les services mettant en œuvre les mesures de protection des majeurs [...] dans le cadre de la sauvegarde de justice ou au titre de la curatelle, de la tutelle ou de la mesure d'accompagnement judiciaire ;

15° Les services mettant en œuvre les mesures judiciaires d'aide à la gestion du budget familial ;

16° Les services qui assurent des activités d'aide [...] au bénéfice de familles fragiles [...] [Saad « familles »] ;

17° Les établissements ou services mettant en œuvre des mesures d'évaluation de la situation des personnes se présentant comme mineures et privées temporairement ou définitivement de la protection de leur famille.

Le gouvernement du médico-social et ses catégories

Ces observations peuvent être précisées par un examen des catégories sur lesquelles s'appuie le gouvernement du secteur médico-social. Autour de quelles catégories les différentes administrations de tutelle et autorités du médico-social sont-elles organisées ? Quelles logiques politiques, administratives, juridiques ou économiques ces catégories expriment-elles ? Comment contribuent-elles à structurer le secteur ?

Relevons pour commencer l'écart grandissant entre les catégories sur lesquelles s'appuient le pilotage politique du secteur médico-social et celles mobilisées par les administrations. Depuis les années 1960, les premières sont en effet dominées, et de façon croissante, par une référence à des populations ou des clientèles spécifiques : en particulier les personnes handicapées et les personnes âgées. Ces populations font l'objet de rapports, de plans et de législations spécifiques, jusqu'à la création d'instances permanentes diverses, commissions ou conseils, conférences ou encore délégations ministérielles ou interministérielles, voire portefeuilles ministériels dédiés. La visibilité donnée à ces populations traduit l'attention accordée aux problèmes de populations spécifiques et la prise en compte dans leur globalité de leurs difficultés.

La dénomination des portefeuilles ministériels reflète bien cette dynamique. À partir de 1945, les ministères sociaux sont traditionnellement structurés autour des trois pôles du travail, de la santé et des affaires sociales[1]. Sans être remise

1. De 1945 aux années 1960, le ministère en charge des politiques sociales est le ministère de la population. La notion d'affaires sociales qui s'impose dans les années 1960 et 1970 traduit à

en cause, cette structuration se voit complétée à partir des années 1960 par l'adjonction dans les gouvernements successifs de portefeuilles dédiés à une série de causes spécifiques. On peut ainsi identifier le précurseur d'un ministère des personnes handicapées dans le secrétariat d'État à l'action sociale et à la réadaptation confié à Marie-Madeleine Dienesch par le général De Gaulle en 1962. Le premier secrétariat d'État aux Personnes handicapées et aux accidentés de la vie est créé par François Mitterrand à sa réélection en 1988 : son titulaire est de façon significative une personnalité de la société civile, vivant elle-même avec un handicap moteur à la suite d'un accident d'hélicoptère, Michel Gillibert[1]. Le portefeuille est reconduit ensuite dans la plupart des gouvernements successifs — sans toutefois la référence aux accidentés de la vie —, avec des rattachements et des positions diverses dans la hiérarchie gouvernementale, jusqu'à être promu en 2022 ministère délégué[2]. La loi de 2005 crée par ailleurs une série d'instances de coordination et d'animation des politiques du handicap : un comité interministériel permanent, dont le secrétariat est confié à un délégué interministériel, et une Conférence nationale du handicap prévue tous les trois ans.

Sans accéder au même degré de reconnaissance, les problèmes des personnes âgées suivent une trajectoire analogue : si la politique de la vieillesse suscite plusieurs initiatives à partir des années 1960, à commencer par la mission confiée à la commission présidée par Pierre Laroque en 1961-1962, il faut attendre 1981 pour qu'un premier secrétariat d'État leur soit dédié. Il est alors en charge spécifiquement du dossier des retraites[3]. Ce public est ensuite régulièrement identifié dans les cabinets des années 1990 et 2000, parfois en association avec la famille[4], jusqu'à faire l'objet d'un ministère délégué dans le gouvernement

---

la fois l'articulation avec les autres pôles sociaux et l'essor de la nouvelle action sociale, dont le médico-social est alors un terrain d'élection.

1. Un premier secrétariat d'État aux personnes âgées et aux personnes handicapées est confié à Catherine Trautmann dans le premier gouvernement Rocard constitué immédiatement après l'élection présidentielle, mais, défaite aux élections législatives de juin 1988, Catherine Trautmann n'est pas reconduite dans sa fonction.

2. Le gouvernement d'Élisabeth Borne nommé en juin 2022 accorde une place inédite aux problèmes médico-sociaux. En témoigne l'intitulé du ministère en charge des affaires sociales : « des solidarités, de l'autonomie et des personnes handicapées » et ses attributions définies par le décret du 1er juin 2022.

3. Le rapport Laroque (1962) qui inaugure la politique de la vieillesse en France en 1962 recommandait de ne pas créer d'administration dédiée aux problèmes de la vieillesse pour ne pas alimenter la ségrégation des personnes âgées.

4. En 1991 le gouvernement d'Édith Cresson comporte un secrétariat d'État à la famille et aux personnes âgées ; un éphémère ministère des solidarités entre génération est créé dans le premier gouvernement d'Alain Juppé entre mai et novembre 1995.

de Jean-Marc Ayrault en 2012. D'autres catégories se voient reconnues par des initiatives politiques de niveau inférieur : plusieurs plans sont ainsi lancés dans les années 2000 pour coordonner la réponse en faveur d'une série de problèmes médico-sociaux : santé mentale, Alzheimer, maladies neurodégénératives, cancer, accidents vasculaires-cérébraux, autisme, etc. Cette dernière catégorie connaît du reste une ascension fulgurante : ignorée en tant que problème spécifique jusqu'aux années 2000, elle dispose aujourd'hui d'un délégué interministériel en charge d'animer spécifiquement une politique originale.

Par contraste avec ces approches par population ciblée, les catégories autour desquelles s'organisent les administrations mettent en avant une vision de l'action publique reposant sur la rationalisation et la gestion. Il ne s'agit plus de manifester l'attention portée à des problèmes spécifiques mais d'organiser une gestion par filière à partir d'instruments transversaux budgétaires, relevant de la qualité ou du pilotage. Les années 1970 organisent ainsi progressivement la disparition des directions de l'Action médico-sociale créées dans les années 1950 et 1960 et que l'on mentionnait ci-dessus, dont les services sont partagés entre les directions de la santé et de l'action sociale. Ces dernières sont notamment en charge d'animer les nouvelles politiques en direction des personnes âgées, du handicap ou encore de l'exclusion. C'est ainsi la direction de l'Action sociale du ministère de la Santé, sous l'impulsion de René Lenoir, qui rédige les deux lois de 1975 respectivement en faveur des personnes handicapées et relative aux institutions sociales et médico-sociales et qui reprend ensuite dans son ensemble la tutelle des institutions sociales. On l'a suggéré plus haut, le médico-social semble alors appelé à disparaître comme catégorie administrative. Le mouvement est approfondi par la décentralisation du début des années 1980 qui, en réorganisant les tutelles exercées par l'État et les collectivités locales, creuse un peu plus la partition entre sanitaire et social sans laisser de place spécifique au médico-social.

La remise en cause de cette partition et la réémergence du médico-social sont le résultat des réformes des administrations de la santé mises en œuvre dès la fin des années 1990. Les agences régionales de l'hospitalisation sont créées en 1997 pour renforcer le pilotage de la politique hospitalière. Mais elles sont transformées en agence régionale de la Santé (ARS) en 2009 et voient alors leurs compétences considérablement élargies : elles récupèrent notamment la tutelle sur une série d'établissements médico-sociaux et plus largement le pilotage des politiques publiques dans le secteur, dépouillant ainsi les départements d'une partie de leurs moyens d'action.

Dans le champ du handicap, par exemple, les maisons départementales des personnes handicapées sont restées des structures départementales mais la plupart des services et des établissements doivent désormais négocier avec les ARS leur autorisation et leur budget. La mise en place d'une procédure d'appels à projets en 2009 court-circuite par ailleurs un peu plus les élus locaux dont l'appui suffisait souvent dans la période précédente pour obtenir la création d'une structure. De leur côté, pour faire face à ces nouvelles missions, les ARS ont été dotées de directions « de l'offre médico-sociale » ou « de l'autonomie ». Le mouvement est perçu par certains professionnels du social, dans la protection de l'enfance ou la grande précarité, comme une forme de sanitarisation de leur activité mais, de fait, il conduit à objectiver et faire exister dans le paysage administratif la catégorie du médico-social.

Ce mouvement s'est accompagné par ailleurs de la création de nouvelles organisations administratives au niveau central. La Caisse nationale de solidarité pour l'autonomie (CNSA) est ainsi créée après la canicule de 2003 pour organiser le financement des structures du handicap et de la perte d'autonomie. Elle ne couvre donc pas l'ensemble du médico-social : lui échappent par exemple la grande précarité ou encore les addictions, mais aussi certaines structures à destination des personnes handicapées financées par les départements comme les foyers de vie ou foyers d'hébergement. Une série d'agences sont également instituées pour encadrer l'évaluation et le contrôle qualité des services et établissements. Sur le modèle de l'Anaes, créée en 1997 pour mener l'évaluation des établissements de santé, un Conseil national de l'évaluation sociale et médico-sociale (Cnesms) est installé en 2005. Il s'y substitue deux ans plus tard l'Agence nationale de l'évaluation et de la qualité des établissements et services sociaux et médico-sociaux (Anesm) qui dispose de moyens et d'une autonomie renforcés. Ces deux organismes sont à cheval sur le secteur social et médico-social. Mais l'Agence nationale d'appui à la performance des établissements de santé et médico-sociaux (Anap), créée en 2005 et qui vise à accompagner les établissements dans l'amélioration de leur qualité, concerne quant à elle le médico-social et la santé. L'Anap développe notamment un tableau de bord de la performance dans le secteur médico-social en 2015. Enfin l'Agence nationale des services à la personne créée en 2005 en application de la loi Borloo du 26 juillet 2005 doit favoriser le développement de ce secteur spécifique jusqu'à sa dissolution en 2014. Ces différentes agences mettent ainsi en œuvre une série de découpages parfois peu lisibles entre les secteurs sanitaire, social et médico-social. En 2012, un rapport de l'Inspection générale des finances sur *L'État et ses agences* a critiqué les chevauchements de compétences et conduit à des ajustements (IGF, 2012)[1]. Mais ceux-ci n'ont qu'en partie répondu au problème.

Le médico-social émerge ainsi de ces analyses comme une catégorie à la fois partielle et floue. D'un côté, elle n'organise qu'une partie des interventions sur le secteur : bon nombre d'entre elles reposent d'abord sur des approches par populations ou par problèmes se traduisant par l'élaboration de dispositifs spécifiques dont la nature sociale, médico-sociale ou sanitaire est peu problématisée en tant que telle. Mais, de l'autre côté, lorsque les acteurs la mobilisent, la catégorie renvoie rarement à des contours très spécifiques : son extension est généralement peu précise alors qu'elle voisine par ailleurs avec d'autres problématisations qui ne la recoupent que partiellement, comme l'autonomie. En tant que catégorie, le médico-social traduit ainsi d'abord, pour reprendre l'expression du sociologue Thomas Gieryn (1983), le « travail de frontière » développé par différents acteurs, politiques, administratifs et professionnels pour négocier et stabiliser les limites et relations entre les différents sous-champs de la protection sociale.

ÉTABLISSEMENTS ET SERVICES MÉDICO-SOCIAUX : COMMENT CRÉER DES NOMENCLATURES ?

Si on a cherché jusqu'ici à caractériser le médico-social comme catégorie, la suite de ce chapitre interroge à l'inverse la façon dont le secteur médico-social est structuré par des nomenclatures diverses. Nous commençons dans cette section par les catégories de services avant d'aborder dans la suivante les classifications appliquées aux personnes.

1. En réponse au rapport, les missions de l'Anesm ont été reprises par la Haute Autorité de Santé (HAS) en 2018 qui s'est dotée d'une direction de « la qualité de l'accompagnement social et médico-social ». Cette réorganisation a une certaine cohérence dans la mesure où la HAS proposait des recommandations de pratiques pour les professionnels de santé, certains pouvant travailler dans des structures médico-sociales. Elle contribue néanmoins à renforcer la « sanitarisation » du médico-social. Par ailleurs l'ANSP a été dissoute en 2014 et ses missions confiées à une administration de la Direction générale des Entreprises du ministère de l'Économie.

▶ Des nomenclatures de services et établissements pour quoi faire ?

Les classifications de services et établissements — ou plus simplement dans la suite de ce chapitre les classifications de services — sont un problème important pour l'État social (Henckes *et al.*, 2018). Comme les classifications de travail examinées par Bowker et Star (2023 [1999]), elles renvoient à trois grands enjeux. Le premier est d'identifier et de rendre visibles les services et établissements disponibles sur un territoire et éventuellement financés par la collectivité publique. Ce faisant, il s'agit d'aider à la fois les personnes à s'orienter dans le système complexe des différents types d'aides auxquelles elles peuvent prétendre et les autorités à planifier ces aides. Les catégories de services ont ainsi un enjeu identitaire : la reconnaissance accordée aux services est également celle des personnes auxquels ils s'adressent et des professionnels qui y travaillent. À l'inverse, les personnes préfèrent parfois avoir recours à des services « de droit commun », non identifiés par la catégorie auxquelles ils s'adressent, pour éviter la stigmatisation attachée aux difficultés spécifiques qu'elles rencontrent ou renforcer leur intégration sociale.

Ensuite, les classifications ont pour objectif d'assurer la comparabilité des services : un SAVS ou un Esat devrait, d'un territoire à l'autre, correspondre à des prestations et des coûts analogues ou au moins comparables. En pratique, l'objectif n'est que rarement atteint comme le montrent les dotations attribuées aux structures. L'enjeu est ici la justice du système : il s'agit de limiter les inégalités et de renforcer la cohésion entre les territoires. Enfin les classifications de services ont un objectif de contrôle sur les organisations de travail. Associées à des standards ou des normes, elles déterminent ce que doivent être l'architecture, l'équipement technique, les effectifs, ou encore les relations que les services entretiennent avec leur environnement. Ce faisant elles permettent en particulier aux administrations de tutelle de veiller à la qualité des prestations et de contrôler les coûts.

Les classifications de services ont ainsi une visée importante de régulation et de connaissance du système des services et établissements médico-sociaux. Pourtant la réflexion à leur sujet est embryonnaire et les nomenclatures sur lesquelles s'appuient les acteurs relèvent pour la plupart d'entre elles davantage du bricolage que du projet mûrement réfléchi.

▶ Des classifications plurielles

L'effort le plus conséquent entrepris sur le sujet concerne, à l'échelle internationale, la santé mentale. Il a son origine dans une série d'initiatives promues par l'Organisation mondiale de la santé à partir des années 1970 au moment où la désinstitutionalisation devenait l'horizon des politiques publiques dans le secteur et où un nouveau paysage de services et d'établissements commençait à émerger (voir chapitre 5). Ces travaux ont abouti à plusieurs instruments visant dans l'ensemble à rendre compte de la couverture par les services disponibles sur un territoire donné d'un ensemble de besoins définis, comme l'International Classification of Mental Health Care (de Jong, 2000) ou la « Matrice des services de santé mentale » de Thonicroft et Tansella (1999). Ces instruments reposent sur une démarche taxinomique qui doit permettre de rattacher chaque établissement ou service à une catégorie unique. Ils se distinguent les uns des autres par la place qu'ils accordent, dans la définition des catégories, à la vision que les professionnels ont de leur travail (par exemple thérapie, soin, réadaptation, rééducation...) et à la description des pratiques de travail. S'ils sont particulièrement intéressants, outre le fait qu'ils ne concernent que la santé mentale, ces différents outils ont cependant de nombreuses limites. L'une des principales est qu'ils ne recensent que les services spécifiquement destinés aux personnes souffrant de troubles psychiques et qu'ils ne prennent pas en compte les services de droit commun auxquelles celles-ci peuvent avoir recours. Malgré ces limites, ces travaux ont inspiré à l'OMS son propre outil, l'Assessment Instrument for Mental Health Systems[1].

En France, le centralisme administratif et politique explique que la classification des établissements et services soit progressivement devenue un enjeu important. L'État promeut de fait plusieurs classifications qui, tout en se recoupant pour l'essentiel, présentent des différences notoires. À ces systèmes s'ajoutent par ailleurs des classifications ou des catégories promues par les professionnels ou par les personnes concernées, dont certaines ont une reconnaissance dans la littérature grise, rapports ou recommandations — par exemple la catégorie large du logement accompagné —, d'autres dans d'autres codes juridiques — par exemple l'habitat inclusif dans le Code de la construction et de l'habitation —, et qui ont une existence pour ainsi dire en dérivation sur les catégories propres au médico-social.

1. http://www.who.int/mental_health/evidence/WHO-AIMS/en/.

En premier lieu, on l'a dit plus haut, on peut appréhender le Code de l'action sociale et des familles lui-même comme une classification de services : son livre III, dans sa partie législative et réglementaire, se présente dans son ensemble comme une liste assortie d'une définition des catégories de services reconnues par l'État. Mais le code renferme par ailleurs aussi plusieurs nomenclatures des services et établissements : dans sa partie législative, l'article L. 312-1 que l'on a cité plus haut ; et dans sa partie réglementaire, l'article D. 312-0-1, qui explicite et développe deux grandes catégories de l'article L. 312-1 concernant respectivement les enfants et les adultes handicapés. La nomenclature de l'article L. 312-1 ne correspond en effet pas aux catégories effectivement en usage mais à des grandes catégories par type de population ou type de services.

Pour décrire et recenser les services et établissements, l'État a créé en 1979 le Fichier national des établissements sanitaires et sociaux (Finess), administré par le service recherche et statistique du ministère de la Santé et qui repose sur ses propres nomenclatures à partir du Code de l'action sociale et des familles. Le Finess s'est également imposé comme l'outil de référence des administrations pour la délivrance des autorisations. Avec le temps, sa nomenclature était cependant devenue complexe et contraignante pour les équipes professionnelles alors que par ailleurs celles-ci revendiquaient un fonctionnement institutionnel plus souple, notamment dans des organisations « en dispositif » promues par le rapport *Zéro sans solution* de 2014 (Piveteau, 2014). Pour répondre à ces critiques, le ministère a publié en 2017 une nomenclature simplifiée insérée à l'article D. 312-0-1 du Code de l'action sociale et des familles, dont les effets ne sont cela dit, pas encore visibles.

Le Finess représente, quant à lui, l'effort de classification des services et établissements sans doute le plus systématique à l'échelle d'un pays. D'un périmètre initialement restreint, il a été élargi progressivement pour inclure l'ensemble des établissements et services participant à la délivrance des prestations et des soins dans le champ sanitaire, social et médico-social, y compris les commerces de bien de santé comme les pharmacies d'officine ou les laboratoires de biologie, ou encore les établissements de formation. Le fichier recensait en septembre 2023 97 740 structures dans l'ensemble de la France, réparties en cent soixante-deux catégories d'établissements dont la nomenclature est arrêtée par le ministère. En fonction de leur catégorie de rattachement, les services et établissements sont décrits à l'aide de six nomenclatures complémentaires : les activités de soins, les disciplines, les statuts juridiques, la tarification, le mode de participation au service public hospitalier et les clientèles. Par exemple les établissements sociaux et médico-sociaux de la nomenclature sont identifiés par leur statut juridique et mode de tarification, par leur « équipement », leur « discipline », leur « fonctionnement » et leur « clientèle » ; les établissements sanitaires le sont en outre par le mode de participation au service publique hospitalier, l'activité qu'ils accueillent, la « forme » de celle-ci et sa « modalité ». Le fichier donne également le nombre de places et l'adresse postale des établissements et services. Les informations collectées permettent ainsi en principe une description extrêmement précise des établissements et services.

▶ Des instruments qui ne reflètent que partiellement la fluidité des catégories, des logiques et des pratiques des acteurs

La structure du Finess garde la trace sédimentée de l'essor et du développement des secteurs sanitaires et sociaux. Les établissements et services médico-sociaux y sont ainsi rangés dans la classe 4000 des « Établissements et services sociaux d'accueil, d'hébergement, d'assistance et de réadaptation » elle-même divisée en sous-classes correspondant aux grandes politiques médico-sociales. Mais les catégories qu'il renferme sont de mauvais descripteurs des établissements et services.

D'une part, en effet, le Finess décrit par définition la partie administrée des structures sociales et médico-sociales. Les catégories qui y figurent correspondent aux services et établissements dont l'administration estime qu'il est important voire nécessaire de les codifier parce qu'ils jouent un rôle particulier dans une politique de santé ou d'accompagnement. Il ne s'agit ainsi pas nécessairement d'encadrer toutes les pratiques, mais plutôt de permettre que les besoins, tels que les perçoit l'administration, soient couverts, et de répondre aux attentes des acteurs de terrain, professionnels, personnels administratifs voire usagers.

D'autre part, les équipes professionnelles ont eu, jusqu'aux années 2010, une capacité d'initiative et de proposition dans la création des services et établissements. Elles avaient alors un usage pragmatique des catégories en fonction de leurs besoins de financements et de la philosophie qu'ils voulaient mettre en œuvre. Cela explique que les mêmes catégories soient encore aujourd'hui appliquées à des services différents et à l'inverse que des services relativement proches se retrouvent dans des catégories différentes. Les dispositifs de coordination analysés par Alis Sopadzhiyan dans ce livre sont une illustration de ces négociations avec les catégories et des déplacements de la dynamique de transformation du paysage des services et établissements du local au national (voir chapitre 6).

Finalement, ces réflexions suggèrent la difficulté de l'entreprise de classer les services et établissements médico-sociaux. L'extrême fluidité des catégories frappe l'observateur : non seulement les acteurs en créent continuellement de nouvelles visant à combler des manques, mais ils cherchent également souvent à sortir des catégories, revendiquant de laisser la réponse aux problèmes au « droit commun » ou visant à développer des approches plus « inclusives ». L'essor du logement inclusif et les débats qu'il suscite depuis la loi Élan du 23 novembre 2018[1] sont une bonne illustration du phénomène : alors que l'enjeu, pour les premiers promoteurs du concept, était de faire émerger des formes de logement mobilisant des dispositifs de droit commun mais en mesure de favoriser l'inclusion des personnes, la législation a imposé une catégorie qui semble aux acteurs de nature à brider les initiatives (Bertillot et Rapegno, 2019).

LE STATUT AMBIGU DES SAAD

L'ambiguïté des catégories de service et d'établissement est bien illustrée par l'exemple des services d'aide et d'accompagnement à domicile (SAAD) (Desjeux, 2020 ; Devetter, Dussuet, Puissant, 2023).

Ces services ont été institués pour favoriser le développement de l'accompagnement à domicile de différents publics tels que les personnes en situation de handicap et les personnes âgées en perte d'autonomie. À partir des années 1990, l'État cherche à ouvrir le marché, jusqu'alors dominé par les associations, à des organismes à but commercial. Ce développement s'est accéléré dans les années 2000 et plus particulièrement avec la loi Borloo de 2005 sur les services à la personne[2]. Celle-ci vise alors à stimuler la croissance d'un secteur, l'aide à domicile, appréhendé comme un gisement d'emplois en facilitant l'embauche de personnels peu formés. Au côté des SAAD, qui relèvent de la réglementation sociale et sont soumis à l'autorisation du conseil départemental, la loi Borloo crée notamment un nouveau statut de services qui peuvent faire le choix de l'agrément et relever des directions en charge de l'économie et du travail (les Direccte, devenues Dreets en 2021). Pour améliorer la qualité du service, la loi du 28 décembre 2015 relative à l'adaptation de la société au vieillissement (loi ASV) met fin à ce dualisme au profit d'un régime unique d'autorisation. Les services peuvent par ailleurs se constituer en services polyvalents d'aide et de soins à domicile (Spasad)[3] réunissant le soin (tarifé par les ARS) et l'aide sociale délivrée par le conseil

1. Loi n° 2018-1021 du 23 novembre 2018 portant évolution du logement, de l'aménagement et du numérique.

2. Loi n° 2005-841 du 26 juillet 2005 relative au développement des services à la personne et portant diverses mesures en faveur de la cohésion sociale.

3. La loi de financement de la Sécurité sociale 2022 a enclenché une réforme pour unifier le secteur autour d'un type de service : les services autonomie à domicile. Cette réforme annonce

départemental au sein d'un même service. Le rapprochement entre aide et soin sera accentué dans les années à venir avec la mise en place des services autonomie à domicile (SAD) dont certains intégreront les missions des services de soins infirmiers à domicile (Ssiad).

Les SAAD ont plusieurs particularités par rapport aux autres structures médico-sociales. La première est leur mode de financement : contrairement à la plupart des autres structures médico-sociales, les SAAD ne reposent pas systématiquement sur une tarification à l'activité ; celles-ci ne concernent que les services habilités, ou non, à l'aide sociale départementale. La seconde est l'absence de limitation de place que le service soit tarifé ou non. La troisième concerne les personnes en situation de handicap : l'éligibiltié à la PCH dépend de la CDAPH, mais l'accès à ces services ne dépend pas d'une orientation médico-sociale.

La quatrième particularité est qu'ils ne sont pas destinés à une catégorie de personnes : ils peuvent aussi bien intervenir auprès d'enfants, d'adultes ou de personnes âgées. Certains de ces services ont gardé par ailleurs des activités ne relevant pas d'une autorisation des administrations sociales, comme la garde d'enfant de moins de 3 ans. Leur activité auprès des enfants en situation de handicap de moins de 18 ans qui ne bénéficient pas le PCH est conçue comme une extension de ce service. Cette logique les éloigne du secteur médico-social sur plusieurs points : le critère d'âge n'est pas le même pour les autres enfants en situation de handicap ; le niveau de qualité attendu pour la garde d'enfant diffère des autres activités du SAAD qui dépendent, elles, d'un cahier des charges établi.

LES PUBLICS DU MÉDICO-SOCIAL : LA TYRANNIE DES CATÉGORIES

Par contraste avec les classifications de services et d'établissements, celles appliquées aux personnes ont suscité un nombre très important de travaux en sciences sociales. Ceux-ci ont insisté de façon générale sur la manière dont ces catégories contribuent, pour paraphraser le philosophe Ian Hacking (2001), à fabriquer des personnes : les catégories déterminent les interventions, traitements, accompagnements, prestations ou encore prises en charge, qui leur seront proposés ; en cela, elles contribuent à façonner les trajectoires sociales que les personnes pourront emprunter ; elles sont également assimilées aux identités personnelles et elles conditionnent des représentations collectives concernant ces personnes et les professionnels. Les catégories exercent ainsi un pouvoir considérable sur

la fin des Ssiad d'ici 2025 qui devront tous avoir intégré un SAAD (contrairement à ces derniers qui pourront continuer à fonctionner de manière autonome à la condition de respecter le nouveau cahier des charges prévu pour 2023).

les personnes : comme le montrent les travaux de Tom Shakespeare (2006) sur le handicap, dès lors que celles-ci doivent y avoir recours pour accéder à un droit, une aide ou une prestation, elles peuvent difficilement échapper à ce qu'elles impliquent pour elles dans des domaines parfois imprévisibles de leur vie personnelle comme l'amour ou l'amitié.

▶ Ce que les catégories font aux personnes

Au-delà de ces réflexions générales, les travaux consacrés aux catégories de personnes développent trois grandes problématiques. La première souligne que ces catégories sont au cœur de la construction de l'État social (Castel, 1995 ; Renard, 1992). Les catégories d'âge héritent ainsi d'abord du Code civil qui définit notamment la minorité associée à l'âge ou la tutelle et quiinstitue, par ailleurs, un système de droits et devoirs entre membres d'une même famille, lequel servira de base ensuite à la législation de l'assistance. Reprenant des catégories qui circulaient déjà à l'époque moderne, celle-ci met ensuite en place les différentes catégories qui seront au cœur du médico-social : les aliénés en 1838, l'enfance protégée en 1880, le grand âge et l'infirmité en 1905, jusqu'aux personnes en situation d'addiction dans les années 1970 et l'exclusion depuis les années 1990. Outre la création de droits à l'assistance, laquelle peut prendre la forme d'une prestation ou de l'accueil dans un établissement, la reconnaissance et la stabilisation de ces différentes catégories s'appuient sur la création de services spécifiques, le développement de métiers, celui de politiques publiques, ou encore de recherches. À chaque fois, la définition des catégories repose sur une série de conventions qui déterminent leurs contours et la façon dont elles sont appliquées aux personnes.

Un deuxième ensemble de travaux, de nature sociologique, s'est attaché à analyser les façons dont les catégories sont assimilées aux identités personnelles et collectives. Ces travaux sont dominés à leur tour par deux grandes approches. La première insiste sur les conséquences pour les personnes du fait d'être assimilées à des catégories de nature médicale ou médico-sociale. Si celles-ci permettent en effet d'accéder à des droits, des services voire des biens, elles font aussi courir le risque que les personnes se voient imposer des définitions de ce qu'elles sont et qu'elles finissent par être littéralement enfermées dans ces catégories. Ces analyses ont surtout été mises en œuvre à partir des années 1960 sur le terrain de la santé mentale par des travaux qui suggéraient qu'une partie des comportements pathologiques ou anormaux des personnes pouvaient s'expliquer par le fait qu'elles étaient traitées comme des malades mentaux (Goffman 1968

(1961) ; Estroff, 1998 (1981)). La catégorie de handicap a également été critiquée pour la façon dont elle risquait d'enfermer les personnes dans un statut d'assisté et de nourrir ainsi leur inadaptation. C'est pour faire face à ce risque que les approches sociales du handicap ont insisté sur le fait que celui-ci était situationnel et qu'il devait être conçu non pas comme un attribut des personnes mais comme le produit de l'interaction d'un individu et de son environnement. De la même manière, les sociologues du vieillissement ont contribué à déconstruire la catégorie des personnes âgées dépendantes, qui fondait les politiques publiques dans les années 1990, pour en montrer le caractère stigmatisant. Leurs travaux ont mis en exergue que tout individu est « dépendant », de manière différente et aux différentes étapes de sa vie, de ses proches ou de la solidarité publique.

À l'inverse, la seconde approche suggère que les catégories sont également des ressources pour construire des identités personnelles et collectives. Ces travaux ont ainsi montré comment l'expérience personnelle associée au fait de se reconnaître dans une catégorie était susceptible de fonder des formes de sociabilités, reposant notamment sur l'entraide et le *care*, et finalement des mobilisations collectives (Chauvière *et al.*, 2000 ; Bas, 2017). Certaines personnes deviennent ainsi des entrepreneurs de leur expérience, celle-ci s'imposant à eux comme une cause et finissant par organiser de véritables carrières militantes.

Ces deux approches sont moins antagonistes qu'il n'y paraît si l'on prête attention aux « effets de boucle », pour reprendre une autre expression de Ian Hacking (2001), qui caractérisent les catégories appliquées aux personnes. Ces dernières réagissent en effet toujours en réponse aux assignations identitaires que véhiculent les catégories, amenant en retour à les faire évoluer. Le processus peut aller jusqu'à retourner le stigmate attaché à une catégorie : ainsi, dans la santé mentale, les transformations de l'autisme et l'élargissement de sa définition au cours des trente dernières années ont-ils été liés notamment à la façon dont des personnes se sont reconnues dans cette catégorie et s'en sont servies pour obtenir une reconnaissance de leurs difficultés.

▶ L'écologie des catégories

Ces différents travaux se concentrent sur des catégories isolées dont ils supposent qu'elles disposent d'une forte consistance. Mais les catégories du médico-social peuvent être aussi appréhendées comme une écologie : les définitions des unes et des autres sont liées et c'est dans la comparaison avec leurs voisines que des catégories spécifiques acquièrent leur cohérence. Plusieurs processus entrent en jeu ici : des éléments de définition, schèmes de pensée ou éléments de méthode, sont transférés d'une catégorie à l'autre comme dans l'évaluation des déficiences, qu'elles soient associées aux handicaps ou au grand âge ; il s'établit des continuités entre des catégories voisines : par exemple, encore une fois, entre le handicap et la dépendance, le premier se transportant pour ainsi dire vers la seconde lorsque les personnes concernées vieillissent ; il existe également des formes de concurrence entre des catégories, par exemple entre maladie mentale et handicap psychique.

Par ailleurs les évolutions des catégories les conduisent à se déplacer dans cette écologie, leur faisant ainsi acquérir de nouvelles significations au contact d'autres catégories. Le grand âge fournit un bon exemple de ce processus : structuré historiquement autour de la notion de vieillesse, qui renvoyait à une vision sociale du vieillissement, le secteur s'est réorganisé autour des catégories de dépendance et de maladie d'Alzheimer selon un processus de médicalisation des représentations et des accompagnements, que la catégorie de perte d'autonomie, plus récente, a cherché à contrecarrer dans une certaine mesure. Le cas de l'autisme suggère qu'une trajectoire inverse, de la psychiatrie vers le handicap, est possible même si, dans ce cas, une grande partie des services restent mis en œuvre dans les secteurs de pédopsychiatrie.

Pour les personnes concernées, le rapport aux catégories est plus pragmatique que le supposent les travaux insistant sur l'emprise exercée sur elles par les catégories. L'identification à des catégories spécifiques est fonction des contraintes et des opportunités que celles-ci représentent pour elles : elles préfèrent un statut plutôt qu'un autre parce que la prestation associée est mieux valorisée, que le statut leur semble moins stigmatisant ou que les services sont plus accessibles dans la région où elles habitent ; elles revendiquent un statut pour accéder à une prestation et un autre pour une autre. La plupart des personnes circulent ainsi entre les catégories. Elles mobilisent des catégories différentes selon les problèmes qu'elles cherchent à régler à différents moments : par exemple les personnes recourent à des services relevant de la santé mentale pour accéder à des occupations ou des formations, des services relevant du handicap pour l'accompagnement à domicile et le droit commun pour le logement.

Les personnes ont également recours à des catégories différentes au cours de leur vie : de la maladie mentale au handicap, du handicap au grand âge. Ces transitions ne se font pas toujours sans difficulté et de nombreux travaux insistent sur les ruptures survenant dans les accompagnements lorsque les personnes ont recours à plusieurs services. Si elles sont parfois des choix, elles sont souvent imposées aux personnes dans le cas du passage de la catégorie de handicap à la perte d'autonomie ou d'enfant à adulte handicapé. En tous les cas, ces transitions conduisent généralement à une redéfinition des identités personnelles et, à cet égard, elles vont de pair avec des ruptures biographiques plus larges : changement de catégorie d'âge, pertes de proches, reconfigurations familiales, ou encore transformation du rapport au travail.

Enfin les personnes doivent parfois faire des « choix de carrière » (Jaeger et Monceau, 1992) quand elles font face à deux options mutuellement exclusives qui leur imposent deux définitions opposées de leur identité et partant deux types de trajectoires sociales : par exemple entre le revenu de solidarité active (RSA) et l'allocation adulte handicapé (AAH). Ces choix expriment notamment le fait que les catégories n'ont pas le même statut ni la même valence sociale selon les personnes. Celles-ci s'orientent dans leur écologie en fonction de leurs aspirations mais aussi de leur socialisation et de leurs différents capitaux, économique, social et culturel.

Conclusion

Cette réflexion sur les catégories du médico-social souligne à la fois leur caractère indispensable pour l'organisation du secteur et le poids qu'elles font cependant peser sur l'ensemble des acteurs. D'un côté les catégories sont en effet nécessaires pour déterminer des statuts et des financements, pour apporter des réponses à des besoins spécifiques, pour organiser des pratiques et leur donner un sens ou encore pour permettre aux politiques publiques d'atteindre les objectifs d'efficience, d'efficacité et d'équité. Mais, de l'autre côté, chaque nouvelle catégorie est susceptible d'introduire dans les accompagnements des rigidités et des barrières, d'enfermer les personnes dans des statuts pouvant conduire à leur stigmatisation, ou encore d'empêcher les équipes professionnelles de construire leurs pratiques.

L'histoire du secteur médico-social est ainsi, d'une certaine manière, celle des façons de faire avec et de dépasser ces différentes tensions. À bien des égards, la catégorie de médico-social elle-même, avec son caractère flou que l'on a analysé dans la première partie du chapitre, a été une façon de créer une zone grise à l'intérieur de laquelle les interventions, pratiques et statuts sont caractérisés par une forme d'indétermination, cette zone grise jouant ainsi un rôle de tampon et de stabilisateur pour la protection sociale dans son ensemble. Les analyses consacrées aux catégories de services et d'établissements et à celles de personnes dans la seconde partie de ce chapitre ont souligné les façons dont les acteurs s'orientent à l'intérieur de cette zone grise.

REPÈRES INSTITUTIONNELS ET RÉGLEMENTAIRES

Agences et dispositifs

Organisation mondiale de la santé (OMS).

Les ministères sociaux.

Direction de la recherche, des études, de l'évaluation et des statistiques (Drees) au ministère de la Santé.

Fichier national des établissements sanitaires et sociaux (Finess).

Caisse nationale de solidarité pour l'autonomie (CNSA).

Conseil national de l'évaluation sociale et médico-sociale (Cnesm).

Agence nationale de l'évaluation et de la qualité des établissements et services sociaux et médico-sociaux (Anesm).

Haute Autorité de santé (HAS).

Agence nationale d'appui à la performance des établissements de santé et médico-sociaux (Anap).

Inspection générale des affaires sociales (IGAS).

Lois et règlements importants

Loi n° 75-535 du 30 juin 1975 relative aux institutions sociales et médico-sociales.

Loi n° 2002-2 du 2 janvier 2002 rénovant l'action sociale et médico-sociale.

Décret n° 2017-982 du 9 mai 2017 relatif à la nomenclature des établissements et services sociaux et médico-sociaux accompagnant des personnes handicapées ou malades chroniques.

Pour aller plus loin

Bowker, G. C., et Star S. L. (2023). *Arranger les choses : des conséquences de la classification*, Paris, Éditions de l'EHESS.

Borgetto, M., et Lafore R. (2015). *Droit de l'aide et de l'action sociales*. 9e éd., 1 vol. *Domat droit public*. Paris : LGDJ-Lextenso Éditions.

Bibliographie

Bas J. (2017). « Des paralysés étudiants aux handicapés méchants : la contribution des mouvements contestataires à l'unité de la catégorie de handicap », *Genèses*, (2), p. 56-81.

Bauduret J.-F. (2017). *Institutions sociales et médico-sociales* (2e éd.). Dunod.

Bertillot H., Rapegno N. (2019). « L'habitat inclusif pour personnes âgées ou handicapées comme problème public », *Gérontologie et société*, 41 (159), p. 117-132. DOI : 10.3917/gs1.159.0117.

Bloch M.-A., Henaut L. (2014). *Coordination et parcours. La dynamique du monde sanitaire, social et médico-social*. Paris : Dunod.

Borgetto M., Lafore R. (2015). *Droit de l'aide et de l'action sociales* (9e éd.). *Domat droit public*. LGDJ-Lextenso éditions.

Bowker G. C., Star S. L. (2023). *Arranger les choses : des conséquences de la classification*. EHESS translations 9. Éditions de l'EHESS.

Castel R. (1995). *Les Métamorphoses de la question sociale*. Paris : Fayard.

Chauvière M., Barral C., Patterson F., Stiker H.-J. (2000). *L'Institution du handicap. Le rôle des associations*. Rennes : Presses Universitaires de Rennes.

de Jong A. (2000). « Development of the International Classification of Mental Health Care (ICMHC) », *Acta Psychiatrica Scandinavica Supplement*, 405, p. 8-13.

Desjeux C. (2020). « L'aide à domicile : des dynamiques d'alliance entre concurrence et complémentarité », *Revue vie sociale*, 31-32, p. 221-236.

Devetter F.-X., Dussuet A., Puissant E. (2023). *Aide à domicile, un métier en souffrance. Sortir de l'impasse*. Ivry-sur-Seine : Les Éditions de l'Atelier

Estroff S. (1998). *Le Labyrinthe de la folie. Ethnographie de la psychiatrie en milieu ouvert et de la réinsertion*. Institut Synthélabo.

Gieryn T. F. (1983). « Boundary-Work and the Demarcation of Science from Non-Science : Strains and Interests in Professional Ideologies of Scientists », *American Sociological Review* 48, (6) p. 781-95.

Goffman E. (1968). Asiles : études sur la condition sociale des malades mentaux et autres reclus. Paris : Éditions de Minuit.

Hacking I. (2001). *Entre science et réalité : la construction sociale de quoi ? Textes à l'appui. Anthropologie des sciences et des techniques*. Paris La Découverte.

Henckes N., Azevedo M., et Quintin A. (2018). *Loger et Soigner. Une sociologie d'un dispositif médico-social : les appartements accompagnés en santé mentale*. Rapport de recherche Paris, Fondation de France, Santé mentale France et CERMES3.

Jaeger M. (2020). *Guide du secteur social et médico-social*, Paris, Dunod (11e éd.).

Jaeger, M. et Monceau M. (1992). « Un "choix de carrière" : RMIste ou handicapé ? » *Nervure* V, 5 (5), p. 76-78.

Rapegno N. (2014). *Établissements d'hébergement pour adultes handicapés en France : enjeux territoriaux et impacts sur la participation sociale des usagers. Application aux régions*

Île-de-France et Haute-Normandie, thèse de sociologie, École des hautes études en sciences sociales.

Renard D. (1992). « Une vieillesse républicaine ? L'État et la protection sociale de la vieillesse de l'assistance aux assurances sociales (1880-1914) », *Sociétés contemporaines*, 10 (1), p. 9.

Shakespeare T. (2006). *Disability Rights and Wrongs*, New York, Routledge.

Thornicroft G., Tansella M. (1999). *The Mental Health Matrix : A Manual to Improve Services*, Cambridge, UK ; New York, NY : Cambridge University Press.

Winance M., Bertrand L. (2017). *Entre logique de places et logique de soin spécialisé. L'évolution du secteur médico-social, dans le champ du handicap, à travers l'usage de deux catégories : « polyhandicap » et « handicap rare ». 1960-2014*. Paris : Cermes3 – IRESP – CNSA.

▶ Rapports cités

Igas (1995). *Bilan d'application de la loi du 30 juin 1975 sur les institutions sociales et médico-sociales*. Rapport présenté par Marie-Françoise Guérin, Marie-Thérèse Join-Lambert, Suzanne Morla et Daniel Villain. Rapport n° 95155, décembre 1995. Paris, Inspection Générale des Affaires Sociales

IGF (2012). *L'État et ses agences*. Rapport n° 2011 M 044 01, Paris, ministère de l'Économie, des Finances et de l'Industrie, Ministère du Budget, des Comptes publics et de la Réforme de l'État.

Laroque P. (1962). Politique de la vieillesse. Rapport de la commission d'étude des problèmes de la vieillesse, Paris, La documentation française.

Piveteau D. (2014). *« Zéro sans solution ». Le devoir collectif de permettre un parcours de vie sans rupture, pour les personnes en situation de handicap et pour leurs proches*. Rapport à la ministre des Affaires sociales et de la santé et à la ministre déléguée en charge des Personnes handicapées et de la Lutte contre l'exclusion, Paris.

Chapitre 2

Médico-social : les mots pour le dire à l'échelle internationale

Claude Martin

RÉSUMÉ

Ce chapitre interroge la manière dont d'autres pays, notamment le Royaume-Uni, ont saisi et parlent de ce que l'on nomme en France le « médico-social ». Ce terme n'a pas d'équivalent direct en anglais, la langue des recherches comparatives. Au Royaume-Uni, la notion de *social care* a été utilisée, à partir des années 1940-1950, pour désigner des dispositifs qui articulent des dimensions sociales et sanitaires. Le chapitre montre comment ce champ s'est développé en relation et par contraste au champ sanitaire. Il souligne ensuite à partir d'une revue de littérature internationale, que le *social care* – tel qu'il s'est construit au Royaume Uni et dans d'autres pays, notamment les pays scandinaves – et le médico-social, tel qu'il s'est construit en France, ont été et sont confrontés à une même série de problèmes : la discussion sur la relation entre âge et handicap, la nécessaire et difficile coordination des accompagnements, l'importance de l'aide informelle et le tournant domiciliaire, le développement des techniques managériales et de la marchandisation des services, ou encore la personnalisation et l'individualisation des prestations et services. Si le cas anglais diverge, sur certains points, de ce que nous nommons médico-social, il en éclaire les problématiques, les tensions et les défis.

Mots-clés : *social care, health care, long term care, welfare*, médico-social, État-providence, Royaume-Uni, France.

LA LITTÉRATURE sur la comparaison internationale des systèmes de protection sociale, mieux connue sous le chapeau de l'analyse des régimes de *welfare*, a mis en lumière un certain nombre de difficultés de traduction de la terminologie utilisée dans chaque pays ou cluster de pays. Ainsi, par exemple, il est bien évident que l'expression « État providence » n'est pas la traduction de *welfare state* et ne correspond pas non plus à *Sozialstaat*, dont État social est en revanche une traduction fidèle (Kott, 1995). Cette difficulté à traduire renvoie, au-delà des mots, à des conceptions très différentes de la philosophie de ces différents systèmes nationaux de protection sociale, plus ou moins adossés à l'idée d'assurance et de risque social pour les uns, de système universel et unifié pour d'autres.

D'autres notions centrales n'ont pas plus d'équivalent dans toutes les langues. C'est le cas de la notion de *care*, qui a occupé et occupe toujours une place centrale dans les débats académiques, professionnels et politiques de la comparaison internationale des systèmes de protection et d'action sociales[1]. Plusieurs auteurs ont même construit des régimes de *care*, qui complètent et affinent les régimes de *welfare* (Lewis, 1992 ; Orloff, 1993 ; Sainsbury, 1994 ; Jenson, 1997). Si le concept ou la notion de *care* a bien des équivalents dans d'autres langues, y compris latines, comme en espagnol ou en portugais (*cuidar*), nous n'avons pas de terme en français, de sorte qu'ont été proposées différentes solutions, jamais totalement satisfaisantes : conserver le terme anglais sans tenter de le traduire ; proposer des expressions permettant d'en rendre compte comme « prendre soin » ou le « souci d'autrui » ; ou bien encore utiliser des termes qui s'en approchent comme la sollicitude.

De ce point de vue, l'expression « médico-social » qui nous mobilise dans cet ouvrage collectif, pourrait bien être un autre intraduisible du français vers d'autres langues, à commencer par l'anglais qui représente dans le monde académique la *lingua franca* contemporaine. Face à cette difficulté de traduction, une solution pourrait être de conserver sans la traduire cette expression française pour évoquer ce que recouvre le médico-social (institutionnellement, historiquement), qui, comme l'a fort bien montré le chapitre précédent (chapitre 1), désigne à la fois un secteur de pratiques et d'interventions, mais aussi un périmètre varié en termes de public d'usagers, un domaine du droit et des règlements, un ensemble d'institutions, ou encore d'établissements. Le médico-social en

1. Des philosophes ont d'ailleurs choisi de retenir ce terme de *care* dans leur dictionnaire des intraduisibles (Cassin, 2004).

France est donc un véritable champ dont le périmètre et les recompositions se comprennent en fonction de son histoire et de sa généalogie.

Dans ce chapitre, nous proposons une autre solution pour comprendre ces recompositions et les enjeux que traverse ce secteur : rapprocher ce qu'en France nous qualifions de médico-social avec une expression anglaise, *social care*, qui nous semble avoir avec elle de nombreux points en commun (Lewis, 1998 ; Daly, Lewis, 2000 ; Martin, 2008). Nous défendons dans ce chapitre que cette notion pourrait bien être à la fois le plus proche équivalent en langue anglaise de cette appellation française, mais aussi une source d'inspiration si l'on tient compte des nombreux débats que suscitent l'évolution et l'avenir du *social care* au Royaume-Uni et, bien au-delà, dans de nombreux pays européens, au nord comme au sud. Si la notion de *social care* renvoie *a priori* surtout à l'histoire du *welfare state* britannique, elle occupe aujourd'hui une place importante dans la littérature sur les régimes de *welfare*, en dehors du Royaume-Uni, en particulier en Europe du Nord. Quelques publications et ouvrages-clés en ont documenté précisément les modalités et les variations européennes (voir en particulier Sipila, 1997 ; Kröger *et al.*, 2003 ; Kröger, 2022 ; Szebehely et Trydegard, 2012 ; Szebehely et Meager, 2018).

Comme dans le cas français, la notion de *social care* est une tentative de coller le terme social à ce quasi-suffixe englobant de *care*, qui peut s'articuler à beaucoup d'autres termes : *health, elder, child, community, long-term,* etc., pour composer ces éléments du lexique anglophone du domaine des politiques sociales ou du *welfare* : *healthcare, eldercare, childcare, community-care, long-term care*[1].

Mais, comme dans le cas qui nous occupe — le médico-social —, l'important est sans doute l'idée de combiner (inclure, en distinguant) le social, avec son pendant : le sanitaire ou le biomédical ; c'est-à-dire au Royaume-Uni le champ du *health care*. L'autre pôle du *social care* est bien au départ le système unifié de santé, le National Health Service (NHS), mis en place en 1948. C'est précisément pour adouber des pratiques, des professions, des institutions, des établissements, etc., qui ne relèvent pas du champ biomédical *stricto sensu*, que le besoin s'est fait ressentir, en France — à l'aide de la colle grammaticale que représente le trait d'union — comme au Royaume-Uni — par l'association de *social* et de *care* —, de formuler de nouvelles expressions qui ont permis de rendre compte de cette extension de périmètre.

Dans ce chapitre, nous procédons en deux temps :

1. En français, « soins » de santé, « soins » aux personnes âgées, accueil des enfants, soins communautaires et services de proximité, soins et services de longue durée.

- Le premier propose une brève synthèse de l'apparition de la notion de *social care* dans le cas britannique et de la définition de son périmètre, jusqu'aux discussions actuelles qui soulignent les difficultés, voire la crise de ce secteur. Le *social care* est directement lié à la construction du *welfare state* britannique et de la Sécurité sociale, avec le souci de définir un champ complémentaire distinct de ce qui préexistait avec la charité et l'assistance depuis les Poor Laws[1]. D'où une articulation originelle avec le NHS (National Health Service).
- Dans un second temps, nous présentons les arguments qui permettent de considérer la notion de *social care* comme un proche équivalent, ou *proxy*, de celle de médico-social. Il n'est pas ici question de comparer les deux secteurs (le *social care* britannique et le médico-social en France), mais de repérer les similitudes ou analogies entre les deux contextes. Nous évoquons également le fait que cette notion apparue et conceptualisée au Royaume-Uni a été retenue dans d'autres situations nationales, en particulier en Europe du Nord, qui ont également des systèmes unifiés de santé, pour caractériser le modèle des services à la personne. Au passage, nous évoquerons également d'autres configurations, comme l'Allemagne ou la Suisse, qui ont organisé leurs systèmes autour du principe de l'assurance sociale et non pas de l'universalisme et qui ont également nommé ces champs de pratique dans une autre langue[2].

Nous conclurons en revenant sur les apports de ce détour pour saisir en quoi les évolutions du secteur médico-social en France ont partie liée avec des transformations transnationales.

SOCIAL CARE : LA DÉFINITION PROGRESSIVE D'UN CHAMP DE PRATIQUES ET DE SERVICES

▶ Définition et genèse du concept

Malgré les incontestables difficultés, souvent pointées dans la littérature, pour caractériser précisément le *social care* dans le cas britannique, on peut avancer quelques propositions de définition, et par exemple celle-ci, limitée au champ des adultes :

1. Ou lois sur les pauvres, voir plus loin.
2. Pour ce faire, nous avons sollicité Olivier Giraud que nous tenons ici à remercier pour ses apports et ses commentaires sur les propositions de ce chapitre.

> « Le *social care* pour les adultes correspond au *care* et au soutien à destination des personnes qui en ont besoin du fait de leur âge, de la maladie, d'un handicap ou d'autres circonstances. Cela va de l'aide dans les activités de la vie quotidienne, comme se nourrir et se laver, à la participation à toutes les dimensions de la vie, comme le travail ou la socialisation. Le *social care* peut être dispensé au domicile des personnes, pour leur permettre une vie indépendante, ou obtenir de l'aide en vue d'un rétablissement après une maladie, et, si le maintien au domicile n'est plus possible, il peut correspondre à l'accès à un espace sécurisé pour les personnes accueillies dans des logements ou des établissements d'accueil » (Thorlby *et al.*, 2018, p. 5, notre traduction)[1].

Cette définition renvoie pour une bonne part à l'idée de services à la personne (ou en anglais, *personal social services, social care services*), à domicile ou dans des établissements d'accueil, et pour un public diversifié qui a en commun d'avoir besoin d'être accompagné dans la vie quotidienne et sociale.

Le *social care* britannique se confronte d'emblée à un enjeu et un défi : un enjeu — gommer autant que possible la frontière entre le social et le sanitaire, entre le social et le médical —, et un défi — définir un périmètre précis, avec la nécessaire distinction entre le formel et l'informel, la part prise en charge par la collectivité et ce qui reste à la charge des personnes visées ou de leurs proches. Il est important de souligner que la majeure partie du *social care* au Royaume-Uni correspond à l'aide informelle apportée par la famille et les proches. La part formelle comprend les interventions de professionnels au domicile des personnes soutenues, elles-mêmes souvent fournies par des organisations indépendantes, marchandes ou non marchandes (*home care*) ; une autre part correspond aux institutions d'accueil (*residential care*). La couverture publique de cette part formelle est quant à elle résiduelle.

Comme dans l'expression « médico-social », il est question avec le *social care* de compléter par l'adjectif « social », ce qui classiquement relève du sanitaire, du soin curatif, de la prise en charge de la maladie, d'où dans les deux pays toute une argumentation pour combler ce fossé ou intégrer dans un même ensemble *health and social care*, médical et social, le tout avec la visée très globale de promouvoir le bien-être des personnes, leur participation à la vie sociale et

---

1. Texte original : *« Adult social care refers to care and support for people who need it because of age, illness, disability or other circumstances. It ranges from help with essential daily activities, such as eating and washing, to participation in all aspects of life, such as work or socialising. Social care can be provided in people's homes, to enable independent living or help with recovery after illness and, if home care is no longer an option, provide a safe space for people to live in supported housing, residential or nursing homes. »*

collective, leur « autonomie » dans la vie quotidienne, en les protégeant en même temps des risques d'abus et de maltraitance.

Le *social care* n'est d'ailleurs pensable qu'en regard de son puissant et dominant cousin, né précisément au même moment : le National Health Service (NHS) ; une véritable révolution universaliste issue des propositions de Lord Beveridge durant la Seconde Guerre mondiale, en rupture avec les préfigurations institutionnelles construites sur le modèle de la charité et de la philosophie des Poor Laws et même du modèle assurantiel rapidement ébauché dans les années 1910 en Angleterre. Le *social care* est en quelque sorte l'autre pan de législation fondatrice du *welfare state* britannique : le National Assistance Act de 1948. Comme l'indique le site du NHS, par *social care and support*, il faut entendre « des services pour vous aider si vous avez besoin d'un soutien pratique du fait de la maladie ou d'un handicap[1] » (cité dans Humphries, 2022, p. 54, notre traduction). En d'autres termes, le *social care* a pour finalité de répondre aux besoins de soutien des populations qui restent hors du périmètre de la couverture du NHS, c'est-à-dire ne relevant pas strictement du médical (*medical care* ou *cure*) ou qui sont concernées par d'autres formes de fragilité ou de vulnérabilité que la seule maladie, comme par exemple les personnes handicapées physiquement[2], ou avec des handicaps d'apprentissage ; les personnes fragilisées par l'avancée en âge ou par des problèmes de santé mentale ou d'addiction, ou bien encore les sans-logis ou les mères seules « abandonnées ».

REPÈRES CHRONOLOGIQUES SUR LE SOCIAL CARE

1601-1834 : Poor Laws ou « lois sur les pauvres ou les indigents », une série de lois établissant le modèle de la charité et d'assistance aux plus démunis sous forme d'aide financière. Établissent la distinction et la discrimination dans l'accès aux aides entre pauvres méritants et pauvres non méritants.

1948 : création du National Health Service (NHS), selon les recommandations du Lord William Beveridge. Il s'agit d'un système de santé universel, aussi appelé « système beveridgien », dont le financement est basé sur les impôts et qui offre un accès universel aux services de soins. Il s'agit de la principale composante du modèle d'État providence britannique.

1948 : National Assistance Act ou loi sur l'assistance : pose les bases du modèle de social care britannique, en abolissant les Poor Laws. S'adresse notamment aux

1. Texte original : *« the services to help you if you need practical support because of illness or disability ».*

2. En anglais : *blind, deaf, dumb and crippled persons.*

personnes âgées ou en situation de handicap nécessitant une assistance dans leur vie quotidienne.

1959 : Mental Health Act ou loi sur la santé mentale [réactualisé en 1983] : met en avant le modèle du *community care* — soins et services de proximité — dans un contexte de remise en cause des institutions asilaires (hôpitaux psychiatriques). Complète la législation sur le *social care*.

1970 : Chronically Sick and Disabled Act ou loi sur les personnes atteintes de maladies chroniques ou en situation de handicap : complète la législation sur le *social care*, dans un contexte de désinstitutionnalisation et de virage inclusif. Met l'accent sur la responsabilité des *local authorities* pour répondre aux besoins des personnes concernées.

2007 : *Putting people first*, « les personnes d'abord » : programme promouvant la transformation des soins et services pour adultes, pour répondre aux enjeux démographiques du vieillissement de la population et aux attentes des personnes recevant le *social care* en termes de qualité de vie et d'inclusion dans la vie sociale.

2014 : Care Act : loi réformant le *social care*.

▶ Les enjeux du concept

Cette politique « sociale » pose d'emblée une diversité d'enjeux : tenir compte des besoins des personnes pour construire des réponses adaptées et, en même temps, cibler le soutien vers les plus vulnérables, notamment en termes économiques avec le recours au *means-testing* (la condition de ressources), autrement dit à la définition de seuil de ressources en deçà duquel la collectivité publique se mobilise ou complète les ressources propres de la personne soutenue[1]. Elle pose donc nécessairement la question de ce qui reste à la charge de la personne, mais aussi et surtout de ses proches, qualifiés d'*informal carers* (aidants informels).

La condition de ressources est sans doute la différence fondamentale entre *health* (NHS) et *social care*. Contrairement à l'universalisme du premier, le *social care*, en ciblant les plus pauvres, au moins autant pour des raisons de doctrine que pour des raisons budgétaires, a conservé longtemps certains des stigmates du modèle de l'assistance et de la charité ; en d'autres termes l'image des réponses stigmatisantes qu'ont véhiculées, depuis les Poor Laws de 1601 et de 1834 au

1. À noter que le recours au *means-test* varie selon les quatre nations du Royaume-Uni. En Écosse, par exemple, depuis 2002 l'accès à un *personal care* à domicile (pour des soins corporels, la préparation de repas ou l'aide à la mobilité) est libre, sans seuil de ressources, pour les personnes âgées de plus de 65 ans (voir Thorlby *et al.*, 2018).

Royaume-Uni[1], les dispositifs à la fois répressifs et souvent infamants de l'assistance, mobilisant la distinction originelle entre *deserving* et *undeserving poors* (pauvres méritants ou non). Si bien sûr le *social care* est parvenu à gommer cette empreinte des origines, demeure toujours un besoin de rappeler la légitimité sur laquelle se fondent ces politiques sociales qui font appel à l'idée de droit d'accès à des services et des soutiens collectifs pour les plus vulnérables. Cet enjeu a des échos dans le secteur français du médico-social.

Autre enjeu et caractéristique du *social care,* là aussi commun avec le médico-social : le fait de confier sa responsabilité, non à l'État, comme pour le NHS à vocation nationale et universelle, mais aux collectivités locales, et ce même si le financement de cette politique articule une double source de financement nationale et locale, sans parler du reste-à-charge. La législation du social de l'après-guerre britannique a été maintes fois complétée ensuite, notamment en 1959 en avançant le modèle du *community care* — soins et services de proximité — dans le Mental Health Act[2] pour renforcer la désinstitutionnalisation des prises en charge, c'est-à-dire la sortie des institutions asilaires, ou en 1970 avec le Chronically Sick and Disabled Persons Act[3]. À l'époque, avancer vers un *social care* plus universel semblait encore envisageable. Mais, sous l'effet de la crise économique des années 1970, ce ne fut pas le cas, comme le souligne Richard Humphries dans son ouvrage en ces termes : « Au fil des années 1970, le robinet financier a finalement été fermé lorsqu'une crise économique a entraîné des coupes sombres dans les dépenses publiques. [...] Les jeunes pousses d'une approche plus universelle du *social care* n'ont pas survécu au refroidissement du climat fiscal[4] » (Humphries, 2022, p. 40, notre traduction). D'autres tentatives de reprendre ce chemin de réforme vers plus d'universalité auront lieu néanmoins : en 2007 notamment avec le *Putting people first* du gouvernement du New Labour, interrompu cette fois par la crise financière de 2008 — 2010, jusqu'au Care Act de 2014, en particulier le projet inabouti de créer un National Care Service, pendant ou équivalent social universel du NHS, proposé par le gouvernement du

1. Comme l'écrit Richard Humphries : « *The dark shadows that the Poor Laws continue to cast* » (Les ombres que la loi sur les pauvres continue de projeter) (*op. cit.*, p. 51). On retrouve un phénomène analogue en France à propos de l'assistance et de la charité sous l'Ancien Régime.

2. Loi sur la santé mentale.

3. Loi sur les personnes atteintes de maladies chroniques ou en situation de handicap.

4. Texte original : « *As the 1970s wore on, the financial tap was finally turned off when an economic crisis led to sweeping cuts in public spending... The green shoots of a more universal approach to social care were not to survive a cold fiscal climate* ».

Labour en 2010, et abandonné lors du tournant politique qui a vu se déployer la politique d'austérité et de restauration des finances publiques.

▶ Le défi des soins de longue durée

Un autre point commun entre les deux pays est le tournant qu'a représenté depuis les années 1980 et surtout 1990 la préoccupation pour l'augmentation de la population relevant du « grand âge » (avec le seuil de 75 et même 85 ans franchi par une part croissante de la population)[1]. Nombre d'indicateurs ont été construits pour appréhender les conséquences du vieillissement de la population, à commencer par le ratio de dépendance démographique ou *dependency ratio*, rapportant la part des plus de 65 ans aux personnes actives et occupées, ou bien encore l'évolution de la charge de morbidité (ou fardeau de la maladie, *burden of disease*), soulignant l'augmentation des multimorbidités, et de la part des maladies chroniques, une fois encore souvent croisées avec l'âge. L'invention d'un « quatrième âge », c'est-à-dire d'un âge où se combinent des maladies chroniques (dont on ne guérit pas, mais avec lesquelles on continue de vieillir) et les pertes de capacités ont généré un discours dominant sur la menace que représentent ces besoins croissants, un fardeau (*burden*) qui pèserait tant sur les finances publiques que sur les proches.

Avec le vieillissement, dont on aurait pu célébrer la victoire en termes de gains d'espérance de vie et surtout d'espérance de vie en bonne santé ou sans incapacité, l'enjeu s'est déplacé, faisant des soins de longue durée ou *long-term care* une composante croissante du *social care*, tout comme dans le cas français la question des personnes âgées dépendantes, requalifiées de personnes en perte d'autonomie, a occupé une part croissante de la discussion sur les évolutions du secteur et de l'action médico-sociaux. Cet enjeu du vieillissement ne s'est pas pour autant substitué aux besoins issus d'autres groupes d'âge, avec l'augmentation en particulier de la souffrance et des handicaps psychiques, surtout chez les enfants et les jeunes.

---

1. Le nombre des personnes âgées de plus 85 ans au Royaume-Uni a ainsi été multiplié par huit entre 1953 et 2016 passant de 200 000 à 1,6 million, augmentant tendanciellement les besoins de *social care*.

Des approches différentes pour l'âge et le handicap

Ce clivage entre les politiques adoptées pour faire face au vieillissement et celles, distinctes dans une certaine mesure, adressées aux personnes en situation de handicap, est encore un point important de la construction du *social care*, qui distingue la part du *community care* adressée aux personnes handicapées et celle dédiée aux personnes âgées. Dans le secteur du handicap, une véritable dynamique est à l'œuvre, inspiré par le *disability movement* américain, qui préconise la défense des droits des personnes et le respect de l'autodétermination contre toutes formes de discrimination et d'assistance. Dans la perspective des *disability studies*, l'enjeu principal est moins de soutenir ou d'assister les personnes en situation de handicap que d'intervenir sur leur environnement pour faciliter leur pleine et entière citoyenneté, leur autonomie, que ce soit en matière de mobilité, d'aménagement urbain, d'éducation, d'accès à l'emploi, etc. Dans cette perspective, il est moins question d'équiper les personnes handicapées pour les rendre « comme les autres », que d'adapter leur environnement pour que celui-ci n'entrave pas leurs actions, leur vie quotidienne et leur citoyenneté.

DU *SOCIAL CARE* COMME MIROIR DU MÉDICO-SOCIAL

Ce bref rappel des principales caractéristiques du *social care* au Royaume-Uni a déjà permis de repérer quelques composantes proches de celles correspondant au domaine, secteur ou champ du médico-social en France. Mais au-delà de ces premiers éléments, nous souhaitons maintenant montrer, en nous appuyant sur la littérature internationale, ce qu'ont de commun les discussions sur les transformations de ces deux secteurs des deux côtés de la Manche. Nous soulignons par la même occasion le rôle qu'a eu cette notion anglaise dans les discussions et les comparaisons internationales entre systèmes de protection sociale qui ont marqué ce début de XXIe siècle et qui ont permis de relever une série de thématiques communes qui traversent ces analyses.

Le social care en Allemagne et en Suisse[1]

De ce point de vue, les configurations allemande ou suisse fournissent d'autres exemples de la manière dont les questions soulevées par le *social care* ont pris forme et contribué à réorganiser en profondeur le secteur. Le domaine du *social care* en Allemagne a longtemps été caractérisé par sa trajectoire et son ancrage institutionnel et territorial contrastés par rapport à la protection sociale contributive, ouvrant donc à des droits standardisés, organisée à l'échelle nationale et gouvernée par des accords entre acteurs patronaux et syndicats sous la surveillance étroite de l'État fédéral, qui a vu le jour dans ce pays à la fin du XIXe siècle (Evers, Sachße, 2003). Le plus souvent concrètement réalisée par les femmes dans le cadre d'un régime de genre resté traditionnel, la protection des personnes vulnérables dans les familles était pour le reste locale, financée et gouvernée par les communes, et dominée par des prestataires liés aux Églises protestante (Diakonie) et catholique (Caritas) ou au mouvement ouvrier (*Arbeiterwohlfahrt*). Le monde du *social care* était ainsi resté dans le contexte allemand un prolongement faiblement modernisé de l'assistance sociale. Le soutien, notamment à domicile aux personnes âgées était ainsi subsidiaire à l'aide apportée par la famille, mais aussi à ses moyens financiers (Theobald, 2012). La réforme du mitan des années 1990 qui a introduit une assurance sociale fédérale a métamorphosé le domaine d'une double façon. D'abord, le financement a été amélioré tout en permettant un allègement des finances communales, et un renforcement et une standardisation des droits. Ensuite, l'introduction d'un système de *cash-for-care* (attribution d'une prestation monétaire à la personne pour rémunérer l'aide) a permis la monétarisation des aidants familiaux — système largement privilégié par les personnes âgées en perte d'autonomie —, mais aussi le développement d'un marché des prestataires des soins qui a en partie remis en cause la domination des prestataires traditionnels. En Allemagne, la professionnalisation du domaine est paradoxale. Une forte majorité des soins sont pris en charge par des aidants informels, mais des formations de haut niveau sont prodiguées partout sur le territoire allemand, dans le cadre d'un espace professionnel dédié au *social care* (*Pflege*) qui bénéficie d'une tradition ancienne.

Le cas de la Suisse est proche de ce modèle germanique, notamment pour ce qui concerne le rapport ambigu à la professionnalisation. Le *social care* reste en Suisse ancré dans le domaine communal, même si les politiques du handicap ont été « cantonalisées » il y a une quinzaine d'années et qu'un montant modéré de « prestations complémentaires » est assuré par des assurances sociales fédérales (retraites et invalidité). Pour le reste, la plupart des cantons de Suisse alémanique n'interviennent pratiquement pas dans le déploiement du *social care*, ce qui entraîne de grandes inégalités territoriales dans l'accès aux prestations. Dans les cantons de Suisse latine, la réalité est plus contrastée.

1. Encadré rédigé par Olivier Giraud que nous remercions.

Le lien entre âge et handicap

Un premier chantier de discussion partagé à l'échelle internationale et inscrit dans l'histoire des différents systèmes concerne la relation entre âge et handicap (Stiker, 2004). Comment mieux intégrer les politiques menées en direction des personnes handicapées, d'une part, et des personnes en perte d'autonomie liée, entre autres, à leur avancée en âge, de l'autre, sachant qu'elles font l'une comme l'autre appel au *social care* ou au médico-social ?

Si ces deux catégories de publics ont bien donné lieu à des mesures qui leur sont spécifiquement destinées, il est évident que ce clivage n'a pas toujours eu cours : par exemple, les politiques d'assistance ont d'abord été construites, dès l'Ancien Régime et lors de la construction des systèmes de protection sociale, autour de l'idée d'incapacité à travailler et donc à subvenir à ses propres besoins par son travail (Castel, 1995). Ce clivage est de moins en moins tenable aujourd'hui. Ainsi, on relève de l'une ou l'autre des catégories de publics ou des politiques dédiées en fonction de l'âge auquel survient une déficience ou un handicap, avec la barrière de 60 ans qui est maintenue dans la définition des politiques. En France, on assiste à des tentatives pour englober sous une même catégorie ou notion ces deux ensembles de situations au nom de l'« autonomie ». Ainsi, une même caisse est chargée d'administrer les prestations et les services de ces deux grandes catégories de bénéficiaires : la Caisse nationale de solidarité pour l'autonomie. Créée en 2004, cette caisse est depuis janvier 2021 la cinquième branche du système français de protection sociale, la branche « Autonomie » (chapitre 3). Cette évolution n'est pas sans rappeler les débats à propos des liens entre NHS et National Care Service, ou ces tentatives de mieux intégrer ces deux ensembles.

L'enjeu de coordination

Prolongeant la discussion sur les frontières entre ce qui relève du sanitaire et du social, les experts de ce champ de pratiques et d'interventions ont consacré de larges pans de discussion aux défis de la coordination ou, pour le dire dans les termes des pays anglophones, de l'*integrated care*. Obtenir une réponse intégrée en matière de *social care* ou améliorer la coordination dans le secteur médico-social constituent deux formulations d'un même enjeu, unanimement reconnu par les décideurs publics, les experts, les professionnels du social, du médico-social et de la santé. Ces défis de la coordination ont donné lieu à une pléthore de formules et d'expérimentations dans les deux pays mentionnés mais aussi dans beaucoup d'autres, et semblent devoir sans cesse être remis sur le métier (chapitre 6).

▶ Le rôle des aidants

Dans les deux configurations linguistiques, mais aussi bien au-delà (dans les pays d'Europe du Nord et du Sud), nombre de travaux soulignent l'importance de l'aide informelle des proches, mais aussi le report de charge que représente le tournant domiciliaire. Celui-ci renvoie au transfert vers la famille et le *social care* (soumis à conditions de ressources) des réponses (pratiquement universelles et gratuites pour les personnes concernées) que fournissait le NHS en Angleterre, ou que fournit en France la branche maladie de la Sécurité sociale, notamment dans les petits hôpitaux locaux, pour ce qui concerne les personnes âgées nécessitant des soins de longue durée ou les personnes en situation de handicap (réduction plus ou moins drastique du nombre de lits).

On retrouve en Italie une discussion analogue sur le rôle qu'ont longtemps joué les hôpitaux relevant du secteur de la santé mentale pour l'accueil des personnes âgées dépendantes et l'alternative qui a été trouvée de manière informelle avec les *badanti*, ces femmes étrangères le plus souvent recrutées comme auxiliaires de vie. Si ce transfert vers le *social care* informel a eu la vertu de rompre avec les défauts de l'institutionnalisation des personnes dans des établissements souvent peu propices au bien-être et à l'intégration sociale, il a comme limite d'augmenter le travail de *care* qui pèse sur les proches et parmi eux, principalement les femmes (épouses, filles et belles-filles), d'où l'enjeu de définir une véritable politique à l'égard des aidants (chapitre 15). Le tournant domiciliaire répond certes à une aspiration largement dominante des personnes concernées par l'avancée en âge (rester chez soi), mais il met aussi en lumière les très importantes inégalités entre elles, que ce soit en termes de moyens matériels et financiers (y compris en termes de conditions de logement), mais aussi en termes de réseau de soutien. On peut, comme le montrent bien les travaux de Teppo Kröger, être *care poor*, c'est-à-dire sans soutien informel (Kröger, 2022).

▶ Le reste à charge

En prolongement de ces questions d'inégalités, d'autres réflexions portent sur les capacités financières des personnes pour faire face à la montée des charges de l'aide et des soins à domicile. Les tendances de moyen terme suscitent ainsi une certaine inquiétude à propos de la réduction des capacités de désépargne des générations nées après 1965 pour payer leurs soins ou prises en charge dans le futur. Ces nouvelles générations ont en moyenne à faire face à des conditions économiques et sociales en déclin par rapport à celle des baby-boomers, qui bénéficiaient à la fois d'une socialisation de ces dépenses *via* la protection sociale et de biens acquis au long d'une vie en contexte de croissance qui leur permettent de faire face aux coûts du *care*. Cette nouvelle conjoncture remet en cause les équilibres entre part de l'État, du privé marchand et du privé domestique.

▶ Le marché du *care*

Nombre de discussions portent également sur l'introduction du *new public management* dans ces secteurs (*social care* ou médico-social) et ce dans de nombreux pays de l'Organisation de coopération et de développement économiques (OCDE) dotés de mesures analogues. Au-delà de la question du transfert des méthodes de management en provenance du secteur privé productif vers ces secteurs à vocation sociale, celles-ci ont facilité le développement d'une offre marchande de *care*, ou d'un *social care market*, avec des établissements privés à but lucratif, qui ont contribué à dualiser l'offre entre les plus et les moins nantis, sans garantir pour autant la qualité des prises en charge dans ces structures privées et marchandes. Dans le cas britannique, le transfert du financement public de la Sécurité sociale vers les collectivités en ayant recours à ces pratiques de maîtrise des coûts n'a pas suffi à garantir une amélioration de l'offre et une meilleure couverture des besoins, mais au contraire a conduit à son rationnement. Ce tournant a été pris sous les gouvernements Thatcher dans les années 1980 et s'est traduit, outre par le transfert des budgets aux collectivités locales, par la division des services sociaux entre acheteurs (*purchaseurs*) et fournisseurs (*providers*) et la transformation des travailleurs sociaux en gestionnaires de soin (*case managers*), chargés de définir des paniers de services et de soins pouvant être délivrés par des fournisseurs publics comme privés (*packages of care in a mixed economy of welfare)* avec des principes de mises en concurrence pour garantir un contrôle des prix.

▶ Les effets de la concurrence et les enjeux de qualité

Dans un article récent, Jane Lewis (2022) analyse ce changement profond de nature, lié à l'introduction il y a maintenant trois décennies, de quasi-marchés. Elle montre comment ces décisions ont contribué à fragmenter davantage encore le secteur entre différents types de fournisseurs de *social care* et même, au sein des entrepreneurs privés, entre les petites entreprises et les grosses firmes. Au Royaume-Uni, les vingt-six plus grosses entreprises d'accueil et de services pour les personnes en perte d'autonomie représentent aujourd'hui près du tiers de l'offre (et les cinq plus grosses, 17 %), d'où l'enjeu de leur modèle économique combinant les publics selon les sources de financement (certains en partie financés par l'État, d'autres finançant seuls ces services). S'il s'est développé rapidement, ce marché est aussi fragile et les risques de faillite très sérieux[1], sachant que l'effondrement d'un tel segment de l'offre n'est pas ou très difficilement substituable, même par une aide informelle déjà sous pression.

Cette fragmentation concerne en miroir les bénéficiaires, entre ceux qui obtiennent le soutien des pouvoirs publics pour accéder à ces services et ceux, beaucoup plus nombreux (tant les critères d'accès à une aide publique sont limités), qui s'achètent leurs services eux-mêmes. L'analyse du cas britannique, qui peut parfois apparaître comme un cas-limite, met en lumière à quel point tout concourt à ce que la concurrence se fasse sur les prix et non sur la qualité, en mettant à l'épreuve les capacités de régulation des pouvoirs publics. L'enjeu pour nombre de ces entreprises est davantage de réduire ou contenir les coûts que d'augmenter la qualité. De même, ce type d'analyse rétrospective met en lumière à quel point est illusoire l'idée d'améliorer le choix de l'usager (idéologie du *free choice*). En effet, trouver une place dans un établissement vient en général à un moment particulièrement critique pour une personne âgée et pour ses proches, souvent sous contrainte budgétaire forte, et sachant que l'important est d'abord de rester proche de ses soutiens familiaux.

Sans être allé aussi loin, le secteur médico-social en France a vu se déployer dans le domaine de la prise en charge de la dépendance des personnes âgées des solutions marchandes analogues. Leurs travers ont été révélés au grand jour par le scandale de l'entreprise Orpéa et la publication du livre choc de Victor Castanet (2022). Nombre d'experts avaient déjà mis en garde sur le risque d'emprise de la logique financière et ses conséquences sur les conditions de l'accueil, au point de fabriquer des formes institutionnelles de maltraitance (manque de temps pour les professionnels, rythme de travail générateur de violence institutionnelle, etc.).

Mais cette tendance à marchandiser le *social care* dépasse largement ces deux pays et concerne aussi les pays qui semblaient en être le plus éloigné, comme les pays scandinaves (Kröger *et al.*, 2033 ; Szebehely et Tridegard, 2012 ; Szebehely

1. Une étude mentionnée par Jane Lewis évoque qu'un quart de ces entreprises de *social care*, quelle que soit leur taille, sont en risque de faillite.

et Meager, 2018). Là aussi, et en particulier dans le secteur du *long term care*, la tendance est clairement à la marchandisation, accompagnée parfois d'une refamilialisation de la charge.

▶ La reconnaissance du travail de *care*

Parmi les effets de ces tendances à la marchandisation[1], on doit souligner la question majeure et amplement discutée de la reconnaissance du travail des professionnels de ce secteur, qu'il s'agisse de *social care*, de médico-social, ou de prolétariat des professions sociales. De très nombreux travaux mentionnent ces enjeux de conditions de travail, de rémunérations, de pénibilité, ou bien encore ces idées reçues sur le fait que ces tâches de soins corporels ou d'aide aux plus vulnérables ne nécessitent pas de compétences spécifiques, mais tout au plus de mobiliser les qualités « naturelles » des femmes qui s'y consacrent (chapitres 11, 12 et 14)... L'épisode de la pandémie de la Covid-19 a pu laisser croire que cette reconnaissance collective de ces « premières de corvée » était advenue. Il semble que le soufflet de ce travail de valorisation soit en grande partie retombé et que ces questions de filières, de qualifications professionnelles, de carrières, ou bien encore de reconnaissance de la pénibilité, y compris d'épuisement physique aient besoin d'être réactivées.

▶ Personnalisation/individualisation des mesures

Dans tous les pays où ont été documentées les évolutions de ces secteurs de pratiques et de services, les solutions se cherchent entre réponses plus complètes à défaut d'être universelles et individualisation. Du côté du domicile, la modernisation du *social care*, comme celle du médico-social passe par l'abandon progressif de réponses de type « prêt-à-porter » (*one size fits all*) pour privilégier la réponse individualisée en se concentrant sur la qualité des services rendus du point de vue de l'usager et de leurs aidants. On trouve ainsi en France comme dans de nombreux pays cette logique de *case management* (gestion de cas) en vue de la définition d'un panier de soins et de services. Cette notion de *case management* a été particulièrement mobilisée dans la prise en charge des patients atteints de la maladie d'Alzheimer.

1. Tendances qui varient toutefois selon les secteurs : faible dans le secteur du handicap, voire inexistante dans le domaine de l'addictologie.

La personnalisation ou l'individualisation prend de multiples formes, mais il apparaît clairement que nombre de pays donnent la priorité à des paiements à la personne (*cash for care*) supposés permettre à l'usager de défendre ses propres choix et modes de vie, plutôt que de se soumettre aux dispositifs préconisés par des professionnels, autrement dit préférant l'*individual-led approach* au *service-led approach*. Cette perspective a donné lieu en particulier au Direct Payment Act de 1996 et à la politique des *personal budgets*. Cette discussion est également présente dans le secteur médico-social à propos de la liberté d'usage des prestations sociales versées aux bénéficiaires pour privilégier telle ou telle offre de service (chapitres 14 et 15).

Conclusion

Dans leur ouvrage programmatique, Peter Beresford et Colin Slasberg (2023) montrent à quel point les réflexions sur les avancées, mais surtout les limites de la politique de *social care* adoptée au Royaume-Uni permettent de poser les bases d'une réflexion internationale. « L'expérience britannique est riche d'enseignements pour les politiques et les pratiques internationales, parce qu'elle est à la fois très développée et très insuffisante[1] » (Beresford, Slasberg, 2023, p. 4, notre traduction). En survolant cet ensemble de littérature, nous défendons nous aussi que l'analyse du médico-social en France a beaucoup à gagner à prendre connaissance et partager ces discussions à propos de l'avenir du *social care* dans de nombreux pays du monde. Les enjeux semblent en très grande partie communs à l'ensemble des pays dotés de systèmes de protection sociale. Parmi ceux-ci, on peut mentionner :

- Le défi du vieillissement de la population et de l'augmentation du groupe des personnes de plus de 75 ou de 80 ans, qui ont des besoins de soutien qui ne relèvent pas uniquement du soin ou du *cure*, tant ils sont surtout confrontés à des maladies chroniques avec lesquelles ils vont continuer de vivre, à des besoins d'aide quotidienne du fait de la perte progressive de leur autonomie ou de leurs capacités et à des problèmes de solitude, etc. En somme, le défi des *long term care services*.
- Le défi du handicap et de la meilleure longévité de la population concernée par un handicap (qu'il soit physique ou psychique) et pour laquelle des avancées

1. Texte original : « *The UK experience offers many insights for policy and practice internationally, because it is at one and the same time so developed and yet also so inadequate.* »

se cherchent en lien avec la reconnaissance de son droit à être intégrée à l'ensemble du fonctionnement social global, ce qui appelle moins des politiques ciblées qu'un traitement social et politique par l'ensemble des secteurs des politiques publiques, dans une logique d'accès aux droits (chapitre 18).

- Le défi des transformations des liens familiaux et intergénérationnels, mais aussi celui que soulèvent un nouveau contrat entre les genres et la division sexuelle du travail de *care* entre les femmes et les hommes.
- Le défi des coûts et de la qualité des services aux personnes concernées par le *social care*. La grande majorité des pays cherchent à promouvoir des réponses à domicile, tant les réponses institutionnelles dans des établissements se révèlent à la fois trop coûteuses ou insoutenables et éloignées des préférences des personnes concernées. Mais partout également ce tournant domiciliaire a un coût pour les personnes et pour les proches qui mettent en lumière de profondes inégalités (économiques, spatiales et relationnelles).
- Le défi de l'intégration des réponses, de leur coordination. On trouve également dans de nombreux pays l'objectif de faciliter les choix des personnes à travers la formule du *cash for care* (*personal budgets, direct payments*), prestations monétaires qui permettent aux usagers de faire le choix des formules les plus proches de leurs habitudes ou critères culturels. Cette personnalisation des réponses plaide pour des arrangements sur mesure, tenant à la fois compte des pratiques et des ressources mobilisées autour des personnes concernées (aide informelle, aide des proches et des parents), mais aussi des ressources en service effectivement accessibles sur un site ou un territoire de proximité.
- Le défi de la reconnaissance des professionnelles impliquées dans le *social care* et le médico-social, ces « premières de corvée » qui ont été saluées au cours de la crise sanitaire, tant elles ont constitué une ressource fondamentale pour faire face au choc de la pandémie et de ses conséquences pour les plus vulnérables. Cet enjeu de reconnaissance des métiers et des professionnelles du *care* est partout très problématique. L'est tout autant la reconnaissance du travail informel des aidants et des proches.

Il ne s'agit pas de nier les différences fondamentales entre les modèles ou régimes de protection sociale, et, en particulier, le fait d'avoir ou non recours à une politique de *long term care* suivant un chemin assurantiel (*risk pooling*) comme en Allemagne, en Autriche ou au Japon, ou un modèle universaliste de services aux personnes, comme dans les pays scandinaves, même si dans ces pays, le modèle marchand a considérablement gagné du terrain, ou bien encore à des modèles qui ont longtemps privilégié la réponse informelle des soutiens fournis par les proches, souvent sur la base de leurs obligations alimentaires (la familialisation comme dans les pays du sud de l'Europe). Mais, une fois encore, ces écarts observables à la fin du xxe siècle se sont beaucoup atténués tant les pays sont conduits à produire des réponses de plus en plus mixtes entre les ressources mobilisables (impôts et cotisations, aide formelle et informelle, rémunérée ou non, système de *copayment*, recours à une offre privée et marchande, etc.).

Comme le défendent Beresford et Colin, un des obstacles à la structuration de ce secteur réside sans doute dans l'idée que le bien-être des personnes, y compris celles qui ont besoin d'aide et de soutien, est au fond une question qui n'appelle rien d'autre qu'une mobilisation spontanée des proches :

> « C'est peut-être l'une des principales ironies du *social care* que d'être traité comme s'il était si simple, si évident, que n'importe qui peut le faire. Ses coûts devraient être minimes et il ne mérite même pas qu'on lui accorde la même attention que d'autres politiques publiques. En fait, il est tellement banal que de nombreux responsables politiques estiment qu'ils peuvent largement laisser les membres de la famille et les amis jouer le rôle d'"aidants"[1] » (Beresford, Colin, 2023, 1, notre traduction).

En défendant la personnalisation du *social care*, les politiques publiques ont mis en avant une vision consumériste fondée sur l'idée de choix. En tenant compte des enjeux démographiques, mais aussi des leçons que l'on peut tirer des conséquences de la pandémie de la Covid, et se basant sur le traité des Nations Unies de 2006 — la Convention relative aux droits des personnes handicapées[2], ces auteurs proposent une alternative à l'échelle internationale fondée sur les droits des personnes (*person-centred system*). Peut-être un chemin pour l'avenir du médico-social également.

REPÈRES INSTITUTIONNELS

Agences

National Health Service (NHS).

1. Texte original : « *It is perhaps one of the great ironies of social care that it tends to be treated as if it were so simple, so obvious, that anyone could do it. Its costs should be minimal and it is not even worth the same kind of serious consideration given to other public policies. Indeed, it is so unremarkable that many politicians feel they can largely leave it to family members and friends to act as "carers".* »

2. Voir https://treaties.un.org/pages/ViewDetails.aspx?src=IND&mtdsg_no=IV-15&chapter=4&clang=_fr. Adopté par l'Assemblée générale des Nations unies le 13 décembre 2006, ce traité est entré en vigueur le 3 mai 2008.

POUR ALLER PLUS LOIN

Beresford P., Slasberg C. (2023). *The Future of Social Care. From Problems to Right-Based Sustainable Solution*. Cheltenham, Edward Elgar Publishing.

Christensen K., Pilling D. (éd.) (2020). *The Routledge Handbook of Social Care Work Around the World*. Londres, Routledge.

Daly M., Lewis J. (2000). « The concept of social care and the analysis of contemporary welfare states », *British Journal of Sociology* 51 (2), 2000, p. 281-298.

BIBLIOGRAPHIE

Beresford P., Slasberg C. (2023). *The Future of Social Care. From Problems to Right-Based Sustainable Solution*. Cheltenham, Edward Elgar Publishing.

Cassin B. (2004). *Vocabulaire européen des philosophies. Dictionnaire des intraduisibles*. Paris, Le Seuil, Le Robert.

Castanet V. (2022). *Les Fossoyeurs*. Paris, Fayard.

Castel R. (1995). *Les métamorphoses de la question sociale, une chronique du salariat*, Paris, Fayard.

Daly M., Lewis J. (2000). « The concept of social care and the analysis of contemporary welfare states », *British Journal of Sociology* 51 (2), 2000, p. 281-298.

Evers A., Sachße C. (2003). Social Care Services for Children and Older People in Germany: Distinct and Separate Histories. In Anttonen, Anneli; Baldock, John; Sipilä, Jorma (éd.). *The Young, the Old, and the State – Social Care Systems in Five Industrial Nations*. Edward Elgar, Cheltenham, 55-79.

Humphries R. (2022). *Ending the Social Care Crisis. A New Road to Reform*. Bristol, Policy Press.

Jenson J. (1997). « Who Cares ? Gender and Welfare Regims », *Social politics, International studies in Gender, State and Society*, 2 (4), 182-187.

Kott S. (1995). *L'État social allemand. Représentations et pratiques*. Paris, Belin.

Kröger T., Anttonen A., Sipilä J. (2003). « Social Care in Finland : Stronger and Weaker Forms of Universalism », in Anttonen A., Baldock J., Sipilä J. (éd.) *The Young, the Old and the State. Social Care Systems in Five Industrial Nations*, Cheltenham, Edward Elgar, p. 25-54.

Kröger T. (2022). *Care Poverty. When Older People's Needs Remain Unmet*. Londres, Palgrave Macmillan.

Lewis J. (1992). « Gender and the Development of Welfare Regimes », *Journal of European Social Policy*, 2 (3), p. 159-173.

Lewis J. (1998). *Gender, Social Care and Welfare State Restructuring in Europe*, Ashgate, Cheltenham.

Lewis J. (2022). « The problems of social care in English nursing and residential homes for older people and the role of state regulation », *Journal of Social Welfare and Family Law*, 44, 2, p. 185-204 DOI : 10.1080/09649069.2022.2067650.

Martin C. (2008). « Qu'est-ce que le "social care" ? », *Revue française de socio-économie*, (2), 2008, p. 27-42.

Orloff A. (1993). « Gender and the Social Rights of Citizenship », *American Sociological Review*, 58, p. 303-328

Sainsbury D. (éd.) (1994). *Gendering Welfare States*, Sage Publications, Londres.

Sipilä J. (éd.) (1997). *Social Care Services ; the Key to the Scandinavian Welfare Model*, Avebury, Aldershot.

Stiker Henri-Jacques (2004). « Âges et handicap », *Gérontologie et société*, 27, (3), p. 13-27.

Szebehely M., Gun-Britt T. (2012). « Home care for older people in Sweden : a universal model in transition », *Health and Social Care in the Community*, 20 (3), p. 300-309.

Szebehely M., Meager G. (2018). « Nordic eldercare : Weak universalism becoming weaker ? », *Journal of European Social Policy*, 28 (3), p. 294-308.

Theobald H. (2012). Home-based care provision within the German welfare mix. *Health and Social Care in the Community*, 20(3), p. 274-282.

Thorlby R., Starling A., Broadbent C., Watt T. (2018). *What's the problem with social care, and why do we need to do better ?* Report for the Health Foundation, the Institute for Fiscal Studies, the King's Fund and the Nuffield Trust.

Chapitre 3

Situer le médico-social : un point de vue depuis la conception des politiques publiques

Réaction de Virginie Hoareau

RÉSUMÉ

Ce chapitre interroge la définition et la délimitation du médico-social depuis la position occupée par son auteure à la CNSA et plus largement au cœur de la conception et de la mise en œuvre des politiques publiques de l'autonomie. L'auteure suggère en particulier que l'utilité de la catégorie est liée au flou qui la caractérise. Le chapitre montre également comment celle-ci est traversée par des effets de concurrence et il pose la question des transformations induites par la consécration de l'autonomie en cinquième branche de la protection sociale.
Mots-clés : CNSA, politique de l'autonomie, 5e branche, catégories.

Ce chapitre rédigé depuis le terrain de la Caisse nationale de solidarité pour l'autonomie (CNSA) et basé sur mon expérience professionnelle n'exprime pas le point de vue institutionnel de la caisse. Travaillant dans le secteur de l'autonomie depuis plus de quinze ans (conception, appui à la mise en œuvre et suivi de politique publique) et au sein de la CNSA depuis plus de six ans, j'ai eu l'opportunité d'approcher le secteur médico-social de différentes manières et d'en apprécier les spécificités. Dans ce chapitre « en réaction », j'aborderai les grands enjeux de ce secteur original de la protection sociale et j'apporterai un éclairage sur ce que l'on en attend : répondre de façon holistique à des besoins qui ne se situent ni totalement du côté du social ni totalement de celui du sanitaire. Le secteur médico-social, entendu ici comme l'ensemble des institutions, structures et professionnels dont l'action vise à combiner une réponse en soins médicaux et un accompagnement social, est en transformation constante. Il est un pont, un trait d'union, un lieu hybride de la protection sociale, et cette originalité est sans nul doute une force. Depuis la reconnaissance en 2021 de la CNSA comme 5e branche de la Sécurité sociale, un nouveau paradigme se construit au fil des mois. Cette évolution marque un tournant pour le secteur médico-social, que j'essaierai également de partager ici.

QUELQUES MOTS SUR LA CNSA

▶ Un modèle original

La CNSA est mise en place en 2005 au sortir de la crise de la canicule de l'été 2003 qui a éveillé les consciences et accéléré la prise en compte du vieillissement de la population française dans les politiques publiques. C'est également l'année d'une loi importante, la loi du 11 février 2005 pour l'égalité des droits et des chances, la participation et la citoyenneté des personnes handicapées.

Dès sa création, le statut de la caisse est hybride. Elle est une agence et une caisse. Le législateur lui confie la gestion des crédits d'assurance maladie contribuant au financement des politiques médico-sociales pour les personnes âgées et les personnes en situation de handicap, ainsi que des missions d'appui aux professionnels des départements et des maisons départementales du handicap. Il s'agit d'assurer la cohérence entre l'action de l'État, de l'assurance maladie et des collectivités locales.

Ce modèle, qui combine décentralisation et politique nationale intégrée de l'État et de l'assurance maladie, est résolument original. Il vise à répondre à deux grands objectifs : celui de l'équité de traitement sur le territoire et celui de la proximité. La CNSA doit inventer la gouvernance et les outils de pilotage dans le respect de cette rencontre entre acteurs aux cultures, légitimités et compétences variées.

La CNSA doit également incarner, promouvoir et développer l'action médico-sociale au bénéfice de deux types de publics : les personnes âgées en perte d'autonomie et les personnes en situation de handicap.

▶ La CNSA, l'autonomie et le médico-social

La notion d'autonomie, ou de politique de l'autonomie, a vocation à rassembler ces deux populations, mais les représentants des personnes âgées et ceux des personnes en situation de handicap ne se la sont pas appropriée de la même manière. Dans le champ de l'âge, cette notion constitue un progrès dans la mesure où la situation des personnes est prise en compte à partir des capacités de celles-ci et non plus d'un état de dépendance. Dans celui du handicap, en revanche, les acteurs ne s'y reconnaissent pas systématiquement et alertent sur le risque d'une injonction à l'autonomie.

Quel que soit le regard que l'on porte sur cette notion, on peut souligner qu'elle n'est pas équivalente à celle de « médico-social ». Pour autant, la CNSA a souvent été qualifiée de « caisse du médico-social » et, en effet, ses missions ont tout à voir avec le médico-social : notamment la gestion de l'objectif national de dépenses d'assurance maladie (Ondam) médico-social, le financement et l'appui au pilotage de l'offre médico-sociale, l'appui aux équipes médico-sociales des conseils départementaux dans l'attribution de l'allocation personnalisée d'autonomie (APA). Plus largement l'action de la CNSA au quotidien s'adresse aux acteurs de ce secteur et intègre leurs particularismes.

La CNSA elle-même utilise peu, cependant, le terme de médico-social dans sa communication officielle. Dans les rapports annuels de son conseil, il n'est employé que rarement pour qualifier une politique ou un domaine d'action propre. Il est plus souvent un adjectif ciblant la catégorie des Établissements et services médico-sociaux (ESMS), la planification de l'offre, la gestion des crédits médico-sociaux délégués aux agences régionales de santé. Il s'agit plus d'une approche par la ressource ou les moyens que par la finalité.

Ainsi, on pourrait résumer en proposant les éléments de caractérisation suivants : la CNSA agit avec et pour le secteur médico-social, dans le domaine de l'autonomie et en fondant son intervention sur ce qui est consubstantiel à la définition du médico-social : une approche combinant des réponses à des besoins qui concernent à la fois les soins et l'accompagnement.

A-T-ON BESOIN D'UNE DÉFINITION DU MÉDICO-SOCIAL ?

▶ L'intérêt d'une définition du médico-social

La recherche et la reconnaissance d'un espace et d'une voix propres qui ne soient ni seulement le lieu du social, ni seulement celui du soin sont un point d'appui très important pour la politique de l'autonomie. Évaluer des situations, élaborer et apporter des solutions à des besoins de manière globale sont des principes d'action pour les professionnels du secteur médico-social. Le trait d'union, le fait de ne pas avoir choisi entre les soins et le social mais d'avoir créé un domaine conciliant les deux est un réel atout. Au-delà de la reconnaissance de principe (approche globale de la situation de la personne, reconnaissance du fait que la solidarité nationale doit répondre à ses besoins en prévention, compensation, accompagnement) cette différenciation a permis d'identifier des moyens d'actions propres à un secteur à développer.

▶ La possibilité de mobiliser des moyens dédiés

La création de la CNSA ancre le fait que des moyens sont dédiés et qu'ils font l'objet d'une gestion en propre par un opérateur national responsable. En 2006 le « périmètre financier » de la CNSA était d'environ 15 milliards d'euros. En 2023, il atteint près de 39 milliards d'euros du fait notamment de l'évolution démographique, de la diversification des solutions financées, des projets structurants menés au bénéfice des personnes et des professionnels.

Par ailleurs, la création de la CNSA et l'identification de moyens propres pour le médico-social préservent l'universalité de l'assurance maladie. Il n'y a pas, d'un côté, une assurance maladie consacrée spécifiquement aux personnes âgées et aux personnes handicapées, et, d'un autre côté, une assurance maladie pour tous les autres. Le financement du médico-social vient soutenir des réponses à des besoins spécifiques en complémentarité avec l'assistance, d'une part, et les risques maladie et vieillesse, d'autre part. Cependant, les définitions et les frontières doivent être précisées pour préserver cette logique et garantir une gestion des crédits et un pilotage précis de cette politique. La difficulté à attribuer la charge d'une dépense à tel ou tel financeur en fonction de sa compétence dans un domaine d'action dont la caractéristique est d'être transversale est souvent mise en avant. Elle génère des tensions entre les financeurs contraints par des moyens limités. Si elle est un facteur de complexité, elle est également importante car elle doit permettre, à l'échelle des personnes, une réponse complète et articulée.

▶ Une nécessité pour les décideurs et financeurs pilotes de la politique médico-sociale

La reconnaissance de moyens accordés en propre au secteur médico-social implique de déterminer avec précision ce qui est financé pour en assurer le pilotage budgétaire. Identifier le médico-social au travers d'une approche budgétaire reste toutefois très difficile. Les crédits médico-sociaux ont plusieurs sources et il ne serait pas juste de restreindre la définition du secteur aux seuls établissements et services qui reçoivent des crédits issus de l'objectif national de dépenses de l'assurance maladie médico-social voté chaque année dans le cadre de la loi de financement de la Sécurité sociale. C'est pourtant une présentation qui reste parfois utilisée.

Le financement des ESMS par la CNSA repose sur des enveloppes distinctes pour chacun des publics — personnes âgées et/ou personnes en situation de handicap. L'enveloppe globale réunissant les deux publics est appelée « objectif global de dépenses » (OGD) (elle est constituée des crédits d'assurance maladie — deux sous-objectifs Ondam PA et Ondam PH et d'autres types de recettes notamment issues de recettes fiscales). Le montant de cette enveloppe est limitatif, c'est-à-dire qu'il n'est pas possible pour la CNSA de déléguer des crédits au-delà de ce montant. Elle est ensuite répartie entre les différentes agences régionales de santé qui sont responsables de la programmation, du financement et du pilotage de l'offre médico-sociale concernée. Les conseils départementaux, quant à eux, programment, financent et pilotent un autre segment de l'offre médico-sociale et cofinancent certains établissements et services aux côtés des ARS dans le cadre d'une compétence partagée.

Ainsi, pour situer le médico-social, il faut garder une vision d'ensemble regroupant ces différents financeurs. Le pilotage du secteur médico-social reste caractérisé par un découpage en sous-secteurs « de la compétence départementale » et de la compétence « ARS ». Les principes, les outils, les objectifs du pilotage ne répondent pas aux mêmes logiques de part et d'autre.

Les ESMS relevant de la compétence des ARS sont financés (en tout ou partie) par des crédits d'assurance maladie. Le niveau de ces crédits est défini annuellement dans le cadre de la LFSS et des objectifs Ondam. Les crédits sont délégués par la CNSA aux ARS qui les attribuent aux ESMS et leur versement est confié aux caisses locales de Sécurité sociale.

Les ESMS relevant de la compétence départementale (en tout ou partie) sont financés par des ressources locales. La dynamique de financement et de pilotage financier est différente.

On comprend ainsi aisément que l'articulation et la définition de priorités communes aux ARS et aux départements soient un enjeu. En Ehpad, établissements relevant d'une compétence conjointe des deux institutions, se combinent une prise en charge par l'assurance maladie des besoins médico-sociaux (crédits attribués par l'ARS) et une prise en charge par le département au titre de l'aide personnalisée à l'autonomie (et en tant que financeur de l'action sociale et médico-sociale) et potentiellement au titre de l'aide sociale (logique d'assistance). Si on prend l'exemple de l'investissement, on peut facilement identifier l'intérêt d'une coordination entre les financeurs. Une opération de rénovation soutenue par des crédits issus du plan d'aide à l'investissement piloté par la CNSA et géré par les ARS a un impact direct sur le tarif dit « d'hébergement » et ainsi sur l'usager mais aussi sur le département intéressé au titre de l'aide sociale notamment. Cette articulation génère de la complexité, que l'évolution des politiques publiques tente de minimiser, mais elle constitue également une richesse dans l'approche globale du service rendu qu'elle sous-tend pour les personnes (voir chapitre 6).

▶ Une opportunité pour valoriser des apports spécifiques et soutenir l'action des professionnels

Une autre manière de situer le médico-social et de le définir est d'identifier ses apports spécifiques. Qu'est-ce qui caractérise l'action médico-sociale et la distingue (du social, du sanitaire) ? Trois pistes peuvent être proposées. Tout d'abord, les acteurs médico-sociaux partagent des valeurs et des manières de faire — une culture commune qui s'est construite depuis les personnes et les familles. Ensuite ces acteurs ont développé des compétences et capacités particulières liées à la prise en compte multidimensionnelle ou globale des situations. Cela crée du sens et c'est un des leviers de l'attractivité des métiers et de fidélisation des professionnels. Enfin, les tensions ou discussions qui naissent de la rencontre des approches sanitaires d'une part et sociales de l'autre créent de la valeur. De ces tensions sont issues des orientations, des actions spécifiques particulièrement intéressantes.

Une définition qui doit rester ouverte, dynamique et par conséquent relativement floue

Cependant, se donner une définition trop rigide du médico-social risque d'empêcher les acteurs de répondre de façon satisfaisante aux besoins. Tout en capitalisant sur les apports d'une identité médico-sociale, ceux-ci sont invités à la faire évoluer régulièrement et à la dépasser. La reconnaissance du secteur par les acteurs qui le composent comme par ceux qui interagissent avec lui est nécessaire. Mais dans un second temps, il faut travailler sur les porosités pour être réellement en capacité de répondre aux aspirations et besoins des personnes elles-mêmes, ainsi que des professionnels.

▶ L'émergence de frontières

Définir/donner un périmètre, c'est créer des frontières. Celles-ci peuvent être limitantes car le secteur médico-social ne répond pas à lui seul à l'ensemble des dimensions qui font la qualité de vie des personnes ou qui permettent l'accomplissement de leur projet de vie. Se confronter aux frontières doit permettre d'aller au-delà. La coordination entre les secteurs social, médico-social et sanitaire continue d'être une condition de la qualité des parcours. Le récent rapport de Dominique Libault (2022) *Vers un service public territorial de l'autonomie* propose d'aborder la problématique du décloisonnement du point de vue de l'usager et de la grande proximité. Ce rapport pose plusieurs constats :

- le manque de culture de prévention dans le champ des politiques d'autonomie et notre difficulté à anticiper pour éviter des ruptures ou l'aggravation d'une perte d'autonomie ;
- la nécessité de renforcer une première ligne d'information, d'orientation et de mise en relation entre les acteurs de la grande proximité (logique du guichet intégré) afin de permettre l'accès aux droits ;
- l'exigence de qualité dans l'accès aux droits (de l'instruction des demandes et l'évaluation des besoins, à l'ouverture de droits et l'orientation vers des solutions) ;
- la structuration de véritables parcours accompagnés pour toutes les personnes sans solution ou dont la situation est complexe.

Ces quatre missions d'un service public territorial de l'autonomie, fondées sur un même cahier des charges national, pourraient se mettre en place de manière différenciée en fonction des territoires et des acteurs d'ores et déjà en présence combinant ainsi un objectif d'équité au niveau national et de liberté d'organisation locale. Ce chemin proposé par Dominique Libault pour une évolution qualitative du système dépasse le secteur médico-social mais peut s'appuyer sur ses spécificités. En effet il repose sur la volonté d'une prise en compte globale de la situation et des attentes des personnes, qui est un principe d'action ancré dans le médico-social. Cette ambition pourrait symboliser à la fois une reconnaissance et un dépassement des frontières du médico-social pour atteindre un objectif rassembleur de qualité de service à la population. Ce rapport n'est pas le seul à rappeler les effets délétères d'un cloisonnement entre les acteurs et les cultures professionnelles et à appeler à une véritable coordination sur laquelle on continue de tâtonner (voir chapitres 6 et 7).

▶ Une définition ouverte du médico-social pour favoriser la coordination entre les professionnels

La multiplication des dispositifs de coordination au sein et avec le secteur médico-social témoigne de notre difficulté persistante à garantir aux personnes une réponse globale et complète.

La spécialisation des réponses contribue à renforcer ce besoin de coordination. En effet, des évaluations et des réponses expertes sont attendues pour répondre de la manière la mieux adaptée aux besoins et situations particulières. La spécialisation, qui a souvent une entrée par pathologie, par organe, par type de handicap, est nécessaire car elle permet de développer des connaissances, des pratiques et solutions adaptées aux besoins des personnes. Ainsi les guides et référentiels élaborés par la CNSA pour les professionnels organisés autour d'une entrée « thématique » s'appuient sur des expertises reconnues (expertises académiques, expérientielles) (dossiers techniques « VIH et handicap », « épilepsies et handicap », « troubles psychiques »). Ils viennent compléter des outils mis à disposition par la CNSA et structurés autour d'autres approches (par exemple par prestation : le dossier technique « mise en œuvre de la PCH » ou par nature de réponse : le « guide habitat inclusif »). La CNSA soutient des projets au bénéfice d'une certaine spécialisation des réponses (ex : formation pour les aidants de personnes avec polyhandicap, équipes d'accompagnement locales pour les aides techniques orientées vers les déficiences visuelles ou encore auditives). Cette nécessaire spécialisation, au sein d'un secteur lui-même cloisonné constitue à la fois un progrès et une limite si elle crée de nouvelles barrières. Apporter une réponse spécialisée et inscrire la personne accompagnée dans une filière et sans prendre en considération son parcours est un risque intrinsèque qu'il faut pouvoir repérer.

À trop vouloir définir et situer le médico-social, ne fige-t-on pas une situation dans une réalité somme toute perfectible ? Le fonctionnement du secteur médico-social est extrêmement dépendant des autres politiques publiques qui intéressent le quotidien des personnes auxquelles il s'adresse : aménagement du territoire, logement, école, emploi, santé...

Dans ce contexte, définir sa position dans le médico-social relève d'un processus continu et évolutif, d'un ajustement permanent. Est-ce une chance ? Cet ajustement permanent, s'il est une manière de s'adapter aux besoins et aspirations des personnes, fait sens et peut soutenir une dynamique favorable pour les professionnels dont les pratiques peuvent ainsi s'enrichir de nouvelles expériences et d'innovations. Si l'on considère que l'action médico-sociale a pour objectif de soutenir des besoins de compensation pour les personnes, du fait d'une situation de handicap, voir ces besoins évoluer en raison d'un progrès en matière d'accessibilité universelle est une chose positive (voir chapitre 18). Toutefois, ce mouvement implique de savoir se repositionner. L'enjeu d'explicitation des progrès en matière d'accessibilité au bénéfice de la compensation des situations de handicap est très fort et implique un questionnement permanent qui peut générer un sentiment de flou et d'incertitude qu'il est important de pouvoir dépasser par de l'accompagnement au changement.

Les attentes des personnes, qui ont permis la naissance et le développement du secteur médico-social, se portent aujourd'hui fortement sur l'accessibilité du milieu dit « ordinaire » ou « de droit commun », l'autodétermination, la possibilité de vivre selon son choix quels que soient son âge et son handicap. Par exemple, le fait de choisir son logement, d'être accompagné dans la mise en œuvre de son projet personnel est un droit. Son effectivité, parfois entravée, est une aspiration légitime. Elle bouscule pourtant le secteur et l'engage à retravailler son positionnement aux côtés de la personne : colocation intergénérationnelle, habitat inclusif... La nature du soutien médico-social et sa place dans ces projets méritent d'être définies. L'habitat inclusif, dont les contours sont posés par le rapport Piveteau-Wolfrom (2020), n'est pas un dispositif médico-social ou d'action sociale. Il ne s'agit pas non plus d'une politique du logement. Il s'agit d'un projet de société auquel concourent les acteurs institutionnels et ceux de l'offre médico-sociale. Se définir, se situer, c'est donc aussi trouver sa juste place dans la transition vers une société inclusive.

▶ Une définition dynamique du médico-social pour accompagner les transformations des réponses en adéquation avec l'évolution des besoins et des attentes des personnes

La capacité à se réinventer, à s'adapter aux nouveaux besoins et aux attentes des personnes, à se transformer doit faire partie des valeurs des acteurs du médico-social, professionnels comme institutionnels. L'évolutivité des solutions d'accompagnement et des pratiques professionnelles est un gage de dynamisme. Elle doit permettre aux professionnels, comme aux futurs professionnels, de participer à un virage sociétal important et qui se construit avec les personnes concernées. Penser les missions non plus au travers des structures mais plutôt des services ; mettre en œuvre des prestations diversifiées pour offrir un accompagnement et un parcours adaptés ; construire à partir et avec les personnes ; favoriser leur autodétermination : c'est revenir vers des fondamentaux du travail social, mis à mal par ce que l'on appelle « l'institutionnalisation » (chapitre 5).

La réforme du financement des établissements et services dans le champ du handicap, dans le cadre du projet Serafin-PH, engage de manière structurelle un mouvement de ce secteur vers la valorisation d'une approche rapprochant les besoins des prestations, et d'un fonctionnement « en dispositif ».

Le rapport Piveteau (2022), *Experts, acteurs, ensemble... pour une société qui change,* propose aux professionnels du travail social de repenser leur intervention en s'attachant à développer une nouvelle culture institutionnelle. Le secteur médico-social, comme les autres secteurs de la protection sociale, a besoin de fédérer ses professionnels autour d'une culture et de pratiques communes. De la même manière, chaque structure a besoin de professionnels impliqués dans la mise en œuvre d'un projet commun, capables d'interagir entre eux et de se coordonner, de s'épauler. L'adhésion et la participation active au projet institutionnel sont une condition de réussite. Pour autant ce projet institutionnel doit offrir aux personnes auxquelles il s'adresse les espaces et conditions d'exercice de choix, la possibilité d'autodétermination, et il doit leur redonner du pouvoir d'agir.

Cette vision renouvelée proposée dans le rapport Piveteau (2022) a l'intérêt majeur de rendre ce projet médico-social désirable pour les professionnels qui manquent à l'appel ou sont épuisés, et de positionner ce projet en soutien du choix des personnes les plus fragiles. Il n'est pas rare de lire des témoignages d'acteurs du secteur (responsables de structures, soignants, travailleurs sociaux) décrivant des situations de mise en concurrence entre le projet, les souhaits des personnes accompagnées et un projet institutionnel limité dans ses ressources et ses possibilités. La frustration, le sentiment de ne jamais suffisamment bien faire, est récurrente. Le manque d'attractivité des métiers se traduit par des ressources humaines de plus en plus contraintes, des tensions sur l'offre d'accompagnement importante. On peut penser qu'une des explications se trouve dans le fait que le secteur médico-social est composé de ressources qui ont du mal à se renouveler au sein d'un secteur dont les frontières auraient été trop délimitées.

▶ Un effet de mise en concurrence

Les acteurs du secteur, en particulier dans un contexte de ressources humaines et financières limitées, sont mis en concurrence les uns avec les autres. Si elle a pu générer une émulation positive, cette concurrence devient aujourd'hui contreproductive. En témoignent plusieurs éléments. Le premier est la mobilité accrue des professionnels. Chaque nouvelle opportunité de « transformation de l'offre » (appels à projets nationaux ou locaux pour développer une nouvelle modalité d'accompagnement) encourage quelques porteurs à se positionner sur un nouveau segment de réponse aux personnes. Pour être mise en œuvre, cette offre implique de recruter des professionnels généralement dans le même bassin de vie et d'emploi, mettant ainsi en concurrence les opérateurs. En retour les professionnels trouvent dans cette offre une opportunité de changer d'emploi et par là de réponse à l'usure dans le travail, y compris lorsque leur nouvel emploi ne leur procure pas un confort supplémentaire ou bien ne répond pas à leur recherche de sens dans le travail. Ce phénomène reste peu documenté à l'échelle de chaque territoire.

Un autre élément est la difficulté accrue des acteurs à s'engager collectivement sur des objectifs transversaux. Par exemple, les champs de l'âge et du handicap sont traversés par des tensions sur l'affectation de l'enveloppe qu'ils partagent. Les acteurs de ces deux champs craignent une diminution des moyens qu'ils jugent nécessaires pour répondre à leurs besoins propres au profit d'une action transversale et partagée. Pour qualifier la reconnaissance d'une action qui dépasse la barrière de l'âge, on parle de « convergence ». Le débat sur « la convergence » dans la politique de l'autonomie a ainsi pu être vécu par les acteurs comme un recul de la volonté de répondre à des besoins singuliers. Les risques étant réels, il a été nécessaire de poser des principes et conditions fortes à un positionnement pour la convergence. Dans son rapport de 2006, le conseil de la CNSA indiquait :

> « L'autonomie est, à l'évidence, une notion qui ne peut pas se décliner dans des termes radicalement différents de part et d'autre de la limite, purement administrative, des 60 ans. [...] Il convient donc d'aborder résolument la question de l'autonomie sous l'angle de la "convergence". [...] Mais en même temps, l'approche de "convergence" s'oppose radicalement à la confusion des politiques à conduire en direction des différents publics concernés : "convergence" ne veut pas dire réponse identique quel que soit l'âge, mais approche qui ignore l'âge en tant que tel pour ne partir que de l'expression des besoins de vie concrète. Dès lors, en ne s'attachant qu'à la situation et au projet de vie de la personne, on affirme du même coup que les réponses à apporter ne seront absolument pas les mêmes, dans leur contenu quantitatif et qualitatif. »

Ainsi le pilotage et le suivi de la politique de l'autonomie doivent-ils s'attacher à mesurer les chemins de progrès pour chaque situation particulière. C'est à la condition de règles clairement posées que la convergence peut progresser. C'est dans cet esprit que continuent de se créer des maisons départementales de l'autonomie réunissant, sans disparition du GIP MDPH, les compétences des équipes médico-sociales APA des départements et des MDPH. C'est également dans cet esprit que le rapport Libault (2022) propose la structuration puis le déploiement du futur service public territorial de l'autonomie afin que la concurrence entre les acteurs du médico-social laisse place à une fédération d'acteurs complémentaires dans leurs missions et leurs apports.

▶ Quel pilotage ?

Enfin, situer le médico-social nécessite d'évoquer une dernière forme de concurrence entre acteurs institutionnels. Qui pilote le secteur médico-social sur les territoires ? Les départements, chefs de file de l'action sociale et médico-sociale ? Les agences régionales de santé, responsables du pilotage de l'offre et de l'allocation des crédits délégués par la CNSA ? Les logiques politiques et administratives différentes qui animent ces deux institutions impliquent qu'elles entretiennent un dialogue et une coopération continue à l'échelle départementale et régionale. Les modes de gouvernance, de régulation et de coopération sont régulièrement questionnés selon des approches privilégiant la décentralisation ou la déconcentration.

Au niveau national, il s'agit de favoriser un dialogue permanent et constructif entre les institutions coresponsables de la qualité des parcours malgré cette complexité institutionnelle née de compétences partagées. Les débats sur le futur service public de l'autonomie font actuellement réémerger des questions anciennes sur le chef de filat de la politique de l'autonomie en territoire. Ils représentent en même temps une opportunité historique pour valoriser l'apport respectif d'un cadre national garant de l'équité pour les personnes et d'une politique locale ancrée sur une organisation territoriale pensée pour et avec les personnes et les acteurs de la proximité.

La création de la 5e branche : une responsabilité partagée

▶ L'intégration du médico-social dans le domaine de la Sécurité sociale

Après avoir tenté de situer le médico-social, d'en donner des contours, après avoir réfléchi aux limites de ceux-ci, la question qui peut se poser est la suivante : chercher à définir le médico-social, n'est-ce pas dépassé ? Depuis 2021, la CNSA est devenue une branche de la Sécurité sociale à part entière. La maison commune du secteur médico-social écrit une nouvelle page de son histoire. Qu'est-ce que cela change pour ce secteur ? Quelle en est la promesse ? Est-ce un début ou une fin ?

L'ambition d'inscrire la solidarité pour l'autonomie dans le cadre de la Sécurité sociale était déjà présente dans les travaux du conseil de la CNSA de 2006. Elle se concrétise quinze ans plus tard avec la loi du 7 août 2020 relative à la dette sociale et à l'autonomieselon des modalités originales et dans un cadre qui reste très spécifique. Dans son article 5, cette loi dispose que « la Nation affirme son attachement au caractère universel et solidaire de la prise en charge du soutien à l'autonomie, assurée par la Sécurité sociale. La prise en charge contre le risque de perte d'autonomie et la nécessité d'un soutien à l'autonomie sont assurées à chacun, indépendamment de son âge et de son état de santé ».

L'ambition de la branche Autonomie se décline dans la convention d'objectifs et de gestion (COG) passée entre la CNSA et l'État. Celle-ci a posé un certain nombre d'objectifs dont au premier chef celui de « fonder la branche ». Son préambule est le suivant :

> « Les orientations de la branche Autonomie visent à promouvoir la solidarité et l'exercice d'une pleine citoyenneté en favorisant notamment la représentation et la participation de la personne, quels que soient son âge ou sa situation de handicap, en prenant en compte ses aspirations, son libre choix et sa capacité d'autodétermination, en soutenant l'égalité des chances et la lutte contre les discriminations, notamment l'âgisme, et en mobilisant l'ensemble des moyens nécessaires à l'exercice de ses droits. Les politiques de l'autonomie, en prenant appui sur les principes de la convergence d'approche entre les publics concernés,

visent à apporter un soutien à l'autonomie, notamment par la compensation et l'appui au renforcement de la capacité d'autodétermination des personnes. Au cœur de son action, l'"aller vers", l'accessibilité universelle et la lutte contre l'isolement sont les garanties d'un plein accès aux droits. Une telle politique de l'autonomie doit être articulée avec les autres politiques publiques et s'appuyer sur les dispositifs de droit commun, auxquels elle ne peut se substituer. »

Cette ambition dépasse la définition du médico-social (approche globale intégrant les réponses sanitaires et sociales) pour passer de la compensation d'un besoin à la promotion ou la garantie de l'accès aux droits et d'une pleine citoyenneté.

▶ Des missions renouvelées

Le passage à la 5e branche s'est traduit par une réécriture des missions de la CNSA et l'inscription du corpus législatif qui la régit dans le Code de la Sécurité sociale (et non plus dans le Code de l'action sociale et des familles). Ses principales missions sont données dans l'encadré « Les missions de la CNSA ».

LES MISSIONS DE LA CNSA, SELON L'ARTICLE L. 223-5 DU CODE DE LA SÉCURITÉ SOCIALE

« Veiller à l'équilibre financier de cette branche [Autonomie]. [...] Elle est chargée de la gestion du risque ;

Piloter et assurer l'animation et la coordination, dans le champ des politiques de soutien à l'autonomie des personnes âgées et des personnes handicapées, des acteurs participant à leur mise en œuvre en vue de garantir l'équité, notamment territoriale, la qualité et l'efficience de l'accompagnement des publics concernés. À ce titre, elle assure la collecte et la valorisation des données relatives aux besoins et à l'offre de services et de prestations. Elle conçoit et met en œuvre des systèmes d'information [...]. Elle met son expertise technique à la disposition des personnes publiques et des professionnels de l'aide à l'autonomie et soutient le développement de la formation dans ce domaine. Elle assure, notamment en vue de garantir la qualité de service et de veiller à l'équité du traitement des demandes de compensation du handicap et d'aide à l'autonomie, un rôle d'accompagnement et d'appui aux maisons départementales de l'autonomie et aux maisons départementales des personnes handicapées [...] ainsi qu'un rôle d'évaluation de leur contribution à la politique de l'autonomie des personnes handicapées et des personnes âgées ;

Contribuer, en assurant une répartition équitable sur le territoire national, au financement et au pilotage d'une politique de prévention de la perte d'autonomie et de lutte contre l'isolement, des établissements et services sociaux et médico-sociaux, des prestations individuelles d'aide à l'autonomie et des dispositifs mis en place aux niveaux national ou local en faveur de l'autonomie et des proches aidants et de contribuer au financement de l'investissement dans le champ du soutien à l'autonomie [...] ;

Contribuer à l'information des personnes âgées, des personnes handicapées et de leurs proches aidants, notamment en créant des services numériques et en favorisant la mise en place de guichets uniques au niveau départemental permettant de faciliter leurs démarches administratives et le suivi personnalisé de leurs parcours ;

Contribuer à la recherche et à l'innovation dans le champ du soutien à l'autonomie des personnes âgées et des personnes handicapées ; [...]

Contribuer à l'attractivité des métiers [...] notamment au travers de ses actions en faveur de la formation et de la professionnalisation des professionnels. »

▶ Faire branche

À partir de ces missions, et pour les mettre en œuvre, vient la nécessité de « faire branche », c'est-à-dire d'assumer une responsabilité populationnelle de manière collective et intégrée. En effet, le modèle organisationnel retenu ne repose pas sur une caisse nationale gérant des prestations et déclinant sa politique de gestion du risque au travers de caisses locales comme cela existe pour la branche maladie ou encore le risque vieillesse. La CNSA déploie ses missions en s'appuyant sur les acteurs locaux autonomes que sont les conseils départementaux, les ARS, ou encore les MDPH. Leurs compétences sont confortées, le rôle de chef de file du département également. Ainsi « faire branche » ne va pas totalement de soi pour ces réseaux d'acteurs aux logiques d'actions spécifiques et qui, comme nous l'avons vu précédemment, peuvent se retrouver en concurrence notamment dans le pilotage du secteur médico-social. Les conditions à réunir pour faire branche sont notamment :

- identifier les acteurs ;
- partager une ambition ;
- se donner des objectifs partagés ;
- les piloter en cohérence de branche.

Les premiers travaux de la branche portent ainsi sur la définition d'un cadre de coopération entre ses membres : la CNSA, les ARS, les départements (ou collectivités à compétence départementale), à leurs côtés les maisons départementales des personnes handicapées (MDPH) ou maisons de l'autonomie (MDA) en forment le noyau dur. Réussir à parler d'une même voix nécessitera sans doute du temps. Il est difficile à ce stade d'observer quels seront les effets d'une dynamique engagée depuis le niveau national, et c'est un espoir qui s'exprime avant tout : celui d'une mise en cohérence qui garantira la pertinence de l'action publique et sa capacité d'adaptation aux enjeux démographiques que constituent le vieillissement de la population et le choc sociétal et culturel de l'évolution des attentes et des besoins des personnes et de leurs aidants, de leur participation active au changement.

Cette ambition est formalisée autour de trois axes au sein de la Convention d'objectifs et de gestion de la CNSA :

- tenir la promesse de l'autonomie (garantir la qualité du service public de l'autonomie et l'accès aux droits et l'égalité des chances des personnes âgées, des personnes en situation de handicap et de leurs proches aidants) ;
- accompagner l'évolution du modèle (soutenir l'adaptation de l'offre aux besoins et aux aspirations des publics) ;
- assurer le pilotage du risque porté par la branche Autonomie (structurer, outiller la nouvelle branche Autonomie).

Pour s'assurer de leur mise en œuvre à l'échelle territoriale, le passage par la contractualisation entre la caisse nationale et les acteurs locaux (ARS et départements) sera nécessaire. Cette contractualisation tripartite entre la CNSA, les départements et les ARS pourra s'appuyer sur l'expérience acquise au travers des conventions pluriannuelles qui lient actuellement la CNSA à chaque département. Les dernières conventions passées pour la période 2021-2024 reposent sur un socle commun à tous les territoires (traduisant l'enjeu de l'équité de traitement) décliné par chacun selon ses spécificités et priorités (respect de la libre administration des départements).

Les choix faits pour la structuration et l'organisation de la 5e branche confirment la spécificité médico-sociale : la volonté de garantir à tous un haut niveau de protection tout en s'appuyant sur les acquis de la décentralisation.

Cette originalité inscrite dans la continuité ne veut pas dire que l'exigence n'est pas plus forte ou que l'action publique médico-sociale ne doit pas évoluer. La CNSA, caisse nationale en charge de la branche et, en tant que telle, à la fois garante de l'équité de traitement sur le territoire national et chargée de la gestion du risque lié au besoin d'aide à l'autonomie, voit augmenter les attendus en termes de pilotage et de contrôle. Ses comptes sont certifiés par la Cour des comptes, et le périmètre de la gestion du risque qui s'applique intègre l'action des acteurs locaux de la branche. Le contrôle interne de la CNSA, sans se substituer aux responsabilités locales, doit par exemple contribuer à outiller le contrôle interne des MDPH, et des départements.

Conclusion : l'intérêt de « faire branche » : le sens et la qualité comme responsabilité partagée du service

La création de la 5e branche est une réforme institutionnelle. Pour fédérer les acteurs institutionnels du secteur médico-social autour de sa mise en œuvre, il faut partager une vision concrète de ce qu'elle change pour les personnes. L'accès aux droits, l'effectivité dans la mise en œuvre de ces droits, la qualité du service et la capacité pour les professionnels de situer leur action dans ce projet de société constitueront des indicateurs à mesurer. À l'échelle des personnes, repérer le service public de l'autonomie afin de le mobiliser, connaître ses droits, être guidé dans l'expression de sa demande, pouvoir compter sur un bon niveau de qualité dans le service rendu… voilà la promesse du futur service territorial de l'autonomie, concrétisation de la coopération des acteurs.

Ainsi consacré, le secteur médico-social est désormais appelé à mettre en œuvre le principe d'adaptabilité du service public, à s'ouvrir pour jouer pleinement son rôle de trait d'union et de facilitateur de parcours choisi par les personnes. Ses opportunités d'évolution ne pourront toutefois se concrétiser qu'au prix d'un effort important à opérer en matière d'attractivité des métiers, de formation et de coopération entre les professionnels. Un double mouvement pour le pouvoir d'agir des professionnels et le pouvoir d'agir des personnes est à soutenir en priorité. Ainsi la politique pour l'autonomie rendra un service utile aux personnes auxquelles elle s'adresse et mobilisera les acteurs du secteur qui la mettent en œuvre au quotidien et au plus près des personnes.

Bibliographie

Rapports cités

Libault D. (2022). *Vers un service public territorial de l'autonomie.* Rapport au ministre des Solidarités et de la Santé, à la ministre déléguée auprès du ministre des solidarités et de la santé et à la secrétaire d'État auprès du Premier ministre chargée des personnes handicapées, Paris.

Piveteau D. (2022). *Experts, acteurs, ensemble… pour une société qui change*. Rapport au Premier ministre, Paris.

Piveteau D. et Wolfrom J. (2020). *Demain je pourrai choisir d'habiter avec vous*. Rapport au Premier ministre, Paris.

Chapitre 4

L'avènement de la profession de mandataire judiciaire à la protection des majeurs sous le regard du secteur médico-social

Réaction de Pierre Bouttier

RÉSUMÉ

L'avènement du mandataire judiciaire à la protection des majeurs coïncide avec son entrée officielle dans le secteur social-médico-social en janvier 2009. Ce professionnel exerçant les mesures de protection juridiques est l'héritier d'une tradition civiliste en ce qu'il intervient légalement dans la vie de personnes vulnérables pour l'exercice de leurs droits et obligations. La dimension relationnelle de son mandat prospère autour des caractéristiques du public touché alors que le sanitaire irrigue autant les fondements de la mesure que son exercice. Le médical tout comme le social sont des déterminants essentiels du travail des mandataires, sans qu'ils y jouent un rôle formel ou y détiennent un pouvoir très significatif. Les interroger en tant que profession médico-sociale amène à constater autant de similitudes que de dissemblances avec les autres activités du secteur. Le travail de qualification de ce nouveau métier permet de faire émerger en creux des qualités propres à un champ médico-social encore flou.

Mots-clés : protection juridique des majeurs, MJPM, exercice des droits, auxiliaire de justice, droits du patient, autonomie, capacité, profession.

L'AVÈNEMENT du mandataire judiciaire à la Protection des majeurs (MJPM), sous cette appellation et comme profession (semi-) réglementée au 1er janvier 2009, est issu du mouvement de réforme de la Protection juridique des majeurs, engagé en France à la fin des années 1990 et qui a abouti avec la loi du 5 mars 2007 portant réforme de la protection juridique des majeurs. Les missions correspondant à l'exercice professionnel des mesures d'incapacitation[1] juridique à l'égard de personnes adultes sont alors déjà anciennes. Présentes dès le XIXe siècle chez certaines professions juridiques ou dans les asiles d'aliénés, elles s'institutionnalisent après la loi du 3 janvier 1968 portant réforme du droit des incapables majeurs, qui crée les régimes modernes de curatelle ou de tutelle. L'exercice des mesures de protection juridique se professionnalise « à reculons » (Eyraud, 2013) depuis une cinquantaine d'années au carrefour du travail social et du soin.

Sa généalogie se trouve pourtant dans le droit civil : c'est le statut civil des personnes qui est en jeu ainsi que le droit des contrats et des obligations. Ainsi, le MJPM vient pour l'essentiel sécuriser les droits et obligations des personnes protégées par son intervention aux côtés (l'assistance juridique) ou au nom (la représentation) de celles-ci. Il permet leur accession au droit commun malgré l'altération de leurs facultés personnelles, médicalement constatée à l'ouverture de la mesure.

Cette raison d'être purement civiliste à l'origine s'est rapidement adossée à l'intervention sociale dans les pratiques professionnelles. Des travailleurs sociaux ont été massivement recrutés par les associations tutélaires à partir des années 1970. L'institutionnalisation de la question médico-sociale dans l'exercice des mesures de protection juridique se déploie avec la loi du 5 mars 2007 portant réforme de la protection juridique des majeurs par l'inclusion des professionnels dans le champ d'application de la loi du 2 janvier 2002 rénovant l'action sociale et médico-sociale. La profession de mandataire se construit en étant sans cesse tiraillée entre ces deux influences, les uns insistant sur sa dimension juridique, à travers notamment la qualité d'auxiliaire de justice du mandataire (Raschel, 2012), les autres pesant vers une acception davantage médico-sociale des missions. Il apparaît fécond de ne pas opposer les deux mais d'en décortiquer les ressorts, de les faire tenir ensemble afin de mieux qualifier un champ professionnel émergent.

---

1. Processus de restriction de la capacité de certaines personnes à exercer leurs droits, devant compter sur la cosignature d'un « protecteur » (l'assistance juridique) ou sur sa représentation.

La question de l'origine mais également de la légitimité actuelle de pratiques influencées par le travail social marquera le premier temps de ce propos. Le rapport au médical, omniprésent dans les différents temps et dimensions des mesures de protection, à l'égard duquel le MJPM n'a toutefois que peu de prise, méritera ensuite un développement. Percuté tant par le secteur social que par celui du soin, ce professionnel se spécifie aujourd'hui en présentant des similitudes mais également des dissemblances fondamentales avec le secteur médico-social et les métiers présumés appartenir à cette catégorie floue. Cette troisième approche proposera des pistes de qualification tant du MJPM que de l'objet de cet ouvrage.

La controverse permanente quant à la dimension sociale des mandats de protection juridique des majeurs

Ce n'est que récemment que les effectifs des MJPM se sont peuplés de juristes, hétérogénéisant les profils professionnels, historiquement du côté du travail social[1]. La controverse est permanente quant à savoir si ces professionnels mettent en œuvre un accompagnement social : si la question semblait avoir été tranchée en 2020 avec la publication d'une définition commune de l'accompagnement mis en œuvre par le mandataire (GTI, 2021), elle est à nouveau débattue depuis lors. Leur entrée dans le champ de la loi du 2 janvier 2002 implique-t-elle que soit reconnue une qualité médico-sociale à leur action ? Est-ce que la finalité de « favoriser l'autonomie » inscrite dans le Code civil (art. 415) ou la « protection de la personne », indissociable de la protection des biens, amènent la Protection juridique des majeurs dans cette même direction ?

Afin de ne pas verser dans une vision angélique d'une protection juridique « généreuse » et « accompagnatrice » il faut rappeler les effets immédiats d'une mesure. La personne concernée est réduite dans la capacité d'exercice autonome de ses droits[2], la plaçant dans un statut social et civil « diminué » (Eyraud, 2013) et une inégalité vis-à-vis des autres adultes. Cette mesure lui est opposable autant qu'aux tiers : elle n'a pas le choix d'y être astreinte ou pas. La

1. Du fait de l'exercice par les mêmes équipes des tutelles et curatelles de la loi de 1968 et des tutelles aux prestations sociales de 1966, nécessairement exercées par des travailleurs sociaux. Ces dernières disparaissent avec la loi de 2007.

2. Son protecteur venant compenser cette restriction par sa signature, suivant les pouvoirs confiés par mandat.

personne doit subir l'ingérence légale de son tuteur ou son curateur dans sa vie privée, lequel dispose d'un droit d'accès aux données utiles à l'exercice de ses missions. Ces effets sont discordants avec les fondamentaux du secteur social-médico-social qui subordonnent toute intervention au consentement de l'intéressé, et qui en préserve légalement le libre choix à tous les niveaux. C'est tout le paradoxe consistant à restreindre les droits pour mieux les restaurer et les exercer ! L'articulation d'une mesure avec l'idée d'un accompagnement social se retrouve bien émoussée par les aspects contraignants et intrusifs de la notion de « protection ».

La survenance de « la protection de la personne », au-delà des biens, dès 1989[1] ne doit pas non plus prêter à confusion. Protéger juridiquement la personne concrète, ses décisions personnelles et ses droits fondamentaux n'est pas l'accompagner, au sens de l'accompagnement social.

La pertinence d'une dimension sociale dans l'intervention des MJPM se fonde davantage dans l'approche du public touché. Ce sont des personnes « altérées dans leurs facultés » (art. 425 du Code civil) relevant de trois grandes catégories d'action publique (Mieusement, 2020) : des personnes touchées par la déficience mentale ; des personnes relevant de la maladie psychique ; des personnes frappées de troubles cognitifs dus à l'âge ou suite à un accident. Les MJPM s'adaptent au quotidien à un public « dédié au social », réajustent leur intervention au gré des cycles de la maladie ou des troubles du moment, réinventent sans cesse leur posture, leurs paroles ou leurs priorités en fonction. Ils engagent des médiations entre les personnes et leur environnement tant relationnel que budgétaire ou juridique. Cette clinique de la relation qu'ils développent au nom d'un devoir d'information (art. 457-1 du Code civil), de recueil, de veille et d'alerte (Raoul-Cormeil, 2013 ; Plazy, 2017 ; Caron-Deglise *et al.*, 2012) confère une indéniable dimension relationnelle à la profession. Cette dimension relationnelle s'enchevêtre à la dimension juridique du mandat dont la vocation demeure la sécurisation des droits et des obligations par une intervention sur les actes juridiques et le budget.

C'est ainsi que les MJPM se sont largement recentrés, depuis une quinzaine d'années, sur le discernement de la personne protégée et l'expression de sa volonté (Gzil, 2016) au nom du respect de ses droits fondamentaux. Ainsi, les ouvriers d'ESAT suivis par un mandataire professionnel sont mieux informés de

1. Arrêt de la Cour de cassation n° 87-14563, 1re chambre civile, 18 avril 1989 : « [Les] régimes civils d'incapacité [...] ont pour objet, d'une façon générale, de pourvoir à la protection de la personne et des biens de l'incapable. »

leurs affaires qu'avec un membre de leur famille (Souet, 2017). L'enjeu d'autonomie apparaît prioritaire chez les MJPM alors que les protecteurs familiaux connaissent des pratiques plus protectrices et substitutives (Pasquier, 2019).

Le MJPM est donc un auxiliaire de justice qui mobilise au quotidien les outils et références du travail social. Il s'en distingue en ce que l'objet même du travail social est l'accompagnement, alors que l'objet de la protection juridique des majeurs reste la sécurisation des actes juridiques et des intérêts des personnes concernées (GTI, 2021).

En protection juridique des majeurs, le social relèverait moins d'une profession de foi que d'une foi en la profession.

L'OMNIPRÉSENCE DE LA QUESTION MÉDICALE DANS L'EXERCICE DES MESURES DE PROTECTION JURIDIQUE

La refonte du droit de la santé des majeurs protégés en 2020[1] est venue clarifier les pouvoirs des personnes exerçant les mesures de protection, proches ou professionnels. Seuls les protecteurs[2] investis d'un pouvoir de représentation pour les décisions personnelles[3] peuvent, faute de capacité d'expression de la personne concernée, autoriser un soin (art. 1111-4 du Code la santé publique). Les décisions substitutives en matière de santé ne surviennent donc qu'en dernier recours. Il faut, à cet égard, soulever deux paradoxes.

D'une part, les tuteurs et curateurs sont encore très souvent sollicités pour autoriser un traitement ou une intervention, parfois avant même d'interroger l'aptitude et le discernement du patient à consentir. La conflictualité entre équipes médicales, obnubilées par leur responsabilité, et mandataires, souvent dépourvus de pouvoirs en la matière, reste latente : dans les représentations sociales, la personne vulnérable reste présumée inapte à décider et agir d'elle-même, à rebours de l'évolution du droit.

1. Par l'ordonnance du 11 mars 2020 relative au régime des décisions prises en matière de santé, de prise en charge ou d'accompagnement social ou médico-social à l'égard des personnes majeures faisant l'objet d'une mesure de protection juridique.

2. Ce terme est utilisé de manière générique afin de désigner les différents profils d'acteurs exerçant une mesure de protection de toute nature.

3. En tutelle ou en habilitation familiale uniquement, si tant est qu'un pouvoir de représentation est prévu au jugement. La subsidiarité de la décision substitutive au consentement du patient reste la règle.

D'autre part, la demande de mesure de protection s'opère parfois pour contraindre un patient à accepter un soin ou une entrée en établissement (GESTO, 2019) évaluée comme nécessaire du fait du handicap ou de la dépendance. Cette « demande sociale de protection » (Bouttier, 2018b) face à une personne ne se conformant pas aux préconisations du corps médical ne peut qu'être régulièrement déçue.

La réforme de 2020 vient toutefois fournir un pouvoir notable aux protecteurs en matière médicale. Lorsque la mesure prévoit une représentation en matière personnelle, le protecteur a un droit d'accès à l'information et au dossier médical. Il peut disposer de ce même droit d'accès à la demande de la personne en curatelle ou tutelle et bénéficiant d'une simple assistance en matière personnelle (art. 1111-2 du Code la santé publique). Ce rare cas de levée du secret médical à la demande du patient vient dire l'évolution de la place des MJPM en matière de santé : souvent associés, plus rarement décideurs au nom d'autrui.

L'enjeu médical vient sans cesse percuter l'exercice des mesures, de leur prononcé à leur quotidienneté. Une altération des facultés personnelles, médicalement constatée, est indépassable pour que le juge ouvre une mesure (art. 425 et 431 du Code civil). La « médicalisation du problème social de la capacité à se gouverner dans la vie civile » (Eyraud, Bascougnano, 2013) pose une évidence : toute personne en tutelle ou curatelle connaît des problèmes de santé spécifiques, à l'origine du besoin de protection juridique. Le mandataire vient ainsi « agir en lieu et place des fonctions supérieures identifiées comme altérées ou défaillantes par l'expertise médicale » (Mieusement, 2020).

Les questions de santé irriguent les soubresauts de l'exercice des mesures. L'ouverture des droits visant à procurer des ressources minimales mais aussi le financement de la compensation de la dépendance ou du handicap[1] occupent une part sensible de l'activité. L'évaluation du maintien à domicile et des prestations nécessaires représente toujours des enjeux forts pour les professionnels. Le simple financement d'une complémentaire santé, de soins dentaires ou d'appareillages sensoriels peut focaliser les maigres marges budgétaires et les délibérations entre personnes protégées et mandataires d'une année entière. L'état de santé et sa prise en charge alimentent une partie non négligeable des échanges au cours de la mesure (Bouttier, 2018a). Plus spécifiquement,

1. 54 % des personnes suivies par un MJPM, tous modes d'exercice confondus, perçoivent alors une prestation relative au handicap, 10 % l'allocation personnalisée d'autonomie (APA) (Ancreai, 2017).

le soin psychiatrique est central[1] dans les mesures : suivi ou absence de suivi psychiatrique, articulation ou rupture de soin, traversée des phases de décompensation et de stabilisation. Ces secousses de l'exercice des mesures du fait des troubles de l'identité et du comportement rencontrés, associés régulièrement à des pratiques addictives, amènent les mandataires à réinventer leur posture, à tâcher de tenir ce qui importe... lorsque plus grand-chose ne tient.

Le médical tout comme le social sont des déterminants essentiels du travail des mandataires, souvent sans que ces domaines ne leur octroient un rôle formel ou un pouvoir étendu pour y agir.

L'ÉMERGENCE DU MANDATAIRE JUDICIAIRE À LA PROTECTION DES MAJEURS EN MARGE DU SECTEUR MÉDICO-SOCIAL

La profession de mandataire judiciaire à la protection des majeurs est donc historiquement liée au travail social et entremêlée à la question médicale. Qu'est-ce qui permettrait de la caractériser comme profession « médico-sociale » ?

L'inclusion de l'activité professionnelle d'exercice des mesures de protection juridique dans le champ d'application de la loi du 2 janvier 2002 ne dit pas grand-chose de son rapport au médico-social. Il faut se souvenir que, bien que les MJPM critiquent régulièrement les instruments dont ils en ont hérité[2], ce sont bien eux qui ont revendiqué d'y être rattachés au début des années 2000. Face à l'absence de reconnaissance de la profession, alors régie par les seuls mécanismes de droit civil de la loi de 1968, les acteurs pouvaient penser qu'une telle qualification constituerait un socle de valorisation de leur travail relationnel. L'expérience a montré les limites de cette acception. Le MJPM reste un supplétif du tuteur familial, désigné non pour les compétences qu'il apporte mais faute de proche disponible pour exercer la mesure (art. 450 du Code civil).

L'institutionnalisation de la protection juridique dans le secteur médico-social a pu sembler prendre un essor en 2016 avec l'intégration des MJPM dans l'équipe

1. Près de la moitié des personnes protégées suivies par des MJPM en 2016 relève du handicap psychique (Ancreai, *op. cit.*).

2. Remise d'une notice d'information, d'une charte des droits et libertés de la personne protégée, établissement et révision annuelle d'un document individuel de protection du majeur, évaluation des services MJPM...

de soin élargie[1]. Ces dispositions ne visaient toutefois qu'à préciser les acteurs accessibles au partage d'informations à caractère secret dans la prise en charge médicale et médico-sociale.

Les MJPM se distinguent à de nombreux égards de l'aide à domicile et des établissements pour personnes âgées ou handicapées. Leur financement est tout à fait spécifique et ne relève nullement des politiques sanitaires. Le rapport corporel est lointain dans leurs activités alors que la prise en charge des corps est centrale dans le médico-social. La « protection de la personne » amène les MJPM à veiller pour l'essentiel à ce que les droits personnels du majeur protégé soient respectés et, en dernier recours, à intervenir en cas « d'urgence » ou de « danger » (art. 459 al. 3 et 4 du Code civil). Les temporalités d'intervention ne sont pas non plus comparables : le MJPM n'est pas un intervenant du quotidien, ses interactions avec les terrains sont espacées et s'inscrivent dans le temps long à travers une veille constante.

Pour autant, les évolutions des métiers ont des convergences notables. Le flux et le volume des tâches à accomplir ont mené à une extrême protocolisation et une industrialisation de l'activité afin de prévenir la responsabilité professionnelle. L'optimisation des moyens et la rationalisation par la procédure, documentées dans cet ouvrage, impactent tant les gestes professionnels que la qualité de vie au travail[2] en entraînant une perte du sens de l'action.

Loin des politiques sociales activationnelles ou génératives (Castel, 1995 ; Soulet, 2012) contemporaines, qui proposent une aide temporaire « qui vise à se passer d'aide » par un retour à l'autonomie de la personne concernée, le handicap ou la dépendance nécessitent une permanence des interventions. La protection juridique des majeurs a ceci de commun avec le secteur médico-social de proposer une intervention de type palliative qui vise à compenser les altérations frappant la personne concernée pour l'exercice de ses droits sans autre perspective que d'éviter « l'empirement » (Soulet, *ibid.*). La solidification du statut civil et social procurée par la mesure autant que le travail relationnel entrepris permettent à certains endroits l'activation de la personne et sa reprise de pouvoir sur sa propre situation. L'intervention du MJPM peut être qualifiée de « consolidation » (Gardella, 2016), à la fois palliative et possiblement générative. L'aide à domicile

1. Loi du 26 janvier 2016 de modernisation de notre système de santé et article R. 1110-2 du Code de la santé publique.

2. Les temps post-Covid laissent entrevoir des difficultés de recrutement et un *turn-over* des équipes liés à une inflation des risques psychosociaux tant dans les services mandataires que médico-sociaux.

ou l'établissement d'hébergement pour personnes âgées dépendantes (Ehpad) répondent également à ce modèle : la prise en charge est nécessaire parce qu'elle compense le manque d'autonomie et en même temps la personne est plus autonome *parce qu'*accompagnée.

Quoique régulièrement réévaluées dans leur nécessité, les mesures de protection ont tendance à se chroniciser, majoritairement renouvelées à leur terme. Une forme « d'accompagnement sans fin » (Gardella, *ibid.*) est mise en œuvre par les MJPM. « Sans fin », étant entendu comme sans terme prédéfini et sans autre finalité que de « canaliser le présent » tout en prévoyant l'avenir. C'est une intervention sans autre conditionnalité que de rester nécessaire pour maintenir le dispositif. La professionnalité se développe aux marges du cadre légal et des procédures et révèle, à travers sa dimension relationnelle, un véritable travail de *care* entrepris dans le temps long de la mesure et l'intimité des échanges, même espacés. C'est, au-delà des droits et des obligations, le prendre soin de la relation et la considération portée à l'expression de la personne concernée qui prime. « L'individualisation de la mesure » portée par le Code civil est le point de rencontre entre tradition civiliste et enjeux médico-sociaux contemporains.

Les catégories d'action médico-sociale créées au gré des politiques mises en œuvre sont loin de caractériser les professions émergentes. Les mandataires judiciaires à la protection des majeurs, advenus par le simple constat du besoin d'exercice des mesures de protection juridique autre que familial, s'institutionnalisent au coup par coup, et souvent postérieurement au constat de besoins non couverts jusqu'alors (publics cibles, financements, contrôles, formation...). Confronter cette profession aux catégories d'action publique tel que le secteur médico-social permet de la spécifier, et en creux, d'identifier des caractéristiques propres à ce secteur.

Repères institutionnels et réglementaires

Lois importantes

Loi n° 68-5 du 3 janvier 1968 portant réforme du droit des incapables majeurs (cette loi crée les régimes modernes de curatelle ou de tutelle).

Loi n° 2002-2 du 2 janvier 2002 rénovant l'action sociale et médico-sociale.

Loi n° 2007-308 du 5 mars 2007 portant réforme de la protection juridique des majeurs.

Loi n° 2016-41 du 26 janvier 2016 de modernisation de notre système de santé.

Ordonnance n° 2020-232 du 11 mars 2020 relative au régime des décisions prises en matière de santé, de prise en charge ou d'accompagnement social ou médico-social à l'égard des personnes majeures faisant l'objet d'une mesure de protection juridique.

BIBLIOGRAPHIE

ANCREAI. (2017). *Étude relative à la population des majeurs protégés. Profils, parcours et évolutions*.

Bouttier P. (2018a). « Capables, puisque c'est écrit ! », *Regulcap*, https://confcap-capdroits.org/2018/12/06/capables-puisque-cest-ecrit-recherche-sur-le-document-individuel-de-protection-des-majeurs/.

Bouttier, P. (2018b). « Entre demande sociale de protection et accompagnement à l'exercice des droits : le point de vue d'un mandataire », in Eyraud B., Minoc J., Hanon C. (éd.). *Choisir et agir pour autrui ? Controverse autour de la convention de l'ONU relative aux droits des personnes handicapées*, Rueil-Malmaison, Doin, p. 80-83.

Caron-Deglise A., Peterka N. et Arbellot F. (2012). *Droit des tutelles. Protection judiciaire et juridique des mineurs et des majeurs*, Dalloz référence.

Castel R. (1995). *Les Métamorphoses de la question sociale*, Paris, Fayard.

Eyraud B. (2013). *Protéger et rendre capable. La considération civile et sociale de la personne vulnérable*, Toulouse, Érès.

Eyraud B., Bascougnano S. (2013). « Évaluer les (in)capacités civiles. Une enquête sur la médicalisation de la protection juridique », *Recherches familiales* 2013/1, 10, UNAF.

Gardella E. (2016). « Accompagner sans fin », *SociologieS*, http://journals.openedition.org/sociologies/5458

Groupe d'études des services tutélaires de l'Ouest (GESTO) (2019). « Une fabrication sociale : la protection juridique. Des dispositifs sous la haute pression des normes sociales », rapport d'étude.

Groupe de travail interministériel (GTI) (2021). *Repères pour une réflexion éthique des mandataires judiciaires à la protection des majeurs*.

Gzil F. (2016). Intervention « Pratiques professionnelles et éthique du MJPM », http://www.fnat.fr/federation/videos-colloques-fnat/colloque-2016/.

Mieusement C. (2020). *Mandataire judiciaire à la protection des majeurs : protéger l'autre, se préserver soi*, Paris La Défense, ESF.

Pasquier H. (2019). *Le complexe d'Énée [...] ou l'avènement sensible du tuteur familial*, Mémoire, G. Herreros (dir.), Université Lyon 2,

Plazy J.-M. (2017). Intervention aux Assises nationales de la Protection juridique des majeurs, https://colloque-tv.com/colloques/les-assises-nationales-de-la-protection-juridique-des-majeurs/les-principes-d-autonomie-et-de-protection-de-la-personne-protegee-face-a-la-responsabilite-du-mjpm.

Raoul-Cormeil G. (2013). Commentaire recueil Dalloz 2013, p. 1320 sous arrêt Cour de cassation, 1re chambre civile, 27-02-2013, n° 11-17.025.

Raschel L. (2012). « Le mandataire judiciaire à la protection des majeurs est-il un auxiliaire de justice ? Recherche sur l'auxiliaire de justice », *Droit de la famille* n° 12, dossier n °14, p. 21-24, Éditions Lexis Nexis.

Souet M. (2017). « La rémunération des ouvriers d'ESAT », présentation de la recherche-Action IFTS/ANDICAT

Soulet M.-H. (2012). « De l'insertion sociale à la gestion des immotiles. Le travail social en reconfiguration », in Castel R. et Martin C. (dir.). *Changements et pensées du changement*, La Découverte, p. 183-194.

PARTIE II

Institutions et organisations : déclin ou mutations ?

Chapitre 5

Devenir des institutions et transformations des organisations médico-sociales : penser la désinstitutionnalisation et ses limites

Nicolas Henckes

Résumé

Ce chapitre propose une analyse à la fois historique et critique des débats suscités par la désinstitutionnalisation dans le secteur médico-social depuis les années 1970. Il suggère d'abord que ces débats peuvent être compris à l'intérieur de deux grandes problématiques sociologiques portant, respectivement, sur l'organisation et sur l'institution. Le chapitre examine ensuite la façon dont les analyses de la désinstitutionnalisation ont rendu compte des transformations du paysage des services et établissements depuis les années 1960 en prêtant particulièrement attention aux concepts proposés pour penser les alternatives aux établissements. Enfin la dernière partie propose une réflexion sur les dynamiques de transformations organisationnelles et institutionnelles à l'œuvre actuellement dans le paysage du médico-social.

Mots-clés : désinstitutionnalisation, organisations, institutions, dispositifs, réseaux.

LA NOTION de désinstitutionnalisation est devenue depuis les années 1970 un concept central dans l'analyse des systèmes de protection sociale en France comme dans les pays du Nord. Elle caractérise une transformation en profondeur de la prise en charge ou, plus largement, de l'encadrement d'une diversité de populations vulnérables, transformation se traduisant par le déclin des grands établissements et l'essor d'alternatives. Plus largement la désinstitutionnalisation renvoie à un ensemble de questions particulièrement riches sur le paysage que forment aujourd'hui les services et établissements médico-sociaux. Quelles formes empruntent-ils ? Comment assurent-ils effectivement le soin, l'accompagnement ou l'aide aux personnes ? Quelles règles président à leur création et leur activité ? D'où ces règles tirent-elles leur autorité ? Quelles sont plus généralement les dynamiques collectives qui structurent les mondes du médico-social ?

En dehors de l'arène scientifique, la désinstitutionnalisation s'est également installée durablement dans le débat public sur ces enjeux. Selon les moments et les contextes, elle y a été tantôt un aiguillon des réformes promues par les États et tantôt un motif d'avertissement sur les écueils qui guettaient celles-ci. À chaque fois, elle a suscité une variété de prises de positions, évaluations, jugements, critiques ou encore prophéties aux connotations et implications multiples et souvent contradictoires. Celles-ci ont interrogé à la fois l'état et le devenir des services et établissements, leurs fondements normatifs et les conditions matérielles qu'ils proposent aux personnes. Jusqu'à quel point les établissements et services satisfont-ils les besoins et les exigences de droits des personnes ? Dans quelle mesure les règles sur lesquelles ils reposent répondent-elles aux enjeux de justice, d'efficience et d'efficacité qui devraient être au fondement de l'État social ?

Ce chapitre voudrait apporter un éclairage à la fois historique et critique sur ces différents questionnements. Pour commencer, il cherchera à clarifier les différents concepts en jeu. La complexité de toute discussion sur la désinstitutionnalisation tient en effet à la polysémie de la notion. Je suggérerai qu'il peut être utile de lire les discussions qu'elle a suscitées dans les arènes scientifiques et politiques à partir de deux grandes problématiques sociologiques relatives d'une part aux organisations et de l'autre aux institutions du social. À partir de ce cadre conceptuel, le chapitre développera une analyse historique et critique des enjeux et concepts autour desquels se sont structurés les débats sur la désinstitutionnalisation depuis les années 1970. L'analyse cherchera à rendre compte à la fois des façons dont les acteurs ont problématisé les transformations du paysage des établissements et services médico-sociaux et de ces transformations elles-mêmes.

Ce faisant, le chapitre espère à la fois éclairer le succès de la désinstitutionnalisation comme notion et suggérer ses limites comme analyse des transformations du secteur médico-social. Quelle que soit la définition qu'on lui donne, la désinstitutionnalisation soulève en effet d'immenses difficultés conceptuelles et empiriques. Outre qu'elle peine à expliquer les facteurs et les mécanismes qui ont conduit à un éventuel déclin des institutions, la désinstitutionnalisation décrit mal le nouveau paysage d'établissements et services qui a émergé des uns et des autres. La dernière section du chapitre s'efforcera de donner quelques éléments pour en rendre compte.

Entre organisation et institution, la désinstitutionnalisation en question

Si la désinstitutionnalisation exprime de façon générale l'idée d'un déclin des établissements, elle renvoie à plusieurs types d'analyses qui ont interprété de façon différente ce qui faisait l'essence de ces établissements, la nature des processus en jeu dans leur déclin, l'origine de ces processus et leurs implications (Henckes, 2018). Sans nécessairement épuiser ces interprétations, les deux problématiques sociologiques de l'organisation et de l'institution peuvent aider à y voir plus clair. Elles permettent en effet de penser deux dimensions fondamentales des établissements relatives d'une part aux arrangements à la fois matériels et conventionnels sur lesquels s'appuie l'ordre en leur sein et, de l'autre, aux fondements idéels et normatifs sur lesquels reposent ces arrangements.

La question sociologique des organisations, pour commencer, renvoie de façon générale à une interrogation sur la façon dont les relations de coopération et de dépendance s'établissent effectivement à l'intérieur de systèmes d'acteurs s'appuyant sur des règles formelles ou explicites (pour une mise au point récente voir Borraz, 2022). Les analyses ont porté sur les administrations ou les associations, les établissements et services divers de soin, d'accueil, d'éducation ou pénaux, mais aussi les entreprises industrielles ou de service, les partis ou encore des systèmes plus ouverts comme certains marchés voir des groupements communautaires. Les sociologues ont particulièrement insisté sur le fait que les relations réelles entretenues par les acteurs de ces organisations s'écartaient de celles prescrites par les règles, que le pouvoir qu'ils exerçaient les uns sur les autres et leur capacité à prendre des décisions n'étaient pas déterminés automatiquement par la position qu'ils occupaient dans la hiérarchie formelle — c'est en particulier la problématique des travaux classiques de Michel Crozier (1963 ; Crozier et Friedberg, 1977) — et, par ailleurs, que la participation à de telles organisations a un effet sur l'identité personnelle de leurs membres (Sainsaulieu, 1977). Les travaux ont également cherché à identifier des types d'organisations selon la nature des coopérations en leur sein, le statut de leurs membres et les fonctions qu'elles accomplissent (Mintzberg, 1982).

C'est au constat de la remise en cause d'un certain type d'organisations que fait référence le premier ensemble d'analyses de la désinstitutionnalisation. On peut caractériser ces organisations à partir de trois éléments : leur grande taille, le grand nombre et le caractère à la fois très formel et explicite des règles régissant l'ordre social en leur sein, et leur tendance à fonctionner comme un monde clos ou autosuffisant entretenant peu de relations avec leur environnement. Les établissements hospitaliers tels qu'ils existaient au milieu du XXe siècle ont été des prototypes de ces organisations au même titre que certaines usines ou administrations : les unes comme les autres se caractérisaient en effet par la façon dont elles prenaient en charge l'ensemble des fonctions nécessaires pour assurer leur activité principale — produire des soins ou des biens — et par le fait qu'elles concentraient dans les mêmes locaux un nombre très important de participants, professionnels et malades dans le cas de l'hôpital. Ceux-ci y trouvaient ainsi un vaste ensemble de services dont ils pouvaient avoir besoin pour vivre, de l'hébergement à la restauration jusqu'aux loisirs, faisant de ces organisations de véritables villes.

La désinstitutionnalisation a d'abord traduit une remise en cause de ce gigantisme et de l'ambition totalisatrice de ces grandes organisations. Elle a concerné un grand nombre d'entre elles dans des secteurs très divers de la société. Dans le médico-social, la désinstitutionnalisation est souvent analysée, en reprenant la terminologie administrative française, comme la substitution des services aux établissements, mais on verra que d'autres perspectives ont émergé au cours du temps pour penser les alternatives à ces derniers. La désinstitutionnalisation renvoie ici à une transformation touchant à la fois à la localisation, aux modes d'encadrement et de structuration des pratiques, mais aussi et du même coup au type de relations que les professionnels entretiennent entre eux et avec les personnes. Si elle a ainsi une dimension extrêmement concrète, la désinstitutionnalisation n'a pu se développer que dans le cadre d'une remise en cause des valeurs associées à la grande organisation.

C'est à ce sens que renvoie spécifiquement la problématique sociologique de l'institution, ou peut-être plus précisément de l'institutionnalisation. Si la question de l'organisation posait le problème de la forme prise par l'ordre social à l'intérieur d'un système d'action collective formel, l'institution soulève la question de la légitimité et des fondements de cet ordre dans des représentations, des idéaux ou des attentes partagées. Précisément on peut définir l'institution comme la façon dont des formes de structuration sociale — organisations, dispositifs, règles, conventions ou normes — parviennent à capter des représentations et des idéaux, à susciter chez leurs agents et leurs publics des croyances partagées, ou encore à stimuler des engagements de nature à la fois rationnelle et émotionnelle, pour acquérir par là une existence propre, perçue comme naturelle et détachée de leurs contextes d'émergence (voir Lagroye et Offerlé, 2011, pour cette définition).

Sur le terrain du médico-social, le concept d'institution permet de rendre compte des formes de justification mobilisées par les acteurs, professionnels ou non, dans la conduite de leurs pratiques sociales. Les organisations peuvent être en ce sens des institutions lorsque les règles sur lesquelles elles s'appuient ont acquis pour leurs membres un caractère naturel (pour cette analyse voir : Ahrne, Brunsson, 2011), mais les pratiques peuvent faire référence à d'autres institutions comme la science ou encore des autorités comme l'État ou la religion, comme dans le cas de certains établissements issus des solidarités confessionnelles : les acteurs justifient ainsi parfois telle ou telle intervention qu'ils mettent en œuvre en appelant à la citoyenneté ou en évoquant une idée de la charité (voir chapitre 14). La désinstitutionnalisation traduit alors non pas, comme dans le premier sens évoqué plus haut, le déclin des règles qui régissent les pratiques, mais celui de l'adhésion qu'elles suscitent chez leurs protagonistes.

Dans la sociologie, et plus spécifiquement dans la tradition initiée par le sociologue français Émile Durkheim, l'importance de la question des institutions tient au fait que c'est d'elles que nos sociétés tirent leur consistance. La désinstitutionnalisation, si elle était avérée, ferait ainsi courir le risque que les acteurs éprouvent des formes de démoralisation, voire se retirent du jeu collectif, désertent les institutions ou s'engagent dans des processus de désaffiliation (Castel, 1995). Dans un ouvrage théorisant et documentant le phénomène, le sociologue François Dubet (2002) suggère ainsi que les professionnels du social ne croient plus aujourd'hui en ce qu'il appelle le « programme institutionnel », c'est-à-dire en l'idée que leur travail relève d'« une médiation entre des valeurs universelles et des individus particuliers », qu'il est « une vocation » et qu'il vise « à inculquer des normes qui conforment l'individu et en même temps le rendent autonome et "libre" ». Le travail devient un objet « composite » que les acteurs construisent en situation en s'appuyant sur une diversité de références.

On reviendra plus loin sur l'évaluation que l'on peut faire de ces analyses. Avant cela, la suite de ce chapitre interroge la façon dont les débats autour de la désinstitutionnalisation ont mis au travail ces deux problématiques depuis le milieu du XXe siècle.

LE PROBLÈME DES ÉTABLISSEMENTS AU MILIEU DU XXE SIÈCLE

▶ Aux origines d'une critique

La désinstitutionnalisation, dans ses différents sens, est en effet l'aboutissement de plusieurs décennies de critiques des établissements à caractère sanitaire et social depuis la fin du XIXe siècle. Ces critiques sont à la mesure des promesses qui leur ont été associées au moment de leur fondation, dans leur forme contemporaine, au début du XIXe siècle. Les hôpitaux, asiles d'aliénés, établissements d'enseignement ou d'éducation spécialisée, devaient en effet, grâce à l'architecture de leurs bâtiments, aux règles strictes encadrant la vie de leurs pensionnaires, aux traitements spécifiques mis en œuvre par leurs professionnels, permettre la correction, l'éducation ou encore le traitement thérapeutique de leur public, dans sa diversité, et par là faciliter leur réintégration sociale. Dans la grammaire conceptuelle mise en place dans la section précédente, c'est l'établissement en tant qu'organisation qui dispose ainsi d'un pouvoir sur les personnes. Mais, pour les promoteurs de ces établissements, cette efficacité n'est possible que dans la mesure où cette organisation s'impose effectivement aux personnes, en d'autres termes qu'elle est devenue une institution.

C'est l'échec visible de cette promesse dès la seconde moitié du XIXe siècle, manifesté par la croissance apparemment irrésistible des populations accueillies dans les établissements et l'incapacité de leurs professionnels à les en faire sortir, qui conduit aux premières dénonciations du traitement en établissement. Outre l'inefficacité de la discipline imposée par l'enfermement et la vie en collectivité, celles-ci critiquent les mauvais traitements infligés aux personnes, rendus possibles notamment par le manque de contrôle sur les pratiques professionnelles. Ces critiques portent sur les deux dimensions organisationnelles et institutionnelles des établissements. Certaines suggèrent que l'on pourrait développer d'autres organisations qui permettraient d'échapper aux travers des établissements, comme, dans le cas de la psychiatrie, des colonies agricoles, ou bien, dans le cas de l'éducation, des établissements organisés autour de pédagogies alternatives ; d'autres remettent en cause leurs fondements mêmes dans l'autorité des professionnels qui les animent : sur le terrain de la santé mentale, par exemple, les historiens identifient dans les années 1880 un premier mouvement antipsychiatrique (Dowbiggin, 1991).

C'est cependant au lendemain de la Seconde Guerre mondiale, sous l'impulsion de professionnels, de journalistes et d'activistes, que ces critiques prennent une réelle ampleur et qu'elles donnent lieu à des analyses systématiques. Ces dernières se nourrissent alors des premiers travaux sociologiques qui prennent comme terrains d'enquête les établissements sanitaires et sociaux et en décrivent précisément les mécanismes. Le sociologue Erving Goffman développe ainsi en 1961 le concept d'« institution totale » pour caractériser un « lieu de résidence et de travail où un grand nombre d'individus, placés dans la même situation, coupés du monde extérieur pour une période relativement longue, mènent ensemble une vie recluse dont les modalités sont explicitement et minutieusement réglées » (Goffman, 1968 (1961), p. 41). S'il utilise en anglais le terme d'institution, la problématique qu'il met en place est de nature organisationnelle. Il montre en particulier comment la structure spécifique des établissements alimente des processus de désadaptation et de dépersonnalisation des personnes internées, pour finalement renforcer leur aliénation. En France des analyses très proches sont développées au même moment par certains psychiatres au sein du mouvement de psychothérapie institutionnelle, analyses reprises ensuite dans les champs de l'éducation spécialisée ou du handicap (notamment : Daumézon et Koechlin, 1952).

Une décennie plus tard, le philosophe français Michel Foucault (1975) propose quant à lui le concept de discipline pour analyser le mode spécifique de normalisation des comportements mis en œuvre dans une série d'établissements tels que les prisons, hôpitaux ou écoles. Il en fait une forme paradigmatique de l'exercice du pouvoir dans les sociétés du XIXe siècle. Si la discipline caractérise bien une forme organisationnelle, la critique historique et philosophique de Foucault porte en réalité plus profondément sur l'idée qu'elle puisse avoir une dimension institutionnelle : la caractérisation de la prison comme un dispositif, que Foucault définit comme un assemblage historiquement contingent de savoirs, d'organisations, de pratiques, de droit, lui permet en effet de remettre en cause l'ordre institué que les établissements prétendent incarner. En cela Foucault contribue à une critique plus générale des fondements normatifs de la modernité.

▶ Une autre voie pour les institutions du social ?

La réponse à ces critiques, dans un premier temps, est passée moins par une remise en cause des organisations que par une tentative de les refonder en tant qu'institutions. Pour les réformateurs, professionnels, membre des administrations, qui se saisissent du problème dans les années 1950 et 1960, il semble en effet possible de transformer les établissements de l'intérieur en redonnant un sens à l'ordre sur lequel ils s'appuient : en y insufflant un dynamisme nouveau, en remettant en cause les routines organisationnelles, en posant frontalement et collectivement la question du sens des pratiques ou des règles qui les encadrent. Les projets de l'époque ne visent ainsi pas moins d'organisation, ni même des organisations très différentes de celles héritées de la période précédente. Mais ils se sont efforcés de proposer de nouvelles façons de constituer les organisations.

La psychothérapie institutionnelle développée par un groupe de jeunes psychiatres au lendemain de la guerre a peut-être poussé le plus loin la théorisation de ces perspectives (Henckes, 2007). Elle propose en effet une sorte de méthodologie de l'intervention reposant sur la mise en place dans les établissements d'activités ou de traitements à l'échelle de groupes de patients et qui visent, finalement, à restaurer une croyance partagée dans l'ordre institutionnel. Mais ces perspectives ont été reprises très largement pour être appliquées à une diversité d'objets, établissements, organismes ou groupements, au-delà des secteurs social et sanitaire, de l'administration à l'entreprise et jusqu'à la famille. À l'intérieur de l'État, elles sont particulièrement incarnées par un organisme, le Commissariat général au plan, en charge d'animer la modernisation du pays et qui promeut des modèles d'organisation reposant sur un mélange de participation sociale et d'expertise (voir pour une analyse à chaud Crozier, 1965). À chaque fois l'enjeu est de réaffirmer un sens partagé en mettant en cohérence la régulation interne des organisations avec les fonctions qu'elles poursuivent et en s'efforçant de susciter une adhésion de leurs membres à cette régulation.

Aidées par l'amélioration du niveau de vie et l'augmentation des prélèvements sociaux, ces perspectives ont stimulé la croissance et la diversification considérable des organisations du médico-social au cours des années 1960 et 1970. Outre l'engagement des professionnels évoqué plus haut, deux séries de processus ont joué un rôle spécifique dans cette dynamique. Les premiers traduisent l'implication croissante des publics de ces organisations, patients et familles, dans la définition de réponses spécifiques à leurs besoins et problèmes. Rejoignant, souvent, celles des professionnels, ces revendications ont fait émerger un ensemble diversifié d'établissements et de services, et, au-delà, des secteurs d'action publique tout entier, comme la politique du handicap ou de la vieillesse (Barral *et al.* 2000). Le second ensemble de processus relève de logiques de rationalisation administrative et économique. Celles-ci ont été particulièrement à l'œuvre à l'hôpital où, dès les années 1960, des tentatives d'appliquer le calcul économique inspirent des réformes importantes de l'organisation en services ou de la planification et du financement des établissements (Benamouzig, 2005).

Au tournant des années 1970, les deux lois « hospitalière », d'une part, du 31 décembre 1970 et « sociale », de l'autre, du 30 juin 1975 sont l'aboutissement de ces différents processus : la première consacre le service public hospitalier et surtout elle redonne un cadre, des principes et des règles, à l'hôpital public ; la seconde institue en miroir le secteur social et médico-social dont elle définit les valeurs et organise le fonctionnement. Les deux lois participent ainsi d'un même geste instituant visant à refonder le système des établissements sanitaires et sociaux en leur associant un corpus législatif spécifique.

L'AVÈNEMENT DE LA DÉSINSTITUTIONNALISATION

▶ La perspective d'une alternative

Au tournant des années 1970, l'essor de la notion de désinstitutionnalisation est à bien des égards un désaveu pour cette dynamique. Dans leur diversité, les analyses que consacrent à celle-ci professionnels, militants et chercheurs suggèrent en effet qu'il n'est d'autre voie que le déclin des établissements, en tant qu'organisations ou, selon les analyses, qu'institutions, pour dépasser leurs travers. Ce faisant elles rendent non seulement plausible un monde sans établissements, mais de surcroît, le récit sociohistorique qu'elles proposent tend à occulter voire à nier les efforts menés au cours des décennies précédentes pour transformer les établissements. Ce qui caractérise ces analyses c'est en effet la distance qu'elles prennent avec celles de leurs prédécesseurs. C'est vrai des deux interprétations principales données à la notion selon les deux voies de l'organisation et de l'institution.

Dans un premier temps, lorsqu'elle fait son apparition aux États-Unis au début des années 1970, la notion vise à rendre compte de la tendance observée à la décroissance des populations internées dans les hôpitaux psychiatriques depuis les années 1950. Le phénomène est alors mal compris — il le restera jusqu'à aujourd'hui — et il suscite plusieurs séries d'explications concurrentes : progrès des techniques thérapeutiques, avec notamment l'arrivée des chimiothérapies neuroleptiques, qui permettent de faire sortir plus rapidement les patients ; succès de la critique des hôpitaux psychiatriques, qui aurait fini par s'imposer dans les agendas de politique publique et avoir raison des résistances au changement ; ou montée de nouvelles exigences à l'égard des établissements sanitaires et sociaux alors que le développement de l'État social rend inacceptable le coût des traitements ségrégatifs. Ces incertitudes contribuent du reste à renforcer le caractère massif de l'analyse, le phénomène apparaissant d'autant plus irrésistible qu'il est mystérieux.

Rapidement, chercheurs et militants suggèrent que des établissements accueillant d'autres populations pourraient suivre le même chemin : hospices de vieillards et infirmes, institutions pour enfants inadaptés ou en danger, voire établissements carcéraux (Scull, 1977). Le phénomène s'observe par ailleurs également dans la plupart des pays européens, pour ce qui est de la psychiatrie en tout cas. À la fin des années 1970, la désinstitutionnalisation devient, en ce sens d'une réduction des places en établissement, l'horizon d'une série de politiques publiques : dans la santé mentale, elle est notamment prônée par l'OMS comme par certains gouvernements — Italie et Grande-Bretagne notamment ; dans le champ du handicap mental, elle devient une des revendications importantes des mouvements pour les droits.

En France la notion de désinstitutionnalisation rencontre alors peu d'écho et la psychiatrie dans son ensemble refuse de faire de la fermeture des hôpitaux psychiatriques un objectif. Mais c'est dans des termes proches de ceux mobilisés dans le cadre de la désinstitutionnalisation que, dès les années 1970, les familles d'enfants inadaptés plaident pour leur sortie des établissements psychiatriques et qu'est promue la fermeture des hospices pour personnes âgées. Dans les deux cas, les alternatives reposeront cependant sur la création de nouveaux établissements qui nourriront, dans les années 2010, les critiques des politiques françaises en matière d'institutionnalisation des publics vulnérables (voir chapitre 18).

Depuis les années 1980, la désinstitutionnalisation, entendue en ce sens d'un déclin des organisations, se présente ainsi à la fois comme un diagnostic et une prophétie : elle rend compte d'un processus en cours ; et elle annonce un horizon sans établissement ou en tout cas avec moins d'établissements, qui pourrait être l'aboutissement de ce processus. Cet horizon apparaît selon les auteurs, et parfois pour les mêmes auteurs, comme un espoir ou comme un risque, voire un danger : d'un côté, la fermeture des grands établissements de soin paraît rendre possible, selon des expressions particulièrement prisées par l'ensemble des acteurs, la relocalisation « dans la cité » ou « dans la communauté » des prises en charge et par là une meilleure intégration et participation sociale des personnes ; de l'autre, elle pose cependant la question des moyens qui seront effectivement disponibles dans ce nouveau contexte pour venir en aide à des personnes dont les vulnérabilités restent importantes. Cet horizon a suscité à cet égard des réserves significatives et dans la santé mentale des voix se sont fait entendre pour appeler à une réinstitutionnalisation après une désinstitutionnalisation jugée trop radicale (Fakhoury et Priebe, 2007). Malgré ces réserves, la désinstitutionnalisation est restée un objectif indépassable des politiques de santé mentale et, de façon peut-être plus notable encore, dans le secteur du handicap dans son ensemble depuis les années 2000, où, sous l'impulsion du Comité des droits des personnes handicapées de l'ONU la fermeture des établissements est devenue un enjeu particulièrement vif (Comité des droits des personnes handicapées, 2022).

Le diagnostic exprimé par la désinstitutionnalisation est quant à lui univoque. Il est objectivé par un indicateur statistique produit par les États et sur lequel reposent pratiquement exclusivement les analyses : le nombre de places en établissements. Ces analyses comportent cependant de nombreux angles morts qui nourriront un certain nombre de discussions parfois byzantines tout au long de la période. D'abord les données statistiques se concentrent sur les établissements disposant d'une reconnaissance formelle par les États ; elles passent à côté de nombreux établissements notamment lorsqu'ils relèvent du secteur associatif, qu'ils développent des modèles originaux ou reposent sur des financements privés ou sur des subventions informelles (voir chapitre 1).

Ensuite la désinstitutionnalisation ne définit pas ce qu'il faut entendre par établissement : elle ne dit rien de la nature et de la qualité des places auxquelles il est fait référence ; surtout elle rend difficilement compte de la nature exacte des alternatives éventuelles aux établissements. À cet égard, un des enjeux importants des débats a porté sur la question de savoir si on a assisté effectivement à un déclin du traitement en établissement ou à un transfert dans d'autres établissements des populations (un repère important dans la littérature sur ce point est : Brown, 1985). Cette question est d'autant plus importante que la baisse du nombre de place en établissement est à la fois un phénomène mesuré et très inégal selon les secteurs : dans la santé mentale, après avoir décru depuis les années 1970, le nombre de lits stagne depuis les années 2000 ; dans le handicap le nombre d'établissements n'a jamais véritablement baissé en France (voir tableau 5.1). Enfin, on l'a évoqué plus haut dans le cas de la psychiatrie, la désinstitutionnalisation est incapable de rendre compte des processus qui seraient à l'origine du phénomène et elle ne dit rien des transformations dans

Tableau 5.1. Évolution de quelques établissements en France, 1980-2018.

Santé mentale	**1981**		**2006**	**2018**
Établissements publics spécialisés dans la lutte contre les maladies mentales	119		90	95
Établissements publics participant à la lutte contre les maladies mentales	223		293	ND
Lits dans les établissements publics participant à la lutte contre les maladies mentales	*118 003*		*39 658*	*33 614*
Établissements privés participant à la lutte contre les maladies mentales	293		322	ND
Lits établissements privés participant à la lutte contre les maladies mentales	*18 130*		*18 346*	*21 312*
Personnes âgées	**1980**		**2003**	**2015**
Hospices et maisons de retraite publiques	2033	Ehpad	0	7 400
Places hospices et maisons de retraite publiques	*221 501*	*Places Ehpad*	*0*	*600 380*
		Ehpa	6 376	335
Maisons de retraite privées	2 100	*Places EHPA*	*436 300*	*8 500*
		Unité soin longue durée (USLD)	1 044	596
Lits maisons de retraite privées	*132 000*	*Lits en unité soin longue durée (USLD)*	*79300*	*33860*
Total établissements personnes âgées	4 133	Total établissements personnes âgées	7 420	8 331
Total lits personnes âgées	*353 501*	*Total lits établissements personnes âgées*	*515 600*	*642 740*
Personnes handicapées	**1980**		**2006**	**2018**
Établissements pour enfants handicapés	1 825		2 080	2 370
Places en établissements pour enfants handicapés	*142 000*		*106 642*	*108 900*
Établissements et services d'aide par le travail	769		1 580	1 500

Tableau 5.1. (suite)

Places en établissements et services d'aide par le travail	*48 826*		*111 500*	*119 830*
Hébergement médicalisé pour personnes adultes handicapées	ND		949	1 720
Places en hébergement médicalisé pour personnes adultes handicapées	*ND*		*33 244*	*58 940*
Hébergement non médicalisé pour adultes handicapés	739		2 865	3 210
Places en hébergement non médicalisé pour adultes handicapés	*29 718*		*89 615*	*96 760*

Ce tableau présente à titre indicatif quelques données statistiques sur l'évolution du nombre et de la taille d'une sélection d'établissements. Il se concentre volontairement sur la santé mentale, les personnes handicapées et les personnes âgées et il n'inclut pas les services.

Les transformations des catégories et le mode de recueil des données rendent complexes la comparaison à travers le temps. C'est particulièrement le cas pour les établissements pour personnes âgées : jusque dans les années 1980 ceux-ci se composent d'hospices, qui peuvent être autonomes ou être constitué en section d'hôpital et de maison de retraite. La suppression du statut d'hospice a conduit dans un premier temps à une requalification des structures en maisons de retraite ou unités de soins de longue durée. Dans un second temps, une grande partie des maisons de retraite ont été transformées en Ehpad après la création du statut en 2002.

Dans le secteur du handicap, en 2006 et 2013 l'hébergement médicalisé pour personnes adultes handicapées correspond à la somme des maisons d'accueil spécialisées (MAS) et des foyers d'accueil médicalisé (FAM). L'hébergement non médicalisé correspond quant à lui aux foyers de vie et aux foyers d'hébergement. Pour 1980, les MAS ont été décomptées avec le reste de l'hébergement.

ND : données non disponibles.

Sources : *Annuaire des statistiques sanitaires et sociales 1982-1983* ; enquête EHPA 2003 et 2015 ; enquête ES 2006 et 2018 ; *Panorama des établissements de santé 2006 et 2018.*

les trajectoires de vie des personnes et de leur entourage qui ont accompagné la désinstitutionnalisation et l'ont rendue simplement possible.

▶ Un déclin des institutions ?

Entendue à l'intérieur de cette problématique organisationnelle, on l'a dit, la désinstitutionnalisation a rencontré peu d'échos, au moins dans un premier temps, en France. En comparaison à d'autres pays, les politiques publiques se sont davantage appuyées sur les équipes professionnelles qui dirigeaient et animaient les établissements, nourrissant une profonde ambivalence à leur égard. À la fin des années 1970, en France, la notion de désinstitutionnalisation s'impose cependant dans le débat public dans le second sens évoqué plus haut pour caractériser ce qui apparaît alors comme le déclin d'une série de valeurs au fondement de l'ordre social.

La notion exprime alors une critique générale du chemin pris par la modernisation et plus spécifiquement de l'impulsion qui semble avoir été donnée à l'individualisme dans la France de l'après mai 1968. Selon cette critique, la libération et la diffusion de la dénonciation des institutions auraient débouché à la fois sur une valorisation à outrance des expériences et de l'expression individuelles et sur une forme de désenchantement général à l'égard des grands systèmes normatifs qui encadraient précédemment les comportements collectifs. L'ensemble des institutions sociales semblent être affectées par le phénomène : la famille comme l'Église, le travail ou l'État. Dans le secteur sanitaire et social, les analyses constatent les critiques montantes adressées au système de Sécurité sociale institué au lendemain de la Seconde Guerre mondiale et à sa capacité à répondre aux problématiques individuelles dans le cadre de politiques universalistes, alors que sont mises en œuvre les premières politiques d'austérité budgétaire. En réaction, les observateurs suggèrent que l'on assiste à la fois à la montée d'une forme de démoralisation parmi les équipes professionnelles (pour un ouvrage emblématique de ces analyses : Bourdieu, 1993) et à l'avènement dans leurs publics de nouvelles pathologies relevant du narcissisme (pour une analyse critique, voir : Ehrenberg, 2010).

Dans certaines visions extensives du phénomène, c'est à un déclin de l'idée de société, l'émergence d'une société sans social, que le déclin des institutions laisserait place (Dubet et Martuccelli, 1998). Doit-on se satisfaire de ces analyses ? Dans la perspective sociologique initiée par Émile Durkheim, on soulignerait que les institutions sont pratiquement par définition des éléments structurants et constitutifs des sociétés et qu'on ne saurait imaginer société sans institution. Le déclin des institutions, dans cette perspective, n'est qu'apparence et il convient d'identifier les formes nouvelles qu'elles adoptent. Une première piste d'analyse est que c'est l'individu lui-même qui, dans une société individualiste, est devenu une institution au sens où les idées et représentations associées à ce concept fondent désormais une série de règles, de conventions, d'habitudes ou de pratiques ritualisées autour desquelles se structurent les pratiques collectives. On peut cependant aller plus loin dans la réflexion en examinant plus précisément les dynamiques d'organisation et d'institutionnalisation à l'œuvre dans le secteur médico-social à partir des années 1970. Cette analyse fait l'objet de la suite de ce chapitre.

AU-DELÀ DE LA DÉSINSTITUTIONNALISATION

L'idée d'un déclin des établissements ne caractérise ainsi qu'une partie seulement des transformations qui ont affecté le paysage du médico-social depuis les années 1970. Comment rendre compte des nouvelles formes d'encadrement, de soin ou d'accompagnement qui ont émergé au cours de la période ? La littérature a proposé successivement deux séries de perspectives pour répondre à ces questions.

▶ Entre contrôle social et abandon, les désillusions de la désinstitutionnalisation

Les premières d'entre elles, dès la fin des années 1970, étaient profondément marquées par une forme de désenchantement à l'égard des promesses liées à la désinstitutionnalisation. Alors que cette dernière laissait espérer que les personnes pourraient bénéficier d'interventions leur permettant une réelle émancipation, ces perspectives soulignaient à l'inverse que le paysage émergent des établissements et services sanitaires et sociaux conduisait en fait à de nouvelles formes d'aliénation. Deux ensembles d'analyses nourrissaient spécifiquement ce diagnostic.

Les premières suggéraient que le déclin des établissements traduisait l'essor de nouvelles formes de contrôle social de la déviance au sens large — handicap, dépendance et maladie y compris — reposant non plus sur l'enfermement dans des établissements mais sur la surveillance à distance. Celle-ci était rendue possible par de nouvelles technologies mises au point depuis le début du XXe siècle : fichiers compilant des populations à risques, enquêtes épidémiologiques et démographiques permettant le dépistage de comportements à problèmes, développement de services intervenant à domicile ou en ambulatoire, organisation en réseau ou en secteur des équipes professionnelles, voire interventions préventives de nature pharmacologique (Castel, 1981 ; Armstrong, 1995 ; Rose, 1989).

La psychiatrie était de nouveau le terrain privilégié de ces analyses. En organisant la diffusion des pratiques thérapeutiques dans le tissu urbain et grâce au recours massif à des traitements médicamenteux utilisés comme des camisoles chimiques, la sectorisation psychiatrique paraissait faire émerger une nouvelle forme de quadrillage des populations. Le sociologue Robert Castel suggérait par ailleurs que si le contrôle social de la déviance avait reposé jusqu'au milieu du XXe siècle sur l'enfermement des individus dangereux, c'était le fichage des populations à risques qui en était désormais l'horizon (Castel, 1981). Le philosophe Gilles Deleuze (1990), dans un article influent, proposait de son côté le concept de sociétés de contrôle, qu'il opposait aux sociétés disciplinaires de Foucault, pour caractériser l'ordre social émergent de ces transformations. Paradoxalement, alors même que la critique sociale a perdu en intensité, ces perspectives ont peut-être acquis plus de plausibilité aujourd'hui alors que se sont développés à la fois les outils de télésurveillance et la puissance de calcul permettant d'envisager l'identification et la surveillance des populations dans des formes inédites (pour une critique générale : Zuboff, 2020 ; sur le terrain médico-social voir notamment : Morey, 2020).

À rebours de ces premières analyses, les secondes soulignaient l'abandon dans lequel le déclin des établissements sanitaires et sociaux laissait les populations qui y avaient été accueillies précédemment. Loin d'être en mesure de projeter les interventions en dehors des murs de l'institution pour aller au-devant des populations vulnérables, les politiques communautaires issues de la désinstitutionnalisation manifestaient surtout leur inefficacité. Pour une part, le problème paraissait être lié au fait que la fermeture des établissements n'a pas été accompagnée de la programmation des services qui auraient pu prendre le relais, à la fois parce que les politiques d'austérité empêchaient le redéploiement des crédits et parce que les États ne se sont pas dotés de standards et de normes permettant d'objectiver les besoins.

Trois phénomènes ont, dès les années 1980, donné de la crédibilité à cette analyse. Le premier est le rôle pris par les institutions carcérales dans la prise en charge de problèmes relevant de la santé mentale (Fassin, 2015). Dès les années 1930, le psychiatre Leonard Penrose théorisait l'idée qu'il existait une corrélation inverse entre les taux d'équipement en lits psychiatriques et en places de prison et, à la fin du XXe siècle, les études épidémiologiques menées dans ces établissements ont semblé confirmer le diagnostic. Le deuxième est le développement du sans-abrisme et le constat de la prégnance des troubles psychiatriques parmi les personnes à la rue (Dear et Wolch, 1987). Enfin le troisième phénomène est le « fardeau » apparemment croissant pesant sur les aidants familiaux (Bungener, 1995 ; voir chapitre 15 dans cet ouvrage) : comme leurs associations le soulignent depuis les années 1960, le relais au traitement en établissement a d'abord été assuré au sein des familles.

▶ De dispositifs en réseaux : la recherche d'une autre voie pour penser les structures du médico-social

Il a fallu, dans un second temps, la mise à l'agenda dans les années 1980 et 1990 de nouvelles problématiques relatives au sens des politiques sociales et médico-sociales et à la nature de leurs interventions pour que soient formulées des propositions conceptuelles rendant compte de façon positive des nouvelles formes prises par l'État social. À rebours du pessimisme des analyses précédentes, les auteurs suggéraient en effet qu'un certain nombre de services et établissements développaient des modèles originaux qui évitaient tant les écueils de l'organisation que de l'institution. Deux concepts rencontrent alors un succès intellectuel et public.

Le premier, le dispositif, est lié aux nouvelles politiques dites « d'insertion » promulguées en France à partir des années 1980 en réponse à ce qui semble alors constituer un nouveau défi à l'État social : l'exclusion. Conséquence de l'effritement du salariat, celle-ci caractérise en effet le basculement apparent de pans entiers de la société dans des formes de marginalisation, voire de désadaptation. Face à ce problème, les politiques publiques développées par l'État ne cherchent plus à agir sur les équilibres sociaux au moyen de techniques assurantielles mais plutôt à développer des actions ciblées mobilisant des services et des moyens transversaux et reposant par ailleurs sur des formes de contractualisation avec les personnes concernées (Castel, 1995).

Ce sont ces nouvelles réponses que caractérise la notion de dispositif. La notion possède de fait une double généalogie administrative et intellectuelle. Dans l'administration, elle renvoie à l'origine à des objets techniques visant une fonction donnée : le dispositif permet de caractériser cette fonction sans avoir à préciser la nature de l'objet mobilisé pour la mettre en œuvre. Dans le courant des années 1990, cependant, la signification de la notion est singulièrement élargie pour qualifier des organisations créées pour une fin donnée. De façon typique un dispositif comprend une bureaucratie dédiée, des conventions et des règles spécifiques, des financements programmés, des techniques et de l'ingénierie sociale, ou encore du bâti, le tout mis en œuvre par les représentants de la puissance publique selon des configurations qu'ils sont jusqu'à un certain point, libres de déterminer.

Cette seconde acception permet un rapprochement avec les significations acquises par la notion dans le champ intellectuel. De ce côté, le dispositif a connu une consécration avec les travaux de Michel Foucault qui, on l'a signalé plus haut, en fait dès le début des années 1970 un des concepts centraux de son analyse du pouvoir. Le concept est ensuite repris par la nouvelle sociologie des sciences dans les années 1980 puis par certains courants théoriques plus larges pour constituer en objet l'hétérogénéité de certains assemblages de choses, de pratiques, de règles, pris comme unités d'analyse, et souligner les effets de contrainte qu'ils sont susceptibles de faire peser sur les acteurs (Dodier et Barbot, 2016).

La mobilisation du concept dans l'analyse des politiques sociales et médico-sociales fait se croiser ces diverses acceptions. Le dispositif semble en effet à même de rendre compte de la mobilisation au profit d'une réponse personnalisée de moyens divers dans des configurations déterminées au niveau des territoires (Ion et Ravon, 2005). Les dispositifs vont de la politique de la ville au revenu minimum d'insertion en passant par le handicap ou la sectorisation psychiatrique. À chaque fois ils reposent sur les notions de partenariat, de contrat, de convention, de projet, d'évaluation. Le dispositif paraît plus largement apporter une réponse à la crise des institutions, dont ils viennent pallier les limites en proposant des services sur mesure là où l'institution ne savait que proposer des réponses normalisées.

Le second concept, celui de réseau, émerge de façon concomitante à celui de dispositif avec qui il partage par ailleurs de nombreux traits. Comme ce dernier, le réseau caractérise des assemblages d'individus, d'entités ou de choses disposant chacune d'une forme d'autonomie et liés par des liens d'interdépendance. Mais si le dispositif cherchait à rendre compte de l'unité que formaient ces assemblages, les analyses de réseau s'attachent plutôt à en décrire la morphologie et à montrer comment celle-ci rejaillit sur les propriétés de chacun de leurs composants. Le concept connaît un succès considérable en sociologie comme outil conceptuel et d'analyse, donnant lieu notamment à un formalisme statistique mobilisé dans l'étude de grandes cohortes de données (Mercklé, 2011).

Dans le débat sur les politiques sociales, le réseau vise à apporter une réponse à une série d'enjeux proprement organisationnels. Il ne s'agit plus de faire face, comme pour le dispositif, à une nouvelle problématique sociale déstabilisant de l'extérieur les institutions, mais plutôt de répondre à une forme de déséquilibre venant de l'intérieur et lié aux dynamiques de coordination et de coopération des acteurs. La diversification des établissements et des services court en effet le risque de générer un désordre coûteux pour les financeurs et elle a également des effets potentiellement délétères pour leurs publics qui risqueraient de pâtir de leur manque de coordination (voir chapitre 6). L'enjeu des réseaux est ainsi de redonner de la structure à des collectifs de travail réunissant des acteurs relativement indépendants les uns des autres mais qui sont appelés à coopérer au moins ponctuellement dans la mise en œuvre d'interventions au service de personnes ou de populations spécifiques. Cela explique que les premiers réseaux sont créés dans le secteur sanitaire, avec les « réseaux ville hôpital » de la lutte contre le sida ou les réseaux de cancérologie, où le problème de la coopération et l'interdépendance entre pairs se posent avec une acuité particulière (Bungener *et al.*, 1985). La notion s'installe ensuite progressivement dans le secteur médico-social : en santé mentale il est une des propositions fortes formulées au début de la décennie 2000 pour penser les nouveaux regroupements qu'il conviendrait de mettre en œuvre dans le cadre d'une santé mentale dépassant la seule psychiatrie.

Dispositifs et réseaux ont ainsi été deux tentatives de penser et de mettre en œuvre de nouvelles formes de structuration des pratiques qui évitent les coûts associés à la fois à l'organisation et à l'institutionnalisation. Ces analyses ont sans doute perdu de leur acuité depuis les années 2000 alors que les uns et les autres connaissent un double processus de banalisation et d'institutionnalisation. La raison en est la multiplication et la désectorialisation des politiques publiques dans le secteur médico-social, c'est-à-dire la multiplication des programmes consacrés à des catégories spécifiques pour lesquelles sont mobilisés des moyens issus de secteurs autrefois cloisonnés des politiques sociales. Aux trois catégories traditionnelles du handicap, de la vieillesse et des maladies s'en sont ajoutées d'autres comme l'autisme, le polyhandicap, la maladie d'Alzheimer, tandis que d'autres formes de politiques intersectorielles ont émergé autour d'objets comme l'habitat inclusif ou l'insertion professionnelle. D'une certaine manière c'est l'ensemble de ces programmes cibles qui constituent aujourd'hui des dispositifs. De même il n'est plus possible de penser des interventions qui, dans le médico-social, mobilisent par définition le travail conjoint d'acteurs issus d'organisations et de secteurs disjoint, en dehors des réseaux qui leur donnent une forme. On peut ainsi se demander si le dispositif et le réseau constituent des propositions théoriques suffisamment spécifiques pour rendre compte de la structure du social.

ORGANISATION ET INSTITUTIONNALISATION DU SOCIAL DANS LES ANNÉES 2000

À ce stade de ce parcours intellectuel, le moment est venu de préciser la réponse aux questions que l'on posait au début du chapitre. Comment caractériser le paysage émergent des mondes du médico-social ? Et comment situer ses modes de structuration à l'intérieur des deux problématiques de l'organisation et de l'institution ? Comme le suggère l'ensemble des analyses précédentes, il est devenu très compliqué de proposer une image d'ensemble ou un concept unique rendant compte dans leur diversité de la nature et de la forme prise par les établissements et services médico-sociaux. Il est possible cependant d'identifier les dynamiques organisationnelles et institutionnelles qui traversent ce paysage et qui contribuent à sa reproduction, sa transformation et son maintien.

La première d'entre elles, peut-être la plus spectaculaire, est, à rebours de la désinstitutionnalisation des années 1970, la relance de l'intégration organisationnelle et la reconstitution de grandes organisations. Ce mouvement concerne toutes les composantes de l'État social, dont le médico-social. Il a touché autant le secteur public, où ont été multipliés les fusions d'établissements hospitaliers, leur regroupement dans des fédérations ou des groupements hospitaliers de territoire, que le secteur associatif et privé : de ce côté ont émergé une série de gros acteurs concentrant un grand nombre de services et dominant l'offre sur des territoires ou parfois des secteurs entiers. À cette dynamique à l'œuvre dans les organismes gestionnaires de services et d'établissements, s'ajoute, avec la création des agences régionales de santé, la reconstitution des administrations en charge de l'animation des politiques médico-sociales alors qu'elles avaient subi au cours de la période précédente, à la suite de la décentralisation, une cure d'amaigrissement drastique.

Ces grandes organisations sont particulièrement complexes. Elles ne présentent plus l'organigramme simplifié des anciennes administrations hospitalières où quelques gros services réunissant en leur sein l'ensemble des moyens nécessaires pour soigner les personnes étaient placés sous l'autorité d'une direction allégée en charge de la gestion comptable en bénéficiant par ailleurs de l'appui de services centraux chargés spécifiquement de fonctions logistiques. Les organisations actuelles sont émiettées en une multitude de services de petite taille et disposant d'une autonomie faible. Parmi ceux-ci il faut distinguer des services de première ligne, des services transversaux susceptibles d'apporter leurs compétences en appui au premier et des services centraux eux aussi nombreux en charge de la gestion logistique. Les relations hiérarchiques passent par des instruments financiers et budgétaires qui imposent un ensemble de contraintes extrêmement strictes sur les pratiques professionnelles même si subsiste un respect de l'autonomie professionnelle. Ces grandes organisations sont par ailleurs affectées par les autres dynamiques qui affectent le paysage des établissements et services médico-sociaux.

La deuxième de ces dynamiques est le rôle croissant joué par le marché dans le secteur médico-social. Il l'a pénétré de plusieurs façons. D'une part, un ensemble significatif de prestations sociales est désormais délivré par des services marchands. Certains segments du médico-social, notamment les services à la personne, ont toujours reposé sur le marché, mais la nouveauté est la façon dont aujourd'hui celui-ci est associé, dans les dispositifs, à la délivrance de nombreuses aides : par exemple dans les dispositifs de logement accompagné lorsque les personnes mobilisent des services d'aide à domicile en complément de l'accompagnement proprement médico-social ou d'une intermédiation locative. D'autre part, le marché a aussi pénétré profondément les organisations relevant du service public ou à but non lucratif : il est mobilisé pour assurer certaines fonctions jugées accessoires : gestion et entretien du patrimoine, restauration ou encore gestion de l'hôtellerie ; son modèle inspire par ailleurs des instruments visant à mettre en concurrence les acteurs : notamment dans les appels à projet et la tarification.

La troisième dynamique correspond à des projets portés par des groupements de professionnels ou de militants visant à la création de services ou de réponses sortant des catégories répertoriées à destination de groupes de populations spécifiques. Ces projets peuvent être adossés à un service ou un établissement, ou bien reposer sur une coopération interorganisationnelle entre des services ou des établissements relevant de différents organismes gestionnaires. Ils sont par ailleurs susceptibles d'associer des services relevant du secteur marchand comme non marchand, de recourir à des prestations proposées par de grands organismes hospitaliers, associatifs ou autre, à des interventions informelles mises en œuvre par des collectifs bénévoles ou militants interstitiels. Les acteurs mobilisent généralement le terme de dispositif pour qualifier ces organisations et souligner par là leur caractère contingent et local. De fait elles reposent souvent sur des financements précaires et sur une part importante de travail informel.

La quatrième dynamique, enfin, concerne la nature des établissements qui continuent d'accueillir des personnes. Ceux-ci s'efforcent désormais de prendre leur distance par rapport à l'institution totale théorisée par Erving Goffman. Ces efforts prennent plusieurs directions : amélioration des conditions d'accueil des personnes dans des structures de petite taille, promotion d'un style de relations plus horizontal avec les équipes professionnelles, ouverture des structures sur leur environnement, insistance sur la convivialité, la prise en compte des désirs et la satisfaction des droits des personnes, et plus généralement la participation de celles-ci à la définition des prestations dont elles bénéficient comme aux orientations mises en œuvre à l'échelle des établissements voire au niveau territorial. Une série d'outils nouveaux aident à atteindre ces nouveaux objectifs : évaluations personnalisées, projets, contrats, et mobilisent de nouveaux métiers : animateurs, éducateurs spécialisés, thérapeutes divers. Enfin une série de discours voire d'idéologies renouvellent le débat sur le sens et la fonction des prestations que ces établissements mettent en œuvre : accompagnement, « faire avec » ou « faire faire », rétablissement, réhabilitation, *care*.

La sociologie a eu plusieurs attitudes face à cette métamorphose des établissements. Une partie des travaux considère qu'elle n'a été que ravalement de façade et continue de souligner la pertinence de la notion d'institution totale pour rendre compte de l'assujettissement des personnes aux règles organisant la vie collective. D'autres soulignent cependant que ces techniques, discours, métiers constituent de nouveaux jeux de langage qui pénètrent profondément les façons dont l'ensemble des protagonistes rendent compte de leurs activités pratiques et les développent et finalement façonnent leur identité propre (Marquis et Messaoudi, 2022 ; Gardella, 2023).

Les processus d'institutionnalisation sont susceptibles de prolonger chacune de ces dynamiques. Ils contribuent d'un côté à stabiliser les grandes organisations qui ne sont pas seulement des conglomérats de services et d'acteurs mais qui développent une série de valeurs ou une culture propre à laquelle finissent par adhérer leurs participants. Ils aboutissent à enraciner l'idée que les marchés sont inéluctables pour la délivrance de services que les individus considèrent comme relevant d'un choix personnel. Ils donnent un sens et un horizon à des projets qui sinon pourraient passer pour des entreprises individuelles. Les collectifs de travail s'inscrivent ainsi à l'intersection d'un empilement d'ordres institutionnels qui traduisent ces différentes dynamiques.

CONCLUSION : FAUT-IL CRAINDRE LA DÉSINSTITUTIONNALISATION ?

Poser cette question en conclusion des analyses qui précèdent peut surprendre. On a souligné tout au long de ce chapitre les limites de la désinstitutionnalisation comme analyse, diagnostic et explication des transformations du paysage des établissements et services médico-sociaux depuis la seconde moitié du XXe siècle : dans les deux sens principaux qui lui ont été donnés, la désinstitutionnalisation rend compte de certaines dimensions importantes de ces transformations, comme la diminution du nombre et de la taille des établissements ou encore la démoralisation d'une partie de leurs équipes professionnelles ; mais elle n'a pas su expliquer les processus menant à ces phénomènes et, plus encore, elle décrit mal la nature et la forme des organisations et des institutions actuelles du médico-social. J'ai suggéré dans les pages précédentes la complexité du paysage actuel du médico-social et il est sans doute illusoire d'espérer d'un concept unique qu'il en fournisse à lui seul les clés.

Si la perspective d'une désinstitutionnalisation du médico-social a suscité l'inquiétude c'est peut-être avant tout en raison du peu de prise que les acteurs ont eu le sentiment d'avoir sur les processus en jeu. Le concept, notamment en France, a eu, de ce point de vue, une tonalité millénariste. La problématique de la désintitutionnalisation soulève en ce sens la question de la détermination collective des orientations et des principes guidant les transformations du médico-social et de l'adhésion à ces transformations. Un des enjeux centraux des politiques actuelles du médico-social est à bien des égards celui de la délibération collective sur leur portée et leurs contours.

REPÈRES INSTITUTIONNELS ET RÉGLEMENTAIRES

Agences et dispositifs

Commission des maladies mentales (1947-1983) du ministère de la Santé.

Commissariat général au plan.

Comité des droits des personnes handicapées de l'ONU.

Lois et règlements importants

Circulaire du 15 mars 1960 relative au programme d'organisation et d'équipement des départements en matière de lutte contre les maladies mentales.

Loi n° 70-1318 du 31 décembre 1970 portant réforme hospitalière.

Loi n° 75-535 du 30 juin 1975 relative aux institutions sociales et médico-sociales.

Comité des droits des personnes handicapées (2022), Lignes directrices pour la désinstitutionnalisation, y compris dans les situations d'urgence. Convention relative aux droits des personnes handicapées. 10 octobre 2022.

POUR ALLER PLUS LOIN

Kritsotaki, D., Long V., et Smith M. (2016). *Deinstitutionalisation and After. Post-War Psychiatry in the Western World*, Londres, Palgrave MacMillan.

Mansell, J., et Ericsson K. (2013). *Deinstitutionalization and Community Living : Intellectual Disability Services in Britain, Scandinavia and the USA*, New York, Springer.

BIBLIOGRAPHIE

Ahrne, G. et Nils B. (2011). « Organization outside organizations : the significance of partial organization », *Organization*, 18 (1), p. 83-104.

Armstrong D. (1995). « The rise of surveillance medicine », *Sociology of Health and Illness*, 17 (3), p. 393-404.

Barral C., Patterson F., Stiker H.-J., et Chauvière M. (2000). *L'Institution du handicap. Le rôle des associations*, Rennes, Presses Universitaires de Rennes.

Benamouzig D. (2005). *La Santé au miroir de l'économie. Une histoire de l'économie de la santé en France*, Paris, PUF.

Borraz O. (éd.) (2022). *La Société des organisations*, Paris, Sciences po, les presses.

Bourdieu P. (éd.) (1993). *La Misère du monde*, Paris, Seuil.

Brown P. (1985). *The Transfer of Care : Psychiatric Deinstitutionalization and its Aftermath*, Londres et Boston, Routledge and Kegan Paul.

Bungener, M., Lafarge H., Le Pen C., et Lévy E. (1985). « À propos des réseaux de soins coordonnés », *Politiques et Management Public*, 3 (4), p. 181-191.

Bungener, M. (1995). *Trajectoires brisées, familles captives. La maladie mentale à domicile. Construction incessante d'un équilibre toujours précaire. Analyse des résultats d'une enquête menée auprès des adhérents de l'Unafam*, Paris, Éditions INSERM.

Castel, R. (1995). *Les Métamorphoses de la question sociale*, Paris, Fayard.

Crozier, M. (1963). *Le Phénomène bureaucratique*, Paris, Seuil.

Crozier, M. (1965). « Pour une analyse sociologique de la planification française », *Revue française de sociologie*, 6 (2), p. 147-163.

Crozier, M., et Friedberg E. (1977). *L'Acteur et le Système. Les contraintes de l'action collective*, Paris, Seuil.

Daumézon, G., et Koechlin P. (1952). « La psychothérapie institutionnelle contemporaine », *Anais Portuguese de psiquiatria*, 4, p. 271-311.

Dear, M. J., et Wolch J. R. (1987). *Landscapes of Despair : from deinstitutionalization to homelessness*, Princeton : Princeton University Press.

Deleuze, G. (1990). « Post-scriptum sur les sociétés de contrôle », in *Pourparlers 1972-1990*, Paris, Éditions de Minuit, p. 240-248.

Dodier, N., et Barbot J. (2016). « La force des dispositifs », *Annales. Histoire, Sciences sociales*, 2, p. 421-450.

Dowbiggin, I. R. (1993 [1991]). *La Folie héréditaire. Ou comment la psychiatrie française s'est constituée en un corps de savoir et de pouvoir dans la seconde moitié du XIXe siècle*, Paris, EPEL.

Dubet, F., et Martuccelli D. (1998). *Dans quelle société vivons-nous ?*, Paris, Seuil.

Dubet, F. (2002). *Le Déclin de l'institution*, Paris, Seuil.

Ehrenberg, A. (2010). *La Société du malaise*, Paris, Odile Jacob.

Fakhoury, W., et Priebe S. (2007). « Deinstitutionalization and reinstitutionalization : major changes in the provision of mental healthcare », *Psychiatry, Community psychiatry*, 6 (8), p. 313-316.

Fassin, D. (2015). *L'Ombre du monde. Une anthropologie de la condition carcérale*, Paris, Seuil.

Foucault, M. (1975). *Surveiller et punir. Naissance de la prison*, Paris, Gallimard.

Gardella, E. (2023). *La Solidarité individualiste : l'assistance moderne aux sans-abri et ses pathologies*, Paris, Economica, coll. « Études sociologiques ».

Goffman, E. (1968). *Asiles. Études sur la condition sociale des malades mentaux et autres reclus*, Paris, Éditions de Minuit.

Henckes, N. (2007). *Le Nouveau Monde de la psychiatrie française. Les psychiatres, l'État et la réforme des hôpitaux psychiatriques de l'après-guerre aux années 1970, thèse de sociologie*, Paris, École des hautes études en sciences sociales.

Henckes, N. (2018). « Les deux désinstitutionalisations. Psychiatrie, sciences sociales et modernisation après la seconde guerre mondiale », in Coutant I. et Wang S. (éd.). *Santé mentale et souffrance psychique : un objet pour les sciences sociales*, Paris, CNRS Éditions, p. 143-160.

Ion, J., et Ravon B. (2005). « Institutions et dispositifs », in Ion J. (éd.). *Le Travail social en débat*, Paris, La Découverte p. 71-85.

Lagroye, J., et Offerlé M. (éd.) (2011). *Sociologie de l'institution*, Paris, Belin.

Marquis, N., et Messaoudi F. (2022). « Le tuteur de résilience. Le travail social en contexte individualiste », *Esprit*, 10, p. 79-87.

Mercklé, P. (2011). *Sociologie des réseaux sociaux*, Paris, La Découverte, coll. « Repères ».

Mintzberg, H. (1982). *Structure et dynamique des organisations*, Paris, Éditions d'Organisation.

Morey, P. (2020). *« La liberté en toute sécurité » : les promesses des dispositifs techniques de géolocalisation des résident · e · s en Ehpad face aux tensions morales du care, thèse de sociologie*, Paris, École des hautes études en sciences sociales.

Rose, N. S. (1989). *Governing the soul*, Londres : Routledge.

Scull, A. (1977). *Decarceration : Community Treatment and the Deviant — A Radical View*, Englewood Cliffs, NJ, Prentice-Hall.

Zuboff, S. (2020). *L'Âge du capitalisme de surveillance : le combat pour un avenir humain face aux nouvelles frontières du pouvoir*, Paris, Zulma.

Chapitre 6

Politiques d'organisation et dynamiques de coordination : l'exemple du secteur de l'autonomie

Alis Sopadzhiyan

RÉSUMÉ

Ce chapitre analyse les évolutions des politiques du champ de l'autonomie (grand âge et handicap) qui, face à la multiplication et à la diversité des organisations qui accompagnent les personnes, tentent de mettre en place de la coordination entre ces organisations, *via* de nouveaux dispositifs dédiés, et ce à différents niveaux. Si ces politiques de coordination ont d'abord été développées à l'intérieur de politiques sectorielles, plus récemment elles ont tenté de répondre à des enjeux transversaux à ces politiques. L'autrice décrypte ainsi, à partir d'une perspective d'analyse des politiques publiques, la complexité organisationnelle qui caractérise le médico-social, et les tentatives et actions pour réduire cette complexité, ou du moins, l'organiser. Elle nous donne des clés pour problématiser les notions d'organisation et de coordination, et pour analyser des dynamiques de structuration du secteur médico-social en lien avec les secteurs sanitaire et social.

Mots-clés : coordination, dispositifs, politiques, organisations, autonomie, fragmentation, empilement.

À L'ORIGINE, le rôle des organisations est de réduire la complexité. Mais elles peuvent aussi être source de complexité (Borraz, 2022). Tel est le paradoxe, nous disent les sociologues, du « fait organisationnel » qui est à la fois « une caractéristique remarquable de notre société, une réponse privilégiée pour résoudre les problèmes qui requièrent une action collective et un fait qui produit des effets dans toutes les dimensions de la vie sociale » (Borraz et Musselin, 2022, p. 6). Il en résulte une profusion, une effervescence, une saturation, voire une fragmentation organisationnelle, qu'il devient nécessaire de coordonner. Véritable « norme institutionnelle contemporaine » (Castel, 2022), la coordination entre acteurs et entre institutions s'impose dès lors comme un enjeu structurant des « politiques d'organisation » dont l'« objectif central » est de « permettre la prise en charge d'enjeux transversaux d'action publique » (Bergeron et Hassenteufel, 2018, p. 42). C'est particulièrement le cas du secteur médico-social, comme des secteurs sanitaire et social, qui nous intéresseront dans ce chapitre.

Nous proposons ainsi de revenir sur les politiques d'organisation — que nous appellerons plus simplement dans la suite de ce chapitre « politiques de coordination » — dans les champs du grand âge et du handicap. En effet, des initiatives de coordination locales ou impulsées nationalement ont vu le jour depuis les années 1970-1980 dans le champ de la perte d'autonomie comme dans celui du handicap. Mais à partir des années 2000-2010, dans un contexte d'exigences gestionnaires de plus en plus prégnantes, les autorités publiques cherchent à améliorer la coordination des services et des soins de manière plus explicite et volontariste, en ayant recours à la création de *dispositifs spécifiques dédiés à la coordination*. C'est l'objectif de coordination de ces dispositifs — plus ou moins explicite, nous le verrons — qui nous autorise à parler ici de « politiques de coordination », en mettant donc la focale sur cet enjeu en particulier (Muller, 2019). Nous proposons une lecture centrée sur l'analyse des objectifs de ces politiques lors de leur conception, mais aussi des enjeux de leur mise en œuvre, dans une perspective de sociologie de l'action publique.

Dans la première partie de ce chapitre, nous reviendrons sur l'enjeu de la coordination qui s'impose face à la fragmentation et à la complexité organisationnelle caractéristiques des secteurs médico-social, social et sanitaire. Ensuite, dans une deuxième partie, nous identifierons ces politiques de coordination dans le champ de la perte d'autonomie et du handicap, que nous qualifierons de sectorielles puisqu'elles reproduisent la séparation entre ces deux sous-secteurs du médico-social. La troisième partie montrera comment ces politiques sectorielles de coordination sont travaillées par des enjeux plus transversaux dépassant les frontières entre secteurs (médico-social, sanitaire) ou au sein du secteur médico-social (entre la perte d'autonomie et le handicap). Enfin, dans une quatrième partie, nous résumerons les analyses des effets de ces politiques sur les acteurs chargés de leur mise en œuvre, tels que décrits dans les travaux en sciences sociales sur les dispositifs de coordination dans le champ de la perte d'autonomie.

De la fragmentation à la coordination dans le secteur médico-social

Le secteur médico-social est composé de plusieurs sous-secteurs ou champs d'intervention historiquement séparés (introduction et chapitre 1), dont le grand âge et le handicap. Le processus de désinstitutionalisation analysé dans le précédent chapitre (chapitre 5) met fin aux institutions totales et ouvre la voie à la création d'une offre alternative d'accueil et d'accompagnement. Celle-ci va des services à domicile à l'hébergement complet en passant par les dispositifs d'insertion sociale, scolaire ou encore professionnelle. Elle diffère en fonction du type de public accueilli — enfants et adultes en situation de handicap, personnes âgées avec ou sans maladies neurodégénératives, etc. — et du type d'organisme gestionnaire — public ou privé, lucratif ou associatif. La multiplication de cette offre et sa répartition territoriale inégale et historiquement peu régulée (chapitre 8) peuvent être source d'inégalités territoriales mais aussi sociales dans l'accès aux services. Elle constitue aussi une source de complexité, voire de fragmentation, et peut induire des difficultés manifestes à s'y repérer pour les personnes concernées et leurs proches. Elle se surajoute ainsi à la complexité propre aux situations des personnes qui peuvent cumuler des problématiques sanitaires, économiques et sociales, des enjeux de précarité et/ou de santé mentale.

L'histoire du système de services et de soins institue également plusieurs lignes de démarcation structurantes. La séparation d'abord entre les secteurs social et sanitaire, qui reposent sur des principes d'action et des choix de gouvernance et de territorialisation différents. L'action sociale est décentralisée au niveau des départements, tandis que les politiques sanitaires sont déconcentrées et pilotées au niveau régional. Le secteur médico-social et ses organismes gestionnaires peuvent tomber sous la tutelle des conseils départementaux (CD) ou des agences régionales de la santé (ARS), ou parfois des deux, ce qui complexifie leur pilotage et leur financement. La séparation, ensuite, propre au secteur sanitaire, entre la ville et l'hôpital ou, plus précisément, entre le secteur ambulatoire qui s'est majoritairement structuré autour de la médecine libérale, et le secteur hospitalier, très fortement régulé par l'État. La diversité, enfin, des professionnels médicaux, paramédicaux, médico-sociaux et sociaux, tout comme la spécialisation accrue du travail de soin et d'accompagnement, s'ajoutent à ces lignes de démarcation et alimentent la complexité de l'offre de services et de soins.

La complexité induite par l'histoire et l'organisation des secteurs social, médico-social et de santé paraît ainsi inévitable, voire nécessaire pour mieux répondre aux besoins des personnes concernées et leurs proches. C'est le cas de la multiplication de l'offre, indispensable pour asseoir une politique d'accompagnement à domicile et d'inclusion, ou de la spécialisation des savoirs — pour répondre à des besoins sociaux et sanitaires spécifiques et intriqués. Si la complexité ne mène pas systématiquement à la fragmentation, les frontières politiques, organisationnelles et professionnelles sont autant de facteurs potentiels de fragmentation. Or la fragmentation, quelle que soit son origine, amène toujours de la complexité. Elle nuit à la qualité des accompagnements et des soins proposés induisant des doublons, des ruptures, des discontinuités ou des angles morts. Le système en est rendu illisible tant pour les usagers et leurs proches, que pour les professionnels impliqués. Le besoin de coordination s'impose dès lors pour toutes les personnes en contact avec le système, notamment pour les personnes en situation de vulnérabilité, de précarité, de handicap ou souffrant de maladies chroniques et de poly-pathologies. C'est particulièrement le cas lorsqu'elles cumulent d'autres facteurs de fragilité comme l'absence de proches aidants ou l'isolement, ou lorsqu'elles se voient confrontées au défaut d'accessibilité ou à l'absence de services et de soins. De ce fait, le public âgé ou en situation de handicap, enfants et adultes, pour qui les modalités d'accompagnement ne peuvent être organisées par une seule organisation, apparaît particulièrement exposé à ces fragmentations et aux nombreuses conséquences qui en découlent.

Pour autant, parler de coordination, ou de besoin de coordination, ou de politiques de coordination, ne va pas de soi. La coordination recouvre une diversité de significations et de pratiques. Elle est une action de la vie courante qui sous-tend la réalisation de tâches ou d'objectifs communs au sein d'une organisation ou entre organisations. Elle est, de ce fait, un objet d'études pour les sciences sociales. Les contours de l'objet varient en fonction de la discipline (sociologie, science politique, sciences de gestion, économie...) ou du courant de recherche (sociologie de l'action publique, des organisations, des professions, du travail...) qui s'emploient à une analyse ou à une conceptualisation. La coordination est aussi, nous l'avons vu, un enjeu qui structure l'action publique et donc une catégorie d'action publique, dans laquelle se retrouve la croyance qui nourrit la création organisationnelle censée améliorer l'efficience de l'action collective. Le concept peut d'ailleurs inspirer l'action publique, au point d'être confondu avec celle-ci. Ainsi, la définition de la coordination, les mots par lesquels on la désigne, tout comme les pratiques, les actions ou encore les objectifs qui y sont assignés, dépendent du contexte dans lequel on les déploie et peuvent varier dans le temps.

DES POLITIQUES DE COORDINATION S'INSCRIVANT DANS DES LOGIQUES D'INTERVENTION D'ABORD SECTORIELLES

L'histoire des politiques publiques visant la coordination du système social, médico-social et de santé s'est faite par vagues successives, en poursuivant des finalités différentes (Bloch et Hénaut, 2014). Elle est étroitement liée au développement et à l'institutionnalisation des politiques relatives au vieillissement et au handicap.

▶ Le secteur de la perte d'autonomie

Les premières initiatives de coordination gérontologique, souvent locales, apparaissent dès les années 1960 en parallèle de la construction d'une politique vieillesse basée sur l'insertion sociale des personnes âgées dans leur lieu de vie, selon les préconisations du rapport Laroque (1962 ; Amyot, 2006). La création des coordinateurs de l'action gérontologique en 1981, dans un contexte de planification de l'offre d'hébergement et d'accompagnement à domicile, est la première mesure nationale d'envergure visant cet objectif. Il s'agit des premiers professionnels dédiés à la coordination dont la mission principale est d'assurer le lien entre les services et les établissements pour personnes âgées au niveau local. La mise en œuvre de cette mesure, très inégale, se heurte à de nombreuses difficultés, comme l'absence de cadre juridique explicite, le manque de moyens dédiés, ou le défaut de légitimité de ces nouveaux professionnels de la coordination.

À partir des années 1990 et surtout 2000, une nouvelle vague de politiques publiques crée plusieurs dispositifs de coordination dans le secteur médico-social comme sanitaire. On peut mentionner à ce titre l'expérimentation, puis la généralisation des Centres locaux d'information et de coordination (CLIC) ou des équipes médico-sociales dans le cadre de la réforme de l'allocation personnalisée d'autonomie (APA) qui introduisent les premières formes de gestion de cas dans le champ gérontologique (Frinault, 2009). Ces deux dispositifs proposent la structuration de l'accès à l'information pour les personnes âgées et leurs proches *via* la création d'un guichet unique (CLIC), l'organisation de l'évaluation pluri-professionnelle, l'élaboration de plans de suivi personnalisés (APA et CLIC), ou encore la coordination des différentes interventions professionnelles au domicile de la personne *via* les professionnels des équipes médico-sociales des départements et des CLIC impliqués dans le suivi de situations individuelles.

La mise en place de l'APA permet ainsi de réaffirmer les objectifs d'une politique de maintien à domicile par la création d'une offre solvable de services en alternative à la prise en charge en l'établissement (Le Bihan et Martin, 2021). En parallèle, dans le secteur sanitaire, d'autres dispositifs de coordination voient le jour, comme les réseaux de santé et gérontologiques, les filières de soins gériatriques ou les équipes mobiles gériatriques. Tout en s'inscrivant dans une politique plus large de restructuration du secteur hospitalier, ces dispositifs sanitaires apportent l'expertise gériatrique, et donc médicale, nécessaire à cet objectif de maintien à domicile des personnes âgées.

Tableau 6.1. Dispositifs de coordination du champ de la perte d'autonomie des années 2010.

Chronologie	Acronyme	Nom du dispositif	Texte de référence
2008	Maia	Méthode d'action pour l'intégration des services d'aide et de soin dans le champ de l'autonomie	Plan « Alzheimer et maladies apparentées » 2008-2012 puis loi n° 2015-1776 du 28 décembre 2015 relative à l'adaptation de la société au vieillissement
2011	–	Parcours de soins des aînés	Loi n° 2011-1906 du 21 décembre 2011 de financement de la Sécurité sociale pour 2012, Article 70
2012	Paerpa	Programme personnes âgées en risque de perte d'autonomie	Loi n° 2012-1404 du 17 décembre 2012 de financement de la Sécurité sociale pour 2013, article 48
2016	PTA	Plateformes territoriales d'appui	Loi n° 2016-41 du 26 janvier 2016 de modernisation de notre système de santé
2019	DAC	Dispositifs d'appui à la coordination	Loi n° 2019-774 du 24 juillet 2019 relative à l'organisation et à la transformation du système de santé, article 23

Dans les années 2010, les politiques de coordination se poursuivent et dans une certaine mesure s'intensifient comme le montre clairement la profusion de dispositifs qui voient le jour à cette époque (tableau 6.1). Les finalités et les publics ciblés sont proches mais jamais totalement identiques — personnes âgées en perte d'autonomie de plus de 60 ans (Maia), personnes âgées en risque de perte d'autonomie de plus de 75 ans (Paerpa), tout public (PTA, DAC), prévention (Paerpa), appui aux professionnels et coordination ville hôpital (PTA, Paerpa, DAC), etc. Aussi, ils ciblent de manière plus explicite la coordination transversale entre les secteurs social, médico-social et sanitaire, et plus seulement celle à l'intérieur de chaque secteur concerné. Ils créent aussi des fonctions d'animation et de coordination au niveau territorial, ou de coordination clinique auprès des personnes directement concernées.

À la fin des années 2010, le champ de la perte d'autonomie se caractérise par une grande diversité de dispositifs de coordination en théorie complémentaires, mais dont la superposition vient complexifier le paysage organisationnel de la perte d'autonomie. La création des DAC en 2019 a comme objectif affiché de remédier à cette situation. En fusionnant l'ensemble des dispositifs de coordination préexistants[1], ce nouveau dispositif traduit la volonté du législateur de rendre l'offre de coordination plus lisible, mais aussi, comme c'était déjà le cas des PTA (2016), de rompre avec la logique d'intervention sectorielle par type de public. Le dispositif ambitionne ainsi d'apporter des réponses transversales aux besoins de tous les usagers dont la situation est perçue comme complexe indépendamment de leur âge, de leur pathologie ou de leur handicap.

▶ Le secteur du handicap

Dans le champ du handicap, la dynamique de structuration de l'offre de services est marquée par le poids historique des associations d'usagers et de familles. En ce sens, les initiatives de coordination ne renvoient pas historiquement à la création de dispositifs spécifiques de coordination, comme dans le champ de la perte d'autonomie. Loin d'être inexistante, cette mission de coordination est assurée par les professionnels des services d'accompagnement comme, par exemple, les services d'éducation spécialisée et de soins à domicile (Sessad) dans les années 1990. Ces équipes pluri-professionnelles assurent la coordination des

1. À l'exception des CLIC, gérés par les conseils départementaux, mais qui peuvent rejoindre les DAC sur la base du volontariat.

soins, des démarches administratives et des activités sociales des personnes accompagnées dans le champ de l'enfance.

Les années 2000 marquent une inflexion dans la dynamique de structuration du champ, tout en s'inscrivant dans la continuité avec la période précédente. D'un côté, la loi du 11 février 2005[1], longtemps attendue, donne un cadre national et départemental d'une politique handicap plus explicite et structurée. L'intention initiale des maisons départementales des personnes handicapées (MDPH) est de répondre au besoin d'un guichet unique pour les personnes concernées et leurs proches, tout en assurant, entre autres, l'instruction pluri-professionnelle des dossiers de demandes d'aides au niveau départemental. D'un autre côté, les dispositifs déjà existants mais reconnus dans la suite de cette loi — comme les services d'accompagnement à la vie sociale (SAVS), ou les services d'accompagnement médico-social pour adultes handicapés (Samsah) — formalisent des missions de coordination explicites qu'ils continuent à mener en parallèle d'autres missions sans pour autant être des dispositifs dédiés uniquement à la coordination[2]. De ce point de vue, ils s'inscrivent dans la continuité avec la période précédente.

Le développement des politiques ayant comme motif explicite la coordination se fait en parallèle et dans une double logique de spécialisation et de transversalité. La spécialisation renvoie à la création de dispositifs dédiés à la coordination autour d'enjeux spécifiques comme l'insertion professionnelle et le maintien dans l'emploi des personnes handicapées, ou alors de dispositifs ciblés sur des types de handicaps spécifiques. C'est le cas du déploiement des réseaux de santé handicap dans les années 1990, ou à partir des années 2000-2010, de la structuration progressive de plusieurs sous-champs du handicap dans l'esprit des grands plans de santé publique thématiques. On peut citer à titre d'exemple la création des équipes relais handicap rare en 2014 ou des plateformes de coordination et d'orientation (PCO) pour l'autisme.

Cette logique de spécialisation est complétée à partir du milieu des années 2010 par une approche plus transversale liée à la mise en problème, dans la suite du rapport Piveteau (2014), de l'accessibilité inégale aux solutions d'accompagnement disponibles et donc de la question de l'effectivité des droits. Une série d'initiatives pilotées par les MDPH découlent directement de ce rapport,

1. Loi n° 2005-102 du 11 février 2005 pour l'égalité des droits et des chances, la participation et la citoyenneté des personnes handicapées.

2. Certains Samsah peuvent se centrer sur le rôle de coordination alors que d'autres conservent un rôle important d'effecteur (Bloch et Hénaut, 2014).

comme le programme « Réponse accompagnée pour tous » (RAPT) pensé notamment pour les situations les plus critiques, ou les pôles de compétences et de prestations externalisées (PCPE). Ces dispositifs doivent assurer la continuité des parcours des personnes handicapées, en proposant des plans d'interventions individualisés impliquant une pluralité de professionnels et donc leur coordination. Plus récemment, dans un contexte de crise sanitaire, un autre dispositif dédié à la coordination à portée transversale voit le jour lors de la Conférence nationale du handicap le 11 février 2020 — les communautés 360°. L'objectif affiché de ces dernières est la structuration d'un réseau de professionnels du médico-social et du droit commun pour apporter une réponse inconditionnelle aux usagers et à leurs proches en créant, dans un premier temps, un numéro d'appel unique dont la logique est également celle du guichet intégré.

Ce bref historique rappelle que les politiques de coordination dédiées sont directement liées à l'histoire de la structuration et de l'institutionnalisation des politiques de la perte d'autonomie et du handicap, et à leur temporalité. C'est ce qui explique leur apparition plus récente dans le secteur du handicap. En ce sens, les politiques de coordination dans les deux secteurs sont d'abord des politiques sectorielles contribuant, dans une certaine mesure, à la reproduction des fragmentations préexistantes entre les deux secteurs, et au sein de chaque secteur. Par ailleurs, ces politiques ont en commun de reposer sur le même principe d'action – le recours systématique à l'organisation pour créer plus de coordination (Castel, 2022 ; Le Bihan et Sopadzhiyan, 2019).

Mais la logique sectorielle n'est pas la seule référence autour de laquelle ces politiques de coordination se construisent, comme l'illustre, entre autres, l'exemple de la création des DAC, dont le champ d'action est transversal aux secteurs de la perte d'autonomie et du handicap.

L'ARTICULATION DES POLITIQUES DE COORDINATION AVEC DES ENJEUX PLUS TRANSVERSAUX

Depuis les années 2000, les politiques de coordination recourent de manière de plus en plus fréquente à des notions comme celle de parcours, ou encore d'autonomie, dans les rapports, les textes de lois, les recommandations de bonnes pratiques dans les secteurs du handicap, de la perte d'autonomie, et plus largement celui de la santé. Leur acception étant plurielle, elles ont comme point commun de renvoyer à des enjeux plus transversaux — la place de l'usager dans le système, l'efficience, la rationalisation, la gouvernance, la régulation — appelant en miroir une coordination plus transversale.

▶ L'usager au centre du système et au parcours maîtrisé

Les politiques de coordination, nous l'avons vu, font de plus en plus explicitement référence à la notion de parcours dans une acception plurielle du terme.

La notion de parcours renvoie d'abord à la place de l'usager au sein du système qu'il s'agit de repenser en dépassant la perspective curative (parcours de soins) et en l'articulant avec une approche préventive (parcours de santé) qui prend en compte l'environnement plus large de la personne (parcours de vie). Cette évolution promue dans les différentes lois et stratégies de santé des années 2010, et qui sous-tend une transformation profonde du système de santé, est à mettre en lien avec l'émergence progressive d'une approche globale du handicap comme du grand âge qui fonde respectivement la loi handicap de 2005 et la loi dite ASV de 2015[1] (Giraud et Le Bihan, 2022 ; Ville *et al.*, 2020). Pour les personnes âgées, elle est également présente dans le dispositif Paerpa qui, en plus des enjeux de coordination, adresse spécifiquement les enjeux de prévention (Garabige et Trabut, 2017).[2]

Mais l'usager qui reçoit le bon soin, au bon moment et par le bon offreur de soins est aussi un usager dont le parcours au sein du système de santé est maîtrisé, dans une logique de gradation des soins. Introduite avec la réforme de 2004 qui assigne un rôle de coordination aux médecins traitants, celle-ci se voit renforcée par la loi HPST (2009)[3] et la loi santé (2016)[4] qui organisent une médecine de parcours structurée autour de plusieurs niveaux de recours. Améliorer l'articulation des secteurs ambulatoire et hospitalier mais aussi médico-social et social est aussi un enjeu gestionnaire. L'objectif étant de réduire les durées des séjours hospitaliers et d'éviter les passages aux urgences et les réhospitalisations. En particulier, l'impact du suivi sanitaire, social et médico-social du public âgé sur les dépenses de santé, dû en partie à l'absence de coordination, a fait l'objet

1. Loi n° 2015-1776 du 28 décembre 2015 relative à l'adaptation de la société au vieillissement.
2. Dans les faits, le dispositif s'est surtout centré sur les soins aux personnes avec des pertes d'autonomie déjà avérées, avec une moyenne d'âge autour de 84-85 ans (Gand *et al.*, 2017).
3. Loi n° 2009-879 du 21 juillet 2009 portant réforme de l'hôpital et relative aux patients, à la santé et aux territoires.
4. Loi n° 2016-41 du 26 janvier 2016 de modernisation de notre système de santé.

de deux rapports du Haut Conseil pour l'avenir de l'assurance maladie (HCAAM) au début des années 2010 (2011, 2012). La lignée de dispositifs dédiés à la coordination qui découle de ces rapports — l'expérimentation des parcours de santé, puis du programme Paerpa, puis la création des PTA comme celle des DAC —, impacte durablement l'organisation du secteur de la perte d'autonomie dans les années 2010. La maîtrise des coûts des parcours des usagers, mais aussi celui des coordinations qu'ils suscitent, devient un motif d'action en soi parmi d'autres. En fusionnant tous les dispositifs de coordination préexistants, l'objectif affiché des DAC est de rationaliser non seulement les organisations préexistantes en simplifiant le mille-feuille, mais aussi d'optimiser leur financement — leur coût est estimé en 2014 à 898 millions d'euros par an dans un rapport de l'Inspection générale des affaires sociales (Igas) —, leur déclinaison territoriale et les moyens humains qui y sont consacrés.

D'autres lignes de démarcation commencent à émerger ou s'affirment. En effet, les dispositifs plus anciens s'adressaient plus directement aux usagers et à leurs proches, en leur offrant un accès direct physique (guichet) ou téléphonique. Les dispositifs plus récents dans le champ de la perte d'autonomie semblent cibler davantage l'appui à la coordination des professionnels libéraux, médicaux comme paramédicaux, en déplaçant de la sorte la focale vers les professionnels. La coordination laisse place quant à elle à l'appui à la coordination.

▶ La structuration progressive du champ de l'autonomie

Une autre dynamique structurante et transversale dans laquelle s'inscrivent les politiques de coordination est la construction progressive d'un secteur unique d'intervention publique, celui de l'autonomie, qui intègre le secteur du grand âge et du handicap. Est visée ici la séparation historique entre ces deux secteurs au profit d'une politique de l'autonomie plus structurée, plus explicite, plus visible et plus directement régulée par l'État et la Sécurité sociale (voir également chapitre 3).

Bien que la réflexion soit plus ancienne, cette structuration est véritablement amorcée avec la création de la CNSA à la suite de la canicule de l'été 2003 par deux lois successives en 2004 et 2005.[1] Cette nouvelle agence de financement,

1. Créée par la loi n° 2004-626 du 30 juin 2004 relative à la solidarité pour l'autonomie des personnes âgées et des personnes handicapées, modifiée par la loi n° 2005-102 du 11 février 2005.

aux traits bien distincts des autres caisses de Sécurité sociale, est initialement chargée du pilotage opérationnel des politiques nationales d'accompagnement de la perte d'autonomie ou du handicap. Ses prérogatives sont rapidement étendues aux politiques de coordination, *via* la coordination nationale de leur déploiement (cf. Maia), et à la réflexion et à la structuration des parcours, *via* l'appui en tant qu'agence technique et d'expertise. S'y ajoutent dans les années 2010, entre autres, des compétences en matière de coordination et de diffusion des bonnes pratiques dans les conseils départementaux au vu de leur harmonisation, alors même qu'elle n'exerce aucune tutelle sur les départements (Bauduret, 2017).

La création en août 2020[1] d'une cinquième branche — celle du risque social lié au manque ou à la perte d'autonomie — marque la dernière étape de la structuration du secteur de l'autonomie (Giraud et Le Bihan, 2022). La CNSA devient ainsi une caisse de Sécurité sociale dont le financement est intégré à la loi de financement de la Sécurité sociale au même titre que les autres caisses, tout en préservant ses spécificités historiques (Le Bihan et Martin, 2021). Surtout, sa création contribue à redessiner les frontières entre solidarité nationale et financement local (*ibid.*), mais aussi potentiellement le modèle de gouvernance et les principes de régulation du secteur.

Ainsi, tout en contribuant à structurer une politique nationale d'autonomie plus explicite — le service public de l'autonomie —, ce mouvement d'unification des deux champs rend visible l'émergence d'un État plus régulateur dans le champ de l'autonomie (Le Bihan et Martin, 2021). Son cadre d'application, désormais formalisé par une convention nationale tripartite (CNSA, ARS, CD), est appelé à rester territorial et décloisonné (voir également chapitre 3). La mise en place récente des rencontres territoriales de l'autonomie, ou celle, à venir, du service public départemental de l'autonomie, illustre cette logique. La notion de « parcours d'autonomie » — centrale dans le rapport Libault (2022) qui préconise la mise en place de ce service —, et les enjeux en lien avec la structuration de ces parcours, à leur formalisation, et à leur continuité, paraissent très étroitement liés à la structuration progressive de ce champ d'intervention unique.

Cette unification des secteurs de la perte d'autonomie et du handicap est de fait retranscrite dans l'esprit des derniers dispositifs dédiés à la coordination, les PTA et les DAC. L'approche par type de public fait place à d'autres approches ciblées sur la vulnérabilité, notamment sociale, ou sur les besoins spécifiques des usagers, indépendamment de leur âge, de leur pathologie ou de leur handicap.

---

1. Loi organique n° 2020-991 du 7 août 2020 relative à la dette sociale et à l'autonomie et loi n° 2020-992 du 7 août 2020 relative à la dette sociale et à l'autonomie.

L'idée sous-jacente est d'appréhender la situation d'une personne sous tous les angles – de la santé, somatique ou psychique, du logement, des ressources – en faisant appel aux acteurs de tous les secteurs concernés[1]. Mais l'approche sectorielle ne disparaît pas pour autant car elle continue à fonder la création de nouveaux dispositifs de coordination ciblés sur le handicap, comme les communautés 360°. Ceci illustre la logique définitivement paradoxale des politiques de coordination dans laquelle s'entremêlent des approches sectorielles, globales et gestionnaires, la création simultanée de ces dispositifs de coordination avec des finalités proches pouvant aller à l'encontre de leurs objectifs initiaux de simplification, d'amélioration de la lisibilité, de rationalisation.

Ce paradoxe se retrouve-t-il dans les effets de ces politiques ? Quelle est la dynamique locale de leur déploiement ? La mise en œuvre de plusieurs dispositifs de coordination conduit-elle à leur empilement ? Comment les dispositifs de coordination s'articulent localement ? Quelles sont les conditions du possible des « innovations » locales permettant le décloisonnement du système conformément aux objectifs initiaux de ces politiques ? La dernière partie de ce chapitre propose une réponse à ces questions à partir des connaissances disponibles en sciences sociales sur la mise en œuvre des dispositifs de coordination dans le secteur de la perte d'autonomie.

La dynamique de mise en œuvre des dispositifs de coordination dans le secteur de la perte d'autonomie

Alors même que les DAC couvrent désormais tout le territoire national, la forme concrète qu'ils prennent traduit des réalités locales très disparates (Bloch, 2022). Plusieurs facteurs expliquent cette diversité — les spécificités institutionnelles, organisationnelles et territoriales, le positionnement des ARS et des CD dans le pilotage de ces politiques, les choix en matière de portage ou de territoire couvert, la temporalité de la création du DAC, le type et l'ancienneté des dispositifs fusionnés, la fusion non obligatoire des CLIC, ou encore la présence ou pas d'acteurs historiquement engagés dans les dynamiques locales de coordination et l'enchevêtrement de ces facteurs multiples.

1. Non seulement ceux de la gérontologie ou du handicap, mais aussi ceux de la précarité, de la santé mentale, du logement, ou encore, pour le champ de l'enfance et de la jeunesse, de l'aide sociale à l'enfance.

Du fait de sa création récente, peu de travaux de recherche abordent directement les enjeux de mise en œuvre des DAC. Pour essayer d'en éclairer la dynamique, nous nous appuierons sur les travaux portant sur le déploiement des dispositifs de coordination du secteur de la perte d'autonomie fusionnés au sein des DAC. Ces travaux rendent compte des enjeux d'articulation effective de ces dispositifs au niveau local pour les acteurs institutionnels comme professionnels qui les portent, ou des effets perçus de leur mise en œuvre au niveau local. L'analyse fait ainsi ressortir l'écart entre, d'une part, le discours normatif porté par ces dispositifs et décrit dans les parties précédentes et, d'autre part, l'expérience vécue de ces acteurs. Cet écart cristallise ce qui se joue dans la rencontre des priorités nationales et locales propres à chaque territoire au cours de leur mise en œuvre.

▶ La formalisation des pratiques de coordination préexistantes

Un premier élément qui ressort de ces travaux est la formalisation des pratiques de coordination locales facilitée par l'arrivée d'un nouveau dispositif de coordination. Cette formalisation est induite par l'existence d'un cadre réglementaire (loi, décret, cahier des charges) qui précise les modalités de déploiement du dispositif et sa matérialité (calendriers, financements, instances, outils). Il apparaît notamment que les espaces formels mis en place pour créer ou faire vivre le dispositif — par exemple, les réunions entre les acteurs institutionnels et les porteurs pressentis, les tables tactiques et stratégiques des Maia, ou les comités stratégiques et opérationnels des Paerpa — facilitent l'interconnaissance et la mise en commun de pratiques, toutes deux perçues comme des conditions préalables à toute forme de coordination. Les marges de manœuvre laissées aux acteurs pour l'adaptation du dispositif aux spécificités locales constituent un vecteur central de cette formalisation (Campéon *et al.*, 2021).

Mais cette formalisation dépend des pratiques locales de coordination *déjà présentes* sur le territoire d'implantation du dispositif (Bloch, 2022; Campéon *et al.*, 2021; Le Bihan et Sopadzhiyan, 2019). Elles peuvent avoir été forgées dans d'autres espaces formels de coordination, ou reposer sur des dynamiques plus informelles. Cette histoire locale de la coordination peut déterminer la réception par les acteurs locaux du nouveau dispositif au moment de son implantation. Pour certains, c'est l'occasion d'expliciter, de systématiser ou de simplifier des actions déjà menées localement tout en bénéficiant de nouvelles sources de financement, et, par la même occasion, d'asseoir leur position d'acteurs légitimes pour porter des actions de coordination. Pour d'autres, cela peut susciter de fortes réticences, notamment pour les acteurs qui estiment déjà accomplir les missions du nouveau dispositif. Dans les deux cas, l'absence d'acteurs historiquement légitimes pour porter les dispositifs de coordination tout comme la concurrence entre plusieurs acteurs engagés dans des dynamiques de coordination constituent des freins importants au déploiement local des nouveaux dispositifs.

D'autres travaux menés sur les dispositifs handicap montrent que les acteurs engagés dans des pratiques locales de coordination accordent autant d'importance aux coordinations formalisées qu'informelles qui rentrent dans des cadres d'interaction plus ordinaires (Arragona *et al.*, 2021). Il en découle que la formalisation ne saurait garantir à elle seule une coordination effective. Elle peut même s'avérer contre-productive lorsqu'elle conduit à « remettre en cause les modes institués de régulation locale dont la fluidité permet justement de trouver des solutions d'urgence » (*ibid.*, p. 15).

▶ La socialisation à l'injonction à une meilleure coordination

Un deuxième effet de la mise en œuvre de nouveaux dispositifs de coordination est la socialisation des acteurs en contact avec eux à l'injonction à une meilleure articulation de leurs pratiques. Elle est le fait des professionnels recrutés dans le cadre de ces dispositifs qui, pour déployer leurs activités formelles — par exemple, effectuer un diagnostic territorial, concevoir un outil partagé, organiser et/ou participer à une instance, mettre en place un accompagnement — doivent aller à la rencontre de leurs partenaires du territoire. Il s'agit d'autant d'occasions de se présenter, d'expliquer leurs missions, de convaincre de leur plus-value, et donc de diffuser la démarche normative portée par le dispositif (Bertillot, 2017; Campéon *et al.*, 2021). L'engagement en faveur de l'idée d'une meilleure coordination, tout comme la capacité à cadrer cognitivement les échanges, serait même un trait caractéristique de ces nouveaux professionnels faisant d'eux de véritables « entrepreneurs de réforme » (Bloch et Hénaut, 2014).

Ces effets de socialisation opèrent tout autant dans les interactions quotidiennes de ces professionnels qui dépassent le cadre de leur activité formelle et prescrite. Ce travail ordinaire renvoie, en termes de tâches concrètes, à la gestion quotidienne des incohérences, des contradictions, des réticences et des imprévus. Il nécessite un engagement relationnel et émotionnel et mobilise des savoir-faire et des savoir-être spécifiques. Ces compétences peuvent être puisées dans leur formation initiale, comme c'est le cas des professionnels de la coordination territoriale occupant des fonctions de régulation, d'animation ou de contrôle, comme les pilotes Maia étudiés par H. Bertillot (2017). Elles peuvent également avoir été constituées à l'occasion d'une formation complémentaire ou, le plus souvent, au gré des interactions et des situations quotidiennes, comme le montrent Campéon *et al.* à propos des professionnels de la coordination de situations individuelles (2021).

Le contenu de ce travail de coordination en actes apparaît dès lors difficilement objectivable dans les tableaux de suivi de l'activité des dispositifs et donc très largement invisibilisé. Il dévoile d'autres dimensions de l'activité des nouveaux professionnels dédiés à la coordination que celles attachées à leur mandat éminemment gestionnaire (Ennuyer, 2012). Pour autant, leur légitimité à intervenir n'est jamais directement accordée ni définitivement acquise aux yeux de leurs partenaires. Chaque changement de situation, d'interlocuteur, d'organisation, de réglementation, ou de dispositif implique le renouvellement du travail de socialisation, dans une forme d'éternel recommencement. Or c'est précisément ce travail qui crée les conditions possibles de l'existence d'« innovations » ou d'« initiatives organisationnelles » (Castel, 2022) locales, et, *in fine*, une meilleure coordination malgré un système qui demeure fragmenté.

▶ Une dynamique d'empilement effective malgré l'effort de simplification

Le travail d'articulation des organisations, des missions et des tâches, effectué par les professionnels de ces dispositifs et leurs partenaires vient donc minorer l'effet de complexification du système induit par le rythme de création des dispositifs nationaux. Sans pour autant les annuler complètement tant l'empilement demeure une réalité vécue pour ces professionnels et pour leurs partenaires. C'est ce que montre une étude menée entre 2016 et 2018 sur le déploiement simultané de trois dispositifs de coordination — Maia, Paerpa et PTA — sur le même territoire local (Sopadzhiyan et Le Bihan, 2019). Les autrices identifient plusieurs effets pervers liés à cette démultiplication de coordinations qui peuvent faire écho aux enjeux actuels d'articulation des DAC et des communautés 360°.

Un premier effet pervers presque mécanique est la démultiplication des instances, des espaces formels et des outils liés à ces dispositifs amenés à coexister sur le même territoire. Faire vivre ces espaces s'avère une activité particulièrement chronophage, amenant les acteurs à s'interroger sur leur pertinence. Ces instances ne permettent pas de prendre des décisions de recomposition de l'offre de coordination, de services et de soins sur le territoire, celles-ci étant prises à des niveaux institutionnels plus élevés, comme le montre l'exemple des tables stratégiques Maia étudié par Campéon *et al.* (2021). Ce ne sont pas non plus des espaces permettant d'induire un changement des pratiques, les décisions prises ne redescendant pas toujours jusqu'aux professionnels des établissements représentés en table tactique Maia (Sopadzhiyan et Le Bihan, 2019).

Autre effet pervers, la réactivation d'une certaine forme de concurrence entre acteurs locaux de la coordination lors de l'affichage, dans la stratégie nationale de santé (2018-2022), de l'objectif de convergence de ces dispositifs de coordination. L'ambivalence du terme « convergence » explique la réception en demi-teinte de cet objectif par les acteurs. Certains y ont vu une opportunité pour valoriser des efforts d'articulation, de capitalisation des expériences et d'établissement de priorités communes déjà entamés pour construire la complémentarité des trois dispositifs déployés sur le même territoire, ici Maia, PTA et Paerpa (Sopadzhiyan et Le Bihan, 2019). D'autres y ont perçu un objectif de rationalisation pouvant cacher la potentielle disparition des dispositifs en cas de doublons de missions. Cela a eu comme effet de faire émerger de nouvelles stratégies de différenciation pour montrer la plus-value de chaque dispositif, sa spécificité, son mode de fonctionnement, sa finalité, son public, son territoire, ses outils..., qui devenaient alors un argument en faveur de leur survie, mettant ainsi à mal l'argument et le travail en faveur de leur complémentarité.

Ce qui est observé dans ces travaux n'est pas étonnant au regard des apports de la sociologie de l'action publique ou des professions qui soulignent l'existence de réactions ambivalentes face aux réformes néomanagériales (Bezes *et al.*, 2011) et de dynamiques de concurrence et de complémentarité dans la construction des écologies locales de coordination (Schweyer et Vezinat, 2019). Bien que ces effets pervers finissent par être maîtrisés par les acteurs locaux au fil du temps (Campéon *et al.*, 2021), la lassitude que cette complexité génère est une réalité sociale désormais objectivée. Avec comme dernier effet pervers le risque de désengagement des acteurs concernés entrevu dans le phénomène important de turn-over qui touche ce secteur et qu'il conviendrait de mieux documenter, tant il met en péril la fabrique locale de la cohérence d'ensemble des politiques de coordination nationales (ibid. 2021).

▶ L'incertitude comme cadre d'action

Le déploiement local des dispositifs dédiés à la coordination est de plus en plus étroitement cadré par un grand nombre de textes réglementaires et administratifs — lois, décrets d'application, circulaires — et de documents de référence —

référentiels, boîtes à outils, cadres d'action. Pourtant, ce qui semble caractériser les conditions effectives de leur mise en œuvre est leur incertitude.

Un premier constat, sur lequel nous sommes revenue dans la première partie de ce chapitre, est la fréquence d'apparition des politiques nationales et d'autres expérimentations — en moyenne un dispositif tous les deux ans entre 2008 et 2019 — qui modifie leur périmètre d'action (missions, publics, territoires, cibles) comme les ressources humaines et financières allouées. L'horizon temporel d'action des professionnels engagés dans ces dispositifs en est ainsi réduit là où la création d'une assise solide pour les dynamiques locales de coordination nécessite l'inscription dans une temporalité longue (Le Bihan et Sopadzhiyan, 2019). Les renégociations nécessaires à chaque changement opéré — comme par exemple celles autour de la notion de « subsidiarité » ou de « tout public » dans le cadre du déploiement actuel des DAC — impliquent le renouvellement du travail pédagogique et cognitif auprès de chaque partenaire du dispositif. Elles révèlent aussi l'ambiguïté des arrangements et des positionnements sur lesquels le travail de coordination repose (Robelet *et al.*, 2005; Schweyer, 2005). Ces négociations se faisant dans un cadre dépourvu d'autorité hiérarchique explicite (Castel, 2022), le caractère contingent de ces « initiatives organisationnelles » s'en voit renforcé.

En outre, l'absence de cadre stable pour l'action se répercute sur les conditions matérielles d'exercice (Robelet *et al.*, 2005) des nouveaux professionnels dédiés à la coordination. Des contrats parfois courts, des statuts illisibles au regard de la norme des métiers très réglementés du secteur social, médico-social et de santé, des temps partiels voire très partiels dans certains contextes, des missions qui se déploient parfois en dehors du droit commun, sont quelques-unes des difficultés qui accompagnent ces nouveaux métiers par ailleurs très féminisés[1].

Ces quelques constats réactivent la pertinence des interrogations sociologiques sur les attributs professionnels de ces nouveaux corps de métiers intermédiaires, d'interface et hybrides appelés à diffuser l'objectif de rationalisation (Bezes *et al.*, 2011). Ils posent aussi la question du « coût », non seulement économique, mais aussi social, de ces politiques de coordination aux objectifs enchevêtrés.

1. Par exemple, 93 % des gestionnaires de cas étaient des femmes, selon l'enquête nationale parue dans *La Lettre de l'Observatoire des dispositifs de prise en charge et d'accompagnement de la maladie d'Alzheimer*, n° 841, en 2016. La fonction de coordination dans les maisons de santé pluriprofessionnelles est également très féminisée (Schweyer, 2019, 2022).

CONCLUSION

L'étude des politiques de coordination – ou des « politiques d'organisation », si on reprend le concept sociologique – dans le champ de l'autonomie comme celle des dynamiques de leur mise en œuvre tend à démontrer le caractère multidimensionnel de ces politiques et des enjeux qu'elles adressent. Il en résulte que leur analyse ne peut se réduire à l'une de ces dimensions, aussi évidente soit-elle. Ainsi, les politiques de coordination ne sont ni uniquement des politiques sectorielles contribuant à reproduire les fragmentations préexistantes, ni des politiques s'inscrivant dans des référentiels uniquement globaux, ni enfin des politiques uniquement gestionnaires. De même, leur déploiement territorial peut produire de la complexification, mais aussi créer les conditions d'émergence d'« innovations » organisationnelles locales.

L'analyse de la trajectoire de ces politiques montre en revanche un processus de réforme par petits pas, très fortement contingent et dépendant de nombreux paramètres. Les dynamiques qui en découlent sont liées à la capacité des acteurs locaux à s'approprier les politiques nationales en les inscrivant dans des priorités locales. Ainsi, la production de systèmes d'intervention locaux plus coordonnés repose sur le travail quotidien des acteurs professionnels concernés, qui peut être aussi un travail invisible et peu ou mal connu et valorisé. L'empilement apparaît dès lors comme une modalité de changement graduel (Mahoney et Thelen, 2010) dont les effets ne se révèlent que sur le très long terme.

Bien que les sociologues s'intéressent depuis longtemps aux ressorts des dynamiques de coordination, les recherches sur les politiques qui font de la coordination un motif d'intervention publique, notamment dans le secteur médico-social, sont encore rares, en France tout du moins. Or les processus politiques qui mènent à leur conception, comme les réalités vécues des acteurs de leur mise en œuvre restent à explorer. Au niveau national, qui sont les acteurs qui se mobilisent pour les promouvoir, quelle est leur articulation avec d'autres politiques dont celle de l'offre de services et de soins[1], quels sont les moyens qui y sont consacrés ? Au niveau des territoires, quelles sont les nouvelles professionnalités à l'œuvre, les ressorts du travail de coordination, quelle est l'expérience vécue des professionnels d'accompagnement et de soins ou des usagers des solutions proposées par ces dispositifs ? *In fine*, que dit cette coordination des coordinations, induite

1. La création de places traditionnelles en établissement ou à domicile, mais aussi celle de nouveaux dispositifs comme les plateformes de services ou les habitats inclusifs, voire les dispositifs ciblant directement les aidants, qui déploient aussi des fonctions de coordination.

par le recours systématique à plus d'organisation, des enjeux de transformation du secteur médico-social ?

Repères institutionnels et réglementaires

Dispositifs

Dispositifs de coordination

Centres locaux d'information et de coordination (CLIC).

Dispositif d'appui à la coordination (DAC).

Méthode d'action pour l'intégration des services d'aide et de soin dans le champ de l'autonomie (Maia).

Parcours de santé des personnes âgées en risque de perte d'autonomie (Paerpa).

Plateformes de coordination et d'orientation des troubles du neuro-développement (PCO).

Pôles de compétences et de prestations externalisées (PCPE).

Plateformes territoriales d'appui (PTA).

Réponse accompagnée pour tous (RAPT).

Services à domicile

Services d'accompagnement médico-social pour adultes handicapés (Samsah).

Services d'accompagnement à la vie sociale (SAVS).

Services d'éducation spécialisée et de soins à domicile (Sessad).

Agences

Agence régionale de santé (ARS).

Caisse nationale de solidarité pour l'autonomie (CNSA).

Conseil départemental (CD).

Haut Conseil pour l'avenir de l'assurance maladie (HCAAM).

Inspection générale de l'action sociale (Igas).

Maisons départementales des personnes handicapées (MDPH).

Principales lois citées dans le texte

Loi n° 2004-626 du 30 juin 2004 relative à la solidarité pour l'autonomie des personnes âgées et des personnes handicapées.

Loi n° 2005-102 du 11 février 2005 pour l'égalité des droits et des chances, la participation et la citoyenneté des personnes handicapées.

Loi n° 2015-1776 du 28 décembre 2015 relative à l'adaptation de la société au vieillissement.

Loi n° 2016-41 du 26 janvier 2016 de modernisation de notre système de santé.

Loi n° 2019-774 du 24 juillet 2019 relative à l'organisation et à la transformation du système de santé.

Loi organique n° 2020-991 du 7 août 2020 relative à la dette sociale et à l'autonomie.

Loi n° 2020-992 du 7 août 2020 relative à la dette sociale et à l'autonomie.

Autres lois citées :

Loi n° 2009-879 du 21 juillet 2009 portant réforme de l'hôpital et relative aux patients, à la santé et aux territoires.

Loi n° 2011-1906 du 21 décembre 2011 de financement de la Sécurité sociale pour 2012.

Loi n° 2012-1404 du 17 décembre 2012 de financement de la Sécurité sociale pour 2013.

POUR ALLER PLUS LOIN

Bloch, M.-A., et Hénaut, L. (2014). *Coordination et parcours. La dynamique du monde sanitaire, social et médico-social*, Paris, Dunod.

Guirimand, N., Mazereau, P., et Leplège, A. (éd.) (2018). *Les nouveaux enjeux du secteur social et médico-social : décloisonner et coordonner les parcours de vie*, Nîmes, Champ social Éditions.

Jaeger, M. (2012). *L'Articulation du sanitaire et du social* (3e éd.), Paris, Dunod.

Loubat, J.-R. (2022). *Coordonner parcours et plans personnalisés en action sociale et médico-sociale* (3e éd.), Paris, Dunod.

BIBLIOGRAPHIE

Amyot J.-J. (2006). *Développer la coordination gérontologique. Stratégies, dispositifs et pratiques*, Paris, Dunod.

Arragona, E., Baudot, P.-Y., et Robelet, M. (2021). *Projet Communautés 360. Contribution sur l'admission en établissements et services médico-sociaux pour personnes en situation de handicap*.

Bauduret, J.-F. (2017). *Institutions sociales et médico-sociales* (2e éd.), Paris Dunod. https://www.dunod.com/sciences-humaines-et-sociales/institutions-sociales-et-medico-sociales-esprit-lois-transformation-0.

Bergeron, H., et Hassenteufel, P. (2018). « Une contribution de la sociologie de l'action publique à l'évaluation de processus. Le cas des "politiques d'organisation" ». *Idées économiques et sociales*, *193* (3), p. 42-50. https://doi.org/10.3917/idee.193.0042

Bertillot, H. (2017), « Intégrer les services pour rationaliser l'action publique », *Terrains et travaux*, 30 (1), p. 5-30.

Bezes P., Demazière D., Le Bianic T., Paradeise C., Normand R., Benamouzig D., Pierru F., et Evetts J. (2011), « New Public Management et professions dans l'État : Au-delà des oppositions, quelles recompositions ? » (Dossier-débat), *Sociologie du travail*, 53 (3), p. 293-348.

Bloch M.-A. (2022). *Dispositifs de coordination : En finir avec le « mille-feuille à la française » pour la santé des personnes, des professionnels et des territoires*, Rapport de recherche. EHESP et CNSA.

Bloch M.-A., et Hénaut L. (2014). *Coordination et parcours. La dynamique du monde sanitaire, social et médico-social*, Paris, Dunod.

Borraz O. (éd.) (2022). *La société des organisations*, Paris, Les Presses de SciencesPo. https://www.pressesdesciencespo.fr/fr/book/?GCOI=27246100827810.

Borraz O., et Musselin C. (2022). « Introduction ». In *La société des organisations* (p. 5-23), Paris, Presses de Sciences Po.

Campéon A., Bihan B. L. et Sopadzhiyan A. (2021). « Dynamiques locales de coordination dans le secteur de la perte d'autonomie : Recompositions professionnelles autour de la gestion de cas », *Sciences sociales et santé*, 39 (4), p. 5-31. https://doi.org/10.1684/sss.2021.0210.

Castel P. (2022). « Politiques de la coordination : Enjeux organisationnels et professionnels », in T. Denise, S. Divay, M. Dos Santos, C. Fournier, L. Girard, et A. Luneau (éd.). *Pratiques de coopération en santé. Regards sociologiques*, IRDES. https://hal.archives-ouvertes.fr/hal-03695849.

Ennuyer B. (2012). « Un regard critique sur "les gestionnaires de cas", dernière "mode" de la coordination imposée par le plan Alzheimer », *Gérontologie et société*, 142 (3), p. 205. https://doi.org/10.3917/gs.142.0205.

Frinault T. (2009). *La dépendance : Un nouveau défi pour l'action publique*, Rennes, Presses Universitaires de Rennes.

Gand, S., Périac, E., Bloch, M.-A., & Hénaut, L. (2017). *Évaluation qualitative Paerpa* (Rapport final Études et recherches n° 135). Publication Drees.

Garabige A., et Trabut L. (2017). « L'approche globale dans le champ de la dépendance », *Revue européenne des sciences sociales*, 55 (1), p. 149-168.

Giraud O. et Le Bihan B. (2022). « 7. Les politiques de l'autonomie : Vieillissement de la population, handicap et investissement des proches aidants », in *Politiques sociales : L'état des savoirs*, p. 115-133, Paris, La Découverte. https://doi.org/10.3917/dec.girau.2022.01.0115.

Le Bihan B. et Martin C. (2021). « Quatre décennies de rapports et de propositions pour dessiner le chemin vers une cinquième branche du système français de protection sociale », *Revue de droit sanitaire et social RDSS*, n° 1, p. 5-14.

Le Bihan B. et Sopadzhiyan A. (2019). « The development of integration in the elderly care sector : A qualitative analysis of national policies and local initiatives in France and Sweden », *Ageing and Society*, 39 (5), p. 1022-1049. https://doi.org/10.1017/S0144686X17001350.

Mahoney J. et Thelen K. (2010). « A Theory of Gradual Institutional Change », in J. Mahoney et K. Thelen (éd.). *Explaining Institutional Change. Ambiguity, Agency, and Power*, Cambridge University Press.

Muller P. (2019). « Secteur », in *Dictionnaire des politiques publiques*, 5e éd., Paris, Presses de Sciences Po, p. 569-576. https://doi.org/10.3917/scpo.bouss.2019.01.0569.

Robelet M., Serré M. et Bourgueil Y. (2005). « La coordination dans les réseaux de santé : Entre logiques gestionnaires et dynamiques professionnelles », *Revue française des affaires sociales*, 1, 231-260.

Schweyer F.-X. (2005). « Le travail en réseau : Un consensus ambigu et un manque d'outils », *Sociologies pratiques*, 11 (2), p. 89-104. https://doi.org/10.3917/sopr.011.0089.

Schweyer F.-X. (2019). « Les médecins avec l'État pour former à la coordination des maisons de santé pluriprofessionnelles : Entre instrumentation et professionnalisation », *Journal de gestion et d'économie de la santé*, 1 (1), p. 33-53.

Schweyer F.-X. (2022). « La professionnalisation des coordinatrices des maisons de santé. L'émergence incertaine d'un métier », in T. Denise, S. Divay, M. Dos Santos, C. Fournier, L. Girard, et A. Luneau (éd.). *Pratiques de coopération en santé. Regards sociologiques*, IRDES, p. 195-206. https://www.irdes.fr/recherche/ouvrages/sociologie/008-pratiques-de-cooperation-en-sante-regards-sociologiques.pdf.

Schweyer F.-X. et Vezinat N. (2019). « Écologie des maisons de santé pluri-professionnelles : Une gouvernance multi-niveaux », *Journal de gestion et d'économie de la santé*, 1 (1), p. 3-10.

Sopadzhiyan A. et Le Bihan B. (2019). « French national integration pathways and local integration dynamics », *Case study*, CEQUA LTC Network, LES, p. 20.

Ville I., Fillion E. et Ravaud J.-F. (2020). *Introduction à la sociologie du handicap* (2e éd.). Bruxelles, De Boeck Supérieur.

▶ Rapports cités

Laroque P. (1962). *Politique de la vieillesse. Rapport de la commission d'étude des problèmes de la vieillesse*, Paris, La Documentation française.

Libault D. (2022). *Vers un service public territorial de l'autonomie*, Rapport au ministre des solidarités et de la santé, à la ministre déléguée auprès du ministre des solidarités et de la santé et à la secrétaire d'État auprès du Premier ministre chargée des personnes handicapées, Paris.

HCAAM (2010). *Vieillissement, longévité et assurance maladie : Constats et orientations*. Avis du Haut Conseil pour l'avenir de l'assurance maladie, avril 2010, Paris.

HCAAM (2011). *Assurance maladie et perte d'autonomie. Contribution du HCAAM au débat sur la dépendance des personnes âgées*. Rapport du Haut Conseil pour l'avenir de l'Assurance maladie adopté à l'unanimité lors de la séance du 23 juin 2011, Paris.

Igas (2014). *Évaluation de la coordination d'appui aux soins*. Rapport 2014-010R établi par P. Blanchard, L. Eslous, I. Yeni et P. Louis, Inspection générale des affaires sociales, décembre 2014, Paris.

Piveteau D. (2014). *« Zéro sans solution ». Le devoir collectif de permettre un parcours de vie sans rupture, pour les personnes en situation de handicap et pour leurs proches*. Rapport à la ministre des Affaires sociales et de la santé et à la ministre déléguée en charge des Personnes handicapées et de la Lutte contre l'exclusion, Paris.

Chapitre 7

Les politiques publiques de coordination ont une histoire, mais pas de mémoire

Réaction de Bao Hoa Dang

Résumé

Dans ce chapitre, Bao Hoa Dang, directrice d'un dispositif d'appui à la coordination, réfléchit aux politiques et tentatives d'organisation décrites dans les chapitres 5 et 6 à partir de son positionnement de professionnelle, ayant vécu, subi, intégré ces évolutions et ces dynamiques. Elle décrit les effets de ces politiques sur le quotidien et sur les pratiques des professionnels en en soulignant les avancées, mais aussi les impensés. Elle en dénonce également les effets délétères et cherche à démontrer qu'au final, il revient aux professionnels eux-mêmes, à leur échelle, d'en assurer la cohérence et la stabilité.

Mots-clés : dispositif, appui, coordination, expérimentation, réseaux, Maia, DAC.

Les deux précédents chapitres ont minutieusement analysé l'évolution des diverses politiques de ce qui constitue aujourd'hui le secteur médico-social, mettant en lumière les espoirs suscités, mais aussi les contradictions, les allers-retours, les périodes d'expansion puis de contraction qui, tel un cœur battant, font vivre et hurler les professionnels qui y exercent.

Notre association, Arc-en-Ciel, a été créée en 1999 à Saint-Denis et intervient désormais sur près de la moitié nord du département de la Seine-Saint-Denis, en région parisienne. Arc-en-Ciel s'est développée au fil des années autour des dispositifs de coordination et c'est de cette position que nous allons exposer ci-après notre histoire dans l'histoire du secteur, dans les transformations des organisations subies ces dernières décennies.

Comment avons-nous traversé ces diverses périodes ? Comment faire de ces transformations des opportunités ? Quel futur souhaitable dans un contexte qui se complexifie ?

NOTRE HISTOIRE DANS L'HISTOIRE : 20 ANS D'ADAPTATION

▶ 2002-2011 : du besoin à l'opportunité

Arc-en-Ciel est née de l'initiative d'une médecin généraliste libérale exerçant à Saint-Denis et d'une médecin spécialisée en soins palliatifs exerçant à l'hôpital. Devant le constat des besoins dans la prise en charge des patients en phase palliative, il leur a semblé nécessaire de créer une association permettant de promouvoir les soins palliatifs, par la formation des professionnels de santé dans un premier temps.

Par la suite, dans la joyeuse mouvance de création des réseaux de santé évoquée aux chapitres 5 et 6 de ce livre, l'association a pu bénéficier de crédits publics pour salarier des professionnels et devenir ainsi un des premiers réseaux de santé en soins palliatifs en 2002. Il s'agissait pour notre équipe de médecins, d'infirmières coordinatrices, de psychologue et d'assistante sociale de répondre aux sollicitations des professionnels de santé libéraux ou des établissements sanitaires qui souhaitaient un soutien dans l'accompagnement de leurs patients en soins palliatifs. Nous nous rendions au domicile ou en établissement pour une évaluation des besoins de la personne malade et son entourage. Nous prodiguions des conseils et un soutien dans cette phase de la maladie pour la personne elle-même ou son entourage proche ou professionnel, ainsi qu'un appui à la prescription ou aux soins spécifiques. Nous pouvions également proposer une aide psychologique ou dans les démarches sociales.

C'est ainsi que débute la constitution de ce premier dispositif de coordination, sur la base de l'expérience de professionnelles de terrain, en s'appuyant sur leurs réseaux informels et la connaissance précise des besoins de leurs pairs et des personnes bénéficiaires, et ce, sans cadre particulier.

Eh oui ! Sans cadre, parce qu'il faut attendre 2004 pour que l'Agence nationale d'accréditation et d'évaluation en santé (Anaes) publie un guide de l'évaluation des réseaux de santé[1] et 2007 pour la circulaire relative aux réseaux de santé[2]. On ne tardera pas à nous reprocher la liberté que nous avions prise.

En 2007 toujours, nous sommes sollicités par des professionnels de santé libéraux d'une commune limitrophe. Ils déplorent l'absence de réponse satisfaisante pour les personnes âgées et souhaitent du soutien pour créer un réseau de santé gérontologique, à l'instar de ce dont ils bénéficient avec nous dans le champ des soins palliatifs.

En effet, est-ce parce que notre département est l'un des plus jeunes de France ? Il a la caractéristique de ne compter que très peu de centres locaux d'information et de coordination (CLIC) pourtant instaurés par une circulaire de 2001[3]. À cette période, huit communes sur les quarante que compte la Seine-Saint-Denis sont couvertes par un tel dispositif.

C'est cette même année que, dans la foulée du Plan Solidarité grand âge 2007-2012 paraît la circulaire relative à la filière de soins gériatriques[4]. Il y est précisé que celle-ci « doit élaborer avec les structures de coordination (CLIC ou coordination gérontologique, réseaux de santé), des procédures de prise en charge et de partage d'informations notamment pour l'organisation du retour à domicile des patients hospitalisés dans la filière ». C'est ainsi que de façon concomitante, à l'autre bout du département, la direction d'un hôpital public nous sollicite pour organiser cet aval qui n'existe pas encore. Dans le cadre de cette nouvelle construction, il s'agissait pour nous de prendre le relais des services hospitaliers dans les cas où un retour à domicile d'une personne hospitalisée leur paraissait fragile, du fait de l'état de santé de la personne elle-même ou de son entourage, ou en l'absence de ce dernier. Nous assurions alors la nécessaire coordination des aides et des soins autour de la personne.

---

1. ANAES, 2004, Réseaux de santé : guide d'évaluation. https://www.has-sante.fr/upload/docs/application/pdf/Reseaux_2004.pdf
2. Circulaire DHOS/03/CNAM n° 2007-88 du 2 mars 2007 relative aux orientations de la DHOS et de la Cnamts en matière de réseaux de santé et à destination des ARH et des Urcam.
3. Circulaire DGAS/AVIE/2 C n° 2001-224 du 18 mai 2001 relative aux centres locaux d'information et de coordination (CLIC).
4. Circulaire DHOS/02 n° 2007-117 du 28 mars 2007 relative à la filière de soins gériatriques.

En faisant se rencontrer ces deux sollicitations, nous créons, à partir des besoins des professionnels, avec des partenaires variés et impliqués dès sa genèse, le premier réseau de santé en gérontologie du département.

Nous en déterminons les critères d'inclusion, construisons les outils, définissons l'équipe. Nos partenaires nous en confient le portage juridique. Pour distinguer cette initiative du réseau de soins palliatifs initial, nous le baptisons « Équip'âge », à l'image de nos travaux des mois précédents entre médecins, infirmiers, masseur-kinésithérapeute, libéraux et hospitaliers (avec deux établissements sanitaires impliqués), gériatres et généralistes, soignants et administratifs, acteurs du sanitaire et du médico-social (CLIC et Ehpad), professionnels de terrain et institutionnels (dont le conseil départemental). Nous prévoyons de doter le réseau d'une équipe distincte des soins palliatifs et un des hôpitaux nous offre de l'héberger. En 2009, nous sommes prêts et soumettons notre demande de financement.

Nouvelle initiative de terrain réussie ? C'était compter sans le rapport Igas paru en 2006, extrêmement sévère pour les réseaux de santé, jugeant les résultats observés sur un nombre réduit de réseaux « plus que décevants » et pointant une action qui aurait « rarement permis l'émergence d'une dynamique de territoire ». Ce n'est pourtant pas ce que nous vivons, pas ce que nous venons de démontrer avec la création éminemment collective et territorialisée du nouveau réseau de gérontologie. Mais les conséquences sont là : diminution du budget du réseau de soins palliatifs et des miettes pour construire le réseau Équip'âge.

Il nous faudra attendre 2009 et l'expérimentation des Maia (à l'époque encore Maison pour l'autonomie et l'intégration des malades Alzheimer), mesure 4 du plan Alzheimer 2008-2012, pour voir une opportunité d'aller au bout de notre projet gérontologique et nous suivons de près son développement.

▶ 2011-2020 : de la nécessité à la contrainte

Ainsi, en 2011, dès la fin de l'expérimentation, nous répondons à l'appel à candidatures Maia et nous ferons partie de la première vague de généralisation.

Avec ce nouveau projet, quelque chose a changé : avec les réseaux, nous partions de besoins de terrain, incarnés par des professionnels qui se cherchent, se trouvent, se parlent, s'entendent. En répondant à l'appel à candidatures, nous nous retrouvons en concurrence avec des acteurs locaux. Après l'avoir remporté, il nous faudra des années pour rétablir un lien de confiance avec un des candidats malheureux.

Avec les réseaux, nous avons construit tous nos outils, organisés notre propre développement au fil des années. Maia vient avec son cahier des charges, son vocabulaire, ses formations, des attendus très précis et parfois une certaine incompréhension de la part des partenaires. La démarche est clairement descendante et cette dynamique se renforcera encore à l'étape suivante.

Fin 2011, l'association Arc-en-Ciel porte donc trois dispositifs de coordination distincts : le réseau de gérontologie qui a commencé avec un nom distinct, une équipe distincte dans des locaux distincts, suivi quelques mois plus tard de Maia dont l'équipe est hébergée à l'hôpital avec le réseau de gérontologie et, en parallèle, l'équipe de soins palliatifs qui poursuit son activité.

Pendant les premières années du développement des deux derniers projets, il apparaît nécessaire de les distinguer vis-à-vis des partenaires : les critères d'inclusion étaient différents, les modalités d'action et les outils différaient, les compétences proposées n'étaient pas tout à fait les mêmes. Il nous fallait mettre en avant différence et complémentarité. Et, paradoxalement, en interne nous cherchions à les lier au moyen de réunions communes, une commission interne statuant sur l'orientation d'une demande vers l'une ou l'autre des équipes, des principes de visite à domicile, voire d'accompagnements conjoints. Et nous tentions le même rapprochement avec les soins palliatifs.

Il nous aura fallu un peu plus de deux ans pour concrétiser l'importance de trouver toujours plus de synergie autour de ces dispositifs, réduire les risques de rupture, et favoriser la mise en commun de compétences. Fin 2013, nous rapatriions toutes les équipes à la même adresse, derrière un même numéro de téléphone, des réunions communes et des efforts de part et autre pour constituer une même entité. Nous avions spontanément « convergé ». Mais nous ne savions alors pas que cette convergence serait érigée en politique publique.

Et pourtant, nous l'avions vécu, nos partenaires nous l'avaient dit, nous le sentions bien : la pluralité des dispositifs de coordination peut brouiller le paysage, leur spécialisation par pathologie ou population fractionner l'offre. Et si nous-mêmes nous faisions des efforts de communication et de pédagogie avec les divers professionnels sur notre territoire, ce n'était pas l'échelle attendue.

Les prémices sont lisibles : sur plusieurs départements, notamment franciliens, les réseaux sont poussés à être pluri-thématiques. Sur d'autres territoires, on expérimente des plateformes territoriales d'appui (PTA), déjà polyvalentes.

Fin 2017, la Stratégie nationale de santé 2018-2022 fixe le cap : « simplifier et faire converger les dispositifs d'appui à la coordination territoriale, qui ont pour objet de faciliter le parcours des personnes en situation complexe (Maia,

PTA, Paerpa, réseaux), afin de les rendre plus lisibles et compréhensibles pour les professionnels de santé et les usagers ». La machine est lancée et elle sera cruelle.

Un seul autre dispositif intervient sur le même territoire que nous et nous aurions dû envisager la convergence avec lui, mais il la refuse, décide de cesser son activité et de dissoudre sa propre association, laissant des centaines de dossiers sans suivi et donc potentiellement des personnes sans recours.

Que penser d'une politique publique qui prive ses administrés de services ?

Sans problématique de fusion juridique, immobilière ou d'équipe, nous sommes restés relativement épargnés par cette convergence, même si tout n'est pas d'emblée idéal.

Mais, de notre place, nous les avons vus partir, les professionnels qui n'acceptaient pas la fusion, nous les avons écoutés dans leur peine, blessés par les arbitrages internes, nous en avons vu devoir quitter leur structure, malgré leur expérience et leurs compétences, nous en avons vu s'écrouler sous le travail ou la pression.

Que penser d'une politique publique qui maltraite ses professionnels, pourtant « entrepreneurs de réforme » tels qu'identifiés dans le chapitre précédent ?

Nous les avons entendus aussi, ceux qui fondaient la convergence sur l'absence de résultat, le manque d'évaluation tangible des précédents dispositifs. Et pourtant, on les a vus passer, les guides, les rapports, les entretiens, les tableaux, les évaluations qualitatives et quantitatives. Et c'est à nous, professionnels, de défendre auprès des nouveaux représentants de nouvelles politiques ce que les précédents représentants, leurs collègues, nous avaient demandé de mettre en place ?

Que penser d'une politique publique qui repart inlassablement de zéro, aveugle et arrogante ?

Au final, de notre côté, si nous avons déjà un numéro unique, si nos équipes ont appris à travailler ensemble, l'idée de la fusion échauffe les esprits, car en fait de convergence, ce n'est, ni plus ni moins, qu'une fusion. Ce sont notamment les soins palliatifs qui ne se reconnaissent pas dans un projet polyvalent. Il nous faudra des mois d'accompagnement des équipes, entamé dès 2018, en respectant autant que possible les acquis de part et d'autre et en faisant faire aux uns et aux autres un pas pour se rapprocher, pour pouvoir écrire le projet de service et être labellisés DAC (dispositif d'appui à la coordination) début 2020 et jusqu'à quand ?

Anatomie des politiques publiques de coordination

Notre histoire n'est en rien singulière et est sans doute partagée par nombre de structures engagées. De notre place, nous retenons de ces politiques publiques que nous avons traversées ces dernières années plusieurs caractéristiques.

▶ Les politiques publiques n'ont pas d'oreilles

La convergence visée plus haut a touché pour beaucoup le champ de la perte d'autonomie, qui avait été particulièrement prolixe ces dernières années en initiatives « innovantes », comme évoqué dans le chapitre 6. La convergence actuelle est la conséquence directe de ces innovations à répétition.

Et pourtant il nous vient à l'oreille les échos de créations de nouvelles coordinations notamment dans le champ du handicap (cf. plus bas). Nos dirigeants n'entendent-ils pas le bruit assourdissant du trop-plein ? La fusion douloureuse des DAC est-elle inaudible ? À qui murmurer le risque ? Comment se faire entendre ?

▶ Les politiques publiques n'ont pas d'yeux

Nous partageons le diagnostic d'un manque de lisibilité, et nous convergeons donc. La mise en œuvre des DAC ça peut être « du sang, du labeur, des larmes et de la sueur ». Alors pourquoi ajouter de la colère à la tristesse ? Pourquoi créer encore, après 2019, d'autres dispositifs dans d'autres champs spécifiques, en fractionnant encore, alors qu'on nous demande d'être polyvalents ? Nous avons payé un prix élevé pour la lisibilité et voilà que d'autres politiques aveugles à nos efforts viennent redensifier le paysage.

Finalement, face à ce que l'autrice du chapitre précédent a appelé « une dynamique d'empilement effective malgré l'effort de simplification », la charge de la coordination repose sur les acteurs de terrain. En Seine-Saint-Denis, nous avons travaillé conjointement à une plaquette qui non seulement présente, mais également donne à comprendre l'articulation entre huit dispositifs de coordination : C360, Carsic, DAC, DIH, ERHR, UMI, PTND, PCPE[1]. La fameuse coordination des

1. Communauté 360, cellule d'appui à la résolution de situations complexes, dispositif d'appui à la coordination, dispositif intégré handicap, équipe relais handicaps rares, unité mobile d'intervention, plateforme du trouble neurodéveloppemental, pôles de compétences et de prestations

coordinations tant redoutée. Nous ne pourrons pas freiner la créativité de ceux qui nous gouvernent, alors faisons en sorte au moins de nous parler, de garantir à nos partenaires, souvent perdus, que nous nous connaissons, qu'il n'y a ni concurrence ni redondance.

▶ Les politiques publiques ont un nez

Ce qui nous est reproché depuis la création des dispositifs de coordination, c'est leur niveau d'efficacité, leur efficience. Ou plutôt, l'absence de démonstration de cet impact. On change de dispositif parce que le précédent n'aurait pas fait la démonstration de son utilité. Bien sûr, nous pouvons faire état de l'activité, non négligeable le plus souvent, mais l'impact ? Et sur combien de temps sommes-nous censés espérer un impact sur tout un système ? Comment mesurer les effets sur le système où les influences sont, par définition, multifactorielles ? Que peut-on espérer de l'évaluation d'une structure qui travaille le lien, les interstices ? Qui a pour mission de ramener les personnes vers l'offre du système de santé ? Qui fait que si nous travaillons bien, alors le parcours est fluide et donc ça ne doit pas se voir ? Peut-être évaluer les dispositifs de coordination revient-il simplement à sentir qu'il n'y a pas de frein à leur fonctionnement ? Peut-être que si nous sommes très sollicités, c'est que nous remplissons une mission qui répond à un besoin non couvert par ailleurs ? Peut-être que si nous sommes peu sollicités c'est que nous sommes parvenus à tellement fluidifier, simplifier les parcours qu'il n'est plus besoin de nous ? Peut-être peut-on se permettre d'évaluer « au pif », parce qu'on n'est pas sûr que les conclusions serviront de base à la prochaine réforme ?

À qui revient la charge de la preuve ?

À quand le moment où, plutôt qu'évaluer la mise en œuvre des politiques publiques par les acteurs de terrain, on se pencherait sur leur conception même, leurs concepteurs, leur cohérence initiale ?

▶ Les politiques publiques ont une grosse voix

On l'a vu plus haut, les approches se sont révélées toujours plus descendantes. Il y a pourtant des avantages à cela : les réseaux étaient de belles initiatives locales, qui gagnaient leurs galons au fil des années. Les nouvelles politiques

externalisées. Document disponible à l'adresse suivante : https://maillage93.sante-idf.fr/accueil/actualites/corps-principal/actualites/les-dispositifs-de-coordination.html.

sont lancées depuis le national. Porté à un certain niveau, le nouveau dispositif bénéficie d'une légitimé et d'une visibilité qui fait économiser plusieurs mois de travail, même si cela ne dispense pas du tout d'un fin travail de pèlerin directement auprès des partenaires. Ainsi les outils de communication nationale étaient sur le site gouvernemental avant même que la plupart des DAC ne soient opérationnels sur le territoire français. Du fait de la polyvalence qu'on leur prête, il est fait mention des DAC dans de nombreux travaux, autour de thématiques variées.

L'idéal est surtout de coupler ces deux approches en asseyant ce lancement institutionnel sur le réseau de terrain. Il nous revient de redonner du sens à des politiques qui paraissent partir dans des directions différentes. C'est paradoxalement l'intérêt de l'empilement, s'il peut se concentrer sur un nombre restreint d'acteurs. C'est à nous de capitaliser, faire les grands écarts, rassurer les partenaires. Coucou, c'est toujours nous.

▶ Les politiques publiques ont deux pieds

Les politiques publiques se suivent mais finalement ne se ressemblent pas tout à fait. Dans le cas des DAC, il nous semble qu'une certaine synthèse des politiques précédentes a finalement été tentée. Il a été conservé, comme pour les Maia, l'importance de baser l'action de coordination à deux niveaux : l'accompagnement des situations complexes et l'animation territoriale. Il s'agit de travailler autant auprès des personnes que des professionnels. Ne travailler que sur les situations cliniques complexes, c'est risquer de se heurter toujours et encore aux mêmes écueils du système. Ne travailler que l'animation territoriale, c'est se couper de la réalité et de la parole des personnes concernées, personnes malades ou professionnelles.

La coordination ne marchera que sur ses deux pieds.

▶ Les politiques publiques ont une colonne vertébrale

Des réseaux de santé, il nous semble qu'il a été conservé un prisme sanitaire important, avec la possibilité, si les dotations financières et la démographie sanitaire le permettent, de recruter un médecin. Les DAC peuvent répondre à toutes les situations complexes en santé. Les acteurs du secteur social, du champ de l'autonomie, de la précarité notent souvent une difficulté de prise en compte des questions sanitaires dans leur accompagnement et peuvent trouver auprès du DAC une forme de médiation. En tous les cas, l'axe santé de notre action nous paraît constitutif de notre mission et une réelle plus-value.

À l'inverse, des soignants peuvent parfois nous cantonner à la résolution de problématiques sociales : le fait de représenter une ressource alternative pour chacun des autres secteurs nous pose peut-être comme un acteur du médico-social, entendu au sens premier, c'est-à-dire comme faisant partie de plusieurs secteurs, tant médical que social, et non comme membre d'un seul secteur à part entière, tel que décrit dans cet ouvrage ?

ET POURTANT CONTINUER

Vous avez essayé de vous représenter ces politiques publiques sans oreilles, sans yeux, avec un nez, une grosse voix, deux pieds, et une colonne vertébrale ?

Inimaginables ? Monstrueuses ?

Et c'est pourtant notre réalité.

Nous pouvons faire quelque chose de ce qui nous arrive.

Si nous ne pouvons que subir la succession des politiques publiques, il nous semble que plusieurs facteurs peuvent nous soutenir dans une recherche de cohérence.

▶ S'autoriser la cohérence locale

Le projet de guichet intégré nous semble être une illustration de la façon dont on peut tenter de redonner une cohérence à notre action. Initialement promu par les Maia, le guichet intégré est une organisation de la coordination gérontologique reposant sur une mise en lien forte entre les acteurs de l'accueil du public âgé, une intégration de leurs actions autour d'outils et de pratiques partagés.

Les Maia se transformant en DAC, il pouvait se poser la question du sort dévolu à ces projets. C'est là que l'interconnaissance, le partenariat et sans doute la confiance entrent en jeu. Le conseil départemental co-porte désormais avec nous le projet de guichet intégré, l'intègre dans son schéma « Autonomie et inclusion 2019-2024 » et en assure le financement.

À la clé, la poursuite des travaux, avec des ajustements et une liberté d'adaptation retrouvée hors du cadre Maia, le renforcement des liens existants avec la légitimation par le conseil départemental et un déploiement à une vitesse encore inédite. Ceci semble aller dans le sens de l'idée qu'au niveau local, on peut se réapproprier une politique nationale, économiser ainsi temps et énergie en épargnant de nouveaux soubresauts aux partenaires locaux qui y voient un simple prolongement de l'action antérieure.

Ce projet de guichet intégré est cité dans le rapport de 2022 de Dominique Libault *Vers un service public territorial de l'autonomie* (SPTA) et la Seine-Saint-Denis a été retenue, sur la base même de ce guichet intégré, comme l'un des dix-huit départements préfigurateurs pour contribuer à en rédiger le cahier des charges. On peut espérer qu'une recherche de cohérence avec l'existant sera facilitée lors de l'implémentation de ce futur projet SPTA.

▶ S'essayer à l'intégration

L'intégration est citée dans le chapitre 5 de ce livre comme une des dynamiques en cours ces dernières années dans le paysage des établissements et services médico-sociaux. Elle est comprise dans le sens de la concentration de ces services, leur fusion ou leur regroupement dans des fédérations ou des groupements.

Si on peut dans une certaine mesure rapprocher notre transformation en DAC de ce phénomène, c'est une autre forme d'intégration que nous souhaitons promouvoir. En effet, comme il a été démontré dans ce même chapitre 5, le mouvement de désinstitutionalisation amène à conclure qu'« il n'est plus possible de penser des interventions qui, dans le médico-social, mobilisent par définition le travail conjoint d'acteurs issus d'organisations et de secteurs disjoints, en dehors des réseaux qui leur donnent une forme ». Et pourtant si le travail semble conjoint, la pensée reste disjointe : l'appartenance, les procédures, les contraintes propres à chacune des structures restent les marqueurs des identités. Le réseau se limite à un canal de communication.

L'objectif serait de parvenir à basculer vers une véritable intégration de ces services dans une offre globale territorialisée, avec une réelle connaissance de ce qui est proposé par l'autre et une recherche de complémentarité desdits services. Cette intégration permettrait d'être capable de parler de son travail, de connaître l'autre, et donc d'être aussi en mesure de présenter l'offre des autres, parce que l'intégration renvoie à une appréhension globale de son territoire, à la mesure des personnes malades elles-mêmes.

Cette intégration consisterait donc également en un accompagnement à la connaissance de l'offre du territoire, par le biais de rencontres, de travaux collaboratifs et d'outils, mais également à la résolution des situations, pour une réponse aussi complète et harmonisée que possible. Bref, à travers les deux pieds des DAC.

Dans un contexte de perte de sens professionnel pour les soignants et les travailleurs sociaux, une part de la réponse se trouve, nous semble-t-il, dans le sentiment d'une nouvelle appartenance, voire d'une identité, territorialisée.

Un autre vecteur de sens, et un élément favorisant le point précédent, est la taille des structures pour une meilleure interconnaissance, une expérience professionnelle à une échelle appréhendable, une dimension humaine. Et donc si la concentration des structures est en cours, restons vigilants à la taille critique pour pouvoir continuer à être contenants.

▶ S'offrir le temps long

Pour cela, vous ne serez pas surpris de lire qu'il faut du temps. Le temps de faire les choses, mais aussi de garantir une stabilité des travaux, des idées, des actions. La clé de la lisibilité ne se situe pas seulement dans la réduction de l'offre, peut-être pas dans la seule création d'une structure d'appui pour la comprendre, mais sans doute aussi dans le temps laissé aux professionnels pour s'approprier cet existant. Ce qui est dense, complexe est illisible certes, mais ce qui est en mouvement apparaît également flou.

Comment ralentir le rythme, comment les dissuader de refaire toujours un peu plus la même chose ?

On nous dira qu'on résiste au changement, qu'on s'attache au passé.

On demande juste du respect pour le travail déjà fourni et de la cohérence pour la suite.

En cela, la capitalisation, et donc la mémoire, sont essentielles pour ne pas repartir de zéro, pour apprendre de nos erreurs, pour réajuster, pour s'appuyer sur l'existant.

Et nous avons besoin de professionnels qui tiennent le coup, qui retrouvent de la cohérence et témoignent de ce qui peut inspirer, redonner du sens et redessiner un cap.

Conclusion

Neuf ans séparent l'ouverture du réseau de soins palliatifs (2002) de celles du réseau gérontologique et de Maia (2011), même si les premiers travaux débutent 4-5 ans auparavant.

Neuf autres années séparent les ouvertures d'Équip'âge et Maia, de l'avènement de ce qui sera le DAC (2020), même si nous nous y intéressons en interne dès la fin 2018.

Puisque l'histoire semble se répéter, puisque notre univers se construit sur de l'expansion et de la contraction, oserons-nous la prédiction d'un nouveau big bang en 2029 ? Dans la foulée d'une élection présidentielle en 2027 ? Avec l'annonce d'une nouvelle priorité nationale ? Un nouveau plan ? Une nouvelle innovation, agile et disruptive, sensée tout changer, elle aussi ?

De notre place, nous n'aurons que peu à dire sur ce qu'il adviendra, nous serons juste là, prêts, avec l'expérience pour nous, nos mains dans celles des partenaires, nos bottes pleines de la poussière du terrain, les oreilles tournées vers les personnes malades, les yeux vers l'horizon et dans un coin de notre tête : l'histoire.

Bibliographie

Rapports cités

Igas (2006). *Contrôle et évaluation du fonds d'aide à la qualité des soins de ville (FAQSV) et de la dotation de développement des réseaux (DDR)*, Rapport de synthèse n° 2006 022 présenté par Christine Daniel, Bérénice Delpal, et Christophe Lannelongue, Paris.

Libault D. (2022). *Vers un service public territorial de l'autonomie*, Rapport au ministre des solidarités et de la santé, à la ministre déléguée auprès du ministre des solidarités et de la santé et à la secrétaire d'État auprès du Premier ministre chargée des personnes handicapées, Paris.

PARTIE III

Planification et évaluation des établissements et services : entre politique et gestion

Chapitre 8

La géographie des établissements et des services médico-sociaux : entre exigence d'équité territoriale et héritages historiques locaux

Noémie Rapegno

RÉSUMÉ

Noémie Rapegno analyse les différents facteurs expliquant la répartition géographique actuelle des établissements et services médico-sociaux, notamment dans le champ du handicap. Celle-ci se caractérise par d'importantes inégalités spatiales qui sont à l'origine de nombreuses inégalités dans l'accès aux services et aux accompagnements. Pour expliquer ces inégalités, l'autrice propose une lecture de l'histoire de l'institutionnalisation de ce secteur, initialement peu encadrée (1970-1980). Elle montre ensuite comment la mise à l'agenda du problème sur fond de rationalisation budgétaire a mené les pouvoirs publics à introduire des instances, nationales comme régionales, et des outils de régulation et de planification plus centralisés (1990-2000). Pour autant ce ne sont pas ces politiques de planification plus régulées, ni même leurs effets pervers, qui expliquent la dynamique d'absorption imparfaite des inégalités territoriales (départementales), mais l'enchevêtrement des effets de ces politiques avec des logiques historiques, politiques et économiques plus locales.

Mots-clés : disparités territoriales, décentralisation, régulation, territorialisation, gouvernance, planification.

L'OFFRE en établissements et services médico-sociaux pour personnes âgées et pour personnes handicapées varie de manière significative d'un territoire à l'autre. Ces disparités territoriales se mesurent tant d'un point de vue quantitatif — en volume d'offre — que qualitatif — type d'établissement médico-social, ratio entre établissements et services, taux d'encadrement.

Des années 1970 — période à partir de laquelle la nomenclature des établissements médico-sociaux se stabilise — aux années 2010, le nombre de places augmente régulièrement. La répartition spatiale de l'offre est de plus en plus homogène et les territoires les moins bien dotés ont vu leur offre davantage augmenter que les territoires déjà équipés. Cependant, des inégalités demeurent (cf. figure 8.1).

M. Ramos-Gorand et S. Volant (2014) ont documenté l'inégale répartition des établissements d'hébergement pour personnes âgées dépendantes (Ehpad). Les taux départementaux en France métropolitaine varient plus que du simple au double (de 30 à 163 places pour 1 000 personnes âgées de 75 ans et plus) induisant une hétérogénéité en termes d'accessibilité. Ils sont parmi les plus bas dans le sud de la France, en particulier sur le littoral méditerranéen, et dans la petite couronne parisienne (Ramos-Gorand, 2013). La répartition géographique des établissements et services pour enfants handicapés (Bourgarel et Piteau-Delord, 2013 ; Bourgarel et Etchegaray, 2017) ou pour adultes handicapés (Rapegno, 2014 ; Rapegno et Ravaud, 2015) est également fortement hétérogène, les taux d'équipement départementaux des établissements d'hébergement pour adultes variant également beaucoup (de 3 places à 31 places pour 1 000 habitants âgés de 20 à 59 ans).

Taux d'équipement en établissement d'hébergement pour personnes âgées dépendantes (Ehpad)

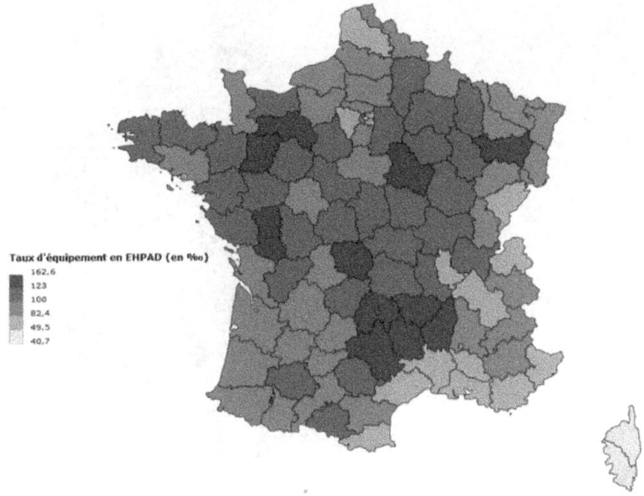

Taux d'équipement en foyer d'accueil médicalisé (FAM) et établissement d'accueil médicalisé (EAM)

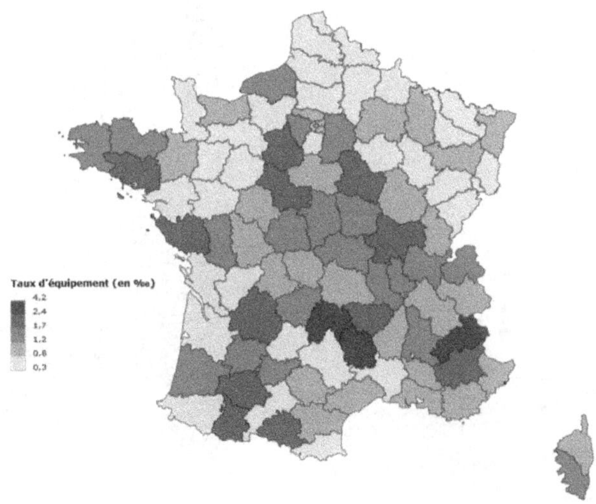

Figure 8.1. Taux d'équipement des établissements médico-sociaux pour personnes âgées et handicapées (source : DREES, Panorama 2022)

Taux d'équipement en foyer de vie et foyer d'hébergement

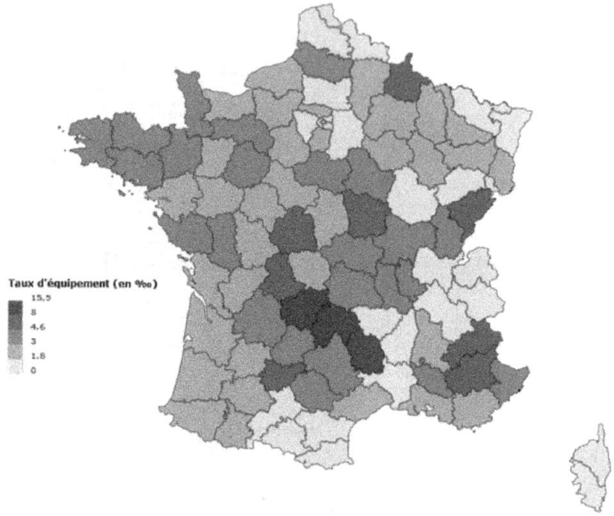

Taux d'équipement en maison d'accueil spécialisée (MAS)

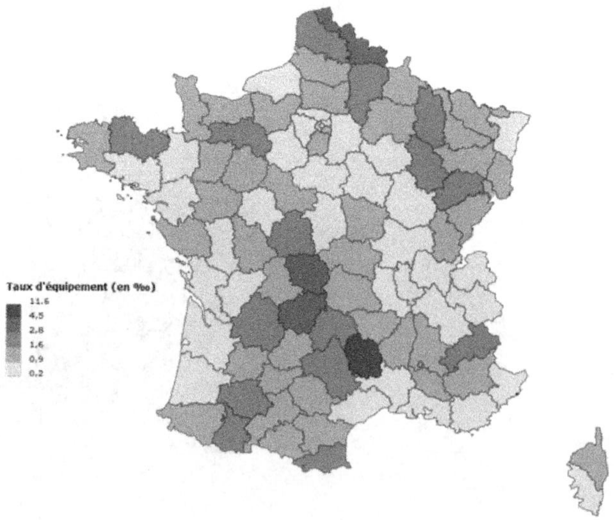

Figure 8.1. (suite)

Les établissements d'hébergement pour adultes handicapés

Les maisons d'accueil spécialisé (MAS), les foyers d'accueil médicalisé (FAM) — anciennement foyers à double tarification — et les foyers de vie accueillent des adultes dont le handicap ne permet pas ou plus d'exercer une activité professionnelle, y compris en milieu protégé. Ces établissements sont soumis à une procédure d'autorisation pour toute création, transformation ou extension. La loi du 30 juin 1975 relative aux institutions sociales et médico-sociales crée d'abord les foyers de vie et les MAS. Les MAS sont destinées aux adultes les plus handicapés, qui doivent recourir à une tierce personne pour les actes de la vie courante et qui ont besoin d'une surveillance médicale et de soins constants. Les frais de journée sont principalement à la charge de l'Assurance maladie. Les foyers de vie accueillent des adultes handicapés à l'autonomie réduite, mais qui ne nécessitent pas pour autant de surveillance ou de soins constants. Ils sont financés par le conseil départemental.

Conçus à titre expérimental par la circulaire ministérielle n° 86-6 du 14 février 1986 relative à la mise en place d'un programme expérimental d'établissements d'hébergement pour adultes gravement handicapés sous l'appellation de foyers à double tarification, les foyers d'accueil médicalisé (FAM) n'ont une reconnaissance officielle que depuis la loi n°2002-2. Ils assurent un accompagnement médical et favorisent la vie sociale des personnes accueillies. Ces établissements se voulaient être l'intermédiaire entre les foyers de vie et les MAS. En principe, ils accueillent des personnes un peu moins dépendantes que les personnes en MAS. Ils sont financés conjointement par le département pour l'hébergement et la Sécurité sociale pour les soins (c'est ce qu'on appelle la double tarification). Plus précisément, ils bénéficient d'un forfait annuel global de soins fixé par le directeur général de l'agence régionale de santé et versé par la Sécurité sociale, et d'un tarif journalier afférent à l'accompagnement à la vie sociale, et le cas échéant à l'hébergement, fixé par le président du conseil départemental de leur département d'implantation et versé par le département du domicile de la personne prise en charge. Les foyers à double tarification sont remplacés par les foyers d'accueil médicalisé (FAM) en 2002.

Le décret n° 2009-322 du 20 mars 2009 relatif aux obligations des établissements et services accueillant ou accompagnant des personnes handicapées adultes n'ayant pu acquérir un minimum d'autonomie rapproche les MAS et les FAM en définissant le public, les missions et les professionnels de ces établissements sans distinction. La différence essentielle qui subsiste est l'origine de leur financement.

Le décret n° 2017-982 du 9 mai 2017 relatif à la nomenclature des établissements et services sociaux et médico-sociaux accompagnant des personnes handicapées ou malades chroniques met en œuvre une démarche de simplification et d'assouplissement du régime d'autorisation, dans une logique de fonctionnement en dispositif. Il crée les établissements d'accueil médicalisé (EAM) et les établissements d'accueil non médicalisé (EANM). Les EAM incluent tout établissement qui relève de l'assurance maladie et de l'aide sociale départementale, et par conséquent les FAM. Les EANM ont quant à eux pour vocation de regrouper les structures relevant seulement de l'aide sociale départementale, entre autres les foyers de vie.

Les disparités départementales sont plus importantes pour les établissements pour adultes handicapés que pour les Ehpad. Les établissements pour personnes âgées et pour personnes handicapées se différencient également par leur maillage territorial qui est plus fin pour les Ehpad que pour les établissements d'hébergement pour adultes (Ramos-Gorand et Rapegno, 2016). Bien que les inégalités départementales en termes de nombre d'établissements par département aient diminué de façon régulière pour l'ensemble des établissements médico-sociaux (Ramos-Gorand et Rapegno, 2016), des spécificités territoriales demeurent et des disparités importantes continuent d'exister. Nombre d'établissements médico-sociaux sont situés eu milieu rural dans des départements de moyenne montagne et de faible densité. Les départements de la Lozère et de la Corrèze se démarquent particulièrement par de forts taux d'équipement dans le champ du handicap. Les départements de l'Auvergne sont également très fortement équipés en Ehpad. Le fait que les politiques de l'autonomie soient mises en œuvre par les conseils départementaux n'est pas une explication suffisante pour comprendre ces disparités. Parce que ces inégalités territoriales entraînent des inégalités d'accès à l'offre et donc de choix de lieu de vie (Carrère, 2021 ; Rapegno et Ravaud, 2017), il nous semble particulièrement important de comprendre les logiques qui les sous-tendent.

Quelles sont les dynamiques ayant conduit à cette répartition géographique des établissements et services ? Comment peut-on expliquer la persistance de disparités territoriales ? Comment ces inégalités territoriales ont-elles été successivement traitées et à quelles échelles ?

Dans ce chapitre, nous allons montrer que la répartition territoriale actuelle résulte de dynamiques historiques en partie contradictoires. L'étude de la gouvernance (Rigaud, 2012), autrement dit des relations (d'autorité, d'influence, de persuasion, etc.) entre les autorités publiques, les acteurs privés, associations et porteurs de projets, qui contribuent à construire et gérer le secteur médico-social, est indispensable pour comprendre ces dynamiques territoriales. Des enjeux locaux anciens, principalement d'ordre politique et économique, ont également contribué à la construction de l'offre et à sa répartition territoriale.

Dans une première partie, nous analyserons la construction de la politique liée au secteur médico-social dans les années 1970-1980 avec la loi de 1975 sur les institutions sociales et médico-sociales puis la décentration qui a contribué à développer l'offre sur l'ensemble du territoire en laissant la main aux gestionnaires. Dans une deuxième partie, nous montrerons que les réformes des années 2000 témoignent d'une reprise en main par l'État avec l'introduction de nouvelles agences et d'outils de régulation, ceci pour répartir l'offre de façon plus équilibrée sur le territoire. Dans une troisième partie, nous verrons que les politiques mises en œuvre au national ont été historiquement travaillées par des enjeux locaux d'ordre politique et économique, ce qui a pu contribuer à renforcer des écarts territoriaux.

UN SECTEUR HISTORIQUEMENT PEU ENCADRÉ À LA GOUVERNANCE COMPLEXE

Depuis 1975, le secteur médico-social a progressivement fait l'objet de tentatives de structuration de la part des autorités publiques. Au fur et à mesure des réformes, sa gouvernance s'est complexifiée, laissant place à une diversité d'acteurs et multipliant les outils de planification et de régulation.

▶ 1975 : le choix d'une régulation *a minima* pour inciter l'initiative locale et la création de places

Le dispositif créé par la loi de 1975 sur les institutions sociales et médico-sociales se distingue nettement de celui en place dans le sanitaire. Tandis que l'objectif de la loi hospitalière de 1970, avec la création d'une carte sanitaire, est de fortement réguler et de redistribuer un parc hospitalier qui s'était développé anarchiquement, la loi de 1975 opte pour une régulation et une intervention étatiques *a minima* pour encourager l'expansion de l'offre, celle-ci étant jugée déficitaire sur l'ensemble du territoire. La logique mise en avant par les pouvoirs publics était d'inciter à la création de places et non de sélectionner des projets, notamment sur la base de leur localisation géographique. Cela s'est traduit, d'une part, par la présence d'une multiplicité d'organismes gestionnaires à qui incombait la responsabilité de développer l'offre, et d'autre part, par une faible régulation des créations d'établissements et services (et donc le maintien de disparités territoriales).

Du fait de besoins estimés importants, le législateur a voulu laisser place aux organismes préexistants jugés les mieux à même de connaître les besoins sur un territoire donné et non favoriser une reprise en mains par l'État. Leur connaissance du territoire local, leur capacité d'innovation et de créativité en avaient fait des acteurs jugés pertinents pour contribuer au développement de l'offre. Pour inciter à la création d'établissements et services sur l'ensemble de la France, la loi ne met donc pas à la charge d'une autorité spécifique la responsabilité de créer des institutions ou d'en contrôler le site d'implantation, et laisse la voie ouverte à toute initiative publique ou privée. Le législateur s'est ainsi maintenu dans un cadre libéral sans favoriser un type de porteur de projet, laissant autant de place au public qu'au privé, ce qui instaure une gouvernance partenariale entre acteurs privés et publics. Aujourd'hui, cela se traduit par une gestion associative à plus de 85 % pour les établissements médico-sociaux s'adressant à des personnes handicapées et à près de 30 % en ce qui concerne les Ehpad[1]. Cette mesure a contribué à asseoir une pluralité d'organismes gestionnaires, ayant une assise nationale, régionale ou locale, et répartis de manière inégale sur le territoire. La plus ou moins grande dynamique des promoteurs a pu être source d'importantes disparités.

La loi n° 75-535 reprend toutefois quelques principes de régulation de l'offre issus de la loi hospitalière en instaurant une régulation des ouvertures de places en établissements et services sous la forme d'une autorisation devant être liée à la réponse aux « besoins de la population ». La procédure déclarative à laquelle étaient soumis les établissements et services médico-sociaux est remplacée par un régime d'autorisation, justifié par le caractère public des financements attribués. Avant décision du préfet, une commission consultative régionale[2] composée essentiellement de représentants de services de l'État, de représentants de collectivités territoriales, de gestionnaires d'établissements et services médico-sociaux, de représentants des professionnels et des usagers, est chargée de donner un avis sur les dossiers de demande de création ou d'extension de places en établissements[3]. Ce passage d'une localisation et d'une ouverture décidées par les seuls gestionnaires — qui en informaient l'État sans que celui-ci intervienne — à une régulation régionale instaurée par le régime d'autorisation marque une première étape dans la structuration du parc médico-social sur l'ensemble du territoire.

Cependant, la notion de besoins qui guide les principes de la loi sur les institutions sociales et médico-sociales n'est à aucun moment définie, ce qui donne lieu à des interprétations variées suivant les commissions. De ce fait, la mesure des besoins et de leur répartition — lorsqu'elle a été réalisée — a été hétérogène et

1. L'offre pour personnes handicapées est majoritairement gérée par le secteur associatif. La gestion des Ehpad est partagée entre le public, le privé à but lucratif et le privé à but non lucratif.

2. Commission régionale des institutions sociales et médico-sociales (Crisms) puis comité régional de l'organisation sanitaire et sociale (Cross) puis comité régional d'organisation sociale et médico-sociale (Crosms).

3. Décret n° 76-838 du 25 août 1976 relatif aux commissions nationales et régionales des institutions sociales et médico-sociales et à la procédure d'examen des projets de création et d'extension des établissements énumérés à l'article 3 de la loi n° 75-535 du 30 juin 1975.

a pu, selon les territoires, faire référence à une liste d'attente établie par l'organisme gestionnaire, à l'équipement existant ou à des indicateurs démographiques. Dans un contexte de développement de l'offre, l'absence d'études de besoins et d'instruments de mesure a conduit beaucoup de commissions régionales à effectuer une sélection *a minima* des dossiers sans réelle prise en compte de la localisation géographique.

Durant cette période, le secteur s'est fortement développé sous la double impulsion de l'initiative privée — particulièrement dans le champ du handicap — et du contrôle de l'État. Néanmoins, dès les années 1980, l'inégale répartition géographique des structures, les écarts territoriaux et les effets en termes de déracinement des adultes handicapés originaires de départements non pourvus en structures, sont pointés par différents rapports (Fonrojet, 1983 ; Lasry et Gagneux, 1983). Ils critiquent également l'absence d'instruments de mesure ainsi que le manque d'analyses territoriales en termes d'offre disponible en établissements et services (cela malgré la création du Finess en 1979, un fichier qui recense les établissements sanitaires et sociaux et qui a pour objectif de mieux connaître l'offre, voir chapitre 1) et de besoins des personnes handicapées. La faiblesse des données permet peu aux instances de statuer sur la pertinence d'un projet et de sa localisation et dans une grande majorité de cas, les commissions consultatives n'ont pas su établir de priorité sur les projets à créer.

▶ 1986 : une gouvernance partagée entre l'État et les départements

Malgré la loi sur les institutions sociales et médico-sociales, qui donne un ensemble de règles communes aux établissements et services médico-sociaux, ceux-ci sont marqués par une forte diversité qui s'accentue avec la décentralisation. Jusqu'en 1986, la décision d'autoriser ou non un établissement médico-social relevait dans tous les cas de l'État, que ce soit du fait du préfet ou du ministère. La décentralisation[1], en confiant l'action sociale aux départements mais en laissant le contrôle des dépenses de l'Assurance maladie à l'État, multiplie les circuits décisionnels, ceux-ci étant majoritairement en lien avec l'origine du financement. Ainsi, trois circuits et logiques distincts coexistent : les autorisations émises par le président du conseil départemental, celles émises par le préfet, et les autorisations conjointes pour les établissements et services

1. Loi n° 86-17 du 6 janvier 1986 adaptant la législation sanitaire et sociale aux transferts de compétence en matière d'aide sociale et de santé.

à double compétence. Autrement dit, l'aide sociale aux personnes âgées, l'hébergement des adultes handicapés relèvent des conseils départementaux tandis que les structures financées par l'assurance maladie (CMPP, IME, MAS[1]...) continuent de dépendre de l'État. Une compétence conjointe département-État est instaurée pour les maisons de retraite médicalisées (aujourd'hui les Ehpad), les centres d'action médico-sociale précoce (CAMSP), les foyers à double tarification (puis foyers d'accueil médicalisé [FAM] et aujourd'hui établissements d'accueil médicalisé [EAM])[2] (voir le chapitre 1).

Le transfert de compétences et de moyens de l'État au département, avec une autonomie, une politique et un budget propre, renforce le pouvoir des élus vis-à-vis des services de l'État. La décentralisation rapproche la décision publique du lieu où elle s'applique, toujours dans l'idée de mieux répondre aux besoins identifiés au local du fait de la supposée meilleure connaissance des enjeux et des réponses à apporter de la part des élus. Ce n'est plus uniquement le préfet représentant de l'État mais également les élus locaux qui gèrent l'autorisation des établissements et services. Cette superposition des niveaux territoriaux et cet enchevêtrement des compétences contribueront au manque de lisibilité des circuits décisionnels et constitueront un risque de politisation des enjeux (voir partie 3 du chapitre) pas toujours conciliable avec la réduction des inégalités territoriales.

Au-delà de la complexification qu'elles apportent au système, les lois de décentralisation introduisent un mécanisme de régulation financière et une logique de planification territoriale et décentralisée en créant des outils de planification. Pour la première fois, des schémas départementaux qui doivent préciser « la nature des besoins » (encore une fois, sans que ceux-ci soient définis) et « les perspectives de développement » des établissements et services sociaux et médico-sociaux sont institués. Cependant, les législateurs n'ont pas demandé une parfaite homogénéité des schémas car instaurer des contraintes et imposer aux départements un contenu trop rigide aurait contrevenu aux principes de la décentralisation. De plus, ces schémas sont purement indicatifs et ne sont pas opposables. Dans beaucoup de départements, les schémas sociaux et médico-sociaux sont inexistants et quand ils existent, ils sont disparates. Treize

1. CMPP : centre médico-psychopédagogique ; IME : institut médico-éducatif ; MAS : maison d'accueil spécialisé.

2. Pour les services, les services d'aide et d'accompagnement à domicile (Saad) et les services d'accompagnement à la vie sociale (Savs) relèvent de la politique départementale tandis que les services d'accompagnement médico-social pour adultes handicapés (Samsah) relèvent aujourd'hui, comme les EAM, de la compétence conjointe de l'ARS et du département.

ans après la loi de 1986, en 1999, un quart des départements n'avait toujours pas de schéma départemental (Bauduret et Jaeger, 2003) et la majorité des schémas adoptés se limitait à une seule catégorie de l'aide sociale, généralement celle des personnes âgées. Véritable outil de planification dans quelques départements, ils se résument le plus souvent, lorsqu'ils existent, à un catalogue des services et équipements existants (Argoud, 2000). Pour l'élaboration des schémas gérontologiques, les départements ont majoritairement privilégié des indicateurs quantitatifs (le plus souvent le taux d'équipement qui représente le nombre de places rapporté à la population) en faisant abstraction de singularités territoriales (Argoud, 2007) et sans prendre en compte les caractéristiques sociodémographiques, l'état de santé (y compris la prévalence du handicap ou de la perte d'autonomie) qui sont marqués géographiquement (Tonnelier et Vigneron, 1999).

Malgré l'instauration d'outils de planification, les structures médico-sociales ont continué à se créer de façon empirique. Cette planification très souple a laissé une grande liberté aux départements dans l'élaboration des schémas comme dans leur application, ce qui a conduit à un développement souvent très inégal des équipements selon les départements. Cependant, il est important de préciser que la décentralisation et la création de circuits décisionnels décentralisés pour certains types d'établissements n'ont pas augmenté les inégalités territoriales déjà présentes. Bien que demeurant importantes, celles-ci ont continué à diminuer du fait des créations importantes d'établissements à l'échelle nationale (Ramos-Gorand et Rapegno, 2016).

Les années 2000 : entre régionalisation et centralisation

À partir des années 2000, la résorption des écarts territoriaux devient une préoccupation grandissante, de la part des pouvoirs publics, du fait du constat, fait dès les années 1990[1], de disparités territoriales fortes. Une logique de sélection et de rééquilibrage territorial succède alors à la logique de progression

1. Bien que ce constat ne soit pas nouveau, il est souligné en 1995 par un rapport de l'Igas rédigé par M.-F. Guérin et M.-T. Join-Lambert (Igas, 1995), sur le bilan de l'application de la loi sur les institutions sociales et médico-sociales, commandé par Simone Veil, ministre des Affaires sociales, de la Santé et de la Ville. Le rapport dresse un bilan de la loi de 1975 et se préoccupe des importantes disparités de l'offre sociale et médico-sociale entre régions. Il fait le constat de fortes disparités territoriales et de l'échec de la loi de 1975 dans le champ de la planification.

de l'équipement à l'œuvre sur l'ensemble du territoire national depuis les années 1970. Si l'État se situait auparavant en retrait, se contentant de soutenir les initiatives locales, à partir des années 2000, il reprend la main. Ce mouvement est cependant traversé par une tension entre la volonté de répondre à des besoins en continuant à développer l'offre et celle de contrôler les établissements et services, notamment dans une logique de réduction des coûts.

▶ La création de nouvelles agences, nationale et régionales, pour amorcer un rééquilibrage territorial

Cette progressive reprise en main par le national passe par plusieurs étapes dans les années 2000, et d'abord par la création d'instances spécifiques. Globalement, l'intervention étatique se renforce. En 2004, la Caisse nationale d'assurance maladie (CNSA) est créée et se voit attribuer le rôle de régulateur national en assurant la répartition équitable sur le territoire des dépenses d'assurance maladie pour les établissements et services médico-sociaux pour personnes âgées en perte d'autonomie et pour personnes handicapées, en veillant notamment à une prise en compte de l'ensemble des besoins — encore une fois sans que ceux-ci ne soient définis. Cette introduction de la notion d'équité (et non d'égalité) constitue une reconnaissance de la diversité des territoires. Il s'agit donc à la fois de répondre à des besoins qui sont peu objectivés et de contrôler les dépenses de l'État. La création de la CNSA maintient également la dichotomie entre aide sociale et assurance maladie puisque les établissements et services relevant de l'aide sociale (et donc du département) sont exclus de cette logique planificatrice. La mise en place de la CNSA introduit donc une régulation nationale uniquement pour les établissements financés totalement ou partiellement par l'assurance maladie.

Le souci d'un équilibre entre les territoires s'est également traduit en 2010 par la création des agences régionales de santé (ARS)[1], une autorité publique régionale chargée de prendre des décisions au plus près des réalités locales et régionales. Pour autant, l'État demeure décisionnaire puisque les ARS sont subordonnées à la politique de l'État avec peu d'autonomie et de marge de manœuvre financière et décisionnaire (Hudebine *et al.*, 2014, 2015). Elles sont à la fois le reflet d'une régionalisation de l'action médico-sociale avec le renforcement du niveau

1. Les ARS ont été créés le 1er avril 2010 par fusion des agences régionales de l'hospitalisation (ARH), des directions départementales des affaires sanitaires et sociales (DDASS), des directions régionales des affaires sanitaires et sociales (DRASS) et des unions régionales des caisses de l'assurance maladie (Urcam).

régional par rapport à un niveau départemental qui constituait l'échelon de base de l'administration territoriale de l'État, et d'une centralisation qui ne dit pas son nom en étant les relais territoriaux de la politique impulsée par le ministère (par l'intermédiaire de la CNSA). Par ailleurs, la loi « Hôpital, patients, santé, territoires » (HPST) maintient, tout comme la création de la CNSA, la partition social/médical puisque le cloisonnement des compétences entre aide sociale gérée par le département et assurance maladie qui relève désormais des ARS est maintenu.

La création de la CNSA puis des ARS contribue à renforcer le rôle de l'État dans cette gouvernance territoriale. Cependant, l'action de la CNSA sur la réduction des inégalités territoriales a été fortement nuancée par la Cour des comptes (2013, 2018), notamment du fait de critères de répartition peu nourris par une approche territoriale mais aussi de la persistance d'une réserve ministérielle[1] qui contribue à accroître les disparités territoriales.

▶ L'introduction d'outils et d'instruments de régulation pour anticiper et contrôler le développement de l'offre

Cette période s'accompagne d'un mouvement de rationalisation de la dépense publique (Petit, 2003) et d'une régulation accrue qui s'inspirent largement du dispositif hospitalier, notamment avec l'adaptation des outils de la planification sanitaire aux spécificités du médico-social (Jourdain *et al.*, 2017). Un nouveau mode de contrôle de l'action publique se développe avec une inflation d'outils et d'instruments pour orienter, inciter, évaluer, contrôler. L'État peut « gouverner à distance » (Epstein, 2005) en confiant aux ARS la responsabilité de mettre en œuvre et en cohérence ses programmes tout en pilotant leur action par des systèmes d'indicateurs, de *reporting*, de répartition des moyens financiers et par des mécanismes d'allocation de ressources entre territoires (voir chapitre 9). Nous développerons ici la création des appels à projets au niveau régional et l'inflation de plans nationaux.

Au niveau régional, la procédure d'appels à projets introduite par la loi HPST et la suppression des commissions régionales modifie fondamentalement la

1. La réserve ministérielle est une pratique dérogatoire qui consiste à prélever une part des mesures nouvelles, avant toute répartition des crédits aux ARS. Cette « réserve » est affectée sur instruction personnelle du ministre à certaines opérations que celui-ci choisit en dehors de toute référence aux critères de répartition fixés par la CNSA. Cette pratique n'est fondée sur aucun texte juridique.

logique de régulation de l'offre en établissements et services. Jusqu'à la mise en place des appels à projets, le secteur médico-social s'était développé en fonction de projets diversifiés élaborés et portés par des acteurs locaux sur un territoire donné, la puissance publique intervenant peu. La procédure relevait d'une logique ascendante : des promoteurs, souvent privés et de statut associatif dans le champ du handicap, détectaient des besoins et proposaient des réponses. En instaurant des appels à projet élaborés par les financeurs publics, la loi HPST bouleverse le mode de fonctionnement en place depuis 1975 en privilégiant le principe de la commande publique (Lafore, 2009). Ce changement renverse la logique et redonne l'initiative aux autorités publiques.

Les appels à projets lancés au niveau de la région visent à organiser de façon plus efficace la sélection des projets par les décideurs, puisqu'ils doivent s'inscrire en réponse à des besoins médico-sociaux définis dans les schémas. Le but de cette nouvelle procédure d'autorisation des établissements et services médico-sociaux est de rationaliser les procédures, de resserrer les délais d'installation et de garantir leur financement. Ils contribuent à une mise en concurrence des gestionnaires, ce qui peut potentiellement brider leur capacité d'innovation et d'imagination pour répondre à la commande publique. L'enjeu est également d'adapter les appels à projets après avoir repéré des manques d'ordre quantitatif ou qualitatif sur le territoire. Cependant, les appels à projets précisent généralement uniquement le département visé et se centrent principalement sur la population accueillie, le type d'établissement ou de service et les missions qui lui incombent, sans indiquer de site d'implantation. C'est alors au porteur de projet de proposer une localisation, ce qui contribue peu à réduire les inégalités infradépartementales.

Au niveau national, l'État impulse également le développement de l'ensemble de l'offre *via* des plans pluriannuels ou des stratégies nationales qui ciblent des populations prioritaires. Une très grande quantité de plans thématiques (AVC, Alzheimer, traumatisme crânien, cancer, santé mentale, autisme, maladie et handicap rare, proches aidants, polyhandicap, Fin de vie) avec des priorités et des objectifs différents, se succède depuis le début des années 2000. Ainsi, sont actuellement en cours la stratégie autisme et troubles du neuro-développement pour 2023-2027, le schéma handicap rare (2021-2025), la stratégie « proches aidants » ou encore le plan de prévention des départs en Belgique. Bien que l'existence de plans nationaux et de ressources supplémentaires ait pu ouvrir des marges de manœuvre aux ARS (Jourdain *et al.*, 2017), celles-ci sont minces et restent sous le contrôle de l'État puisque le périmètre est défini par la politique nationale. Ces plans, qui doivent être pris en compte à tous les niveaux, contribuent à fragiliser la logique des schémas et l'autonomie des acteurs territoriaux.

Les années 2000 sont marquées par une logique planificatrice et de rationalisation budgétaire avec un pilotage « par le haut ». L'objectif affiché est d'avoir une répartition des ressources homogène mais la question épineuse de l'évaluation des besoins sur un territoire donné demeure. À plusieurs reprises, des rapports (Cour des comptes, 2013 ; Mouiller, 2018) pointent le fait que la CNSA est encore dépourvue d'instruments de connaissance des besoins à la hauteur de ses objectifs. Les indicateurs utilisés sont essentiellement quantitatifs et portés sur l'offre. Dans ces conditions, il s'avère difficile d'élaborer des schémas « dans une approche globale des besoins » et ainsi d'identifier des territoires prioritaires (Brousse, 2010). Par ailleurs, les instruments permettent peu de prendre en compte le niveau infradépartemental (commune, canton, bassin de vie). Pourtant, M. Ramos-Gorand et S. Volant (2014) ont montré que pour les Ehpad, les disparités observées à l'échelle cantonale sont plus importantes qu'à l'échelle départementale (Ramos-Gorand et Volant, 2014). Bien que la Direction de la recherche, des études, de l'évaluation et des statistiques (Drees) ait engagé de nouveaux travaux afin d'améliorer la connaissance des besoins et de l'offre d'accompagnement des personnes âgées au niveau local, ainsi que de l'adéquation entre les deux (Carrère *et al.*, 2021 ; Ramos-Gorand, 2020), ceux-ci sont encore peu mobilisés par les pouvoirs publics. La lourdeur des outils est également critiquée (Ollivier et Paul, 2010).

La mise en place de ces nouvelles instances et la multiplication des outils et instruments ne permettent pas d'inflexion significative des disparités. Le mouvement de rééquilibrage amorcé dès les années 1980 continue sur la même dynamique avec des spécialisations territoriales marquées historiquement qui demeurent, malgré l'objectif d'équité territoriale.

Une localisation des établissements médico-sociaux : des logiques nationales travaillées par des enjeux locaux anciens, politiques et économiques

Les espaces ruraux, que ce soit dans le champ du handicap ou de la perte d'autonomie, sont historiquement les plus équipés, du fait d'enjeux économiques et politiques locaux particulièrement saillants. Nous nous concentrerons pour cette dernière partie sur les logiques à l'œuvre plus particulièrement dans le champ du handicap.

La localisation : entre logique de contrôle des coûts, multiplication des échelles décisionnelles et enjeux politiques locaux

La logique de contrôle des coûts et de rationalisation financière, à l'œuvre à toutes les échelles, et cela bien avant les années 2000, a contribué à maintenir des disparités territoriales.

Dès les années 1970, au niveau national, la volonté de faire croître l'offre s'est conjuguée avec un souci de maîtrise des coûts, ce qui a favorisé le développement de l'offre dans des espaces faiblement peuplés. Dans une volonté de réduire les coûts liés à des créations d'établissements, l'État a encouragé la reconversion du patrimoine existant souvent localisé dans des territoires ruraux. Les reconversions d'établissements sanitaires (hospices ou hôpitaux psychiatriques non remplis) ou d'établissements pour enfants ont représenté une part considérable des créations de places médico-sociales. Ainsi, plusieurs sanatoriums ouverts au début du XXe siècle pour lutter contre la tuberculose ont été transformés en établissements médico-sociaux. Bien que les opérations de reconversion aient été controversées du fait de la complexité des exigences à tenir — reconversion et faible coût, non-cohabitation d'enfants et d'adultes, qualification appropriée du personnel, implantation propice, architecture adaptée pour un lieu de vie, implantation favorisant l'ouverture sur l'extérieur — la localisation de bon nombre d'établissements sur les territoires ruraux est issue de cette logique (Rapegno, 2014).

Dans un autre registre, à l'échelon départemental, l'enjeu de maîtrise des dépenses fait également l'objet de négociations entre financeurs sur le type d'établissement à ouvrir (financé par l'assurance maladie ou le conseil départemental). Le partage des compétences entre l'État, *via* les préfets et les directeurs généraux des ARS, et les collectivités départementales a généré sur certains territoires des renvois de balle et crispations du fait d'enjeux financiers colossaux. Chaque financeur a pu chercher à limiter ses dépenses. Par exemple, à partir de 1986, date de création des FDT, les conseils départementaux ont été dans l'ensemble réticents à créer des foyers de vie (financés uniquement par le département) et ont cherché à créer des FDT afin de partager les dépenses. Ce jeu entre conseils départementaux et représentants de l'État a peu influencé le volume d'établissements créés mais vient interroger les frontières des catégories institutionnelles, notamment la différenciation entre foyers de vie et FAM (anciennement FDT) ainsi qu'entre FAM et MAS (Makdessi, 2012).

Aux logiques étatiques et départementales de contrôle des coûts, il faut ajouter les enjeux politiques et électoraux locaux, qui ont été renforcés par la décentralisation. Les reconversions ont ainsi été défendues par les élus locaux pour des raisons économiques et politiques. En milieu rural, dans les régions touchées par la désindustrialisation à partir des années 1970 ou dans les régions où le chômage est important, l'ouverture d'un établissement médico-social (par reconversion ou autre) a pu être motivée par des stratégies électorales. Jusqu'en 2009 et la mise en place des appels à projets — et encore maintenant dans une certaine mesure — les mobilisations locales ou la sensibilité d'un conseil départemental ou d'une municipalité, qui n'a pourtant aucune prérogative dans le secteur médico-social, ont été décisives dans la décision d'autoriser un établissement médico-social.

▶ Des enjeux nationaux travaillés par des logiques locales : l'exemple de la Lozère

Dans le champ du handicap, la situation de la Lozère illustre bien l'enchevêtrement de ces différentes logiques. Historiquement, ce département s'est spécialisé dans l'accueil de personnes vulnérables et plus particulièrement d'enfants et d'adultes handicapés. De nombreux établissements sont gérés par des associations anciennes, créées parfois avant la loi de 1975, qui géraient des préventoriums, des sanatoriums ou encore des pouponnières. Par exemple, l'Association lozérienne de lutte contre les fléaux sociaux créée en 1937, et qui tire son origine du comité d'hygiène et de préservation antituberculeuse de la Lozère, gère plus de six cents places médico-sociales et emploie quatre cent cinquante salariés dans le département. Une autre association, Le Clos-du-Nid, fondée par l'abbé Oziol dans les années 1950, gère près de sept cents places pour adultes handicapés dans le département (Rapegno, 2014). Cette spécialisation trouve son origine dans les nombreuses reconversions, lesquelles ont été alimentées par des intérêts électoraux et témoignent d'une politisation de l'action médico-sociale. À ce titre, l'investissement d'un élu local, Jacques Blanc, médecin de formation, est exemplaire. Conseiller général de 1970 à 1988, président du conseil régional de 1986 à 2004, député de la Lozère de 1973 à 2001, sénateur de la Lozère de 2001 à 2011, maire de La Canourgue, une commune lozérienne de deux mille habitants, pendant près de quarante ans et rapporteur de la loi du 30 juin 1975 d'orientation en faveur des personnes handicapées, il s'est investi dans trois associations gestionnaires locales qui gèrent plus de quinze mille places dans ce département, et a même été à l'origine de la création d'une d'entre elles. Il a donc été à la fois force de proposition en tant qu'administrateur des associations et ordonnateur de l'offre en tant que membre du conseil général.

Pourvoyeurs d'emploi et donc générateurs d'activité économique, les établissements médico-sociaux ont été un vecteur de développement local et l'enjeu d'une « géopolitique locale » (Subra, 2012). Des logiques à l'œuvre qui concernent moins directement les besoins des usagers mais plus des raisons économiques et politiques ont ainsi contribué à la spécialisation de certains territoires.

CONCLUSION

La répartition de l'offre actuelle est le résultat de dynamiques croisées à différents échelons territoriaux. Un premier mouvement marqué par une logique d'expansion de l'offre a laissé une grande marge de manœuvre aux gestionnaires dans la localisation des établissements et services. Puis une régulation de l'offre s'est progressivement mise en place avec l'introduction de nouveaux acteurs à différences échelles territoriales (conseils départementaux, agences régionales de santé, caisse nationale de solidarité pour l'autonomie). Malgré une réduction continue des inégalités depuis 1975, la spécialisation territoriale de certains départements, construite historiquement et travaillée par des enjeux économiques et politiques alimentés à tous les échelons territoriaux, demeure.

Il nous semble également important de souligner que la planification se fait essentiellement à partir d'un raisonnement en termes d'équipement et d'offre et non de besoins, de flux, de distance. D'une part, la question des besoins n'a cessé d'émailler les politiques du médico-social et fait encore aujourd'hui l'objet de débats. Basés essentiellement sur des remontées administratives ou sur des traitements statistiques de bases de données, les plans et schémas ont du mal à intégrer une réflexion qualitative autour de l'accès à la vie sociale, l'autonomie ou encore la qualité de vie. La pauvreté, le manque de fiabilité des données quantitatives et la méconnaissance des besoins, notamment des personnes handicapées, restreint les ambitions de régulation et planification. En septembre 2021, le comité des droits des personnes handicapées, composé d'experts indépendants chargés de surveiller l'application de la Convention relative aux droits des personnes handicapées par les États parties, dans ses observations finales concernant le rapport initial de la France, déplorait l'absence de collecte de données sur la situation des personnes handicapées. Aujourd'hui encore, la demande de création d'un observatoire des besoins par le collectif Handicaps, une association qui regroupe 52 associations nationales de personnes en situation de handicap et de leurs familles, a été écartée lors de la conférence nationale du handicap 2023. D'autre part, au-delà des besoins, l'action publique semble peu encline à prendre en compte les espaces vécus des personnes (Frémont, 2008, 2010). Les pratiques spatiales et les espaces de vie sont très peu présents — voire absents — dans les logiques planificatrices. Le territoire de l'usager, de sa famille et des professionnels constitue pour le moment l'angle mort de la réflexion des politiques publiques.

Repères institutionnels et réglementaires

Agences

Agence régionale de santé (ARS).

Caisse nationale de solidarité pour l'autonomie (CNSA).

Principales lois citées dans le texte

Loi n° 70-1318 du 31 décembre 1970 portant réforme hospitalière.

Loi n° 75-535 du 30 juin 1975 relative aux institutions sociales et médico-sociales.

Loi n° 86-17 du 6 janvier 1986 adaptant la législation sanitaire et sociale aux transferts de compétence en matière d'aide sociale et de santé.

Loi n° 2009-879 du 21 juillet 2009 portant réforme de l'hôpital et relative aux patients, à la santé et aux territoires.

Pour aller plus loin

Alam, T., et Gurruchaga, M. (dir.) (2015). *Collectivités, territoires et santé*. L'Harmattan.

Bauduret, J.-F. (2017). *Institutions sociales et médico-sociales*, Paris, Dunod. 2e éd.

Ramos-Gorand, M., et Rapegno, N. (2016). « L'accueil institutionnel du handicap et de la dépendance : Différenciations, conséquences territoriales et parcours résidentiels », *Revue française des affaires sociales*, 4, 225-247.

Bibliographie

Argoud, D. (2000). « Les schémas gérontologiques départementaux : Bilan et perspectives », *Échanges Santé-Social*, 99.

Argoud, D. (2007). « La décentralisation de la politique vieillesse : Vers une accentuation des inégalités ? », *Gérontologie et société*, 123, 4, p. 201-212. https://doi.org/10.3917/gs.123.0201.

Bauduret, J.-F., et Jaeger, M. (2003). *Rénover l'action sociale et médico-sociale Histoires d'une refondation*, Paris. Dunod.

Bourgarel S. et Etchegaray A. (2017). « Répartition de la population handicapée et des structures spécialisées en France ». *L'Espace Politique. Revue en ligne de géographie politique et de géopolitique, 31*. https://doi.org/10.4000/espacepolitique.4281.

Bourgarel S. et Piteau-Delord M. (2013). « Les services d'accompagnement pour jeunes en situation de handicap : Une géographie de l'offre », *Santé publique,* 25 (6) p. 785-792.

Brousse J. (2010). « Les territoires de référence des décideurs pour la planification, la programmation et l'organisation de l'offre de services en matière d'accompagnement des personnes âgées dépendantes. Constats et perspectives », *Gérontologie et société*, 33 (132), p. 171-176. https://doi.org/10.3917/gs.132.0171.

Carrère A. (2021). « Vivre en établissement pour personnes âgées dépendantes ou rester à domicile : Le rôle du contexte territorial », *Population*, 76 (2), p. 327-357. https://doi.org/10.3917/popu.2102.0327.

Carrère A., Couvert N. et Missègue N. (2021). « Un nouvel indicateur pour mesurer l'accessibilité géographique aux structures médicosociales destinées aux personnes âgées », *Les dossiers de la Drees*, 88.

Epstein R. (2005). « Gouverner à distance. Quand l'État se retire des territoires », *Esprit*, 11, p. 96-111.

Frémont A. (2008). *La région, espace vécu*, Paris, Flammarion.

Frémont A. (2010). « À propos des territoires gérontologiques », *Gérontologie et société*, 33 (132), p. 25-32. https://doi.org/10.3917/gs.132.0025.

Hudebine H., Jourdain A. et Muñoz J. (2014). « Les premières années des ARS dans le secteur médico-social », *Journal de gestion et d'économie médicales*, 32 (1), p. 81-96.

Hudebine H., Jourdain A. et Muñoz J. (2015). « Les ARS : une nouvelle institution pour une nouvelle forme de régulation de l'action publique dans le champ médico-social », in T. Alam et M. Gurruchaga, *Collectivités, territoires et santé. Regards croisés sur les frontières de la santé,* Paris, L'Harmattan, p. 155-177.

Jourdain A., Muñoz J. et Hudebine H. (2017). « Les acteurs de la loi HPST confrontés à la recentralisation du secteur médico-social », *Santé publique*, 29 (3), p. 345-360. https://doi.org/10.3917/spub.173.0345.

Lafore R. (2009). « La loi HPST et les établissements et services sociaux et médico-sociaux », *Revue de droit sanitaire et social*, 5, p. 858-873.

Makdessi Y. (2012). *Maisons d'accueil spécialisé et foyers d'accueil médicalisé, similitudes et particularités*, Document de travail, Série études et recherche, 123, Drees.

Petit J. (2003). « La planification médico-sociale », *Actualité et dossier en santé publique*, 43, p. 34-37.

Ramos-Gorand M. (2013). « Accessibilité de l'offre en établissements d'hébergement pour personnes âgées : Enjeux territoriaux », *Dossiers solidarité et santé – Drees*, 36.

Ramos-Gorand M. (2020). « Accompagnement professionnel de la dépendance des personnes âgées les propriétés », *Les Dossiers de la Drees*, 51.

Ramos-Gorand M. et Rapegno N. (2016). « L'accueil institutionnel du handicap et de la dépendance : Différenciations, conséquences territoriales et parcours résidentiels », *Revue française des affaires sociales*, 4, p. 225-247.

Ramos-Gorand M. et Volant S. (2014). « Accessibilité et accès aux établissements d'hébergement pour personnes âgées dépendantes en 2011 », *Études et résultats*, 891.

Rapegno N. (2014). *Établissements d'hébergement pour adultes handicapés en France : Enjeux territoriaux et impacts sur la participation sociale des usagers. Application aux régions Île-de-France et Haute-Normandie* [Géographie, EHESS]. https://tel.archives-ouvertes.fr/tel-01097620/document.

Rapegno N. et Ravaud J.-F. (2015). « Disparités territoriales de l'équipement en structures d'hébergement pour adultes handicapés et enjeux géopolitiques », *L'espace politique*, 26 (2), p. 1-19. https://doi.org/10.4000/espacepolitique.3447.

Rapegno N. et Ravaud J.-F. (2017). « Vivre dans un établissement médico-social d'hébergement pour adultes handicapés en France : Quels choix résidentiels ? Le point de vue des usagers », *Annales de géographie*, 718, p. 728-753. https://doi.org/10.3917/ag.718.0728.

Rigaud (2012). « Gouvernance publique », in L. Côté et J.-F. Savard, *Le Dictionnaire encyclopédique de l'administration publique* (ENAP).

Subra P. (2012). « La géopolitique, une ou plurielle ? Place, enjeux et outils d'une géopolitique locale », *Hérodote*, 146-147 (3), p. 45-70. https://doi.org/10.3917/her.146.0045.

Tonnelier F. et Vigneron E. (1999). *La géographie de la santé en France*, Paris, PUF.

▶ Rapports cités

Cour des comptes (2013). *La mise en œuvre des missions de la caisse nationale de solidarité pour l'autonomie*, communication à la commission des finances et la commission des affaires sociales de l'Assemblée nationale. Octobre 2013, Paris

Cour des comptes (2018). *Rapport public annuel*, t. II, La Caisse nationale de solidarité pour l'autonomie, Paris

Fonrojet C. (1983). *Rapport rédigé par l'adjoint à l'action sociale du ministère des affaires sociales sur les établissements d'hébergement pour adultes handicapés.*

Igas (1995). *Bilan d'application de la loi du 30 juin 1975 sur les institutions sociales et médico-sociales*. Rapport présenté par M.-F. Guérin, M.-T. Join-Lambert, S. Morla et D. Villain. Paris, Inspection générale des affaires sociales.

Lasry C. et Gagneux M. (1983). *Bilan de la politique en direction des personnes handicapées*, rapport au ministre de la Solidarité nationale, Paris

Mouiller P. (2018). *Rapport d'information du Sénat fait au nom de la commission des affaires sociales par le groupe de travail sur le financement de l'accompagnement médico-social des personnes handicapées*, Paris, Sénat

Ollivier R. et Paul S. (2010). *Rapport de l'Igas relatif à l'évaluation des programmes interdépartementaux d'accompagnement des handicaps et de la perte d'autonomie (PRIAC)*, Paris, Inspection générale des affaires sociales

Chapitre 9

Ce qu'évaluer veut dire : sens et usages pluriels

Nicolas Guilhot et Guillaume Jaubert

RÉSUMÉ

Ce chapitre dresse un panorama des pratiques d'évaluation dans le secteur médico-social en reprenant les quatre niveaux mentionnés par la loi 2002-2. Aux contradictions des catégorisations mises en œuvre dans l'évaluation des besoins répondent les polarisations d'une évaluation à dimension médicale pour les personnes âgées et à dimension biopsychosociale pour les personnes en situation de handicap. En matière d'évaluation des politiques publiques, les contraintes budgétaires ont entraîné le développement d'une conception de la performance qui a outillé une forme de « gouvernement à distance » et poussé à la rationalisation industrielle. Enfin, le déploiement de l'évaluation de la qualité des prestations des ESMS s'est fait en écho à celle des politiques publiques en mobilisant une conception de la performance pensée du point de vue de l'usager. La formalisation actuelle de l'évaluation de la qualité dans le secteur médico-social par la HAS la rapproche de la certification sanitaire. La multiplication des indicateurs fournit un instrument de concurrence par la comparaison qui se substitue à la fonction du prix dans un marché qui en est presque dépourvu.

Mots-clés : évaluation, qualité, rationalisation industrielle, gouvernement à distance, performance, magistrature sociale, rationalisation budgétaire, régulation, marchandisation.

LORSQU'ON ABORDE la notion d'évaluation dans le secteur médico-social, il est fort à parier que l'on évoque en premier lieu l'évaluation des établissements et services telle que définie par l'article L. 312-8 du Code de l'action sociale et des familles (CASF). L'évaluation porte alors sur la qualité des pratiques professionnelles et des prestations desservies par les établissements et services médico-sociaux (ESMS). Cette forme d'évaluation a pris une place prépondérante dans le secteur médico-social par les énergies qu'elle mobilise dans les ESMS et par sa fonction de contrôle indirect des établissements par l'administration. Mais la notion d'évaluation ne se limite pas dans ce secteur à la seule évaluation des prestations.

La loi 2002-2 du 2 janvier 2002 rénovant l'action sociale et médico-sociale fait du droit des usagers un élément central et mobilise l'évaluation à quatre niveaux distincts : l'évaluation des besoins de groupes sociaux sur un territoire (art. L.116-1 du CASF) qui trouve sa traduction dans les schémas d'organisation sociale et médico-sociale opposables, l'évaluation des besoins individuels (art. L. 116-2 du CASF) pour une réponse adaptée, l'évaluation des politiques publiques (art. L. 312-4 du CASF) et l'évaluation des établissements et services (art. L. 312-8 du CASF) qui porte sur leurs activités et la qualité des prestations délivrées.

Cette volonté évaluative du législateur renvoie à deux acceptions usuelles du terme évaluation. Il s'agit à la fois de « porter un jugement sur la valeur d'un bien ou d'un service », d'autant plus dans un marché où aucun système ne fixe le prix de ce qui s'échange, mais également de « déterminer approximativement » le besoin d'une personne, le groupe social à cibler, l'efficience d'une politique[1]. Ce chapitre décrit comment se font les différentes formes d'évaluation dans le secteur médico-social et ce que ces évaluations font au secteur médico-social. Notre analyse est organisée en trois temps. Nous traiterons de l'évaluation des besoins individuels (partie 1), de l'évaluation des politiques publiques (partie 2) et de l'évaluation de la qualité des prestations (partie 3). L'évaluation des besoins sociaux que mentionne également la loi 2002-2 sera abordée dans les deux premières parties, mais renvoie également à des questions de régulation traitées dans l'autre chapitre de cette section (cf. chapitre 8). Notre analyse s'appuie en grande partie sur les catégorisations classiques de l'analyse des politiques publiques et de leur évaluation, tout en s'articulant autour des niveaux d'évaluation que mobilise la loi 2002-2.

1. Les citations sont issues de la définition du dictionnaire *Le Robert*.

ÉVALUER LES BESOINS ET LES ATTENTES DES GROUPES SOCIAUX ET DES INDIVIDUS

Une politique publique ne peut se déployer que si elle est capable de désigner et mesurer la population sur laquelle elle est censée agir. Les articles L.116-1 et 2 du CASF prévoient que l'action sociale et médico-sociale soit en prise permanente avec les évolutions sociétales qui touchent les personnes les plus fragiles. Le CASF indique que cette action publique doit reposer « sur une évaluation continue des besoins et des attentes des membres de tous les groupes sociaux, en particulier des personnes handicapées et des personnes âgées, des personnes et des familles vulnérables, en situation de précarité ou de pauvreté » (art. L.116-1 du CASF). Sans en dire davantage sur les moyens, le législateur impose donc aux acteurs du secteur médico-social d'être capables d'évaluer ces besoins collectifs et individuels, c'est-à-dire d'identifier un ou plusieurs besoins susceptibles de déclencher une action médico-sociale.

Comme le soulignent Borgetto et Lafore (2013), le législateur a tout fait pour que l'aide sociale ait toutes les caractéristiques d'un droit « subjectif », c'est-à-dire d'un droit déterminé par les caractéristiques personnelles des individus. Le droit à l'aide social ne se déclenche que si le demandeur « apporte la preuve de son état de besoin » (p. 17). Lorsque l'aide est conditionnée à un critère de revenu ou d'âge, l'administration de la preuve est simple. En revanche, lorsque le besoin correspond à une perte d'autonomie, son déclenchement repose sur une évaluation de l'état du besoin individuel du demandeur. Pour procéder à une telle évaluation des publics et des besoins, il est nécessaire d'établir un référentiel commun. En France, l'action médico-sociale vise principalement deux grandes catégories de publics dont la conceptualisation est objet de débat : les personnes en situation de handicap et les personnes âgées dépendantes. Les problématiques de définition se doublent de problématiques d'évaluation du nombre de personnes relevant de chacune de ces populations. L'évaluation des besoins individuels des personnes renvoie quant à elle aux enjeux inhérents aux « magistratures médico-sociales » (Bureau, Rist, Lima, et Trombert, 2013).

▶ Catégoriser les populations avec incapacités

Toute forme d'évaluation nécessite une forme de catégorisation. Or ce processus d'identification ne va pas de soi. Aujourd'hui, la loi distingue deux grandes catégories de population comme cibles de l'action médico-sociale : les personnes en situation de handicap et les personnes âgées qualifiées de « dépendantes » ou « en perte d'autonomie ». Cette distinction est régulièrement remise en cause à la fois pour son inanité conceptuelle et pour les discriminations qu'elle occasionne pour les publics de plus de 60 ans (Ennuyer, 2004; Weber, 2011). Formellement les termes de handicap et de dépendance sont applicables aux deux populations au-delà du critère d'âge. Les personnes handicapées avant 60 ans sont bien souvent *dépendantes* d'aide extérieure et les personnes de plus 60 ans peuvent voir leurs capacités diminuer au fur et à mesure qu'elles avancent en âge.

Afin de permettre des comparaisons internationales et de stabiliser un langage commun autour du handicap, l'Organisation mondiale de la santé (OMS) a développé à partir des années 1970 des systèmes de classifications. La première d'entre elles est due au médecin britannique Philip Wood qui s'est donné comme but de dépasser une approche strictement biomédicale. La classification intègre à la fois les causes (problèmes de santé et limitations des fonctions : les « déficiences »), les conséquences (restrictions du fonctionnement de la personne : les « incapacités ») et les éléments environnementaux (restrictions subies par la personne dans la vie sociale : les « désavantages »).

Si cette approche dite « fonctionnelle » du handicap rompt avec une conception très médicale, elle est critiquée comme ignorant largement les causes sociales et politiques du handicap. Elle est remplacée en 2001 par la Classification internationale du fonctionnement, du handicap et de la santé (CIF) qui développe un modèle biopsychosocial du handicap et prend davantage en compte les causes liées aux barrières physiques ou socioculturelles qui font obstacle à la participation sociale et à la citoyenneté des personnes. Dans cette perspective, l'âge n'est considéré que comme une variable descriptive parmi d'autres, ce qui permet de couvrir aussi bien les situations associées au handicap que celles qu'on associe à l'invalidité[1] ou à la perte d'autonomie des seniors.

Malgré ces apports conceptuels, on constate en France un usage différencié de la classification selon les deux types de population. Elle est utilisée pleinement pour les personnes en situation de handicap afin d'améliorer, par la compensation, leur participation à la vie sociale, alors que l'approche pour les personnes âgées est souvent réduite à leurs seules déficiences. Si la loi de 1975 incluait, de fait, les personnes âgées, l'instauration de la prestation spécifique de dépendance (PSD) en 1997 (remplacée en 2002 par l'allocation personnalisée d'autonomie — APA) acte la formalisation d'un secteur d'intervention publique

1. L'invalidité correspond aux situations de réduction de capacité de travail causées par un accident du travail ou une maladie, qu'elle soit professionnelle ou non.

qui leur est dédié. De nombreux auteurs dénoncent cette orientation comme une véritable « exclusion sociale » des personnes âgées. Alors qu'elles ont déjà quitté le monde des actifs en accédant au statut de retraité, l'entrée dans la dépendance les fait progressivement glisser du statut de retraités autonomes à celui de personnes du quatrième âge dépendantes.

▶ Dénombrer les populations ou compiler des données administratives

En France, ce sont principalement les services de l'État qui ont pour mission de produire des chiffres nationaux sur les populations avec incapacité. Deux types de recensement des populations coexistent.

En premier, la compilation des données d'aide sociale, par exemple par type d'allocations ou de prestations, peut servir d'indicateur de couverture du besoin et permet notamment d'étayer une évaluation des politiques publiques. C'est principalement la Direction de la recherche, des études, de l'évaluation et des statistiques (Drees) du ministère de la Santé et de la Prévention qui est chargée de produire ce type de données à partir de bases administratives. Ces dernières comportent deux grandes limites : elles entérinent la barrière artificielle entre handicap et dépendance évoquée précédemment et ne rendent visibles que les personnes déjà connues des services spécifiques qui en ont la responsabilité.

En second, des enquêtes statistiques ont été menées à partir de la fin des années 1990 dans le but de mesurer les désavantages soit en population générale, soit en ciblant des groupes sociaux à partir de déclarations. Ces enquêtes mettent en œuvre les concepts de la classification de Wood repris dans la définition officielle du handicap que propose la loi du 11 février 2005. Elles permettent pour la première fois d'évaluer les besoins quel que soit l'âge des personnes et en fonction de leur environnement. La nouvelle vague de ces enquêtes est constituée par le dispositif « Autonomie » de la Drees, dont la collecte a débuté en février 2021.

Si ces enquêtes spécifiques aux populations avec incapacités permettent une vision complète du phénomène, leur complexité et leur coût obligent à une réalisation ponctuelle. Dans l'optique d'un suivi plus régulier mais également de comparaisons au niveau européen, l'indicateur synthétique GALI (pour *global activity limitation indicator*, en français : « indicateur global de restriction d'activité ») a été intégré à de nombreuses enquêtes auprès des ménages. Il permet de mesurer quatre éléments du handicap : sa dimension chronique (1), ses causes

(2), les conséquences sur l'activité (3) dans un contexte social donné (4)[1]. Ces enquêtes permettent une meilleure connaissance des besoins des personnes mais elles restent néanmoins peu mobilisables par les politiques publiques et sous-exploitées en général.

▶ Les outils des « magistratures sociales » : l'évaluation des personnes

Les outils d'évaluations des besoins individuels sont nombreux (pour une liste détaillée mais non-exhaustive, voir Bauduret et Jaeger, 2005). Nous nous contenterons d'évoquer ceux qu'utilisent les pouvoirs publics pour évaluer les demandes individuelles, c'est-à-dire pour produire une « objectivation » officielle permettant l'obtention de « droits subjectifs ». La distinction administrative entre personnes âgées dépendantes et personnes en situation de handicap se matérialise dans deux types de « magistratures sociales » (Astier, 2000, p. 85) qui s'appuient sur des logiques et des outils distincts. Ce concept désigne une fonction de jugement effectuée par les commissions d'attribution des aides sociales pour arbitrer entre le principe d'universalité et le principe d'équité recherchant l'adaptation aux situations concrètes des individus.

Les médecins gériatres ont su se faire reconnaître comme les experts du champ de la dépendance et imposer la grille Aggir (pour « Autonomie, gérontologie groupe Iso-Ressources ») comme outil rationnel et universel de mesure de l'état de dépendance des personnes âgées. Cette grille consiste en l'évaluation de la capacité à accomplir dix fonctions corporelles et mentales de la vie quotidienne (faire sa toilette, s'habiller, se déshabiller, etc.). Elle détermine un groupe Iso-Ressources (GIR) coté de 6 (autonome) à 1 (très dépendant). Seuls les GIR 1 à 4 donnent droit à l'APA versée par le conseil départemental. Les critiques adressées à la grille Aggir sont nombreuses et anciennes. Cette grille réduit la dépendance à la réalité physique objectivable et mesurable en termes de réduction de capacité. Dès lors, cette logique d'expertise à prétention objective et scientifique n'incite pas les équipes médico-sociales en charge des évaluations à intégrer des facteurs sociaux. Elle tend à limiter fortement la capacité des personnes à choisir leur mode de vie et circonscrit le besoin d'une aide sans jamais interroger l'environnement.

---

1. L'indicateur GALI prend en français la forme suivante : « Êtes-vous limité(e), depuis au moins six mois, à cause d'un problème de santé, dans les activités que les gens font habituellement ? Oui, fortement limité(e) /Oui, limité(e), mais pas fortement/Non, pas limité(e) du tout. »

Dans le champ du handicap, la logique de compensation affirmée par la loi 2005 cherche à pallier la perte des rôles sociaux d'un individu du fait d'une ou plusieurs déficiences. Les dispositifs d'évaluation qui permettent l'obtention de la prestation de compensation du handicap (PCH) ont été conçus pour encourager la participation des personnes et prendre en compte l'environnement (voir l'annexe 2-5 du CASF). L'évaluation s'appuie sur un outil nommé Guide d'évaluation des besoins de compensation de la personne handicapée (GEVA). Contrairement à la grille Aggir, conçue avant tout comme une grille de cotation des limitations fonctionnelles, le GEVA est présenté comme un outil de dialogue entre les partenaires pour évaluer des mesures de compensation.

Les demandes sont traitées par une équipe pluridisciplinaire (assistants sociaux, médecins, psychologues, conseillers d'insertion, etc.). Le dossier contient des éléments administratifs mais également une rubrique « projet de vie » qui est censée être un espace privilégié d'expression pour les personnes, même si cette dernière est parfois peu renseignée et qu'elle a disparu des formulaires au profit d'expression du type : « Vous avez d'autres renseignements importants (situation, attentes, projets) concernant [titre de la rubrique], indiquez-les ici. » Sur la base de cette évaluation, un plan de compensation est établi, puis transmis aux Commissions des droits et de l'autonomie des personnes handicapées (CDAPH), qui décident de l'ensemble des prestations et autres décisions administratives. Bien qu'elles intègrent des membres issus des associations représentatives des personnes en situation de handicap, ces commissions produisent un « traitement individualisé de masse » et ont donc tendance à se replier sur l'application stricte des textes. Les demandeurs sont cependant susceptibles de se faire auditionner par la CDAPH pour porter leur dossier, disposition qui permet de « contester l'expertise des professionnels » mais également d'intégrer dans la production des décisions des dimensions militantes, éthiques ou civiques (Bureau et Rist, 2012, p. 83 et 85).

Cette forme d'évaluation accorde une place privilégiée « à la subjectivation des besoins et à la libre détermination des choix de vie ». Contrairement au champ de la dépendance, « les droits ne sont plus automatiquement déduits d'un handicap défini de façon substantielle, mais sont censés prendre en compte la singularité d'un parcours, d'un environnement et éventuellement d'un projet personnel » (Bureau et Rist, 2012, p. 83). Malgré de véritables avancées conceptuelles, statistiques et techniques dans l'évaluation personnalisée, le découpage arbitraire du critère d'âge conduit à un traitement différencié des personnes en situation de handicap et des personnes âgées dépendantes. Les politiques du handicap mettent en avant depuis vingt ans une volonté d'émancipation visant à l'inclusion vers le milieu ordinaire alors que celles des personnes âgées dépendantes visent à l'accompagnement de la sénescence vers la fin de vie.

ÉVALUER LES POLITIQUES PUBLIQUES

Parallèlement au mouvement d'évaluation des besoins individuels, les pouvoirs publics se sont équipés d'outils d'évaluation de leur action médico-sociale. Cette évaluation se développe d'abord dans une visée de rationalisation budgétaire dans les années 1970, puis plus globalement de maîtrise de l'offre par la régulation. L'évaluation des performances *a posteriori* s'impose au tournant des années 2000. Elle se traduit alors par la mise en œuvre d'un « gouvernement à distance » et génère une rationalisation industrielle du secteur.

▶ L'évaluation entre logique de rationalisation budgétaire et de régulation

L'évaluation des politiques publiques s'affirme assez tardivement dans le secteur médico-social français. Au-delà de la résistance des professionnels à l'évaluation qu'analyse Jaeger (Jaeger, 2007), ce décalage peut aussi s'expliquer par la délégation de l'action publique à des organismes privés, pour l'essentiel associatifs dans le secteur du handicap. Ces organismes ont longtemps conservé la responsabilité de leurs interventions et ne subissaient que des contrôles *a posteriori* et essentiellement budgétaires par diverses autorités (Cret et Guilhot, 2016). La création des directions départementales des affaires sanitaires et sociales (DDASS) a centralisé la fonction de contrôle sur le secteur à partir de 1964 : autorisations d'ouverture, fixation des tarifs, affectation des budgets, contrôles des coûts des structures.

À partir des années 1980, la volonté d'une meilleure connaissance de l'activité d'un secteur perçu comme une boîte noire s'inscrit dans une ambition de rationalisation à un moment où les moyens financiers tendent à diminuer. Le rapport Bianco et Lamy de 1980 sur l'Aide sociale à l'enfance (ASE) constitue une première incursion de la « Rationalisation des choix budgétaires » (RCB, mise en place en 1968) dans le secteur social et médico-social. Ce rapport a eu un retentissement durable sur l'ASE. Il innovait par son investigation au plus près du terrain avec notamment un travail d'enquête de sociologues sur les familles d'accueil, et par la participation d'un inspecteur des finances, Pascal Lamy, également chargé de déployer la méthode de RCB. Tout en soulignant que les enfants et leurs parents étaient les grands absents de la protection de l'enfance, le rapport faisait la promotion de l'action éducative à domicile plutôt qu'en établissement, ce qui a pu être critiqué comme participant d'une préoccupation essentiellement financière.

La problématique de l'évaluation de l'action médico-sociale émerge ainsi à partir des années 1980 avec un impératif de rationalisation budgétaire (Savignat, 2009). Des instruments d'évaluation sont développés sous l'influence plus ou moins marquée de méthodes anglo-saxonnes, dans une perspective quantitative reposant notamment sur des analyses coût-bénéfice (par exemple le Programme d'analyse de système de service — PASS — importée des États-Unis par Jacques Féragus ou les travaux de Jean-Marc Dutrenit). Mais la technicité de ces méthodes a limité leur application.

Parallèlement à sa mobilisation dans une finalité de rationalisation budgétaire, l'évaluation s'affirme aussi dans les années 1980 comme un nouvel outil de régulation de l'action publique, c'est-à-dire principalement de pilotage de l'offre. Le rapport annuel de l'Inspection générale des affaires sociales (Igas) de 1984, qui porte sur le rôle des associations dans les politiques sociales, promeut une évaluation qui définit à la fois un mode de régulation et une modalité de dialogue entre les opérateurs et la puissance publique. D'autres travaux alimentent cette réflexion, comme le colloque national organisé à Nancy par le CREAI Lorraine en 1986, le rapport d'Henri Théry pour le Conseil économique et social de 1986 ou encore le numéro spécial de la revue *POUR* de 1986 au titre évocateur « L'évaluation au pouvoir ».

Cette conception de l'évaluation se retrouve dans les schémas d'organisation sociale et médico-sociale (cf. chapitre 8). Dans le cadre de la décentralisation, la loi n° 86-17 du 6 janvier 1986 adaptant la législation sanitaire et sociale aux transferts de compétences en matière d'aide sociale et de santé (dite « loi particulière ») institue des schémas départementaux des établissements et services sociaux et médico-sociaux qui doivent intégrer « les critères d'évaluation des actions conduites ». Mais la disposition est peu appliquée. Quand ils existent, les schémas départementaux restent essentiellement descriptifs.

▶ Évaluer les performances pour gouverner à distance

Au tournant des années 2000, une troisième forme d'évaluation s'affirme dans le secteur médico-social : l'évaluation des performances *a posteriori*. Celle-ci s'inscrit dans une logique de gestion par les résultats, par opposition à la gestion par les moyens qu'incarnait la planification budgétaire. Elle constitue un des préceptes du « nouveau management public » (*new public management* en anglais — NPM) généralisés en France par la loi organique n° 2001-692 du 1er août 2001 relative aux lois de finances (dites « LOLF »). Cette loi a imposé une logique de performance positionnant l'État entre le contrôle de la régularité des politiques publiques et l'évaluation de leur efficacité. L'objectif était de responsabiliser les acteurs de l'action publique par la contractualisation en s'appuyant sur la production d'indicateurs de suivi des performances (Bezes, 2009, p. 37).

Du côté de l'État, cette perspective est incarnée par des organismes centraux, comme la Drees créée en 1998 au ministère de l'Emploi et de la Solidarité[1]. Celle-ci « contribue à promouvoir les travaux d'évaluation et participe à la conception, à la validation et à la mise en œuvre des méthodes d'évaluation ». Ces travaux se concentrèrent rapidement sur la production de données statistiques, mais certaines de ses premières publications analysaient la performance des établissements de santé. Un autre exemple plus frappant est l'Agence nationale d'appui à la performance (Anap) créée par la loi n° 2009-879 du 21 juillet 2009 portant réforme de l'hôpital et relative aux patients, à la santé et aux territoires (dite « loi HPST »). L'Anap promeut une vision de l'évaluation de la performance interne des organismes de santé et médico-sociaux, dont les ESMS pour lesquels elle a créé en 2015 le tableau de bord médico-social de la performance.

Du côté des organismes gestionnaires et des professionnels du secteur, cette notion de performance est perçue de manière très divergente, allant de son rejet pur et simple à son acceptation dans une approche multidimensionnelle intégrant les aspects financiers, organisationnels et sociaux (Lux, 2016). Mais elle leur est imposée par la généralisation des contrats pluriannuels d'objectifs et de moyens (CPOM) en 2017[2], qui institue une évaluation de la performance en fin de contrat. Celle-ci repose sur des indicateurs intégrés dans les « annexes opposables » et peut conditionner le renouvellement du contrat.

L'évaluation de la performance a aussi été adoptée dans une perspective démocratique, pensant l'évaluation comme un contre-pouvoir face aux objectifs de justification des dépenses : « Dans le contexte de reconfiguration territoriale, ces évaluations peuvent constituer un instrument de régulation de l'action sociale

1. Décret n° 98-1079 du 30 novembre 1998 portant création d'une direction à l'administration centrale du ministère de l'emploi et de la solidarité. https://www.legifrance.gouv.fr/jorf/id/JORFTEXT000000391632.

2. Art. 75 de la Loi n° 2015-1702 du 21 décembre 2015 de financement de la Sécurité sociale pour 2016 et art. 58 de la Loi n° 2015-1776 du 28 décembre 2015 relative à l'adaptation de la société au vieillissement.

locale, puisqu'elles contribuent à produire des temporalités de questionnement de l'action conduite par les différents acteurs » (Okbani et Simha, 2022, p. 261).

L'évaluation de la performance est intégrée à un ensemble d'outils qui permettent le développement de ce qui a été qualifié de « gouvernement à distance » dans d'autres secteurs d'activité. Comme le résume Hassenteufel, « d'un côté, l'État [...] délègue plus qu'il n'intervient directement, fixe des objectifs, oriente et incite plus qu'il ne met en œuvre lui-même ; de l'autre il renforce ses capacités de contrôle à travers le développement de l'évaluation, du contrôle de qualité, etc., notamment dans le cadre des agences » (Hassenteufel, 2011, p. 254).

Cette logique a été transposée dans le secteur médico-social :

> « La loi HPST [...] organise le déploiement, dans le secteur médico-social, d'outils similaires à ceux du secteur sanitaire hospitalier. La procédure d'autorisation, les modalités de contrôle, l'évaluation, les conventions pluriannuelles d'objectifs et de moyens et les mécanismes de mise en concurrence des opérateurs par la procédure d'appel à projets ont introduit la logique de pilotage qui prévaut dans le secteur sanitaire » (Jourdain, Muñoz, et Hudebine, 2017, p. 347).

Le rôle des agences comme l'Anesm (puis la HAS), l'Anap ou les ARS créées en 2010 par la loi HPST, est central. Les décisions d'autorisations de nouvelles places constituent un exemple parlant. Les mobilisations collectives qui permettaient de faire remonter les besoins aux DDASS ont été remplacées par le recours à des appels à projets (cf. chapitre 8) portant sur des types d'équipement souvent priorisés sur la base de la comparaison des taux d'équipement départemental, régional et national.

▶ Évaluation des performances et rationalisation industrielle

L'évaluation des performances entraîne la diffusion d'un processus de rationalisation de l'activité, auquel est confronté le secteur médico-social depuis les années 2000. Par rationalisation industrielle, nous entendons une évolution du mode d'organisation de la production des services marquée par l'introduction de procédés de travail standardisés et l'utilisation de critères de performance portant sur la productivité et la quantification.

Dans le secteur des personnes âgées, ce processus est porté par les réformes de la tarification. Celles-ci font jouer un rôle central à l'évaluation de la dépendance des personnes hébergées (cf. la première partie de ce chapitre). Le GMP (GIR moyen pondéré) et le PMP (Pathos moyen pondéré) ont par exemple été analysés comme les indicateurs au cœur d'un pilotage qui renforce la standardisation des activités et se traduit par une intensification et une fragmentation du travail. La contrainte de temps pousse les salariés à privilégier les tâches visibles et quantifiables au détriment de la relation humaine et sociale, avec des conséquences négatives sur la qualité des accompagnements des personnes et la santé même des salariés (Dussuet, Nirello, et Puissant, 2017). La réforme de la tarification introduite en 2015 par la loi d'adaptation de la société au vieillissement (dite « loi ASV »)[1] avait aussi pour principal objectif d'homogénéiser le service produit par les établissements et son coût.

La même évolution s'observe dans le secteur du handicap. L'évaluation de la qualité des prestations instaurée par la loi 2002-2 rénovant l'action sociale et médico-sociale (cf. *infra*) met la description des procédures au cœur de l'évaluation de la qualité des prestations. Par ailleurs, comme dans le secteur des personnes âgées, les modalités de tarification conduisent à une plus forte rationalisation de la production d'accompagnements. Lancé en 2014, le projet de réforme de la tarification des ESMS Sérafin-PH (pour « Services et établissements : réforme pour une adéquation des financements aux parcours des personnes handicapées ») se fonde notamment sur une nomenclature visant à décrire précisément les besoins et les prestations. Une étude nationale des coûts (ENC) a été mise en place depuis 2018 à partir de la comptabilité analytique d'un échantillon d'ESMS. Si l'hypothèse d'une tarification à l'activité exclusive semble écartée à ce jour, la nouvelle forme de tarification n'est pas encore décidée. Mais les indicateurs construits pour cette réforme favorisent une standardisation de l'activité qui simplifie son évaluation financière dans le secteur du handicap.

ÉVALUER LA QUALITÉ DES PRESTATIONS DES ESMS

Parallèlement à ces deux premières logiques évaluatives, la loi 2002-2 a fait de l'évaluation de la qualité des prestations un élément central pour le respect du droit des usagers. Les modalités de cette évaluation ont connu une évolution marquée depuis quelques années. Elle constitue par ailleurs une alternative au marché comme forme de sélection de la qualité des offreurs dans un marché sans prix.

1. Loi n° 2015-1776 du 28 décembre 2015 relative à l'adaptation de la société au vieillissement https://www.legifrance.gouv.fr/loda/id/JORFTEXT000031700731.

▶ Reconnaissance de l'usager et des enjeux de qualité des prestations : le tournant de la loi 2002-2

À la fin des années 1980, une nouvelle conception de l'évaluation portant sur la qualité des prestations rendues aux bénéficiaires s'impose dans le secteur médico-social. La notion de qualité est notamment mise en avant dans les annexes XXIV du décret du 27 octobre 1989 relatives aux établissements accueillant des enfants et des adolescents handicapés. Celles-ci imposent la figure centrale de l'usager, titulaire de droits et nécessitant un accompagnement personnalisé, à la place de la figure ancienne du bénéficiaire.

L'évaluation de la qualité des prestations avait connu une première formulation dans les années 1980, à la suite des lois de décentralisation qui ont exacerbé les tensions face au financement de l'action médico-sociale. Confrontés aux exigences d'hétéro-évaluation de l'efficacité de leur action, les professionnels du secteur avaient répondu par la promotion de l'auto-évaluation. Ils affirmaient ainsi que ces pratiques d'auto-évaluation des professionnels, liées à l'intersubjectivité du rapport à autrui, et d'évaluation des besoins des bénéficiaires sont consubstantielles de l'action médico-sociale.

Par la suite, les organismes gestionnaires du secteur ont davantage développé les démarches qualité que l'évaluation. Les premières renvoyaient à une démarche interne aux ESMS alors que l'évaluation promue par l'État était perçue comme une volonté de normalisation ou de contrôle (Rousseau, 2010, p. 24). Paradoxalement, les démarches qualité ont rapidement été mobilisées par les professionnels des directions générales des grands groupes, lucratifs ou non, dans l'objectif d'uniformiser les pratiques dans les ESMS (Cret, Jaubert, et Robelet, 2013). Les mêmes outils ont été ensuite mobilisés par les pouvoirs publics pour imposer une nouvelle vision de l'évaluation dans le secteur médico-social.

La première traduction de ces nouvelles préoccupations se fait dans les établissements d'hébergement pour personnes âgées dépendantes (Ehpad). La loi du 24 janvier 1997 instaure une obligation de conventions tripartites entre les maisons de retraite accueillant des personnes âgées dépendantes, l'État et le département. Dans ce cadre, l'allocation de moyens est liée à des objectifs de référence qualitatifs. Ceux-ci n'ont pas le caractère obligatoire de normes techniques, mais font cependant l'objet d'une auto-évaluation fondée sur le référentiel Angélique (pour « Application nationale pour guider une évaluation labellisée interne de la qualité pour les usagers des établissements ») élaboré par la Direction générale de l'action sociale (DGAS) en collaboration avec les acteurs du secteur.

La loi 2002-2 généralise l'évaluation des activités et de la qualité des prestations pour les ESMS (pour une présentation détaillée de la loi, voir Bauduret et Jaeger, 2005). L'obligation de formalisation et d'évaluation de la qualité y est érigée en garante des droits des usagers (art. L. 312-8 du CASF). Elle devient un critère exclusif de renouvellement des autorisations (art. L. 313-1 du CASF). Pour les ESMS, l'obligation se traduit principalement par la mise en œuvre d'un processus d'évaluation de la qualité et de la conformité des pratiques.

▶ Le cycle d'évaluation interne et externe des ESMS instauré par la loi 2002-2

La loi organise un cycle d'évaluations internes et externes. Les évaluations internes sont réalisées au sein des ESMS et doivent être transmises à l'autorité ayant délivré l'autorisation au moins tous les cinq ans. Les évaluations externes sont réalisées par des organismes habilités et doivent avoir lieu dans les sept ans suivant l'autorisation (portée à 15 ans) et au moins deux ans avant son renouvellement. Un Conseil national de l'évaluation sociale et médico-sociale (Cnesms) est institué (art. L. 312-8 du CASF). Sans personnalité morale ni moyens financiers, il est remplacé en 2006 par l'Agence nationale d'évaluation des établissements et services sociaux et médico-sociaux (Anesm) dont les compétences portent sur les recommandations de bonnes pratiques professionnelles, les outils méthodologiques pour les évaluations internes et externes, l'habilitation et le contrôle des évaluateurs externes[1]. La loi du 25 juillet 2005 permet aux services à la personne ayant fait le choix de l'agrément d'être dispensés d'évaluation interne. Ils doivent en revanche commanditer une évaluation externe tous les cinq ans dont ils sont exonérés s'ils font l'objet d'une certification volontaire couvrant la même activité que l'évaluation externe.

À partir de la loi 2002-2, l'évaluation de la qualité des prestations devient tellement prégnante dans la perception de la commande évaluative de l'État par les professionnels médico-sociaux que, comme nous le disions en introduction, le terme d'« évaluation » est pratiquement devenu synonyme d'« évaluation de la qualité », au point qu'évaluation et démarche qualité se confondent parfois. Ce niveau d'évaluation a connu de nombreux changements en une vingtaine d'années (Bauduret, 2017) jusqu'à l'instauration d'un référentiel unique par la HAS.

1. Loi n° 2006-1640 du 21 décembre 2006 de financement de la Sécurité sociale pour 2007.

▶ L'évaluation de la qualité aujourd'hui : le référentiel commun de la HAS

Un changement majeur s'est opéré dans l'évaluation de la qualité des prestations des ESMS entre 2018 et 2023. Depuis la loi du 24 juillet 2019 relative à l'organisation et à la transformation du système de santé, la Haute Autorité de santé (HAS) est chargée d'élaborer la procédure d'évaluation de la qualité des prestations que délivrent les ESMS et d'habiliter les organismes en charge de cette évaluation. La loi centralise ainsi l'organisation des certifications du secteur sanitaire et des évaluations du secteur social et médico-social[1], une centralisation déjà engagée avec l'intégration de l'Agence nationale de l'évaluation et de la qualité des établissements et services sociaux et médico-sociaux (Anesm) au sein de la HAS en 2018[2]. Sauf exception, l'évaluation « nouvelle formule » est mise en œuvre depuis juillet 2023.

L'HAS a publié le 10 mars 2022 un référentiel et un manuel d'évaluation communs pour l'ensemble des ESMS. Cette unification répond aux critiques des évaluations internes et externes dans lesquelles chaque établissement était libre de construire son propre référentiel sur la base des Recommandations de bonnes pratiques professionnelles (RBPP). L'Igas avait pointé en 2017 les problèmes posés par l'absence d'une méthodologie commune et recommandé l'élaboration d'un cadre minimum commun de références pour l'évaluation interne, mais aussi d'une norme d'évaluateur externe par l'Association française de normalisation (Afnor) (Hesse et Leconte, 2017, p. 77). Sans mettre en place le même système d'encadrement des évaluateurs que pour la certification des établissements sanitaires (principalement pour un facteur d'échelle compte tenu du nombre environ dix fois supérieurs d'ESMS), la HAS a fixé un niveau d'exigence renforcé pour l'habilitation des évaluateurs des ESMS avec l'obligation d'une certification par

---

1. L'HAS avait repris d'agences précédentes la compétence de mise en œuvre de la certification des établissements sanitaires, instaurée comme critère de renouvellement des autorisations par l'ordonnance n° 86-346 du 24 avril 1996. L'ordonnance instaurait une obligation de « procédure externe d'évaluation dénommée accréditation », confiée à l'Agence nationale d'accréditation et d'évaluation de la santé (Anaes), remplaçant l'Agence nationale pour le développement de l'évaluation médicale (Andem) elle-même créée par la loi du 31 juillet 1991 portant réforme hospitalière (Bauduret et Jaeger, 2005, p. 156).

2. Article 72 de la loi n° 2017-1836 du 30 décembre 2017 de financement de la Sécurité sociale pour 2018 ; Décret n° 2018-467 du 11 juin 2018 relatif à l'intégration de l'Agence nationale de l'évaluation et de la qualité des établissements et services sociaux et médico-sociaux (Anesm) au sein de la Haute Autorité de santé (HAS).

le Comité français d'accréditation (Cofrac), ce qui devrait exclure à terme la plupart des évaluateurs indépendants ou des petites structures.

Le référentiel HAS marque la reprise de contrôle de l'évaluation de la qualité des ESMS par les pouvoirs publics. Il reste centré sur un référentiel métier qui met en avant le pouvoir d'agir de la personne accompagnée et l'éthique. Comme celui de la certification sanitaire, il intègre des critères impératifs (au nombre de dix-huit) sur lesquels aucun écart n'est toléré.

▶ L'évaluation, un outil pour la mise en concurrence dans un marché sans prix

L'évaluation de la qualité des prestations se développe aussi sur un troisième plan : celui d'indicateur pour la sélection des offreurs sur un marché (presque) sans prix. Les pratiques d'évaluation sont souvent justifiées par des objectifs de transparence qui rendraient possible la concurrence dans des secteurs encore fortement administrés (Hardy, 2020). L'argument a été mobilisé dans les réformes du système de santé menées au Royaume-Uni, aux Pays-Bas ou en Allemagne dans les années 2000. Dans le secteur médico-social français, cet argument a alimenté la critique d'une marchandisation, c'est-à-dire du développement de la concurrence marchande dans le secteur (Chauvière, 2013).

Si ce phénomène est discuté (voir par exemple Cret et Jaubert, 2014), des travaux ont montré que certaines évaluations sont en effet mobilisées pour introduire une logique de régulation concurrentielle dans un marché presque sans prix — à quelques exceptions près, comme l'hébergement dans les Ehpad ou les services d'aides à domicile (Saad) non habilités à l'aide sociale par exemple.

Les économistes Ilona Delouette et Laura Nirello ont par exemple analysé la place de l'évaluation dans la régulation et le processus de privatisation des Ehpad. Dans la négociation entre les Autorités de tarification et de contrôle (ATC) et les Ehpad, les autrices mettent en avant l'utilisation du GMP et du PMP comme indicateurs du « seuil de dépendance moyen de leurs pensionnaires pour les cinq ans à venir ». Les outils d'évaluation de la qualité des prestations fournissent par ailleurs des indicateurs de comparaison que les établissements sont censés surveiller en continu pour guider leur politique d'accueil. Selon ces autrices, la logique de concurrence par la comparaison amènerait à la standardisation, la concentration et la privatisation du secteur des Ehpad (Delouette et Nirello, 2016).

Par contraste, Jean-Pierre Hardy voit dans les pratiques d'évaluation une opportunité de lutter contre la marchandisation :

> « Cette opposabilité doit devenir un des éléments de la régulation du secteur social et médico-social qui doit se faire par l'évaluation et la "concurrence par la comparaison" des rapports coûts-efficience et des écarts raisonnables, lesquels doivent être appréciés de façon raisonnée. C'est la seule alternative à la "concurrence par les prix" ou la régulation par le marché » (Hardy, 2018, p. 93).

CONCLUSION

Ce chapitre proposait de dresser un panorama de la diversité des pratiques et des questionnements en lien avec l'évaluation dans le secteur médico-social en reprenant les quatre niveaux d'évaluation mentionnés par la loi 2002-2. Aux paradoxes et contradictions des catégorisations mises en œuvre dans l'évaluation des besoins répondent les polarisations d'une évaluation des besoins individuels limitée à la dimension médicale pour les personnes âgées ou noyée dans la masse des demandes de l'expertise pluriprofessionnelle pour les personnes en situation de handicap. En matière d'évaluation des politiques publiques, les contraintes budgétaires ont entraîné le développement d'une conception de la performance qui a outillé une nouvelle forme de « gouvernement à distance » et poussé à la rationalisation industrielle du secteur.

Le déploiement de l'évaluation de la qualité des prestations des ESMS s'est fait en écho à celle des politiques publiques en mobilisant une conception de la performance pensée du point de vue de l'usager. La formalisation actuelle de l'évaluation de la qualité dans le secteur médico-social par la Haute Autorité de santé la rapproche de la certification sanitaire. La multiplication des indicateurs fournit un instrument de concurrence par la comparaison qui se substitue à la fonction du prix dans un marché qui en est presque dépourvu.

L'actualité récente interroge sur l'efficacité de ces différents niveaux d'évaluation. Le scandale Orpéa a fait éclater au grand jour les limites des processus d'évaluation de la qualité. Il aura fallu le travail d'un journaliste pour que soient révélés des dysfonctionnements qui étaient pourtant signalés dans des rapports d'évaluation externe d'établissements du groupe, comme en témoigne le rapport de l'Igas publié en mars 2022 (Saint-Martin, Audigé, et Fenoll, 2022). Au niveau de l'évaluation des besoins individuels, l'engorgement des maisons départementales pour les personnes handicapées (MDPH) est régulièrement pointé par des rapports. Quant à l'évaluation des politiques publiques, l'insuffisance des politiques d'inclusion critiquées par l'ONU et la Commission européenne, et malgré tous les problèmes que posent ces critiques en elles-mêmes (Guilhot *et al.*, 2024), questionne les effets d'une régulation fondée sur des critères de performance essentiellement administratifs.

Comme l'illustrent les quelques références mentionnées dans ce chapitre, les sciences sociales ont beaucoup à dire sur le fonctionnement et les implications de ces différents niveaux d'évaluation. De nombreux aspects de leur conception et de leur mise en œuvre sont encore insuffisamment traités par ces disciplines. Il faut dire qu'en s'attaquant au sujet de l'évaluation, les sciences sociales font face à deux écueils épistémiques majeurs. Passer l'évaluation à la moulinette des sciences sociales, c'est se mettre en position « d'évaluer » l'évaluation, les objets de l'évaluation et les évaluateurs qui évaluent. *A contrario*, l'évaluation utilise les méthodologies issues des sciences sociales. Elle est donc une forme de production de connaissances « intéressée » sur le monde social — ici plutôt médico-social — et pour ainsi dire concurrente à la connaissance « scientifique ». Les recherches-intervention courantes en sociologie et en sciences de gestion illustrent souvent la difficulté du positionnement de ces disciplines quand elles répondent à une commande sociale en lien avec l'évaluation...

Repères institutionnels et réglementaires

Dispositifs

Allocation personnalisée d'autonomie (APA).

Prestation de compensation du handicap (PCH).

Prestation spécifique de dépendance (PSD).

Agences

Agence nationale d'accréditation et d'évaluation en santé (Anaes).

Agence nationale d'appui à la performance (Anap).

Agence nationale d'évaluation des établissements et services sociaux et médico-sociaux (Anesm).

Agence régionale de santé (ARS).

Association française de normalisation (Afnor).

Comité français d'accréditation (Cofrac).

Haute Autorité de santé (HAS).

Principales lois citées dans le texte

Loi n° 2002-2 du 2 janvier 2002 rénovant l'action sociale et médico-sociale.

Loi n° 2005-102 du 11 février 2005 pour l'égalité des droits et des chances, la participation et la citoyenneté des personnes handicapées.

Loi n° 2009-879 du 21 juillet 2009 portant réforme de l'hôpital et relative aux patients, à la santé et aux territoires.

Loi n° 2019-774 du 24 juillet 2019 relative à l'organisation et à la transformation du système de santé : modification de l'article L. 312-8 du Code de l'action sociale et des familles : « Dans un objectif d'amélioration continue de la qualité, les établissements et services mentionnés à l'article L. 312-1 évaluent et font procéder à l'évaluation de la qualité des prestations qu'ils délivrent selon une procédure élaborée par la Haute Autorité de santé mentionnée à l'article L. 161-37 du Code de la Sécurité sociale. Les organismes pouvant procéder à cette évaluation sont habilités par la Haute Autorité de santé, qui définit le cahier des charges auquel ils sont soumis. Les résultats de cette évaluation sont communiqués à l'autorité ayant délivré l'autorisation ainsi qu'à la Haute Autorité de santé. Un décret détermine les modalités de leur publication ainsi que le rythme des évaluations. »

Pour aller plus loin

Bauduret J.-F. et Jaeger M. (2005). *Rénover l'action sociale et médico-sociale : Histoire d'une refondation*, Paris : Dunod.

Borgetto M. et Lafore R. (2013). *L'aide et l'action sociales*, Paris : La Documentation française.

Cret B., Jaubert G. et Robelet M. (2013). « La (dé)construction politique des associations gestionnaires d'établissements », *Terrains et Travaux*, 23 (2), 39-58.

Savignat P. (2009). *Évaluer les établissements et les services sociaux ou médico-sociaux*, Paris : Dunod.

Bibliographie

Bauduret J.-F. (2017). *Institutions sociales et médico-sociales : De l'esprit des lois à la transformation des pratiques* (2e éd.). Paris, Dunod.

Bauduret J.-F. et Jaeger M. (2005). *Rénover l'action sociale et médico-sociale : Histoire d'une refondation*. Paris, Dunod.

Bezes P. (2009). *Réinventer l'État. Les réformes de l'administration française (1962-2008)*. Paris, PUF.

Borgetto M. et Lafore R. (2013). *L'aide et l'action sociales*. Paris, La Documentation française.

Bureau M.-C. et Rist B. (2012). « Les figures de la participation des usagers dans les commissions d'attribution des droits aux personnes handicapées », *Vie sociale*, 4 (4), 81-96. https://doi.org/10.3917/vsoc.124.0081.

Bureau M.-C., Rist B., Lima L. et Trombert C. (2013). « La traduction de la demande d'aide sociale : Les cas du handicap et de l'insertion des jeunes », *Revue française d'administration publique*, 145 (1), p. 175-188. https://doi.org/10.3917/rfap.145.0175.

Chauvière M. (2013). « Esquisse d'une sociologie critique de la nouvelle norme d'évaluation », *Revue française d'administration publique*, 148 (4), p. 953-966. https://doi.org/10.3917/rfap.148.0953.

Cret B. et Guilhot N. (2016). « Le secteur du handicap, un marché en construction ? Stratégies concurrentielles et stabilisation du champ (1944-2010) », *Revue française des affaires sociales*, (4), p. 195-223.

Cret B. et Jaubert G. (2014). « Contre la thèse de la marchandisation du social : L'exemple des travailleurs handicapés en établissements et services d'aide par le travail (ESAT) », *Gérer et Comprendre. Annales des Mines*, (115), p. 54-63.

Cret B., Jaubert G. et Robelet M. (2013). « La (dé)construction politique des associations gestionnaires d'établissements », *Terrains et Travaux*, 23 (2), p. 39-58.

Delouette I. et Nirello L. (2016). « Le processus de privatisation du secteur des établissements d'hébergement pour personnes âgées dépendantes », *Journal de gestion et d'économie médicales*, 34 (7), p. 387-408. https://doi.org/10.3917/jgem.167.0387.

Dussuet A., Nirello L. et Puissant E. (2017). « De la restriction des budgets des politiques sociales à la dégradation des conditions de travail dans le secteur médico-social ». *La Revue de l'Ires*, 91-92 (1-2), p. 185-211. https://doi.org/10.3917/rdli.091.0185.

Ennuyer B. (2004). *Les malentendus de la dépendance : De l'incapacité au lien social*. Paris, Dunod.

Hardy J.-P. (2018). *Financement et tarification des établissements et services sociaux et médico-sociaux*. Paris, Dunod.

Hardy J.-P. (2020). « La marchandisation du secteur social : Fausses évidences mais vraie doxa du travail social », *Vie sociale*, 31-32 (3-4), p. 127-141. https://doi.org/10.3917/vsoc.203.0127.

Hassenteufel P. (2011). « Chapitre 9 : Les changements de l'action publique », in *Sociologie politique : L'action publique* Paris, Armand Colin, p. 243-288. https://doi.org/10.3917/arco.hasse.2011.01.0243.

Guilhot N., Jaubert G., Aragona E., Rousset G., Capgras J.-B., (à paraître en 2024) « La désinstitutionalisation ou les écueils du libre choix : une réflexion sur les directives de l'ONU » in *Promouvoir une société plus inclusive pour les personnes dépendantes ou handicapées*. Paris, ISTE éditions.

Jaeger M. (2007). « De l'émergence du concept à la mise en œuvre effective », in B. Bouquet, M. Jaeger, et I. Sainsaulieu (éd), *Les défis de l'évaluation en action sociale et médico-sociale*. Paris, Dunod, p. 100-120.

Jourdain A., Muñoz J. et Hudebine H. (2017). « Les acteurs de la loi HPST confrontés à la recentralisation du secteur médico-social ». *Santé publique*, 29 (3), p. 345-360. https://doi.org/10.3917/spub.173.0345.

Lux G. (2016). « Les représentations de la performance des directeurs d'établissements et services médico-sociaux », *RIMHE : Revue interdisciplinaire management, homme et entreprise*, 21 (2), p. 46. https://doi.org/10.3917/rimhe.021.0046.

Okbani N. et Simha J. (2022). « 15. Évaluer les politiques sociales », in *Politiques sociales : L'état des savoirs* (p. 254-269). Paris : La Découverte. https://doi.org/10.3917/dec.girau.2022.01.0254.

Rousseau P. (2010). « L'évaluation dans le secteur social et médico-social : Émergence, environnement et défiance », in *L'évaluation dans le secteur social et médico-social*. Paris, L'Harmattan, p. 17-37. https://doi.org/10.3917/har.tilla.2010.01.0017.

Savignat P. (2009). *Évaluer les établissements et les services sociaux ou médico-sociaux*. Paris, Dunod.

Weber F. (2011). *Handicap et dépendance : Drames humains, enjeux politiques*. Paris, Édition Rue d'Ulm.

▶ Rapports cités

Bianco J.-L., Lamy P. (1980). *L'aide à l'enfance demain. Contribution à une politique de réduction des inégalités*. Rapport à la ministre de la Santé et de la Sécurité sociale, au ministre délégué à l'Économie et aux finances, et au secrétaire d'État à l'Action sociale, Paris.

Hesse C. et Leconte T. (2017). *Le dispositif d'évaluation interne et externe des établissements et services sociaux et médico-sociaux* (Rapport n° 2016-113R). Paris, Igas.

Igas (1984). *La politique sociale et les associations*. Rapport annuel, Paris

Saint-Martin J.-P. de, Audigé T. et Fenoll B. (2022). *Mission sur la gestion des établissements d'hébergement de personnes âgées dépendantes (Ehpad) du groupe Orpea* (Rapport n° IGF 2022-M-012-06/Igas 2022-016R). Paris, IGF et Igas.

Théry H. (1986). *La place et le rôle du secteur associatif dans le développement de la politique d'action éducative, sanitaire et sociale*. Rapport au Conseil économique et social, Paris.

Chapitre 10

La technocratisation de la qualité de service

Réaction de Julien Paynot

Résumé

L'évaluation de la qualité des établissements et services sociaux et médico-sociaux est aujourd'hui au centre d'une nébuleuse d'instruments et d'organismes. Au sein de celle-ci, les outils mis en place par les pouvoirs publics ne sont pas toujours au service de la promotion des meilleures pratiques. *A contrario*, les démarches de certification peuvent être des outils de valorisation des structures qui vont plus loin que le socle juridique. Si elles peuvent être prises en compte dans les évaluations, leur articulation avec celles-ci est, depuis leur origine, traversée de tensions. Celles-ci traduisent la difficile prise en compte de la parole des usagers et proches aidants dans le dispositif d'évaluation. Pour expliquer ce problème, cet article revient sur le dispositif de certification Handéo avant de revenir sur les démarches développées par l'Anesm, puis la HAS.

Mots-clés : évaluation, certification, qualité, audit.

La qualité de service est une notion complexe. Dans le secteur médico-social, la qualité a pris la forme de « l'évaluation » dont l'origine remonte aux années 1980, dans le contexte d'injonctions de plus en plus prégnantes à la rationalisation (chapitre 9). Il faut attendre 2002 pour formaliser ce dispositif sous forme de deux évaluations (interne et externe) puis 2019 pour en faire un régime unique d'évaluation. Pour encadrer ces dispositifs, la loi de 2002 crée un Conseil national de l'évaluation sociale et médico-sociale (CNESMS) qui est remplacé en 2007 par l'Agence nationale de l'évaluation et de la qualité des établissements et services sociaux et médico-sociaux (Anesm), puis par la Haute Autorité de santé (HAS) en 2018. Ces dispositifs entrent en concurrence avec les démarches de certification qui se sont structurées depuis la fin des années 2000, notamment dans le cadre des services à la personne. Aussi, un système dérogatoire a été mis en place pour les organismes ayant obtenu une certification de services accrédités par le Comité français d'accréditation (Cofrac) pouvant, selon le type d'organisme, les dispenser totalement ou partiellement d'évaluation.

Ce bref résumé souligne la complexité de l'évaluation dans le secteur médico-social qui dit finalement assez peu de choses sur la qualité de services. Pour essayer d'y voir plus clair, mon propos est organisé en trois points. Premièrement, après avoir donné quelques éléments de définition, je présenterai les actions de Handéo dans ce secteur de la qualité. Deuxièmement, je reviendrai sur le choix de l'évaluation comme dispositif qualité, ses forces et ses faiblesses ainsi que le droit d'option avec la démarche de certification. Troisièmement, j'insisterai plus particulièrement sur la redéfinition de ce dispositif par la HAS et les perspectives qui semblent se dessiner.

LA QUALITÉ DE SERVICE

▶ Une définition possible

D'après le dictionnaire *Larousse*, la qualité est « un ensemble de caractères ou des propriétés qui font que quelque chose correspond bien ou mal à sa nature, à ce qu'on attend ». Pour l'Afnor (l'Agence française de normalisation), la qualité est définie comme « l'ensemble des caractéristiques d'une entité qui lui confèrent l'aptitude à satisfaire des besoins exprimés et implicites » (norme Iso 8402). La qualité de service désigne, elle, la capacité d'un service à répondre par ses caractéristiques aux différents besoins de ses utilisateurs ou consommateurs (définition Afnor). Les caractéristiques prises en compte pour déterminer la qualité d'un service sont évidemment variables en fonction du service proposé.

Dans « le monde marchand » qui côtoie le médico-social, la qualité est indispensable puisque la survie et le développement d'une entreprise passent nécessairement par la recherche de la satisfaction de ses clients. L'entreprise qui veut rester compétitive doit identifier clairement les besoins de ses clients et y répondre parfaitement. Pour y parvenir, une organisation et un fonctionnement efficaces sont indispensables. Impossible d'être compétitif avec des dysfonctionnements internes qui se succèdent, des procédures mal appliquées, des contrôles peu sûrs, une organisation inadaptée, des problèmes fournisseurs, ou encore un pilotage hésitant, etc.

À quoi correspond dans ces conditions la « non-qualité » et quelles sont ses conséquences ? Un des critères de l'Anesm a été de dire qu'elle correspond à l'écart entre la satisfaction attendue par le client ou le bénéficiaire du service et sa satisfaction réelle. Elle peut être due à un écart entre l'offre et les attentes du client. La non-qualité a alors un coût. Il s'avère généralement plus coûteux de corriger les défauts ou les erreurs que de bien faire du premier coup. En outre, le coût de la non-qualité est d'autant plus important que celle-ci est détectée tardivement (mauvaise évaluation, accompagnement dégradé, retard, frais de transport, frais administratifs, perte de clients s'agissant du secteur de l'aide à domicile notamment, dégradation de l'image de marque...).

▶ L'action de Handéo au bénéfice de la qualité

Comment améliorer et objectiver la qualité de l'accompagnement dans le médico-social ? Comment s'assurer que nous répondons au mieux aux besoins et attentes des personnes accompagnées tout en promouvant leur participation ? Ces questions étaient sur la table lors de mon arrivée chez Handéo et le témoignage que je livre dans ces quelques lignes s'inspire de mon expérience de vingt années dans le secteur médico-social. Cette dernière a débuté en 2002, quelques mois après la loi du 2 janvier de cette même année, et elle s'est concrétisée par la mise en place de nombreux outils dans un ESSMS. Mon parcours professionnel m'a ensuite dirigé vers l'Entraide universitaire (association loi 1901 gestionnaire d'ESSMS) comme chargé de développement associatif, puis à la Fegapei (Fédération nationale des associations gestionnaires au service des personnes handicapées et fragiles, devenue NEXEM aujourd'hui) pendant quelques années sur des sujets intéressant plus spécifiquement les employeurs d'organismes médico-sociaux notamment : campagne prud'homale, représentation du syndicat dans les opérateurs de compétences (OPCO), au sein de la branche sanitaire, sociale et médico-sociale, lobbying national et local, accompagnement aux stratégies de planification des systèmes d'information, communication, etc. Depuis douze ans chez Handéo, au sein duquel j'exerce aujourd'hui les fonctions de directeur général, je contribue, en autodidacte de la qualité et des dispositifs de labellisation et de certification[1], à l'amélioration de la qualité de service au bénéfice des projets de vie des personnes handicapées.

Handéo est un groupe de l'économie sociale et solidaire qui œuvre au service des personnes en situation de handicap et des personnes âgées en perte d'autonomie afin de renforcer leur qualité de vie et promouvoir leur autonomie. C'est : un observatoire, des formations, ainsi que des labels et certifications « Cap'Handéo » pour renforcer la qualité de vie des personnes en situation de handicap ou en perte d'autonomie.

Au quotidien, nous diffusons donc des contenus et outils pratiques qui permettent aux acteurs de l'accompagnement de déconstruire les représentations et mieux comprendre le handicap. Les activités de certification, de labellisation et de formation, quant à elles, permettent de mesurer, accompagner, et faire évoluer la qualité des services dans différents secteurs pour mieux répondre aux besoins des personnes. En quelques années, c'est plus de quatre cents certificats Cap'Handéo qui ont été délivrés dans plus de soixante-dix départements au bénéfice de plusieurs centaines de milliers de personnes. Parmi eux : la RATP, Keolis, Dior Couture, la Direction générale de la gendarmerie nationale, Schneider Electric, les Banques populaires, les ADMR (aide à domicile en milieu rural), Klésia, etc.

L'enjeu selon moi : l'amélioration continue, sans relâche, de la qualité de service au bénéfice de l'accompagnement. Or cet enjeu se frotte à la complexité des dispositifs existants.

LES ÉVALUATIONS DU SECTEUR MÉDICO-SOCIAL

▶ De la qualité aux évaluations

Avec la loi du 2 janvier 2002 rénovant l'action sociale et médico-sociale, le législateur a fait le choix de « l'évaluation » pour agir sur la qualité de service des organismes médico-sociaux, mais d'autres possibilités auraient pu être envisagées comme l'inspection, la certification, la labellisation, etc. À travers ces évaluations, le législateur a souhaité impulser une dynamique de changement

1. Une certification dépend généralement d'une norme ISO alors qu'un label ne répond à aucune norme, sauf exception comme le label rouge dans le secteur agroalimentaire. Il existe plusieurs types de normes Iso qui ont pour objectif de définir des exigences pour la mise en place d'un système qualité dans un secteur d'activité.

au sein des ESSMS. Lorsque nos parlementaires ont voté cette loi, la réforme comportait plusieurs volets et ne se limitait pas à l'évaluation des activités et de la qualité des prestations.

Les débats à l'époque étaient vifs d'autant que des élus découvraient à ce moment-là que des établissements (une minorité bien sûr) censés protéger des personnes fragiles pouvaient attenter à leur intégrité. La loi faisait la promesse que l'on ne vivrait plus jamais cela et elle garantissait les droits élémentaires des personnes accompagnées. Plusieurs axes étaient dégagés dont le renforcement du pouvoir de contrôle des administrations, un meilleur encadrement du système des autorisations, l'amélioration du pilotage budgétaire, l'obligation d'utiliser des outils garantissant le droit des usagers et bien sûr : rendre lisible, visible et compréhensible ce qui se passe dans les établissements et services sociaux et médico-sociaux par la généralisation de processus d'évaluation (cf. chapitre 9).

▶ Les désillusions de l'Anesm

Finalement, au-delà d'une « simple » évaluation, il s'agissait de satisfaire à une exigence de contrôle. Les débats parlementaires en attestent : Roselyne Bachelot déclarait à propos de la création de l'organisme chargé de la mise en place de l'évaluation : « Cette agence aurait non seulement pour vocation de définir les bonnes pratiques, mais aussi de vérifier [...] que les prestations sont bien de la qualité qui est demandée. »

Officiellement, l'objectif est louable puisqu'il s'agit d'assurer une prestation de qualité en réponse aux besoins de l'usager/bénéficiaire. En plus, la solution est simple : l'usager a été placé au « centre du dispositif ». En 2016, un rapport de l'Igas (rapport n° 2016-113R) synthétise plutôt bien, de mon point de vue, la situation presque quinze ans après. La mission confiée par le Premier ministre était d'évaluer la politique de contrôle et d'amélioration de l'offre sociale et médico-sociale. L'Igas devait se concentrer notamment sur le dispositif d'évaluation interne et externe des activités et de la qualité des prestations délivrées par les ESSMS dans le cadre de la modernisation de l'action publique. La mission ne portait pas, bien sûr, sur l'Anesm en tant que structure, mais elle devait dresser un diagnostic de la démarche d'évaluation interne et externe des ESSMS et proposer des pistes d'amélioration.

Ce rapport rappelle que l'Anesm a été créée afin d'accompagner les établissements et services dans leur démarche d'évaluation. L'Agence a publié cinquante-sept recommandations de bonnes pratiques professionnelles (RBPP) qui jouent un rôle central dans la démarche. Le respect des RBPP conditionne en effet le renouvellement de l'autorisation. Celles-ci couvrent tous les champs du secteur social et médico-social mais de façon très inégale. Le rapport montrait qu'elles constituent un outil de management aux mains de la direction des ESSMS dans le cadre d'une démarche qualité.

C'est, pour moi, l'effet le plus intéressant de cette agence. Elle aura à produire de nombreuses connaissances qualitatives qui peuvent servir aujourd'hui de référence pour tous les acteurs de l'accompagnement du médico-social. Si ces documents et leur contenu font aujourd'hui consensus, l'Anesm n'a néanmoins pas véritablement produit d'outils d'aide à l'appropriation de ces recommandations et elle a peu investi les moyens de leur diffusion. Fort heureusement, ce processus d'appropriation est généralement plus complexe et passe par d'autres leviers qui ne sont pas toujours visibles. Bien que ces derniers ne soient pas connus, je crois qu'on peut raisonnablement affirmer aujourd'hui que tous les professionnels, sans exception, savent que les RBPP existent mais que trop peu en connaissent véritablement les contours et les utilisent dans leur pratique professionnelle au bénéfice d'un accompagnement plus qualitatif.

L'Anesm était par ailleurs chargée d'habiliter, et non de sélectionner, les évaluateurs externes (qui à l'époque constituent une nouvelle catégorie d'acteurs dans le secteur social et médico-social). L'accès à l'habilitation reposant uniquement sur le dépôt d'un dossier déclaratif, ce ne sont pas loin de mille cinq cents cabinets très hétérogènes qui ont été habilités fin 2015 : hétérogène est une manière de dire que leur niveau d'expertise et leur motivation pouvaient être très disparates. Si l'Anesm pouvait suspendre ou retirer une habilitation sur la base d'un signalement, le contrôle de la qualité des rapports d'évaluation lui échappait.

Même si les évaluations ont été conduites, l'Igas regrette dans son rapport que l'appui national à sa mise en œuvre soit resté limité, aucun référentiel n'ayant été proposé aux ESSMS à l'échelon national. On a finalement laissé les évaluateurs décider seul de ce qu'ils devaient évaluer sans qu'il y ait nécessairement de cohérence et d'unité entre les évaluations réalisées. Et c'est bien cela le problème : l'évaluation externe ne reposait que sur un cahier des charges peu précis pouvant être sujet à interprétation et sur des évaluateurs qui n'étaient soumis à aucun contrôle. En outre, la simple production du rapport d'évaluation externe suffisait pour le renouvellement de l'autorisation. Par conséquent, les autorités de tarification manquaient de marge de manœuvre en matière de recomposition de l'offre sociale et médico-sociale.

S'il fallait encore ajouter au constat de la faiblesse du dispositif, je m'interroge toujours aujourd'hui sur le traitement et la réception des différents documents, compte tenu du nombre de rapports d'évaluation qui ont été produits en quinze ans et du peu d'effectifs dans les conseils départementaux ou les ARS mobilisés sur la thématique. Qui a lu tous ces rapports et quels enseignements les administrations ou collectivités locales ont-elles pu en tirer ?

▶ L'intérêt des évaluations internes

À l'issue de ce diagnostic, l'Igas considère qu'il est important de conserver le dispositif d'évaluation interne et externe instauré par la loi de 2002 et de maintenir la mobilisation des acteurs. Mobiliser les acteurs : oui ; en maintenant les évaluations internes et externes : peut mieux faire... S'agissant des évaluations internes qui ont été conduites dans la quasi-totalité des établissements et services sociaux et médico-sociaux, elles font toutes état de la forte mobilisation des équipes. Selon l'implication et le sens donné par les équipes, l'évaluation interne a été souvent un moment de respiration. Elle a permis aux équipes de marquer une pause, de faire un pas de côté, pour analyser leurs pratiques et en mesurer les effets. Dans ce cadre, utiliser des référentiels très différents était je pense une force, une richesse pour laisser l'opportunité aux équipes de construire, de participer à leur propre cadre de référence sur un plan horizontal. Même si certains référentiels pouvaient être très formatés, d'autres plus ouverts, d'autres encore plus « bricolés », au moins, l'appropriation de la démarche par les gestionnaires était selon moi, plus forte et le sentiment de subir un cadre descendant venant de Paris, plus faible.

Afin d'améliorer le dispositif existant, l'Igas propose en conclusion quelques pistes intéressantes : étendre l'offre d'outils méthodologiques pour l'évaluation interne et d'instruments de mesure de la qualité ; fiabiliser la méthodologie et la qualité des évaluations externes et inclure le processus d'évaluation dans une démarche globale de dialogue de gestion. Peut-être aurait-elle pu ajouter : associer davantage les bénéficiaires et leurs proches aidants qui sont des experts de leur situation et peuvent avoir un avis sur la question. Ce qui paraît être une évidence semble, aujourd'hui encore, avoir beaucoup de mal, dans notre secteur, à se concrétiser.

Fiabiliser ou sécuriser les méthodologies de l'évaluation semble être donc une piste sérieuse et importante. En effet, il est essentiel que l'évaluation ne soit pas, par exemple, une autojustification. Pour cela, celle-ci doit être conduite selon des critères de rigueur et de probité qui doivent être garantis par un cadre méthodologique et un tiers de confiance. L'Anesm aurait dû être cette instance tierce qui garantit les méthodes évaluatives.

▶ La certification comme alternative

Je ne peux m'empêcher à ce moment de la réflexion, et compte tenu d'où je parle, de préciser que le législateur avait tout même envisagé de « récompenser l'excellence » *via* les organismes certificateurs, organismes tiers, contrôlés régulièrement par le Cofrac (Comité français d'accréditation) et donc garant de la méthode évaluative *via* une norme internationale de type ISO. Concrètement, un organisme gestionnaire qui souhaitait s'engager dans une démarche de certification de services, plus exigeante *a priori*, était dispensé de son évaluation externe. Un excellent moyen, me semble-t-il, d'encourager tout le secteur, à aller plus loin et donc à améliorer concrètement la qualité de l'accompagnement.

D'autant que la certification, apporte des garanties de confidentialité, d'impartialité et d'implication de toutes les parties prenantes, sans exception et donc associe l'utilisateur final, le client, l'usager, le bénéficiaire du service et/ou son proche aidant.

LA RÉVISION DU DISPOSITIF D'ÉVALUATION

▶ Les missions d'évaluation reprises par la HAS

Quinze ans après la création de l'Anesm, la loi du 30 décembre 2017 de financement de la Sécurité sociale entérine sa disparition au 1er avril 2018 et l'absorption de ses missions par la HAS (Haute Autorité de santé). La loi du 24 juillet 2019 relative à l'organisation et à la transformation du système de santé lui confie la charge de mener l'évaluation de la qualité des prestations délivrées par les ESSMS.

Dans un objectif affiché d'amélioration du dispositif d'évaluation, la loi a fait par ailleurs évoluer les missions de la HAS. Elle lui a confié la responsabilité d'élaborer une nouvelle procédure d'évaluation nationale, commune à tous les ESSMS, et un nouveau cahier des charges fixant les exigences requises pour devenir un organisme autorisé à réaliser ces évaluations. On peut penser à ce moment-là que le dispositif va être considérablement amélioré. Les évaluateurs seraient contrôlés à l'avenir sur la base d'un dispositif plus homogène.

En septembre 2020, la HAS a entamé l'élaboration du nouveau dispositif d'évaluation des ESSMS. Deux ans après, ce qui change concrètement est la création d'un référentiel national commun à tous les ESSMS « centré » sur la personne accompagnée. C'est le socle du dispositif d'évaluation. Il répertorie les exigences à satisfaire par l'ESSMS et les éléments nécessaires à leur évaluation. La fréquence de l'évaluation passe de sept à cinq ans pour s'aligner notamment sur le rythme de la révision des projets d'établissements. Les rapports d'évaluation sont rendus homogènes *via* un outil national et la diffusion des résultats est élargie puisque l'ESSMS doit dorénavant l'adresser à son autorité de contrôle et de tarification mais aussi aux salariés et aux représentants du CVS. Le vrai plus, si tant est que l'information soit réellement accessible, est que les résultats de l'évaluation feront également l'objet d'une diffusion publique selon des modalités qui restent inconnues à date.

S'agissant des nouvelles exigences pour les organismes évaluateurs, la HAS retient un système sous accréditation Cofrac devant garantir non seulement leur indépendance dans la réalisation des évaluations mais aussi renforcer leur professionnalisation ainsi que la robustesse des méthodes employées pour procéder aux évaluations.

▶ Des bénéficiaires et des proches aidants toujours absents de l'évaluation

Par honnêteté intellectuelle, il faut d'abord reconnaître les avancées : des évaluateurs contrôlés par un organisme tiers et l'élaboration d'un cahier des charges/référentiel.

Mais, malheureusement, force est de constater que la question de la participation des usagers aux processus d'évaluation reste secondaire pour la HAS. Alors que l'usager, le bénéficiaire, le consommateur ou le citoyen est l'objet prépondérant de l'évaluation, il n'en est, encore une fois, pas le sujet.

Étonnant d'autant que la HAS a produit sur la même période une recommandation intitulée « Soutenir et encourager l'engagement des usagers dans les secteurs social, médico-social ou sanitaire » comme appui à son axe stratégique 2019-2024 « Faire de l'engagement des usagers une priorité ». Pour la HAS :

> « [Les démarches d'engagement] recouvrent différentes formes de collaboration entre des professionnels et des personnes soignées ou accompagnées, leurs proches, leurs associations, etc., pour améliorer la qualité des soins et des accompagnements : aide à la décision partagée, concertation citoyenne, évaluation de la satisfaction, soutien par les pairs, recherche collaborative, participation des patients à la formation des médecins[1]... »

1. Site de la HAS. [En ligne] https://www.has-sante.fr/jcms/p_3201812/fr/soutenir-et-encourager-l-engagement-des-usagers-dans-les-secteurs-social-medico-social-et-sanitaire, consulté le 25 mai 2023.

Ces documents s'adressent à toute personne qui souhaite développer ce type de démarche participative : personne soignée ou accompagnée, proche, association de patients ou d'usagers, professionnel, responsable d'établissement social, médico-social ou sanitaire, chercheur, responsable pédagogique.

Cette démarche n'a pas empêché qu'une cinquantaine d'associations, à l'initiative d'Autisme France, interpelle la HAS[1] dans une lettre ouverte en dénonçant l'absence de « concertation avec les acteurs nationaux du champ médico-social ». La lettre qualifiait la procédure d'élaboration du référentiel d'évaluation de « déni de coconstruction puisque la concertation avec notamment les associations de familles n'a jamais existé ».

En dehors de la « commission en charge du social et du médico-social » (où les offreurs de services ont clairement une place très forte) et de la consultation dite publique à la fin des travaux (à laquelle peu de personnes de la société civile ont eu accès de fait), les personnes directement concernées, les associations représentant les personnes et leurs proches aidants ont clairement été mises de côté.

En creux, un des problèmes de fond est l'opacité des critères de sélection pour participer ou non à tels ou tels travaux de la HAS. Plusieurs acteurs du champ ont vu leur candidature rejetée sans explication.

Un autre problème est la manière dont les conflits d'intérêts des acteurs sont pris en compte. Le conflit d'intérêts est une notion juridiquement complexe qui pose des difficultés particulières dans sa transposition au secteur médico-social. Conçu notamment comme un rempart moral ou à des *lobbies* financiers, il tend à être généralisé à toute personne ayant un « intérêt direct ou indirect » avec le sujet[2] quelle que soit la nature de cet « intérêt ». Les compétences et les connaissances qu'un acteur peut avoir d'une thématique sont aussi dépendantes de l'expérience et de l'implication de cette personne pour la thématique en question. Elle est nécessairement engagée sur le sujet, avec un positionnement situé et avec des intérêts pour les questions traitées. Ces compétences et expériences sont aussi celles qui permettent de nourrir les projets de la HAS, dont le référentiel d'évaluation. Si elles sont exclues pour des raisons de conflits d'intérêts, il y a comme une impasse, voire une mascarade entre ce qui

1. « La réforme des évaluations médico-sociales de la Haute Autorité de santé agit contre les intérêts des personnes en situation de handicap et trahit les associations de familles », 14 décembre 2021.

2. Déclaration d'intérêts et gestion des conflits d'intérêts. [En ligne] https://has-sante.fr/upload/docs/application/pdf/guide_dpi.pdf. Consulté le 25 mai 2023.

est affiché et l'implication réelle des « experts de l'intérieur », c'est-à-dire des personnes et des organisations qui font l'expérience du sujet, qui centralisent les connaissances d'autres « experts de l'intérieur » et qui capitalisent sur ces connaissances en les cumulant.

Au regard de la définition donnée par la HAS et en l'absence de transparence sur les critères retenus, il est difficile aujourd'hui de se faire une idée sur le possible conflit d'intérêts reproché à plusieurs associations d'usagers. Certaines d'entre elles ont participé aux RBPP à l'époque et leurs représentants étaient considérés comme des experts. Depuis que la HAS pilote ces recommandations, elles sont disqualifiées voire discréditées sans qu'en soient explicitées de manière transparente et publique les raisons. Quelle est la définition d'un expert, d'une partie prenante, et pourquoi les représentants d'usagers, dont pourtant on souhaite partout mobiliser l'expertise, à l'étranger comme en France, sont-ils éliminés ?

Sur le site de la HAS, on ne trouve que trois documents pour essayer de comprendre cette position : une charte de déontologie qui date de 2008, un document sur la prévention et la gestion des conflits d'intérêts, qui date de 2013, et le guide méthodologique pour les recommandations HAS. Ces trois textes sont tous antérieurs à la création de la « commission en charge du social et du médico-social » : la HAS n'a donc jamais pris la peine d'adapter ces documents à la spécificité du secteur médico-social, pour lequel les liens d'intérêt avec des laboratoires ou des groupes de pression privés sont inexistants, ou seulement à la marge. Dans le dernier rapport du déontologue (nommé en octobre 2016, donc là encore, antérieurement à la création de la commission médico-sociale), de mars 2018, il n'est question que d'organismes sanitaires. Ce rapport ne dit pas un mot sur la commission réglementée médico-sociale et ne mentionne même pas le terme.

Comment parler au niveau national de démocratie participative si les représentants des personnes sont privés de tout droit de regard sur un sujet qui les concerne au premier plan ?

Même punition pour les organismes certificateurs, pourtant partie prenante, qui n'ont pu participer à aucun des groupes de travail et ont été renvoyés, comme tous les autres exclus, à la consultation dite publique. Je ne peux m'empêcher de penser que l'équipe en charge de ce projet à la HAS ne souhaitait surtout pas avoir des éclairages techniques de la part des organismes certificateurs pour organiser plus facilement leur dispositif d'inspection.

▶ De l'évaluation à l'inspection

Dans le monde de la qualité et plus particulièrement dans celui de l'inspection, la norme Iso 17020 retenue par la HAS relative à la réalisation d'audits par des organismes de contrôle et d'inspection est utilisée pour des produits, très rarement pour des services et encore moins lorsque l'on veut déployer une démarche d'évaluation ou d'amélioration continue de la qualité. Alors pourquoi la HAS a-t-elle délibérément écarté la piste d'une accréditation des évaluateurs au regard de la norme Iso 19011 relative à l'audit des systèmes de management, qui constitue pourtant la référence en matière d'audit qualité, ou de la norme Iso 17065 relative à la certification des produits et services, qui est utilisée depuis plus de dix ans dans le médico-social ? Pourquoi retenir un système d'inspection tout en gommant les termes dans la présentation du dispositif et dans la documentation technique ? Alors que techniquement et factuellement il s'agit bien d'un audit d'inspection ou de contrôle et que les organismes accrédités par le Cofrac devront être audités sur leur capacité à exercer une activité d'inspection. Contrairement à ce que laisse à penser l'équipe projet de la HAS, une autre solution était possible. Si le dossier avait été confié à l'équipe qualité de la HAS, elle aurait démontré qu'il était possible d'utiliser des outils réels d'amélioration continue de la qualité comme elle l'a fait sur la même période concernant les aides techniques.

Ce choix d'un référentiel réservé aux organismes de contrôle et d'inspection est d'autant plus surprenant si l'on veut bien considérer, par ailleurs, que les services de contrôle et d'inspection des agences régionales de santé (ARS) et des conseils départementaux (CD) ne sont pas assujettis à une accréditation comparable. En théorie, les évaluateurs accrédités devraient désormais produire des documents plus structurés, encadrés et fiables que les rapports d'inspection. La situation est cocasse lorsque l'on sait que les approximations méthodologiques des contrôleurs ne sont pas rares.

CONCLUSION

Aujourd'hui les effets de l'évaluation comme outil au bénéfice de la qualité de service sont très décevants mais c'est l'avenir qui dira si je me trompe. Malgré l'objectif annoncé, le référentiel transverse ne tient ni compte des besoins spécifiques des personnes accompagnées ni des typologies de structures. À croire que l'on pourrait attendre le même niveau d'exigence d'une MAS (maison d'accueil spécialisé) pour personnes polyhandicapées et d'un service d'AEMO (action éducative en milieu ouvert)... Des grands principes mous... Qui peut être contre l'inclusion des personnes en situation de fragilité et leur participation ? Le principe de triple expertise (qualiticien, professionnel du médico-social et usager) n'a pas été retenu alors que toutes les conditions étaient réunies pour enfin changer de braquet.

La sanitarisation du secteur médico-social se poursuit. En effet, les établissements de santé sont déjà soumis à une reconnaissance d'aptitude quinquennale et les rapports sont disponibles en ligne. Il paraît évident que la HAS a capitalisé sur l'expérience acquise dans le secteur sanitaire ce qui n'est pas nécessairement une promesse de qualité.

Plus choquant encore, le nouveau dispositif d'évaluation n'implique aucune obligation de résultat puisque l'obligation reste et demeure de procéder à une évaluation/inspection mais pas forcément de la réussir. Il est préoccupant de constater que la logique reste descendante. Et je réaffirme ma crainte de voir glisser un outil d'évaluation vers une finalité de contrôle. Cette crainte n'est pas infondée puisque les évaluateurs seront des inspecteurs au regard de l'Iso 17020. Le lien qualité/tarification reste opaque et le recours à un référentiel d'évaluation unique pourrait permettre des comparaisons fantaisistes et insensées entre ESSMS de même catégorie. Comparer deux IME dans deux territoires différents et ayant des publics différents nécessite un tamis beaucoup plus fin.

Même si le discours qui porte ce nouveau dispositif est la réponse aux besoins des personnes et la qualité des prestations et que la technostructure aura participé à faire le chemin inverse, je formule le vœu que ce nouveau dispositif fonctionne, afin que toute personne accompagnée ainsi que ses proches aidants puissent bénéficier d'un accompagnement de qualité, légitimement attendu afin d'améliorer leurs conditions de vie.

BIBLIOGRAPHIE

▶ Rapports cités

Hesse C. et Leconte T. (2017). *Le dispositif d'évaluation interne et externe des établissements et services sociaux et médico-sociaux (Rapport n° 2016-113R)*. Paris, Igas.

PARTIE IV

Professions et professionnels : entre marché et régulation

Chapitre 11

Conditions de travail et professions dans le médico-social : la fin du *care* ?

François-Xavier Devetter, Annie Dussuet, Laura Nirello, Emmanuelle Puissant

RÉSUMÉ

Ce chapitre s'intéresse aux salariées intervenant auprès des personnes âgées, que celles-ci vivent à domicile ou en établissement. Les aides à domicile ou les salariées des EHPAD exercent des métiers ballotés depuis plusieurs dizaines d'années entre deux conceptions divergentes : d'un côté, elles accompliraient un travail domestique non qualifié ; de l'autre, elles mèneraient un véritable travail médico-social, nécessitant une qualification pour prendre soin des personnes vulnérables. Nous montrons ici que, en méconnaissant les spécificités du travail de « prendre soin », ou « *care* », les politiques publiques de rationalisation du travail et d'industrialisation de son organisation ont fortement contribué à dégrader les conditions de travail et d'emploi des salariées de ce secteur d'activité, remettant en cause la possibilité même de bien faire ce travail de *care*.

Mots-clés : métiers du grand âge, travail et emploi des femmes, *care*, aide à domicile, Ehpad, rationalisation, conditions de travail et d'emploi.

LA PANDÉMIE due à la Covid-19 a mis en évidence les ambiguïtés et les hésitations à reconnaître le travail consistant à « prendre soin » des personnes âgées comme relevant du secteur médico-social, que cette activité soit réalisée dans les domiciles privés des personnes âgées ou en établissement d'hébergement pour personnes âgées dépendantes (Ehpad). Les tergiversations autour du versement ou non de la prime Covid aux aides à domicile attestent des réticences à intégrer ces travailleuses[1] dans le champ des personnels dits « soignants ».

LE *care* OU « PRENDRE SOIN »

Le terme anglais de *care*, est aujourd'hui devenu commun dans les travaux francophones. Selon la philosophe Joan Tronto, il désigne « une activité générique qui comprend tout ce que nous faisons pour maintenir, perpétuer et réparer notre « monde », de sorte que nous puissions y vivre aussi bien que possible » (Tronto, 2009 [1993], p. 143). Le *care* peut être décomposé analytiquement en quatre phases : se soucier de (*caring about*), prendre en charge (*taking care of*), prendre soin de (*care giving*) et recevoir le soin (*care receiving*) (*ibid.*, p. 147-149). Cette définition très large a l'intérêt de dénaturaliser « le *care* en dévoilant les conditions historiques qui ont associé les sentiments moraux aux femmes au XVIIIe siècle et les ont spécialisées dans les activités de *care* » (Ledoux, 2013). En définissant de façon plus restreinte le *social care* comme destiné à des populations spécifiques (enfants, personnes fragilisées par l'âge, la maladie ou le handicap), les sociologues Mary Daly et Jane Lewis ont souligné l'imbrication de la notion avec les politiques sociales de l'État-providence : « une activité et un ensemble de relations situés à l'intersection de l'État, du marché, et des relations familiales (et bénévoles) » (Daly et Lewis, 2000, p. 285, voir aussi chapitre 2).

Dans ce texte, nous l'utilisons au sens de « prendre soin ». Le *care* s'oppose ainsi au *cure*, car « prendre soin » des personnes en perte d'autonomie ne consiste pas à proprement parler à « soigner » leurs pathologies, mais à accomplir des gestes indispensables, paradoxalement rendus invisibles par leur caractère très ordinaire. Le *care* désigne ainsi à la fois de multiples tâches matérielles, impossibles à lister de façon exhaustive, permettant d'entretenir la vie biologique et sociale, mais aussi le souci, la préoccupation (Dussuet, 1997) que cela représente, pour prévoir, organiser ces tâches au mieux, afin de répondre de façon « personnalisée » aux besoins singuliers des personnes. Il faut ainsi souligner que « le *care* n'est pas simplement une disposition ou une éthique, il s'agit avant tout d'un travail » (Molinier, 2006, p. 299), et la question devient alors celle de la reconnaissance accordée à ceux, ou plus souvent celles, qui réalisent ce travail, aux « pourvoyeuses du *care* ».

1. Ce sont quasi exclusivement des femmes (98 % à domicile, 88 % en Ehpad), c'est pourquoi nous emploierons le féminin pour les désigner. Cela s'applique plus largement aux salariées du tertiaire, qui sont aussi majoritairement des femmes.

Aider à se nourrir, à se laver, à se vêtir, à se déplacer, etc., mais aussi faire les courses, garnir et vérifier le contenu du réfrigérateur tout en tenant compte des goûts de la personne aidée, ces tâches de *care* sont aussi couramment réalisées par les proches, les femmes tout particulièrement, sur un mode de l'évidence qui tend à les invisibiliser en les ramenant à un simple « travail domestique » (Dussuet, 1997). Toutefois, ces gestes très ordinaires sont indispensables à la préservation de l'autonomie des personnes en perte de capacités, physiques ou cognitives, et la question de savoir qui les effectue et dans quelles conditions, devient essentielle, étant donné l'augmentation de la demande de *care* due au vieillissement et la diminution des pourvoyeuses potentielles dans le cadre familial. La croissance de l'activité professionnelle des femmes les rend en effet moins disponibles pour la prise en charge de leurs proches (Nicole-Drancourt et Jany-Catrice, 2008), ce qui accroît les risques d'une « crise du *care* ». Dans ce contexte, certains s'inquiètent de la baisse des « vocations », déplorent la « faible attractivité » de ce secteur d'activité, envisageant des campagnes de promotion pour en améliorer l'image. Mais, plus que d'une crise du *care*, ne s'agit-il pas ici d'une crise des métiers du *care* ?

Ainsi, plus qu'aux personnes âgées bénéficiaires de leurs services, ce chapitre s'intéressera à celles dont le travail consiste à leur venir en aide au quotidien et à leurs conditions d'exercice. Il cherchera donc d'abord (1) à cerner qui sont ces travailleuses, en soulignant comment la diversité apparente de leurs métiers et de leurs statuts d'emploi entrave leur reconnaissance professionnelle, et comment leurs conditions d'emploi et de travail particulièrement dégradées, expliquent largement la désaffection des salariés potentiels et les difficultés à recruter. Il cherchera ensuite à expliquer l'origine de cette crise des métiers du *care* (2) en montrant comment les politiques publiques de rationalisation de ce secteur d'activité (reposant sur des modes de financement spécifiques, voir encadré suivant) ont été le vecteur de la dégradation des conditions de travail en même temps que de la remise en cause de la prise en charge globale de la personne âgée, caractéristique du *care*. Elles tendent ainsi à remettre en cause l'appartenance de ces métiers au monde « médico-social ».

Même si d'autres dispositifs de logement à destination du grand âge existent en France, comme les logements inclusifs, les EHPA ou les résidences services, notre analyse sera centrée sur les Ehpad et le domicile, parce qu'ils ont été nos terrains de recherche de ces dernières années, mais aussi et surtout parce qu'ils représentent aujourd'hui les modes d'hébergement principaux[1] des personnes âgées en perte de capacités.

LE FINANCEMENT PUBLIC DE L'AIDE À DOMICILE ET DES EHPAD

Dans le secteur de la perte d'autonomie liée au vieillissement, le financement public repose, totalement pour l'aide à domicile (AD), et en partie pour les Ehpad, sur l'allocation personnalisée d'autonomie (APA), mise en place depuis la loi du 21 juillet 2001. Son montant maximum est fonction du niveau de dépendance des personnes âgées, classées en GIR (Groupe Iso-Ressources) à partir de la grille d'évaluation « autonomie, gérontologie, groupe Iso-Ressources » (Aggir). Seules les personnes les plus dépendantes, classées en GIR 1 à 4 peuvent prétendre à l'APA. Cette aide est versée par les conseils départementaux, en dotation globale dans les Ehpad et directement aux bénéficiaires à domicile.

Ainsi, l'aide à domicile est financée par l'APA versée aux bénéficiaires du service éligibles après une évaluation de leur GIR par les services des conseils départementaux (CD). Ces derniers élaborent pour chaque personne un « plan d'aide » qui liste les services nécessaires à leur maintien à domicile. Par ailleurs, les départements établissent un tarif pour les différentes structures d'AD présentes sur leur territoire, souvent à travers la négociation d'un contrat pluriannuel d'objectifs et de moyens (CPOM) ; ce tarif permet pour chaque bénéficiaire, de « valoriser » son plan d'aide, et donc d'établir le montant effectif de l'APA versée, une fois déduit un « ticket modérateur » fonction du revenu du ménage du bénéficiaire. Là où ils sont présents sur le territoire, les services de soins infirmiers à domicile (Ssiad), complètent parfois cette prise en charge en offrant des services de soin délivrés sur prescription médicale, et financés par la Caisse nationale d'assurance maladie (CNAM).

Les Ehpad ont été créés en 1997. Ils sont financés à travers une tarification en trois volets selon une catégorisation théorique des dépenses : soins, dépendance et hébergement. Cette séparation est le résultat de l'existence d'un financement pluriel. Le volet soin est financé à 100 % par l'assurance maladie, *via* les agences régionales de santé (ARS). La dépendance est principalement financée par les départements *via* l'APA versée en dotation globale aux établissements. Les résidents et leurs familles prennent en charge une partie du tarif dépendance (le talon APA), ainsi que 100 % de l'hébergement, appelé « prix de journée ». Le montant des trois volets est discuté lors de la signature des CPOM entre les établissements, les conseils départementaux et les ARS. Pour les volets soins et dépendance, la tarification ne repose pas sur les coûts de production historiques mais sur un état prévisionnel des recettes et des dépenses.

1. Selon l'enquête EHPA menée par la Direction de la recherche, des études, de l'évaluation et des statistiques (Drees), en 2019, parmi les 730 000 personnes fréquentant un établissement d'hébergement pour personnes âgées, huit personnes sur dix sont accueillies en Ehpad (Balavoine, 2022).

Ainsi « des dotations normales » sont fixées à partir d'équations tarifaires. Ces tarifs reposent sur deux indicateurs : le GIR moyen pondéré (GMP) et le pathos moyen pondéré (PMP). Le GMP représente le niveau de dépendance moyen de l'Ehpad. Le PMP mesure la charge en soins médico-techniques et correspond à la lourdeur en soins médicaux d'un malade moyen de l'établissement. Ainsi, ces deux indicateurs ont un rôle clé pour fixer le montant des financements publics. Les marges de manœuvre financières des Ehpad se retrouvent alors sur le volet hébergement (ce qui est payé par les résidents).

Des conditions de travail et d'emploi qui conduisent à une crise des métiers du *care*

Le secteur médico-social constitue une part importante du secteur tertiaire : on y recense plus de 1,6 million de personnes (1 622 424) en 2016, selon l'enquête « Risques psycho-sociaux » de la Direction de l'animation de la recherche, des études et des statistiques (Dares) : 532 849 cadres et professions intermédiaires, et 1 089 575 ouvrières et employées, parmi lesquelles on peut distinguer quatre métiers consistant pour l'essentiel à « prendre soin » des personnes en perte d'autonomie : agentes de services hospitaliers (ASH), aides-soignantes (AS), aides médico-psychologiques (AMP) et aides à domicile (AD). Ces métiers se répartissent en 295 165 personnes exerçant en établissement et 367 771 se déplaçant au domicile des bénéficiaires, soit 662 936 personnes au total[1].

Selon l'enquête « Risques psycho-sociaux », le secteur médico-social est marqué par une très forte féminisation : 82 % de femmes contre 50 % de l'ensemble de la population active. Cette caractéristique est encore plus forte dans le champ du « domicile » (84 %) et dans certaines professions comme les aides-soignantes (90 %) ou les aides à domicile (97 %). Une autre caractéristique socio-démographique spécifique est la part des salariées de plus de 50 ans : plus de 33 % des emplois du médico-social contre 29 % dans les autres secteurs. Enfin, dans son ensemble, le secteur médico-social n'accueille pas plus de salariées immigrées ou ayant un parent immigré (21 %) que les autres secteurs (23 % des autres salariées ont au moins un parent immigré). Mais la présence de salariées ayant un lien avec la migration est plus forte dans le champ du domicile (25 %) que dans celui de l'hébergement médico-social (17 %). C'est enfin au niveau plus

1. Pour être exhaustif, il faudrait encore ajouter à ce total une partie des salariées de particuliers employeurs ou d'un organisme public, qui se déclarent comme « aide à domicile » mais ne relèvent pas d'un établissement médico-social.

fin de certaines professions que la part des travailleurs et travailleuses issues de l'immigration est plus visible : 32 % des agents et agentes de service hospitaliers ou encore 26 % des aides à domicile (contre 14 % des aides-soignantes par exemple).

▶ Un état des lieux inquiétant des métiers en charge du grand âge

Suivant que les personnes âgées en perte d'autonomie résident dans leur propre logement, ou qu'elles sont hébergées en Ehpad, leur prise en charge est réalisée par des personnels au statut très différent. On observe ainsi, suivant le lieu d'exercice, des réglementations qui diffèrent, des diplômes aux intitulés variés, des rémunérations à l'heure ou mensuelles, pour des tâches sensiblement identiques, mais organisées différemment.

Quel que soit le statut des personnels, les études et recherches qui se succèdent sur ces métiers depuis une vingtaine d'années convergent vers un constat récurrent de faible qualité de leurs conditions de travail et d'emploi (Marquier *et al.*, 2016 ; Devetter *et al.*, 2023).

Le plus flagrant : les salaires y sont particulièrement peu rémunérateurs. Les cadres et professions intermédiaires[1] y ont un revenu médian de 1 500 euros en 2016 quand il s'élève à 2 018 euros dans le tertiaire hors médico-social. Quant aux quatre métiers que nous avons identifiés ci-dessus (ASH, AS, AMP, AD), leur rémunération est à peine supérieure au SMIC[2] : en 2016, leur revenu mensuel médian est de 1 100 euros quand il est de 1 330 euros pour les autres employées et ouvrières du tertiaire.

Celui des aides à domicile est même largement en dessous du SMIC : 922 euros, du fait de la prévalence dans ce métier de l'exercice à temps partiel : 78 % des aides à domicile travaillent à temps partiel pour une durée hebdomadaire médiane de 25 heures. Les ASH, AMP et AS exerçant en établissement sont moins concernées, 33,5 %, soit à peine plus que la proportion de femmes à temps partiel dans le total des actives. Mais il faut surtout noter que ce temps partiel n'est, selon ces salariées, justifié par la présence d'enfants dans leur foyer que pour 22 % d'entre elles, alors qu'elles sont 44 % à l'expliquer par l'absence d'autres emplois accessibles.

1. Parmi lesquelles on trouve en particulier les « paramédicaux », infirmiers et infirmières, kinésithérapeutes, etc.
2. Salaire minimum interprofessionnel de croissance.

Enfin, la sinistralité y est parmi les plus élevées : le taux d'accidents du travail (65 par million d'heures dans l'aide à domicile — CNAMTS, 2020) est aujourd'hui bien supérieur à celui de l'ensemble des salariés (33 par million d'heures), supérieur même à celui du bâtiment, et en croissance, révélant ainsi des conditions de travail dégradées.

Des appellations professionnelles multiples pour des tâches similaires

Dans les Ehpad, deux « pôles » principaux coexistent :

- le pôle soins, avec un médecin coordonnateur qui pilote le projet de soin, une infirmière coordinatrice ou une cadre de santé/des infirmières qui encadrent les équipes d'aides-soignantes (AS) ;
- le pôle hébergement sous la responsabilité d'une « gouvernante » qui gère une équipe d'agentes de services, parfois appelées agentes de soins, agentes sociales ou encore agentes hôtelières.

D'autres professionnels sont présents : personnel de direction et administratif, agents techniques, cuisiniers, lingères, mais aussi des psychologues, kinésithérapeutes, animateurs, etc. Cependant, ce sont bien les aides-soignantes et les agentes de services qui composent la grande majorité des salariées des établissements : 25 % des effectifs en équivalent temps plein pour les agentes de service, et 45 % pour les AS (Muller, 2017, p. 13).

Au-delà de cette répartition théorique, il existe un flou autour de la répartition effective des tâches, dû parfois à la méconnaissance ou à l'imprécision des textes, mais le plus souvent à des contraintes organisationnelles. Par exemple, entre AS et agentes de services, les modes d'organisation varient selon les établissements, mais la répartition des tâches est approximativement la même. Les AS, le matin, s'occupent de la distribution des médicaments, des toilettes, puis de l'aide pour prendre le repas le midi. Le soir, elles se chargent du linge, du repas et du coucher. Les agentes de service servent le petit-déjeuner, le repas du midi, font la plonge, le ménage de tous les locaux, le changement des draps et le ménage des chambres.

Les infirmières, quant à elles, sont chargées des pansements, des soins, des injections, et ont un rôle important d'encadrement des AS. Elles sont également responsables des relations avec les médecins libéraux qui interviennent auprès des personnes âgées. Mais les personnels « faisant-fonction » sont très fréquents dans les Ehpad. Il n'est pas rare de voir des agentes de services effectuer des toilettes ou des aides-soignantes préparer des médicaments. Ce phénomène résulte à la fois des contraintes portant sur les effectifs et des difficultés de remplacement sur certains postes. Il arrive que certaines directions d'établissements proposent aux AS et aux agentes de services de réaliser les mêmes tâches, parfois en binômes, en en faisant un élément de leur politique de ressources humaines : si elles affichent ainsi une meilleure reconnaissance du travail des agentes de services, il s'agit de permettre plus de souplesse dans l'organisation. Dans les faits, c'est aussi un moyen de pallier les difficultés de recrutement et cela interroge la question des salaires et des qualifications.

À domicile, on retrouve cette distinction entre tâches désignées parfois comme « sociales », mais qui s'apparentent de fait à la sphère domestique, et tâches « sanitaires » dans la division du travail entre les services d'aide et d'accompagnement à domicile (Saad), qui emploient des aides à domicile de divers niveaux de qualification pour des tâches d'entretien du logement et d'aide à la personne (dont « aide à la toilette ») et les Ssiad qui emploient essentiellement des aides-soignantes, sous la responsabilité d'infirmières, pour effectuer surtout des toilettes. Mais les glissements de tâches entre activités professionnelles et domestiques sont sans doute encore plus nombreux, tant le cadre privé du foyer induit une apparente similitude avec le travail domestique ordinaire réalisé par les proches.

Des statuts d'emploi différenciés, mais de faible qualité

Cet éparpillement des métiers est redoublé par l'éclatement des statuts d'emploi correspondants.

Dans les Ehpad, il existe une différence selon le statut juridique de l'employeur. En 2019, 49 % des résidents d'Ehpad sont hébergés dans un établissement public (hospitalier ou non), 21 % dans une structure privée lucrative et 29 % dans une structure privée non lucrative (associations, mutuelles ou fondations). Dans les établissements publics, le cadre d'emploi des salariées peut ainsi être celui de la fonction publique territoriale (pour les Ehpad communaux, intercommunaux ou départementaux), ou hospitalière, mais pas toujours, car beaucoup de personnels sont recrutés comme « contractuels », tandis que dans les établissements privés, ce sont des conventions collectives négociées par les partenaires sociaux qui s'appliquent.

À domicile, la situation est encore plus complexe car il existe de grosses différences de cadre juridique suivant l'employeur. L'aide à domicile peut en effet être apportée soit par des salariées d'organisations à but non lucratif privées

— la plupart du temps des associations —, ou publiques — des centres communaux ou intercommunaux d'action sociale (CCAS ou CIAS) —, soit par des entreprises commerciales, soit encore par des salariées employées directement par la personne âgée bénéficiaire de leurs services, avec le système du chèque emploi service universel (Cesu) le plus souvent, ou par l'intermédiaire d'une organisation mandataire. Cette diversité pourrait être sans importance si elle ne s'accompagnait de différences majeures quant à l'encadrement juridique du travail par les conventions collectives nationales correspondantes, et par des « coûts du travail » induits très différents, qui engendrent une concurrence par les prix d'intervention, en même temps que des conditions d'emploi plus ou moins favorables pour les salariées (Ledoux et Krupka, 2022).

LES CONVENTIONS COLLECTIVES DANS L'AIDE À DOMICILE

Trois conventions collectives coexistent, correspondant à trois types d'employeurs :

- **La Convention collective nationale des salariés du particulier employeur** (CCN SPE) qui encadre l'emploi des salariées lorsqu'elles sont employées directement par la personne âgée bénéficiaire de leurs services, le plus souvent au moyen d'un chèque emploi service universel (Cesu), ou par l'intermédiaire d'un organisme mandataire qui, sans être employeur, réalise les formalités liées à ce statut (recrutement, déclaration à la Sécurité Sociale, établissement des bulletins de paie, etc.).
- **La Convention collective nationale de la branche de l'aide, de l'accompagnement, des soins et des services à domicile** (CCN BAD) qui couvre les salariées employées par une organisation à but non lucratif.
- **La Convention collective nationale des entreprises de services à la personne** (CCN ESP), pour les salariées employées par une entreprise commerciale.

NB : dans les CCAS et CIAS, qui sont des établissements publics, les conditions de travail et d'emploi ne sont pas régies par des conventions collectives, mais par le statut de la fonction publique.

▶ Des conditions de travail dégradées

Quels que soient les statuts d'emploi, dans le contexte d'une recherche de maîtrise des dépenses publiques et, pour les organisations à but lucratif, de rentabilité, les conditions de travail de ces salariées apparaissent particulièrement dégradées.

Une intensification du travail

Dans les Ehpad et l'aide à domicile, les personnels font d'abord face à une intensification du travail. Celle-ci passe notamment par l'instauration d'outils comme la télégestion ou l'informatisation et se manifeste par une pression supplémentaire en termes de nouvelles tâches à effectuer dans le même temps. Le manque de temps est souligné par la majorité des salariées rencontrées dans le cadre de nos enquêtes. Nombre d'entre elles expliquent comment leur propre éthique renforce alors la pression en leur interdisant de laisser des personnes âgées sans soin, ou avec un soin mal fait.

Les contraintes de temps dans le travail sont aussi induites par le nombre d'arrêts maladies qui nécessitent des adaptations réitérées des plannings pour y inclure des tâches supplémentaires non prévues à l'origine. De plus, les outils de gestion évoqués ci-dessus, qu'il s'agisse de smartphones ou de systèmes de télégestion utilisant les téléphones des particuliers, facilitent des changements de plannings quasiment « en temps réel », et accentuent ces pratiques, en renforçant l'injonction à la disponibilité des salariées.

La contrainte temporelle induite est signalée à de multiples reprises en entretien comme un élément qui empêche les salariées de faire leur travail correctement, c'est-à-dire en adéquation avec leur propre conception du service : en prenant le temps pour la relation, en s'attardant pour un usager qui en aurait ponctuellement besoin, sans qu'il soit possible d'anticiper ce surplus de temps nécessaire.

> « Oui c'est un peu la course, je pense que si on avait un petit plus de temps on pourrait être un petit peu plus proche des résidents » (agente de service, Ehpad).

La multiplication du nombre de tâches à réaliser dans un temps réduit entraîne donc une intensification du travail, redoublée par la fragmentation croissante de l'activité.

Une fragmentation de l'activité et un morcellement du service

Qu'il s'agisse des Ehpad ou de l'aide à domicile, on constate en effet une fragmentation des interventions en tâches élémentaires, confiées à des travailleuses distinctes à des moments différents. Dans les Ehpad, la division des tâches entre les salariées (toilettes, repas, ménage) est présente depuis de nombreuses années, et elle y traduit l'institutionnalisation d'une hiérarchie de qualifications, alors qu'elle est plus récente dans l'aide à domicile. Mais dans les deux cas, les salariées font état d'un raccourcissement des durées d'intervention auprès de chaque personne, et de la multiplication du nombre d'interventions à réaliser par jour. Les plannings sont ainsi de plus en plus fragmentés, avec une pression temporelle croissante qui augmente les cadences de travail.

« Ce ne sont que des interventions d'une demi-heure. 45 minutes chez lui parce qu'il y a une grosse toilette, et pour les repas, c'est une demi-heure. Ce n'est que des 30 minutes, des 30 minutes, des 30 minutes » (aide à domicile, association).

« Quand vous faites douze toilettes le matin, ce n'est plus humain, c'est de la chaîne » (agente de service, Ehpad).

La spécificité de l'activité qui nécessite d'être présent sept jours sur sept en particulier le matin et le soir est largement invoquée pour justifier ces contraintes de rythme et de durée, mais elles résultent aussi des politiques d'organisation du travail imposées par la définition des temps productifs. Dans l'aide à domicile en particulier, cette définition exclut les déplacements entre les domiciles, accroissant la pression temporelle sur les intervenantes et invisibilisant les conditions de production du maintien à domicile.

La fragmentation des interventions conduit parfois aussi à leur espacement dans la journée, notamment dans l'aide à domicile, augmentant les amplitudes, sans augmentation du temps de travail effectif rémunéré. C'est un facteur de dégradation de l'emploi et des conditions de travail des salariées, qui ont plus de mal à séparer vie au travail et hors travail et qui décrivent souvent en entretien des pauses repas impossibles.

Les contraintes temporelles supportées par les salariées de ces métiers apparaissent ainsi beaucoup plus fortes que dans le reste du tertiaire, malgré un exercice souvent à temps partiel.

Tous ces éléments contribuent à l'intensification du travail décrite précédemment, à une « augmentation des cadences », qui n'est pas sans conséquence sur la perception que les salariées ont de leur travail. Certaines rejettent alors leur propre travail, considérant qu'il a perdu son sens, ce dont on connaît par ailleurs les effets délétères, sur la santé en particulier.

Ces conditions d'emploi et de travail dégradées entraînent une désaffection des salariées potentielles, conduisant à une « crise des métiers du *care* ». Il semble donc important de comprendre les facteurs qui ont conduit à cette situation.

Tableau 11.1. Contraintes temporelles.

Part des salariées interrogées affirmant travailler...	Employées et ouvrières du secteur tertiaire	Ensemble des agentes de service hospitalier, aides-soignantes, aides médico-psychologiques et des aides à domicile	dont salariées relevant des établissements d'hébergement sociaux et médico-sociaux	dont salariées relevant du secteur social et médico-social sans hébergement	Ensemble des aides à domicile (tout type d'employeurs)
Samedi = jamais	45,5	24	13,5	31,5	41,5
Samedi = habituel	37	60	72	50,5	41
Dimanche = jamais	69,5	32	16	45	54
Dimanche = habituel	15,5	55,5	71	43	33,5
Même horaire tous les jours	66,5	42	52,5	33,5	51,5
Deux périodes ou plus	10,5	22,5	20,5	24	26
Connaissance des horaires dans le mois à venir (= oui)	77,5	70	87	56	70
Tôt le matin = jamais	69,5	66,5	56	75	80
Tôt le matin = habituel	20	26,5	40	15	13.5
Soir = jamais	71,5	61	35	82	78
Soir = habituel	16	28,5	55	7,5	15
Nuit = jamais	85	83	70,5	93	90
Nuit = habituel	7	12	26	0,5	6
Heures supplémentaires = jamais	29,5	36,5	33,5	39	44

Source : Enquête « Risques psycho-sociaux », Dares, 2016. Champ : Salariées du secteur tertiaire.

Lecture : 45,5 % des employées, des ouvriers et des ouvrières du tertiaire répondent ne jamais travailler le samedi ; c'est le cas de 24 % des agentes de service hospitalier, aides-soignantes, aides médico-psychologiques et aides à domicile.

Le *care* empêché par des politiques publiques qui brouillent les frontières et l'identité du médico-social

Il faut ainsi souligner à quel point ce secteur de l'aide aux personnes âgées a été la cible de multiples politiques publiques dans les trente dernières années, avec des réformes qui se succèdent, que ce soit dans les structures d'hébergement ou dans l'aide à domicile (AD), la dernière en date étant la loi du 28 décembre 2015 relative à l'adaptation de la société au vieillissement.

Ces réformes présentent un point commun important : un fort mouvement d'industrialisation des activités, à travers la rationalisation de l'organisation des services et du travail, c'est-à-dire la « recherche d'une standardisation poussée des procédés » (Gadrey, 1994, p. 118), avec des « dispositifs, instruments, indicateurs et standards [qui] cherchent à réguler les pratiques administratives en proposant de mesurer la productivité, la « performance », les « résultats », et la « qualité » des réalisations » (Bezès, Musselin, 2015, p. 135).

Ce mouvement de rationalisation a pour effet de transformer le travail et de rendre floues les frontières du médico-social : l'aide à domicile est parfois confondue avec les emplois domestiques, les Ehpad avec le secteur sanitaire.

▶ L'aide à domicile : médico-social ou domestique ?

La définition du métier d'aide à domicile, telle qu'elle est établie dans les conventions collectives et accords de branche du secteur, s'appuie alternativement sur deux dimensions : le lieu d'intervention (le domicile) ou bien le public visé (constitué prioritairement de personnes vulnérables, âgées ou en situation de handicap). Dans le premier cas, le métier se rattache au monde domestique, caractérisé par une faible reconnaissance des savoirs et savoir-faire nécessaires, étant donné la similitude apparente avec les gestes effectués, la plupart du temps par les femmes, dans les foyers : nettoyer le logement et le linge, préparer et servir la nourriture, faire les courses, aider à se lever, s'habiller, etc. Dans le deuxième cas, moins qu'aux tâches réalisées, c'est à leur effet attendu que le métier est identifié, puisqu'il s'agit alors de préserver l'autonomie, quels qu'en soient les moyens.

Un ballottement du secteur « entre » médico-social et domestique

Du côté de l'AD, les politiques publiques qui se succèdent depuis les années 1980, qu'il s'agisse de politiques sociales, de l'emploi, fiscales, de la concurrence, etc., poursuivent des objectifs différents voire contradictoires (Devetter *et al.*, 2009), oscillant entre reconnaissance des qualifications (Dussuet, Puissant, 2015) et « industrialisation » du secteur (Cahuc, Debonneuil, 2004).

Ainsi, entre la fin des années 1980 et le début des années 2000, c'est la « proximité » domestique qui est mise en exergue, avec des dégrèvements socio-fiscaux pour les « emplois familiaux » et la simplification des formalités administratives pour le particulier-employeur grâce au chèque emploi-service. Ces politiques vont déstabiliser le secteur historique de l'aide à domicile, construit par les associations depuis les années 1940, en semant le doute sur la nécessité de formations pour réaliser des tâches aussi banales, et en effaçant les frontières avec le « domestique ».

La loi n° 2002-2 du 2 janvier 2002 rénovant l'action sociale et médico-sociale, marque donc un tournant puisqu'elle affirme le rattachement de l'AD au secteur social et médico-social, en soulignant le caractère fragile ou vulnérable des usagers de ces services et en soumettant les organisations prestataires potentielles à une « autorisation » délivrée par les départements. La création d'un diplôme d'État pour les aides à domicile, le DEAVS, et la signature, la même année, d'un accord de branche sur les classifications et les rémunérations viennent consolider cet ancrage.

Mais, à partir de 2005, le plan Borloo de « développement des services à la personne » remet clairement le curseur sur le lieu de l'activité, plus que sur les finalités de celle-ci : le domicile redevient le critère d'appartenance à un secteur mélangeant aides à domicile, employées de maison, femmes de ménages, jardiniers, baby-sitters et soutiens scolaires ; l'ouverture au secteur lucratif et les exonérations socio-fiscales doivent permettre un élargissement des « choix » possibles pour les bénéficiaires envisagés comme des consommateurs.

Comment la version « domestique » de l'activité remet en question le care

Cette version « domestique » de l'activité des aides à domicile constitue, de fait, une négation des savoirs et savoir-faire qu'elles mettent en œuvre lors de leurs interventions auprès des personnes âgées, en considérant que celles-ci se réduisent à une succession de tâches, très ordinaires, puisqu'effectuées par ailleurs de façon non rémunérée, par les femmes le plus souvent, et qu'elles ne nécessitent donc ni formation, ni diplôme.

Cette conception permet la fragmentation du travail que nous avons observée plus haut et induit une transformation du travail que déplorent les salariées. La recherche de « gains de temps » conduit en effet les structures employeuses à privilégier les activités « visibles » et mesurables (toilette, repas, etc.) au détriment des temps consacrés à l'entretien de relations avec les personnes aidées, jugés moins indispensables.

« On fait pour le mieux, c'est tout, mais souvent nous sommes dépassées : avec leur demi-heure on ne peut pas tout faire, ce n'est pas possible. Non non. On ne peut pas. Dans la demi-heure, il faut qu'on assume le repas, qu'on assume les choses. Souvent s'il manque des choses, il faut aller vite courir acheter [...]. Et en plus dès que le temps arrive, qu'est-ce qu'on fait des gens ? » (aide à domicile, association).

Or, de l'avis des professionnelles rencontrées, ces temps « relationnels » sont essentiels dans la perspective d'une prise en charge globale des personnes âgées et de la préservation de leur autonomie. Les finalités du travail en termes d'un véritable « prendre soin » deviennent alors inatteignables, supplantées par des objectifs de prise en charge à court terme qui tendent à « déshumaniser » les personnes aidées comme celles qui les aident. Cela conduit les salariées à un sentiment d'obligation à « mal faire son travail ».

À l'inverse, une conception médico-sociale du travail favorise la prise en compte des temps relationnels, et de temps collectifs entre professionnelles. Cela constitue à la fois une amélioration des conditions de travail des salariées et la possibilité pour elles de faire « un bon travail », c'est-à-dire de se placer dans une perspective de *care*, intégrant le souci d'autrui.

Les Ehpad : une médicalisation non assumée ?

L'objectif de la création des Ehpad, par la loi du 24 janvier 1997, était de remplacer les anciennes maisons de retraite en mettant l'accent sur la prise en charge des personnes âgées les plus dépendantes. La question du rattachement de ces établissements au sanitaire, au social ou au médico-social est donc une question ancienne, jamais véritablement tranchée.

Dès 1997, les Ehpad entre le sanitaire et le social

Dès 1975, la création des maisons de retraite devait permettre une autonomie de ces structures par rapport aux hôpitaux. Mais très vite, face à l'augmentation du niveau de dépendance des personnes âgées, sont créées, d'une part, les USLD (unités de soins de longue durée), rattachées aux hôpitaux ; d'autre part, dans les maisons de retraite, des sections de cure médicale financées par l'assurance maladie. Le phénomène reste très ponctuel, limité à 25 % des places mais montre bien l'ambiguïté autour des missions de ces établissements.

En 1997, lors de la création des Ehpad, la question de la prise en charge des personnes dépendantes est omniprésente. Le critère pour qu'une maison de retraite puisse devenir un Ehpad, et ainsi accéder aux financements publics, est d'ailleurs celui du niveau de dépendance moyen au sein de l'établissement. Les Ehpad sont donc à la frontière entre le social et le sanitaire. Ils se distinguent du social par la présence ponctuelle d'un personnel médical (médecin coordonnateur) et paramédial (infirmières, aides-soignantes, etc.) ainsi que par des niveaux de dépendance plus élevés. Ils se distinguent également du secteur sanitaire dans la mesure où ils ne sont pas rattachés à un hôpital et parce que les médecins et infirmiers n'y sont pas présents en permanence. Ce sont ainsi des lieux de vie (avec des prestations type hôtelières), mais aussi des lieux de soin. Concrètement, cela se traduit par la présence de deux autorités de régulation : les ARS et les conseils départementaux, et par le rattachement des établissements à la fois au Code de santé publique et au Code de l'action sociale et des familles (CASF).

Les politiques des années 2000 approfondissent cette logique avec la loi 2002-2 qui renforce le rôle des départements et la logique médico-sociale. Mais, en 2009, la loi hôpital, patients, santé et territoires, dite HPST, accentue la logique sanitaire *via* la création des agences régionales de santé qui vont piloter les appels à projet de création de nouvelles places d'Ehpad.

Une médicalisation sans moyens qui empêche le « prendre soin »

Dans ce contexte, les Ehpad ont également vu une évolution du profil des résidents accueillis, poussée par les pouvoirs publics lors des signatures de CPOM : les résidents souffrent de plus en plus de polypathologies, les entrées sont de plus en plus tardives (autour de 85 ans et 11 mois en 2019, soit 3 mois de plus qu'en 2015) et les durées de séjours sont plus courtes (la moitié des résidents restent moins d'un an et deux mois) (Balavoine, 2022). Alain Villez (2007) parle de « médicalisation » pour désigner le fait que ces établissements qui étaient antérieurement des lieux d'hébergement, sont progressivement devenus des lieux de soin pour personnes âgées très dépendantes. C'est d'ailleurs ce que souligne un médecin coordonnateur rencontré lors de nos recherches :

Finalement le niveau de dépendance des Ehpad aujourd'hui c'est le niveau des unités de soin de longue durée d'il y a cinq ou dix ans. On est en train de glisser vers une dépendance plus importante des Ehpad et vers un vrai changement de profil des populations accueillies. Ce qui pose question par rapport au niveau de compétence des Ehpad [...] est-ce que demain il ne faut pas imaginer des Ehpad où il va y avoir un médecin présent en permanence, où il va y avoir une infirmière au moins joignable 24 heures sur 24, etc. (médecin coordonnateur, Ehpad mutualiste).

Une partie des places en USLD ont été converties au cours des années 2000 en places en Ehpad : les profils de résidents se ressemblent de plus en plus mais les taux d'encadrement sont bien différents : autour de 0,62 équivalent temps plein (ETP) par place d'Ehpad contre 1,1 ETP par lit en USLD (Reynaud, 2020). De plus, le personnel en USLD est principalement composé d'infirmières, de gériatres et d'aides-soignantes quand la majorité des salariées d'Ehpad sont les aides-soignantes et des agentes de service.

Cette question a été particulièrement prégnante lors de la crise de la Covid où les aides-soignantes et les agentes de service ont dû gérer des prises en charge médicales sans en avoir les qualifications et les moyens. Par exemple, les Ehpad n'avaient pas de personnel médical pouvant prescrire et administrer les médicaments pour accompagner la fin de vie des résidents atteints de la Covid. Ils ont également eu les équipements (masques, tests, etc.) après les hôpitaux.

Ainsi, le renforcement de la médicalisation s'est réalisé sans moyens, ce qui a conduit à de faibles taux d'encadrement et à une surcharge de travail pour les salariés. Cela remet aussi en cause progressivement l'appartenance des Ehpad au monde médico-social. La prise en charge globale des personnes âgées dans ces lieux de vie ne relève pas uniquement du soin mais bien du *care*, ce qui implique la nécessaire valorisation des activités relationnelles, y compris dans le temps même des activités de soin.

« Quand il y a trente personnes et qu'on est trois professionnelles, les toilettes sont bâclées. Alors que, justement, la toilette devrait être un moment, un tête-à-tête où on discute, on s'enquiert de la personne » (AMP, Ehpad).

Or les financements distinguent théoriquement le soin de la prise en charge de la dépendance (voir encadré « Le financement public de l'aide à domicile et des Ehpad »), et s'il est conventionnellement admis que les aides-soignantes sont à 70 % sur le volet soin et 30 % sur le volet dépendance, tandis que les ASH sont à 30 % sur le volet dépendance et 70 % sur le volet hébergement, dans les faits, cette délimitation est poreuse. Mais cette distinction conduit à une séparation entre les activités de soin et de prendre soin, contradictoire avec l'approche globale (Henrard, 2016) unanimement prônée, et avec la conception portée par les salariées elles-mêmes du travail de *care*.

CONCLUSION

L'orientation de rationalisation industrielle des activités auprès des personnes âgées en perte d'autonomie, portée par les politiques publiques, que ce soit en établissement ou à domicile, débouche sur une méconnaissance de leur logique spécifique : ni domestique, ni sanitaire, mais centrée sur une approche de *care*. Cela conduit à la fois à des difficultés de prise en charge des personnes âgées et à des conditions de travail dégradées pour les salariées de ce secteur.

L'ancrage des activités d'aide et d'accompagnement auprès des personnes âgées dans le secteur médico-social apparaît donc comme une condition nécessaire à l'amélioration des conditions de travail et à la reconnaissance professionnelle des métiers concernés. Toutefois cela suppose que le médico-social parvienne à tenir un équilibre, fragilisé par les modes de financement publics, entre la tentation du domestique dans l'AD, et celle du médical dans les Ehpad.

Des recherches plus récentes dans des associations d'accompagnement d'enfants et d'adultes en situation de handicap (Le Roy, Puissant, 2023), engagées dans des transformations profondes de leurs modes de financement[1], nous amènent à des résultats très similaires pour cet autre secteur médico-social. La dimension spécifique relationnelle du travail et du service tend à être reléguée en second plan, par rapport au séquençage du travail en tâches, en actes quantifiables et chronométrables, percutant le sens du travail pour les salariées du secteur.

1. Les associations enquêtées dans le champ du handicap ont participé aux enquêtes de coûts pour la réalisation technique d'une expérimentation sur les structures accueillant des personnes handicapées afin de simuler les impacts du prémodèle de financement de ces établissements : réforme pour une adéquation des financements aux parcours des personnes handicapées (Serafin-PH).

Repères institutionnels et réglementaires

Organismes de tutelle

Agences régionales de santé (pour les Ehpad) (ARS).

Conseils départementaux (CD).

Dispositifs

Allocation personnalisée d'autonomie (APA).

Contrat pluriannuel d'objectifs et de moyens (CPOM).

Principales lois

Loi n° 97-60 du 24 janvier 1997 tendant, dans l'attente du vote de la loi instituant une prestation d'autonomie pour les personnes âgées dépendantes, à mieux répondre aux besoins des personnes âgées par l'institution d'une prestation spécifique dépendance. Cette loi met en place la prestation spécifique de dépendance (PSD), ancêtre de l'APA. Elle conduit également la création des Ehpad et à leurs modalités de financement.

Loi n° 2002-2 du 2 janvier 2002 rénovant l'action sociale et médico-sociale.

Loi n° 2005-841 du 26 juillet 2005 de développement des services à la personne, dite « Loi Borloo ». Cette loi met en place un marché des services à la personne et encourage la mise en concurrence des différents offreurs de services, qu'ils soient publics, privés lucratifs, non lucratifs ou l'emploi direct.

Loi n° 2009-879 du 21 juillet 2009 portant réforme de l'hôpital et relative aux patients, à la santé et aux territoires (dite loi HPST). Cette loi modifie les règles encadrant la délivrance des autorisations pour la création, l'extension ou le renouvellement des conventions des Ehpad des appels à projet mettant en concurrence l'ensemble des opérateurs. Elle conduit également à la contractualisation obligatoire *via* les contrats pluriannuels d'objectifs et de moyens (CPOM). Enfin, elle conduit à la création des agences régionales de santé.

Loi n° 2015-1776 du 28 décembre 2015 relative à l'adaptation de la société au vieillissement.

POUR ALLER PLUS LOIN

Devetter F.-X., Dussuet A., Nirello L., Puissant E. (2023). « Les métiers du vieillissement, essentiels et pourtant insoutenables », https://www.sciencespo.fr/liepp/fr/content/annie-dussuet-francois-xavier-devetter-laura-nirello-emmanuelle-puissant-les-metiers-du-viei.html.

BIBLIOGRAPHIE

Balavoine, A. (2022). « Des résidents de plus en plus âgés et dépendants dans les établissements d'hébergement pour personnes âgées. Premiers résultats de l'enquête EHPA 2019 », *Études et résultats*, n° 1237.

Bezes, P. et Musselin, C. (2015). « Chapitre 5 : Le new public management : Entre rationalisation et marchandisation ? », in L. Boussaguet (éd.). *Une French touch dans l'analyse des politiques publiques*. Paris, Presses de Sciences Po, p. 125-152.

Cahuc P., Debonneuil M. (2004). *Productivité et emploi dans le tertiaire*, Paris, La Documentation française.

Daly M., Lewis J. (2000). « The concept of social care and the analysis of contemporary welfare states », *British Journal of Sociology*, 51 (2), p. 281-298.

Devetter F.-X., Jany-Catrice F., Ribault T. (2009). *Les services à la personne*, Paris, La Découverte.

Devetter F.-X., Dussuet A., Puissant E. (2023). *Aide à domicile, un métier en souffrance. Sortir de l'impasse*, Ivry-sur-Seine, Éditions de l'Atelier.

Dussuet A. (1997). *Logiques domestiques : essai sur les représentations du travail domestique chez les femmes actives de milieu populaire*, Paris, L'Harmattan.

Dussuet A., Puissant E. (2015). « Un rôle ambivalent des associations dans la reconnaissance du travail salarié. L'exemple de l'aide à domicile », *Économies et sociétés*, t. XLIX, 7, p. 991-1018.

Gadrey, J. (1994). « La modernisation des services professionnels : Rationalisation industrielle ou rationalisation professionnelle ? », *Revue française de sociologie*, 35 (2), p. 163-195.

Henrard J.-C. (2016). « Handicap, dépendance, perte d'autonomie : du flou des concepts aux catégorisations sociales de politiques publiques », *Sciences et actions sociales*, 3, Art. 3.

Ledoux C., Krupka R. (2022). « Negotiating In A Highly Feminised Sector : The French Domestic Work And Home-based Care Sector », in A. Elomäki, J. Kantola et P. Sandberg Koskinen (éd.). *Social Partners and Gender Equality : Change and Continuity in Gendered Corporatism*, Cham, Palgrave Macmillan.

Ledoux C. (2013). « Care », in *Dictionnaire. Genre et science politique*, Paris, Presses de Sciences Po, p. 79-90.

Le Roy, A., Puissant, E. (2023). « Une mise en marchandise du service d'accompagnement des personnes en situation de handicap : une remise en cause du travail bien fait pour les professionnelles », *Revue française des affaires sociales*, 234: 71-87.

Marquier R., Vroylandt T., Chenal M., Jolidon P. (2016). « Des conditions de travail en Ehpad vécues comme difficiles par des personnels très engagés », *Dossiers de la Drees*, n° 5.

Molinier P. (2006). « Le *care* à l'épreuve du travail — vulnérabilités croisées et savoir-faire discrets », in P. Paperman et S. Laugier (éd.).

Le souci des autres. Éthique et politique du care, Paris, EHESS, p. 299-316.

Muller M. (2017). « L'accueil des personnes âgées en établissement : entre progression et diversification de l'offre », *Dossiers de la Drees*, n° 20

Nicole-Drancourt Ch., Jany-Catrice F. (2008). « Le statut du *care* dans les sociétés capitalistes. Introduction au numéro spécial sur le *care* », *Revue française de socio-économie*, 2 (2), p. 7-11.

Reynaud F. (2020). « Le taux d'encadrement dans les Ehpad », *Dossiers de la Drees*, n° 68.

Tronto J.-C. (2009). *Un monde vulnérable. Pour une politique du* care, Paris, La Découverte.

Villez A. (2007). « Ehpad. La crise des modèles », *Gérontologie et société*, 30 (123), p. 169-184.

Chapitre 12

Les régulations professionnelles du travail dans le médico-social : le cas des Ehpad

Iris Loffeier, Sophia Stavrou, Célia Poulet

RÉSUMÉ

À partir de l'exemple du travail auprès des personnes âgées, ce chapitre examine les transformations contemporaines des professionnalités dans les métiers du médico-social. Il montre précisément comment celles-ci sont travaillées par trois phénomènes : la moralisation des pratiques professionnelles, c'est-à-dire la mise au premier plan par l'encadrement de la qualité des soins et d'une norme éthique de bientraitance au détriment de la question des conditions de travail ; l'internationalisation de la production de ces normes ; enfin, le recours croissant à la formation (initiale comme continue) pour les diffuser auprès des acteurs. La régulation des pratiques professionnelles se trouve ainsi prise dans des jeux complexes à l'articulation des niveaux local, national et international et faisant intervenir une pluralité d'acteurs issus des milieux académiques, du marché des formations et professionnels.

Mots-clés : Ehpad, conditions de travail, moralisation des pratiques, bientraitance, interprofessionnalité, régulations, évaluation de la qualité, internationalisation, formation professionnelle, formation continue, formation.

DANS LE SECTEUR médico-social, les professionnalités sont traversées par de multiples tensions et débats qui parcourent les discours et les pratiques liées à chaque catégorie de population ciblée : jeunesse, personnes handicapées et personnes âgées notamment. Les enjeux qu'elles véhiculent sont tout à la fois sanitaires, politiques ou encore moraux. Chaque « branche » du secteur correspond à une spécialité différente, définie par et pour les populations prises en charge : même s'il existe des porosités, les champs de la vieillesse, de l'hôpital ou du handicap apparaissent, pour ne citer qu'eux, relativement hermétiques les uns aux autres. À partir de l'exemple du travail auprès des personnes âgées, qui constitue l'ancrage de ce chapitre, nous examinerons trois phénomènes actuels importants pour saisir les transformations du marché du travail et des conditions d'exercice dans le secteur médico-social : la moralisation des pratiques professionnelles, l'internationalisation des cadres et des régulations, et, enfin, le rôle grandissant de la formation (initiale comme continue), à l'interface des deux premiers.

En tant que sous-secteur de l'action sociale et médico-sociale, le vieillissement dessine une population, celle des personnes âgées. Cette catégorisation implique des connaissances et des cadrages, qui en retour ont des effets, notamment, sur le travail médico-social et ses régulations. En tant que population, les personnes âgées ont pour spécificité d'être d'abord socialement considérées à travers le prisme de leur vulnérabilité, c'est-à-dire en tant que « personnes à risque, susceptibles d'être exposées à des atteintes, à des situations d'exclusion, de désaffiliation, à des problèmes de santé, en raison de leur situation sociale et/ou de leurs incapacités » (Hudebine, 2019, p. 61). Cette approche contribue à porter l'accent sur « les risques auxquels [les personnes] sont exposées ainsi que leurs capacités à résister à ces risques. [...] [La vulnérabilité] qualifie moins un état que l'on peut mesurer que des possibles que l'on ne peut que supputer et éventuellement accompagner » (Dourlens et Vidal-Naquet, 2016). Leur vulnérabilité, propriété floue, devient pourtant l'objet d'une protection, qui prend la forme d'un travail institutionnel et législatif portant notamment sur les pratiques professionnelles auprès des usagers des services sociaux et médico-sociaux. En réponse, la notion de qualité devient l'une des clés centrales de la mesure de l'efficacité des institutions concernées.

Cette alliance entre les notions de vulnérabilité et de qualité contribue, depuis le tournant des années 2000, à mettre l'accent sur l'éthique des pratiques de soin et à structurer leur architecture autour d'objectifs de bientraitance pour les bénéficiaires. Elle permet également de préserver leur ancrage dans les caractéristiques spécifiques du travail médico-social en Ehpad — celles-ci font l'objet de la première partie de ce chapitre. La moralisation des pratiques, qui est au cœur du travail quotidien, pose cependant la question des échelles auxquelles se produisent les normes professionnelles. Car on la retrouve au cœur des discours nationaux et supranationaux, qui occupent une place grandissante dans les professionnalités du secteur. Au-delà des législations et régulations nationales, le travail médico-social auprès des personnes âgées est en effet essentiellement encadré par un droit souple, la production et la circulation à différents niveaux d'un ensemble de rapports officiels d'ordre recommandatif. Cela participe du renforcement de la gouvernance externe sur les professions, et configure une régulation aujourd'hui globalisée des expertises professionnelles. Elles seront au cœur de la seconde partie. À partir de ces différents éléments, la troisième partie traite du rôle et des enjeux de la formation des professionnels, érigée en réponse aux problèmes de qualité des soins par les discours officiels.

Les Ehpad, lieux d'emploi et de vie

L'attention législative et publique aux conditions de vie des pensionnaires en établissement et à l'éthique des pratiques professionnelles censée garantir leur qualité, a longtemps contribué à occulter la question des conditions de travail dans le secteur de la prise en charge des personnes âgées (voir chapitre 11). Celles-ci, profondément modifiées, entre autres, par l'avènement du nouveau management public au tournant des années 2000, ont été documentées notamment par des travaux portant sur certains groupes professionnels, celui des aides-soignantes en particulier (voir les travaux de Lise Causse (2004) et François Aubry (2011), notamment). Mais tous les employés n'appartiennent pas à des groupes professionnels organisés, comme par exemple les agents de service hospitalier (ASH), pourtant présents à part quasiment égale avec les aides-soignantes dans les établissements. Afin de mieux saisir à quelles réalités de terrain s'adressent les régulations professionnelles au centre de notre analyse, nous établirons, dans cette première partie, un rapide état des lieux des particularités des Ehpad en tant que lieux de travail. Ils accueillent une population de plus en plus spécifique, et le travail quotidien auprès de ces personnes se démarque d'autres structures du secteur médico-social.

▶ Lieux de vie et de travail à la marge

En France, le vocable de « dépendance » est réservé au champ des prestations destinées à la population des personnes âgées qu'il délimite ainsi. Les établissements d'hébergement pour personnes âgées dépendantes (Ehpad) font, depuis le tournant des années 2000, l'objet d'une contractualisation tripartite entre département, agence régionale de santé, et établissement. Cette contractualisation et cet acronyme n'ont pas complètement remplacé l'appellation usuelle de « maison de retraite », qui contribuait à faire penser que tout un chacun, sorti de la vie professionnelle, serait concerné par l'éventualité d'y vivre. Pourtant, leurs résidents ne représentent qu'une part minoritaire de leur classe d'âge. On y trouvait, en 2009, environ 10 % des personnes de plus de 75 ans, 28 % des plus de 85 ans (Prévot, 2009). L'augmentation du nombre de personnes d'âges très élevés dans la population étant plus importante que celle que l'on trouve en établissement, cette part a même diminué en 2019 (Balavoine, 2022). Les propriétés des populations accueillies n'ont, en effet, cessé de se modifier selon une tendance continue : très majoritairement féminines, toujours plus âgées en moyenne (en 2019, la moitié a plus de 88 ans et seuls 18 % ont moins de 80 ans), elles présentent des pathologies de plus en plus nombreuses, handicapantes, des troubles cognitifs dans la plupart des cas (9 résidents sur 10 avant 70 ans) (Balavoine, 2022). Les personnes qui y sont prises en charge représentent donc, dans leur grande majorité, une part spécifique des personnes âgées : celles pour qui une autre prise en charge n'apparaît plus envisageable ; les plus vulnérables, chez qui les polypathologies, les troubles cognitifs, les incontinences et/ou les limitations de la vie quotidienne sont les plus importantes.

La vieillesse a en outre cela de particulier que les aides qui lui sont apportées par la réglementation sont établies « à vie » (Rossigneux-Méheust, 2018), considérant que les difficultés auxquelles elle doit faire face sont inéluctables et irréversibles. Cette dimension est cruciale dans les représentations des aides, professionnelles ou non : celles-ci ne pourront pas rétablir la santé, mais seulement accompagner ce qui est considéré comme un déclin inéluctable. La vocation soignante peut s'en voir remise en cause.

Les statistiques du travail en Ehpad

Voir les travaux de la Drees : https://drees.solidarites-sante.gouv.fr/, et en particulier :

Bazin, M., Muller, M., Drees, (2018). « Le personnel et les difficultés de recrutement dans les Ehpad ». *Études Résultats*.

Marquier, R., Vroylandt, T. Drees, (2016). « Des conditions de travail en Ehpad vécues comme difficiles par des personnels très engagés ». *Dossier de la Drees*.

Martin, C. et Ramos-Gorand, M. (2017). « High turnover among nursing staff in private nursing homes for dependent elderly people (EHPADs) in France: impact of the local environment and the wage ». *Économie et Statistique/Economics and Statistics*, 493, 49-66.

Muller, M., Drees, (2017). « L'accueil des personnes âgées en établissement : entre progression et diversification de l'offre – ministère des Solidarités et de la Santé », *Dossier de la Drees*.

Autre particularité : petites structures du point de vue salarial, les Ehpad échappent généralement aux obligations faites aux établissements de plus de cinquante salariés, comme la désignation d'un délégué syndical ou la mise à disposition d'un local syndical. Et alors que depuis le rapport Laroque de 1962 — texte central de la mise du vieillissement à l'agenda public —, la préconisation était de démédicaliser l'accueil collectif des personnes âgées, la création des Ehpad met en branle une dynamique inverse (Sibille et Joël, 2016). Cette remédicalisation a eu notamment pour incidence une augmentation de la proportion de personnels soignants par rapport aux ASH (Lechevalier Hurard, 2014) : alors que les deux professions étaient présentes en moyenne à parts égales dans les établissements au tournant 2010, la première est devenue majoritaire à la fin de la décennie (Bazin *et al.*, 2018). La répartition des tâches entre corps de métiers (notamment infirmières, aides-soignantes et ASH), alors même que leur intitulé se rapporte aux métiers de la santé, s'avère, dans les pratiques, assez différentes de celle à l'hôpital. Une délégation en cascade tend, souvent, à voir des ASH se charger d'une partie des tâches dédiées, en milieu hospitalier, aux aides-soignantes, tandis que ces dernières peuvent endosser des fonctions d'ordinaire réservées aux infirmières, elles-mêmes pouvant à l'occasion pallier la présence sporadique, voire l'absence, de médecins, notamment coordonnateurs (sur ces points, voir également le chapitre 11).

▶ Une aidance sacrificielle ?

La dimension civique de l'engagement professionnel auprès de personnes dont on considère qu'elles n'ont plus d'autre solution et qu'elles sont délaissées par le corps social, est centrale dans les discours des personnes travaillant en établissement. Une partie des employées, souvent les moins formées, déclare cependant être venue travailler en maison de retraite faute d'un emploi plus désirable, du moins au premier abord, leurs représentations pouvant changer avec la pratique (Marquier et Vroylandt, 2016, p. 21). Le travail en établissement, décrit comme pénible aussi bien physiquement qu'émotionnellement, est considéré comme mal reconnu par l'ensemble des travailleuses du secteur (Marquier et Voleyrandt, 2016 — voir section « Pour aller plus loin »). Faire face aux nombreux cas de démence, subir leurs manifestations parfois éruptives comme les coups, les cris et les insultes, font partie du quotidien. À différents degrés, tous les niveaux hiérarchiques sont concernés : des femmes de ménage jusqu'aux directions, les discours décrivent volontiers des pratiques fortement contraintes, notamment par des cadences imposées et des logiques financières et comptables.

Les conditions de travail sont intrinsèquement liées à la qualité des soins prodigués, et pourtant les unes et les autres tendent à être construites comme antagonistes. Les revendications en faveur de meilleurs aménagements pour le travail peuvent être perçues comme des stratégies de résistance, et elles tendent à être délégitimées au nom de ce que ces aménagements feraient « perdre » aux soins (Loffeier, 2015). Prenant appui sur cette dichotomie, les employées de ces établissements revendiquent d'ailleurs, dans leurs luttes ponctuelles, depuis le milieu des années 2010, non plus de meilleures conditions de travail, mais de meilleurs traitements pour leurs pensionnaires. Ces luttes, lorsqu'elles parviennent à s'organiser, se situent à l'échelle d'un établissement, sans donner lieu à des mobilisations collectives transversales, que cela soit d'un secteur ou d'un groupe professionnel.

Les établissements se caractérisent par des turnovers élevés (jusqu'à trois fois plus importants que dans les hôpitaux ou les cliniques privées), et ce particulièrement pour les postes les plus qualifiés — infirmières et aides-soignantes étant les plus susceptibles de quitter leur emploi (Martin and Ramos-Gorand, 2017). En France en 2015, 44 % des établissements déclarent rencontrer des difficultés de recrutement, et c'est la moitié d'entre eux lorsque l'on considère les seuls Ehpad privés, tandis que 63 % des établissements déclarent avoir des postes non pourvus depuis plus de 6 mois (Bazin et Muller, 2018). Cela constitue l'un des enjeux centraux pour les gestionnaires et les directions de ces établissements (Sibille et Joël, 2016). Mais cela signifie surtout que le travail s'effectue souvent en sous-effectif, pallié par l'embauche de personnel en CDD plus ou moins habitué à l'établissement et ses résidents, d'intérimaires à la présence très ponctuelle qu'il faut informer des spécificités locales, et parfois même sans remplacements (Billaud et Xing, 2016).

Cette situation dépasse largement le cadre de la France ou de l'Europe francophone. En Suisse, par exemple, l'enquête Shurp, réalisée à l'université de Bâle, montre que deux tiers des personnels travaillent à temps partiel ; femmes peu qualifiées dans leur grande majorité, elles sont d'un âge plus avancé que leurs collègues des hôpitaux (Merçay *et al.*, 2016), et sont sujettes à divers risques professionnels, dont les accidents et troubles musculosquelettiques, la fatigue et les troubles du sommeil, le stress, les maux de tête et les dermatites, liées à l'usage fréquent de produits désinfectants (Dhaini *et al.*, 2016). La crise de la Covid a même contribué à mettre en lumière en 2020 l'ampleur internationale de ces questions. Les problèmes liés aux conditions de travail des professionnels de la santé et des soins ont continué à s'aggraver depuis, selon le Sommet mondial de l'innovation pour la santé, si l'on considère notamment l'épuisement professionnel, l'augmentation des charges de travail, l'isolement, le sentiment d'être abandonnés et sous-estimés par leurs organisations, ayant entraîné aussi une aggravation des problèmes de santé mentale (WISH, 2022). C'est aussi pour traiter ces problèmes que des organismes comme l'Organisation mondiale de la santé appellent les États à l'action pour la protection, la sauvegarde et l'investissement dans le personnel de santé et de soins (WHA74.14), bien que ces démarches soient par ailleurs très antérieures à l'année 2020.

Internationalisation des problèmes, des solutions et des cadres professionnels

Si les cadres réglementaires qui déterminent les périmètres des établissements et les formes de solidarités intergénérationnelles sont définis à l'échelle nationale, le vieillissement des populations, phénomène démographique transformé en problème politique (Katz, 1992) dans et par les pays du Nord, représente un défi mondial. Les solutions qui lui sont apportées doivent de ce fait être pensées à cette échelle. L'établissement pour personnes âgées (*nursing home*) apparaît comme l'une des réponses au vieillissement de la population de plus en plus répandue dans le monde, accompagnant et s'accompagnant de modifications dans les modes de solidarités sociales et familiales. Mais tant que cela est possible, la préférence va aux aides à domicile, moins onéreuses et plus proches des souhaits exprimés par leurs clients directs ou potentiels, tant que la dépendance n'est pas trop élevée. Cela est vrai en Europe (Martin et Le Bihan-Youinou, 2008) comme ailleurs, où le développement des établissements peut apparaître comme le symptôme de l'essor d'un individualisme importé des pays du Nord (Brosius et Mandoki, 2020) et le symbole du tenace « mythe de l'abandon des familles » (Richelle et Loffeier, 2017). L'établissement prend ainsi des formes comparables partout où on le retrouve, dans l'espace comme dans le temps, dans ses grandes lignes de fonctionnement. Ses formes alternatives, notamment lorsqu'elles cherchent à contrer les dimensions problématiques de « l'institution totale » (Goffman, 1968) — par exemple en faisant ressembler l'établissement à un domicile ou un hôtel — tendent elles aussi à être institutionnalisées et diffusées à l'échelle internationale (Braedley, 2018).

▶ Entre internationalisation et individualisation, des régulations « prêtes à porter »

Au cours du XXe siècle, la production des normes de bonnes pratiques passe des règlements internes, propres à chaque établissement, aux référentiels professionnels, nationaux ou étatiques (Richelle et Loffeier, 2017). Ces normes semblent néanmoins aujourd'hui aux prises avec une situation paradoxale, tendue entre le niveau international et un retour au très local, où le national joue un rôle d'intermédiaire : d'un côté, les pratiques et leur bonne définition se discutent au plan supranational, tandis que, de l'autre, elles sont évaluées à l'échelle des établissements, rendus responsables de cette évaluation par des cadres nationaux. Les nouvelles normes concernant les politiques publiques relatives au soin des personnes âgées circulent, elles, entre les différents niveaux, établissements, régionaux, étatiques, ou supranationaux. Ce faisant elles font émerger des discours officiels caractérisés par un grand nombre d'éléments communs, se faisant écho (présentant une très forte intertextualité), établissant ainsi une communauté de sens autour de l'action ainsi qu'autour de la nécessité de partager un même langage d'action.

Même si la définition des bonnes pratiques s'élabore dans cette circulation, et non dans une logique purement « descendante », les organisations internationales jouent, depuis le tournant du XXIe siècle, un rôle important dans la production des normes et des critères d'évaluation des pratiques professionnelles. L'Organisation mondiale de la santé (OMS) est un acteur central dans la production du discours officiel supranational en matière de santé, et en direction du personnel de santé en particulier, à côté d'autres acteurs, comme l'Organisation internationale du travail (OIT) et l'Organisation pour la coopération et le développement économique (OCDE). À partir des années 2000, le discours sur les compétences nécessaires et attendues des ressources humaines en santé s'intensifie et converge avec une rhétorique plus globale relative aux politiques d'emploi et à la croissance économique, qui insiste sur les besoins grandissants dans le domaine de la santé. Le discours politique met dès lors en avant :

- l'autonomie et le développement des capacités des personnes ;
- les pratiques basées sur l'accompagnement individualisé des patients et le plan de soin compréhensif ;
- la bientraitance et l'humanisation de la prise en charge liées au consentement et à la dignité des personnes.

Ainsi, c'est notamment au niveau supranational que se cristallise l'idée que l'amélioration de la qualité de vie et du bien-être des personnes âgées passe par une transformation des pratiques de soin, des compétences et plus largement des dispositions des professionnels et de la culture soignante.

La définition des bonnes pratiques est ainsi à la fois déterritorialisée et interprofessionnelle. Dans cette configuration, la qualité des pratiques ne découle plus automatiquement des qualifications — c'est-à-dire d'une définition collective de la relation entre geste et connaissance — mais de compétences, qui représentent des manières individualisées d'interpréter et valoriser ces gestes. Cette modification, trace d'une individualisation des rapports au travail, à la réussite et au bon geste, n'est en rien spécifique au champ du vieillissement. Elle fait paradoxalement marcher internationalisation et individualisation main dans la main : à mesure que les lieux de définition des cadres s'éloignent, les responsabilités individuelles se renforcent, à l'échelle des employées, rendues responsables de leurs actes, ou des établissements, tenus de rendre éthiquement valables leurs politiques locales de fonctionnement. Les régulations apparaissent sous ce jour comme une forme de « prêt-à-porter » : valables pour le plus grand nombre, elles doivent être adaptées à chaque situation.

▶ Diffuser les bons cadrages : consensus et promotion de « la » formation

L'OMS, en 2016, initie l'« action multisectorielle pour une approche du vieillissement en bonne santé », afin de veiller à ce que les personnels de santé soient « correctement formés, déployés et gérés » (OMS, 2016a, p. 20). Elle met aussi en place en 2016, pour le champ de la santé plus largement, la Stratégie mondiale sur les ressources humaines pour la santé à l'horizon 2030 (OMS, 2016b). Celle-ci incite les États à développer des politiques dont l'objectif premier est d'optimiser la performance, la qualité et l'impact de la main-d'œuvre. La formation continue des professionnels et le développement de compétences plus durables et mieux adaptées, doivent permettre l'adoption d'un modèle de prestation de soins de santé centré sur la personne, basé sur la collaboration interprofessionnelle, et des services de santé intégrés. La question de la qualité et de la performance des soins en établissement, ainsi que de leur évaluation continue, est transformée en objet dans et par le discours politique supranational. L'un des leviers les plus consensuels y est l'accès à la connaissance, permettant de pointer à la fois le problème du risque de maltraitance — présenté comme résultant d'un manque d'informations — et sa résolution — par le recours à la formation. Cette stratégie définit ainsi la formation — en général — comme une priorité, et promeut en particulier la formation continue des professionnels. Son objectif est de renverser les stéréotypes et l'image négative attachée à la vieillesse : combattre l'« âgisme », et prévenir la « maltraitance » dans sa prise en charge.

L'instauration de la formation comme solution aux problèmes qui se posent en établissement se structure cela dit autour d'un certain nombre d'implicites. Au premier rang de ceux-ci, « la formation » comme « la formation continue », en tant qu'expressions figées, représentent dans la plupart des discours officiels des catégories mal définies, qu'il s'agisse de leurs contenus, de leurs modalités ou des acteurs susceptibles de les délivrer. « La » formation est ainsi évoquée par et dans les injonctions comme une opération au singulier, sans producteurs spécifiquement désignés (publics, associatifs ou privés, notamment), sans contenus et sans objectifs précis, en dehors de quelques lignes directrices telles que, par exemple, « l'interdisciplinarité », « les compétences relationnelles » (CCNE, 2018), « décloisonner les compétences d'aides-soignants et des accompagnants éducatifs et sociaux » ou encore « favoriser la polyvalence établissement-domicile » (El Khomri, 2019). Les publics précis de ces formations sont, également, évoqués de façon évasive. Qui, précisément, doit être formé ? Si tous les professionnels, à tous les niveaux hiérarchiques, peuvent être appelés à faire évoluer leurs pratiques, les contenus les concernant ne sont pas précisés. Comment doivent-ils être formés et par qui ? Répondre à ces questions est laissé aux établissements et/ou à leurs employées elles-mêmes, qui sont alors confrontés à l'appréciation d'un marché de la formation aux offres variées et aux multiples spécialistes. Les injonctions à l'accroissement de la formation en établissement, de ce point de vue, apparaissent comme une délégation des pouvoirs publics au secteur lui-même et au marché de la formation, à qui il revient de préciser les contenus et les dispositifs pédagogiques requis.

▶ La validation des acquis d'expérience, terrain d'entente français ?

Mais la formation continue n'apparaît pas seulement comme une injonction descendant depuis les instances nationales et supranationales vers les professionnels. Elle répond également à une demande des professionnels eux-mêmes qui recherchent l'actualisation de leurs compétences, reconnaissant les capacités de certains savoirs et savoir-faire pour faire face aux situations rencontrées. En France, sur la base des rapports (2019) de Dominique Libault, président du Haut Conseil du financement de la protection sociale et de Myriam El Khomri, ancienne ministre du Travail, de l'Emploi et de l'Insertion, un engagement a été pris en octobre 2021 pour un plan de trente-sept actions afin de revaloriser les métiers dits « du grand âge et de l'autonomie ». Ces propositions prônent la hausse du nombre des personnes formées, en particulier pour les aides-soignantes et les accompagnants éducatifs et sociaux et notamment, dans les Ehpad et les services d'aide et d'accompagnement à domicile (SAAD), et l'augmentation du recours à la validation des acquis de l'expérience (VAE). Celle-ci apparaît comme un terrain d'entente entre demandes du terrain et injonctions descendantes. D'un côté, elle permet de reconnaître que les gestes et les responsabilités exercées ne correspondent pas toujours aux statuts, notamment lorsque les délégations en cascade sont instituées de fait. De l'autre, elle permet de réajuster les relations entre compétences, qualifications, et promesse de qualité. Elle offre une reconnaissance accrue aux particularités des divisions du travail qui existent de fait dans le secteur, tout en s'efforçant de structurer le domaine de spécialisation, instituant une nouvelle catégorie professionnelle. Car cette spécialisation s'avère relativement informelle et mal identifiée institutionnellement dans les parcours de formation — même la gériatrie ne représente pas une spécialité au même titre que les autres en médecine, dans la mesure où elle ne bénéficie pas d'un contingent de places dédiées au concours de l'internat. Sans créer de nouveaux parcours éducatifs, la VAE permet de rapprocher marché du travail, professions et qualifications, qui y trouvent une possible mise en cohérence.

LES PROFESSIONS, LES ÉTABLISSEMENTS ET LA FORMATION

Le développement de la formation comme réponse au problème de la qualité des soins modifie profondément les rapports sociaux à la connaissance et au travail en établissement, en impliquant notamment de nouveaux acteurs : les producteurs de formations. Participants d'un marché de la formation continue à destination des professionnels du soin, ils appartiennent aussi bien aux secteurs publics, parapublics, associatifs ou privés. Les formations peuvent être dispensées par des formateurs professionnels ou des professionnels formateurs, être spécialisées sur certaines pathologies de l'âge ou plus générales, être orientées vers la pratique comme la théorie, être dispensées sur les lieux de travail ou en situations de classes externes aux établissements, être diplômantes ou non, etc.

Ces formations sont des dispositifs sociaux complexes, qui opèrent une traduction entre un champ de la production des connaissances et un espace de réception de ces connaissances. Elles associent et organisent dans un discours pédagogique des éléments issus de la pratique, de la recherche et des recommandations officielles. On entend ainsi par « acteurs de la formation professionnelle » toute institution ou tout individu revendiquant de porter un changement sur les pratiques professionnelles par le déploiement d'un discours pédagogique spécialisé et identifié comme tel. Ce faisant, ces acteurs sociaux avancent une légitimité à réformer le travail auprès des personnes âgées dépendantes par la transmission de savoirs et de savoir-faire spécifiques, adaptés et innovants, destinés aux professionnels. Or le vieillissement, en tant que champ de connaissance, apparaît comme une arène où les luttes de légitimité restent vives, et les conflits et désaccords nombreux, ce qui contribue à dessiner un paysage multiple de ce qui peut être entendu comme « formation », et que nous verrons dans un premier point. Nous verrons ensuite comment connaissance et moralisation des pratiques sont associées dans le procès de transformation à l'œuvre.

▶ Qui sait ?

Si la thématique du vieillissement est, au cours du XXe siècle, d'abord appréhendée à partir des années 1930 aux États-Unis, et plus tardivement en Europe, comme une question démographique et médicale, elle est revendiquée de façon croissante par les sciences humaines et sociales à partir des années 1970 et 1980. La possibilité de reconnaître la gérontologie comme une discipline commune à plusieurs champs du savoir, incluant les savoirs médicaux et voulant refléter la

« complexité » du vieillissement, butte pourtant encore, en particulier dans la sphère francophone, sur l'absence à la fois de consensus sur les méthodes, de théorie unificatrice, et d'une communauté de praticiens bien délimitée. Aucun de ces savoirs ne renvoie, d'ailleurs, à des métiers présents en établissement, ou à des éléments de formation en relation précise avec les qualifications des groupes professionnels qui y travaillent ; ils s'inscrivent néanmoins dans des discussions globalisées.

Les tensions qui traversent le champ de recherche sur le vieillissement produisent ainsi des situations qui peuvent apparaître contradictoires : les établissements ont la possibilité de « consommer » des sessions de formation aux discours diamétralement opposés, qui pourront ensuite cohabiter dans les discours des professionnels, constituant un véritable mille-feuille sémantique. Les offres de formation disponibles pour la prise en charge des patients diagnostiqués Alzheimer pourront par exemple soit proposer un discours centré sur la spécificité de ces patients, soit au contraire remettre en question la pertinence même de la catégorie nosographique.

La formation continue prend dans ce contexte une envergure particulière, bien au-delà de la tenue parfois anecdotique de sessions de formation, avec l'idée qu'il s'agirait d'opérer un « changement de culture » chez les personnels du secteur. Cette configuration participe autant qu'elle relève de phénomènes plus généraux de libéralisation de l'expertise. Celle-ci se réalise au détriment des monopoles professionnels et au profit d'experts se présentant comme indépendants des enjeux internes aux établissements. Tour à tour producteurs des règles de bonnes pratiques, évaluateurs, consultants, concepteurs des critères de mesure de la qualité, les formateurs-experts donnent à voir un objectif de transformation qui tente de porter sur l'ensemble de la chaîne pédagogique. Leurs discours et leurs pratiques condensent les exigences des questions locales propres aux établissements, les objectifs nationaux et internationaux, ainsi que les exigences propres au niveau intermédiaire de la formation continue. Revendiquant une indépendance par rapport aux directions et plus largement aux employeurs des professionnels dont ils entendent réformer les pratiques, les organismes de formation se positionnent ainsi à la fois en producteurs de contenus et en évaluateurs de la mise en pratique, de l'efficacité de ces contenus et en auteurs d'outils de suivi du changement au niveau micro des établissements.

▶ Moralité, les vertus de la connaissance... ?

Sur le terrain, les pratiques professionnelles doivent répondre à une double exigence : morale d'une part, technique de l'autre. Morale, avec la montée en puissance de la notion de bientraitance qui appelle des savoir-être particuliers, une « éthique de la sollicitude » envers les patients âgés qui fonctionne comme une norme. Celle-ci « suppose [...] de savoir s'ajuster à leurs besoins spécifiques, d'être à même d'évaluer ces besoins, autrement dit d'éprouver une certaine empathie pour leur dépendance » (Avril, 2008, p. 52). Elle est commune aux aides à domicile comme au personnel d'établissement, c'est-à-dire qu'elle est propre au travail auprès de ce public. Technique, car la prise en charge de personnes âgées requiert, selon ce modèle, des savoir-faire spécifiques dont une partie peut être amenée par les contenus de la formation continue et qui entrent parfois en tension avec la formation initiale.

Moralité du travail et technicité des gestes peuvent se télescoper : d'une part, les gestes techniques sont seuls reconnus dans les logiques organisationnelles et comptables (Lancelle, 2016). La bonne morale, la dimension humaine et les possibles écarts à l'éthique ne sont ni quantifiables, ni reconnus par les modèles de financements publics du travail fourni, puisque les grilles servant à le mesurer ne mesurent que les gestes et les réalisations, et non leur intellectualisation. Une hiérarchisation conceptualisée comme « réductionniste » et source d'une « violence épistémique » pour les travailleurs du soin (Banerjee *et al.*, 2015) (voir rubrique « Pour aller plus loin »). De l'autre, la reconnaissance de ces compétences et l'acquisition de savoir-faire spécifiques, comme dans le cadre de dynamiques de professionnalisations nouvelles, se heurtent à la naturalisation des savoir-être qui restent des attendus des métiers auprès des personnes âgées :

> « Malgré les tentatives de fonder une expertise de prise en charge de la maladie d'Alzheimer professionnalisée sur des qualifications validées par un diplôme (ASG [assistantes de soins en gérontologie]) et par la création d'outils techniques élaborés, on voit [...] la persistance, dans les attendus du métier, d'une dimension naturalisante de la compétence, incorporée à la personne, opposée à l'idée même de qualification professionnelle, comme label collectivement contrôlé » (Lechevalier Hurard, 2014, p. 117).

Dans ce contexte, les discours des employés donnent à voir une structure particulièrement polyphonique (Loffeier *et al.*, 2022). Y cohabitent des dimensions éthiques sur les bonnes pratiques et attitudes, les exigences professionnelles de leur corps de métier, celles des établissements qui les emploient, des résidents et résidentes dont elles s'occupent, celles de leurs entourages et encore des « outils » des formations continues qu'ils ont reçues et retenues. Ainsi, dans les mêmes discours, peuvent tenir ensemble des propositions aussi différentes que le respect du souhait d'un résident qui refuse une douche, et l'obligation d'une toilette quotidienne, réglementaire pour l'établissement, inscrite dans les normes professionnelles telles que dispensées en formation initiale, et tacite et pratique vis-à-vis des attentes des familles. Au final, il revient aux professionnelles elles-mêmes d'arbitrer entre des objectifs qui apparaissent difficilement conciliables, voire qui sont contradictoires. Cela crée de nombreux risques professionnels, au premier rang desquels celui d'une souffrance éthique ou épistémique (voir chapitre 14). Le plus souvent non diplômantes et non certifiantes — à l'exception des validations des acquis de l'expérience —, les formations peuvent néanmoins offrir une forme de promotion symbolique aux personnes formées en transformant au moins les perspectives et l'implication morale et intellectuelle.

Conclusion

Comme d'autres domaines d'activité, le champ de la prise en charge des personnes âgées est travaillé par des reconfigurations des relations entre secteurs sanitaire, social, d'éducation et d'emploi, lesquelles s'inscrivent dans des dynamiques à la fois locales, nationales et internationales. Mais si les attentes morales font consensus dans les discours des instances officielles comme auprès du grand public, leur traduction opérationnelle est laissée aux acteurs eux-mêmes. Il revient à ces derniers, à tous les niveaux de la pratique, de tenter de résoudre les impensés et les libéralités de modèles d'expertise professionnelle parfois contradictoires entre eux. Ces modèles échappent en partie aux groupes professionnels, et peuvent se présenter comme des produits privés, aux propriétaires exclusifs, et distribués selon des règles du marché international. En tissant les liens entre ces différents niveaux d'analyse et en identifiant les acteurs impliqués (résidents, professionnels, pouvoirs publics, organismes de formation notamment), on peut alors saisir les processus de transformation à l'œuvre dans leurs dynamiques comme dans leur complexité et leur intrication.

REPÈRES INSTITUTIONNELS ET RÉGLEMENTAIRES

Agences publiques ou parapubliques les plus importantes

Les deux agences ci-dessous jouent, l'une au niveau international, l'autre au niveau national, un rôle central dans l'élaboration du discours officiel recommandatif. Celui-ci encadre les pratiques institutionnelles et professionnelles dans le champ du travail médico-social en Ehpad, notamment en constituant des critères d'évaluation, et incite à leur changement.

- Organisation mondiale de la santé (OMS).
- Haute Autorité de santé (HAS)/Agence nationale de l'évaluation et de la qualité des établissements et services sociaux et médico-sociaux (Anesm).

Au niveau national, l'article 2 de la loi du 2 janvier 2002 du CASF pose l'obligation d'une évaluation des établissements. C'est à cette fin que le Conseil national de l'évaluation sociale et médico-sociale est créé en 2005, avant d'être remplacé par l'Agence nationale d'évaluation des services sociaux et médico-sociaux (Anesm) en 2007. Ces deux organismes doivent contribuer à la mise en place d'un système d'évaluation systématique des pratiques de soin dans les différents secteurs du médico-social, notamment en élaborant les critères de ces évaluations. L'Anesm a, par conséquent, édité des guides de bonnes pratiques professionnelles, dont le premier, cadre de référence à tous ceux qui ont suivi, est destiné à définir la « bientraitance ». À la disparition de l'agence en 2018, ces recommandations ont été fondues parmi les guides produits par la Haute Autorité de santé (HAS).

Lois ou textes juridiques les plus importants

Au-delà des législations/régulations nationales, le travail médico-social auprès des personnes âgées et ses transformations récentes décrites dans ce chapitre sont encadrés par un droit souple, la production et la circulation à différents niveaux d'un ensemble de rapports officiels d'ordre recommandatif. Les rapports ci-dessous en constituent des exemples. Celui de l'Organisation mondiale de la santé témoigne de la manière dont cette organisation internationale établit l'objectif-formule du « vieillissement en bonne santé », en lui donnant un sens particulier et des recommandations à des pratiques pour y répondre. Les deux autres rapports nationaux illustrent celui des « métiers du grand âge ».

- OMS. (2015), *World report on Ageing and Health*. WHO, Geneva.
- El Khomri M. (2019), *Plan de mobilisation nationale en faveur de l'attractivité des métiers du grand âge 2020-2024*, Rapport remis à la ministre des Solidarités et de l'Autonomie, République française, octobre.
- Libault, D. (2019), *Concertation grand âge et autonomie*. Rapport, ministère des Solidarités et de la Santé, République française, mars.

Pour aller plus loin

Banerjee A., Armstrong P., Daly T., Armstrong H. et Braedley S. (2015). « Careworkers don't have a voice : Epistemological violence in residential care for older people ». *J. Aging Stud.* 33, 28-36. https://doi.org/10.1016/j.jaging.2015.02.005.

Dourlens C. et Vidal-Naquet P. (2016). « Éviter l'inacceptable, douter de l'acceptable. Régulation des pratiques, épreuves de régulation », *SociologieS.*

Marquier R., Vroylandt T. (Drees) (2016). « Des conditions de travail en Ehpad vécues comme difficiles par des personnels très engagés ». *Dossier de la Drees.*

Bibliographie

Aubry F. (2011). *La transmission des compétences professionnelles des aides-soignantes et des préposés aux bénéficiaires dans les organisations gériatriques en France et au Québec [...]*, thèse de doctorat en sociologie, Universités de Besançon et Sherbrooke (Canada).

Avril C. « Les aides à domicile pour personnes âgées face à la norme de sollicitude », *Retraite et société* (53), p. 49-65.

Balavoine A., Drees (2022). « Des résidents de plus en plus âgés et dépendants dans les établissements d'hébergement pour personnes âgées », *Études et Résultats* n° 1237.

Banerjee A., Armstrong P., Daly T., Armstrong H., Braedley, S. (2015). « Careworkers don't have a voice : Epistemological violence in residential care for older people », *Journal of Aging Studies* (33), p. 28-36.

Bazin M. et Muller M. (Drees) (2018). « Le personnel et les difficultés de recrutement dans les Ehpad », *Études et Résultats*, 1067.

Billaud S. et Xing J. (2016). « "On n'est pas si mauvaises !" Les arrangements des aides-soignantes en établissements d'hébergement pour personnes âgées dépendantes (Ehpad) face aux épreuves de professionnalité », *SociologieS* [En ligne].

Brosius C. et Mandoki R. (2020). « Caring for Old Age : Perspectives from South Asia », *Heidelberg Studies on Transculturality.*

Causse L. (2004). *La professionnalité des aides-soignantes en maison de retraite : entre subjectivité et réification*, thèse de doctorat en sociologie, Université Paris 8.

Dhaini S. R., Zúñiga, F., Ausserhofer, D., Simon, M., Kunz, R., De Geest, S., Schwendimann, R. (2016). « Care workers health in Swiss nursing homes and its association with psychosocial work environment : A cross-sectional study », *International Journal of Nursing Studies* (53), p. 105-115.

Dourlens C. et Vidal-Naquet P. (2016). « Éviter l'inacceptable, douter de l'acceptable. Régulation des pratiques, épreuves de régulation », *SociologieS* [En ligne].

Goffman E. (1968). *Asiles : études sur la condition sociale des malades mentaux et autres reclus*, Paris, Éditions de Minuit.

Hudebine H. (2019). « Vulnérabilité, fragilité et recomposition de la protection sociale en direction des personnes âgées », in Le Borgne-Uguen F. *et al.* (ed), *Vieillir en société : Une pluralité de regards sociologiques*, Rennes, PUR, p. 61-73.

Katz S. (1992). « Alarmist demography : Power, knowledge, and the elderly population », *Journal of Aging Studies*, 6 (3), p. 203-225.

Lancelle A. (2016). « Mesure et démesure du *care*. Une étude de cas à partir des Établissements d'hébergement pour personnes âgées dépendantes (Ehpad) », *Cahiers du GRM*, publiés par le Groupe de recherches matérialistes. Association, n° 10.

Loffeier I. (2015). « La « norme de sollicitude » jusqu'à l'oubli de soi dans la prise en charge des résidents de maison de retraite », *SociologieS* [*online*], *Théories et recherche*.

Loffeier I., Poulet C. et Stavrou S. (2022), « Changer les établissements pour personnes âgées par les mots ? », *Tracés. Revue de Sciences humaines*, 43, p. 55-74.

Lechevalier Hurard L. (2015). « Nouveaux dispositifs de prise en charge, nouveaux métiers ? », *Retraite et société*, 69, p. 99-120.

Marquier R., Vroylandt T. (2016). « Des conditions de travail en Ehpad vécues comme difficiles par des personnels très engagés ». *Dossier de la Drees*.

Martin C. et Le Bihan-Youinou B. (2008). « Comment comparer les politiques de prise en charge des personnes âgées dépendantes en Europe ? », in Guillemard A.-M. (éd.). *Où va la protection sociale ?*, Paris, PUF, p. 289-311.

Martin C. et Ramos-Gorand M. (2017). « High turnover among nursing staff in private nursing homes for dependent elderly people (EHPADs) in France : impact of the local environment and the wage », *Économie et statistique/Economics and Statistics*, 493, p. 49-66.

Merçay C., Burla L. et Widmer M. (2016). *Personnel de santé en Suisse. État des lieux et projections à l'horizon 2030*, Neuchâtel, Observatoire suisse de la santé (Obsan).

Muller M. (2017). « L'accueil des personnes âgées en établissement : entre progression et diversification de l'offre — Ministère des Solidarités et de la Santé », *Dossier de la Drees*.

Prévot J., Drees (2009). « Les résidents en établissements d'hébergement pour personnes âgées en 2007 », *Études et résultats*, n° 699.

Richelle S. et Loffeier I. (2017). « Expériences de la vieillesse en établissement à deux siècles d'intervalle : l'humanisation en question », *Genèses*, 106, p. 30-49.

Rossigneux-Méheust M. (2018). *Vies d'hospice. Vieillir et mourir en institution au XIXe siècle*, Ceyzérieu, Champ Vallon.

Sibille R. et Joël M.-È. (2016). « Les directeurs d'Ehpad : contraintes, marges de manœuvre et diversité des pratiques », *Revue française des affaires sociales*, n° 4, p. 285-306.

▶ Rapports cités

Abdul Rahim H.F., Fendt-Newlin M., Al-Harahsheh S.T., Campbell J. (2022). *Our duty of care : A global call to action to protect the mental health of health and care workers*. Report of the World Innovation Summit for Health (WISH), World Health Organization/Qatar Foundation, octobre.

Comité consultatif national d'éthique (2018). « Enjeux éthiques du vieillissement. Quel sens à la concentration des personnes âgées entre elles, dans des établissements dits d'hébergement ? Quels leviers pour une société inclusive pour les personnes âgées ? », avis n° 128.

El Khomri M. (2019). *Plan de mobilisation nationale en faveur de l'attractivité des métiers du grand âge 2020-2024*, Rapport remis à la ministre des Solidarités et de l'Autonomie, République française, octobre.

Laroque P. (1962). *Politique de la vieillesse*. Rapport de la commission d'étude des problèmes de la vieillesse, Paris, La Documentation française.

Libault, D. (2019). *Concertation Grand âge et autonomie*, rapport, ministère des Solidarités et de la Santé, République française, mars.

OMS. (2015). *World report on Ageing and Health*, WHO, Geneva.

OMS. (2016a). Action multisectorielle pour une approche du vieillissement en bonne santé prenant en compte toutes les étapes de la vie : projet de stratégie et de plan d'action mondiaux sur le vieillissement et la santé, Rapport du Secrétariat, Genève.

OMS. (2016b). *Ressources humaines pour la santé: stratégie mondiale à l'horizon 2030*, Project 69e assemblée mondiale de la santé, Genève.

OMS. (2021). « Protecting, safeguarding and investing in the health and care workforce », *Seventy-fourth World Health Assembly*, WHA74.14, Agenda item 15, Seventh plenary meeting, May 2021.

Chapitre 13

Pour sortir de la crise, repenser le système ?

Réaction d'Olivier Huet

RÉSUMÉ

Le travail social et donc les professionnels qui le constituent, vivent une crise depuis de nombreuses années. L'affaiblissement des politiques publiques, le vieillissement de la population, l'exigence plus grande — à juste titre — des personnes concernées, met en exergue l'incapacité du secteur à répondre aux besoins. L'ensemble des acteurs, professionnels comme personnes accompagnées, en souffrent. Il est certainement temps de se mettre autour de la table, de changer de regard sur ce secteur important de la vie des gens comme de l'économie du pays.

Mots-clés : travail social, institution, formation.

MALGRÉ LE BREF REGAIN d'estime observé de façon quelque peu brouillée, pour ne pas dire brouillonne, durant les confinements liés à la Covid, nous constatons que, de façon générale, les métiers dits du *care* ne suscitent ni valorisation sociale, ni reconnaissance des politiques — dans leur majorité — ni, enfin et par conséquent, d'engouement parmi la population active comme parmi les lycéens et étudiants, qui se tournent de moins en moins vers ces professions. À titre d'exemple et même si cela peut varier quelque peu selon les territoires, dans les établissements de formation en travail social, il est depuis une dizaine d'années, de plus en plus compliqué de « remplir » les promotions d'étudiants de niveau 6 (bac + 3), et particulièrement pour ce qui est des formations préparant aux métiers d'assistant de service social et d'éducateur spécialisé.

Mais, disant ceci, on ne dit pas grand-chose, et en tout cas pas grand-chose de neuf. Pour autant, puisqu'il est question ici des transformations du « marché du travail » — la formule est horrible, mais hélas signifiante — et des conditions de travail des professionnels du secteur médico-social, il nous appartient ici de tenter de (re)dire certaines choses, puisque la répétition permet parfois, *in fine*, la compréhension.

Je vais tenter ici de poser un regard global mais situé sur les métiers de l'accompagnement aux personnes rendues fragiles, quelles que soient la ou les raisons et formes de ces fragilités, regard qui se voudra plus empirique, plus naïf peut-être que celui des sociologues vis-à-vis desquels je viens ici en miroir, m'appuyant sur vingt ans de pratique en formation de futurs travailleurs sociaux.

CONDITIONS DE TRAVAIL, D'ACCOMPAGNEMENT, DE VIE : DES CHOIX POLITIQUES ET SOCIÉTAUX

Certes donc, comme cela a été dit dans les deux chapitres précédents, les professionnelles — ce sont essentiellement des femmes — dédiées au soin et à l'accompagnement des personnes fragilisées par la montée en âge, à domicile comme en établissement, sont majoritairement contraintes d'exercer leur métier dans des conditions compliquées. Ce fut bien dit, je n'y reviendrai pas dans le détail. Mais, hélas, le problème vaut pour les autres métiers de l'accompagnement mis en œuvre auprès d'adultes ou d'enfants en situation de handicap, et ce quelle que soit la situation des personnes, quel que soit le type de réponse « institutionnelle » apportée. En effet, fin 2022, on estimait à environ cinquante mille le nombre de postes vacants dans les métiers du travail social, le tout sur un total d'environ huit cent cinquante mille[1]. Cinquante mille postes vacants, cela signifie d'abord des conditions d'accompagnements abîmées, au détriment des personnes accompagnées ; mais cela signifie également une multitude de services et d'établissements désorganisés, des conditions de travail dégradées,

1. Voir Communiqué de presse, « Pôle Emploi et AXESS (FEHAP-Nexem) s'engagent dans un partenariat au service des métiers de la cohésion sociale et du soin », 15 septembre 2022, NEXEM, organisation professionnelle des employeurs du secteur social, médico-social et sanitaire à but non lucratif.

des arrêts de travail et des abandons de postes, des réorientations professionnelles. C'est un cercle vicieux. Dans l'aide à domicile et à la fin de l'année 2022 toujours, le chiffre de cinquante mille postes vacants est également évoqué[1]. Ici, la conséquence est différente : ce sont des milliers de personnes qui ne peuvent être accompagnées à domicile, ce qui engendre soit un recours accru aux aidants familiaux (conjoints, enfants...), soit une entrée en établissement spécialisé, Ehpad[2] notamment, alors que le choix initial des personnes concernées était de rester chez elles. On le voit bien, la faillite du système a donc une conséquence directe sur la vie des personnes.

Nous avons donc, collectivement, un problème. La question sociale, politique, qui se pose à nous est de savoir ce que nous voulons faire pour rendre possible une vie « bonne » aux personnes qui ne sont pas réputées être « dans la norme ». C'est aussi, donc, une question éthique, qui consiste à penser chaque personne comme étant digne de vivre comme elle l'entend, malgré les différences d'être, les restrictions de capabilité, d'adaptabilité, etc. C'est à la façon dont elle se préoccupe des « hors-norme » que l'on peut juger de la qualité d'une société.

Alors, certes, il y a la question relative à celles et ceux que nous mandatons pour travailler pour et avec ces personnes. Comment les former, quelles conditions de travail pouvons-nous leur garantir, quelle rémunération pouvons-nous leur octroyer, quelles perspectives d'évolution pouvons-nous leur proposer ? Ces questions, pour techniques qu'elles soient, et nous y reviendrons, relèvent aussi d'autre chose : un choix de société, un positionnement éthique collectif, à contre-courant du modèle politico-économique qui nous gouverne depuis des décennies.

Ce qu'il est convenu d'appeler le « secteur médico-social » va mal. Il va mal car il est englué dans des logiques budgétaires et normatives qui le sclérosent, qui tuent les énergies des acteurs, qui souvent renforcent les situations d'exclusion des personnes censées y trouver des solutions afin de vivre décemment. Un *aggiornamento* s'impose.

1. Selon la Fédération du service aux particuliers (FESP).
2. Établissement d'hébergement pour personnes âgées dépendantes.

SORTIR DE L'ÉTABLISSEMENT OU CHANGER L'INSTITUTION

D'abord, il faut vraiment se poser la question de « l'Établissement » pour reprendre un vocabulaire s'originant dans la psychothérapie institutionnelle[1]. Personne n'a envie de vivre en établissement, et, trop souvent, c'est la seule « solution » qui est proposée.

Maintenir au domicile, dans le milieu de vie normal — pour ne pas dire naturel — de la personne, aurait bien évidemment des répercussions fortes sur les conditions d'exercice des professionnels et professionnelles de l'accompagnement, mais il me semble que le modèle et les conditions d'employabilité actuelles étant à revoir, autant en profiter et aller explorer, vraiment, des solutions plus adaptées aux besoins des personnes handicapées.

Bien entendu, il y aura probablement toujours besoin d'établissements médico-sociaux, la situation de certaines personnes rendant très compliqué, voire impossible, le maintien dans le milieu de vie normal. Mais alors, au sein de ceux-ci, il est également nécessaire de repenser les fonctionnements, de privilégier la compétence collective en lieu et place de la technicité individuelle, de valoriser une éthique de l'accompagnement plutôt que de rester obsédé par la productivité — le productivisme — des acteurs.

Dans ce schéma à double articulation, maintien dans le milieu de vie pour le plus grand nombre, vie en établissement pour celles et ceux qui en ont réellement besoin, nous aurions l'opportunité de repenser non seulement les métiers, certainement d'en inventer, mais aussi de repenser les modalités d'exercice de ceux-ci : dans comme hors les murs, redonner de l'autonomie aux acteurs, leur permettre d'exercer leur créativité, d'avoir du temps pour, avec les personnes accompagnées, décider de ce dont les journées seront faites et comment. Cela permettrait certainement, au-delà de favoriser l'émergence d'une vie meilleure pour les personnes accompagnées, de rendre plus heureux les salariés exerçant ces professions éducatives et du soin (pour faire court), mais aussi de susciter

1. Développé par Jean Oury à la clinique de La Borde, ce courant de la psychiatrie est fondé sur une approche globale de la folie reposant sur l'idée de causalité psychique de la maladie mentale en opposition aux thèses privilégiant des causes purement physico-chimiques. Il vise à réformer l'institution asilaire en privilégiant une relation dynamique entre soignants et patients dans des lieux de soins dits « ouverts » sur le monde extérieur. En France, cette approche, qui existait déjà ailleurs dans le monde, a pris son essor à partir de 1940, sous l'Occupation, à l'hôpital psychiatrique de Saint-Alban (Lozère) sous l'impulsion de François Tosquelles.

du désir chez les jeunes qui hésitent trop souvent, et c'est un euphémisme, à se lancer dans ces carrières.

L'*aggiornamento*, la mise à jour donc, que nous évoquions plus haut, s'impose du simple fait que nous constatons 1) que de moins en moins de gens veulent travailler auprès de personnes en situation de handicap et de dépendance, 2) que les personnes qui y travaillent se plaignent, à juste titre, de leurs conditions d'exercice professionnel, 3) et surtout, que les personnes concernées (et leurs familles) ne peuvent pas aujourd'hui ni être satisfaites du sort qui leur est fait, ni, et c'est plus grave encore, ne peuvent réellement être décisionnaires de leur vie.

Le problème ne date hélas pas d'hier. S'il y eut en 1975, en 2002 et en 2005 notamment, des lois importantes visant à améliorer le « sort » des personnes dites « prises en charge » par le système et le secteur médico-social, force est de constater qu'elles furent insuffisantes, et surtout, pour partie encore non suivies d'effets. Et puis, subsiste cette détestable expression : « prise en charge ».

En 2009, avec Henri-Jacques Sticker et José Puig, nous avons publié, chez Dunod, un ouvrage intitulé *Handicap et accompagnement : nouvelles attentes, nouvelles pratiques* dans lequel nous réfléchissions sur ce qui nous semblait être une bonne (moins mauvaise ?) façon de faire pour et avec les personnes accompagnées, dans lequel la question des métiers de l'accompagnement et la formation qui y mène était aussi posée. En conclusion de cet ouvrage, nous écrivions :

> « Le modèle de la prise en charge qui fait de la personne en situation de handicap au mieux une sorte de patient et au pire un objet est révolu. Récusé par les intéressés, périmé par une définition du handicap qui s'éloigne de la maladie et même de la déficience, ce modèle ne reste présent dans les gestes des professionnels et les pratiques institutionnelles, que par le poids des habitudes, les inévitables résistances aux changements et bien entendu, la sécurité qu'il semble encore offrir aux générations de professionnels plus entraînés à l'exercice de métiers rigides et de techniques standardisées qu'aux incertitudes de pratiques engageant leur subjectivité, leurs émotions, leur intelligence collective dans des aventures relationnelles qui, parce qu'ils n'y sont pas préparés, leur paraissent, légitimement, plus périlleuses » (Stiker *et al.* 2014, p. 171).

Il est stupéfiant de constater que presque quinze ans plus tard, les questions sont les mêmes, malgré une volonté d'un grand nombre d'acteurs de faire évoluer les choses — en dépit de la sédentarisation du système — malgré plusieurs réformes de la formation des futurs professionnels.

RÉFORMER ENCORE LA FORMATION ?

La dernière réforme de la formation des travailleurs sociaux, en 2018, est assez éclairante sur la déconnexion des politiques publiques d'avec la réalité des acteurs concernés. Elle concerne quatre des cinq métiers[1] alors reconnus à bac + 2 et repose sur la création d'un socle commun de formation qui « a notamment pour finalité de faciliter la construction des parcours professionnels tout au long de la vie », selon le décret du 22 août 2018[2]. Pour les auteurs de cette réforme, ses objectifs sont ainsi de permettre aux travailleurs sociaux d'acquérir « une culture commune propre à favoriser [leur] coopération et [leur] complémentarité » et de « favoriser une approche intégrée des situations des personnes accompagnées ». Elle s'accompagne également d'un accolement au grade de licence (bac + 3 donc) qui a eu plusieurs conséquences.

Si l'on peut se réjouir d'une meilleure reconnaissance de la formation et de la qualification des travailleurs sociaux, force est de constater de nouveau qu'une bonne idée peut parfois générer plus de mal que de bien, lorsque son édiction et sa mise en œuvre ne sont pas réalisées dans le cadre d'un changement systémique ; en d'autres termes, il apparaît que modifier le statut d'une catégorie d'acteurs dans un système qui ne change pas en profondeur ne sert pas à grand-chose. Par ailleurs, quand bien même ce système aurait entamé une réelle mutation, il faudrait qu'il le fasse dans une direction porteuse de sens, c'est-à-dire au bénéfice de celles et ceux à qui il est par nature destiné, c'est-à-dire les bénéficiaires finaux, personnes en situations de handicap ou rendues dépendantes par l'âge.

Au lieu de cela, nous avons maintenant des jeunes professionnels à qui on a fait croire que leur niveau de formation a progressé (Licence), mais que l'on propulse dans un système sclérosé, pour ne pas dire en déréliction, du fait, d'une part, de la rareté de l'argent public (rareté décidée *via* des arbitrages politiques), et d'autre part, et c'en est — notamment — une conséquence, par l'incapacité des acteurs associatifs comme publics, de rendre attractifs ces métiers (les cinquante mille postes vacants, tous types confondus, que j'évoquais en début de chapitre). En outre, cette réforme a eu également pour conséquence de creuser un fossé entre les métiers « nobles » cités ci-dessus, et les autres, de niveau

1. Éducateur spécialisé, assistant de service social, éducateur de jeunes enfants, éducateur technique spécialisé. Les conseillères en économie sociale familiales ayant été exclues de cette réforme.

2. Décret n° 2018-734 du 22 août 2018 relatif aux formations et diplômes du travail social.

bac et infrabac. Ce fossé a rendu plus compliqué, voire impossible, l'évolution professionnelle de ceux n'ayant pas fait d'études supérieures, contrairement à ce que la loi semblait annoncer : il est par nature compliqué, voire impossible, de passer, sans retour par la case « études », d'un métier au diplôme reconnu au niveau BEP[1] ou baccalauréat à un diplôme reconnu au niveau licence.

Mais en réalité, la réforme n'annonçait pas cela. Ce qu'elle annonçait, c'est une mobilité horizontale, une interchangeabilité, une dé-spécification des métiers et des professionnels, sans autre objectif que de fluidifier le marché de l'emploi, de faciliter les politiques « ressources humaines » des employeurs du secteur, eux-mêmes confrontés à d'énormes problèmes de recrutement. Nous sommes bien ici dans un mouvement libéral, dans lequel ce sont les salariés qui doivent, à tout prix, s'adapter au marché. C'est là que le bât blesse : tant que nous n'aurons pas compris que, tout en étant bien évidemment rigoureux dans la gestion de l'argent public, la prise en compte des situations des personnes fragilisées et le soutien pour une vie bonne des personnes concernées doivent échapper aux logiques de rentabilité, nous ferons toujours fausse route.

Quelle place pour les personnes les plus fragiles ?

Comme l'écrit Fabienne Brugère dans un article intitulé « Le *care* à l'épreuve du néolibéralisme » : « L'éthique est donc affaire de société, ce qui veut dire qu'elle ne peut se comprendre indépendamment des régimes politiques et des structures économiques. Plus spécifiquement, elle ne peut pas se penser hors du modèle qui fait la réalité de beaucoup de sociétés aujourd'hui, le "néolibéralisme" » (Brugère 2020, p. 180). Or, jusqu'à preuve du contraire, le néolibéralisme, comme beaucoup d'ailleurs des systèmes politiques qui l'ont précédé ou qui le côtoient, n'a pas grand-chose à voir avec la question des affects.

Les affects, leur acceptation, leur prise en compte, leur mise en œuvre, sont ce qui permet, ce qui fonde la possibilité d'éthique du *care*. Nous ne pourrons sans doute pas, et pas à court terme, changer radicalement la société dans laquelle nous évoluons. Pour autant, rien ne nous empêche de tenter, en son sein, de faire évoluer certaines pratiques.

1. Brevet d'études professionnelles.

Pour commencer, je vais oser rappeler une évidence : il faut (re)donner la parole aux personnes concernées, car, comme l'écrivait Marcel Nuss, en matière d'accompagnement : « Rien [...] ne doit être considéré comme secondaire et superflu. Tout est essentiel à partir du moment où l'humanité d'une personne est en jeu » (Nuss, 2005, p. 149).

Pour rendre performatif cet énoncé, et comme nous avons fait aveu d'impuissance à changer radicalement de système, agir sur les acteurs est peut-être un bon début, car rien ne sert de redonner la parole aux personnes concernées si personne ne les écoute.

Si le système associatif français est depuis ce qu'il est convenu d'appeler « l'après-guerre », 1945 donc, un système qui a permis beaucoup de — bonnes — choses, il est hélas souvent aujourd'hui réduit à une fonction gestionnaire, où l'engagement, l'idéologie, l'innovation, la proximité à l'autre, etc. sont devenus compliqués, pour ne pas dire impossibles. L'état a souhaité, pour des raisons de « rationalisation » (budgétaire et normative) concentrer, c'est-à-dire favoriser le regroupement, les fusions et absorptions, aux fins de réduire le nombre d'interlocuteurs, donc d'acteurs, donc de pratiques, de façons de faire... Quelques grosses associations se partagent le « marché », au détriment souvent de la capacité à produire de l'unique, du singulier, au détriment de la capacité à adapter, selon les besoins, les situations, les envies et désirs des personnes. Il ne s'agit pas ici de faire le procès de ces associations, qui, souvent, n'ont pas eu le choix (même si la « folie des grandeurs » en a quelques fois animé certains), mais nous sommes contraints de faire ce constat.

Du point de vue des salariés de ces associations, les conséquences de ces choix politiques de rationalisation et de normalisation résident, comme le rappellent F.-X. Devetter *et al.* dans le chapitre qui précède, dans « un fort mouvement d'industrialisation des activités, à travers la rationalisation de l'organisation des services et du travail, c'est-à-dire la "recherche d'une standardisation poussée des procédés" (Gadrey, 1994, p. 118), avec des "dispositifs, instruments, indicateurs et standards [qui] cherchent à réguler les pratiques administratives en proposant de mesurer la productivité, la "performance", les "résultats", et la "qualité" des réalisations" (Bezès, Musselin, 2015, p. 135) » (chapitre 11, p. 251).

Certes, comme je l'ai écrit plus haut, il ne s'agit pas de faire n'importe quoi : les destinataires de notre activité professionnelle sont en droit d'attendre de nous le meilleur, et l'argent étant public, la nécessité de rendre compte de son utilisation est une évidence.

Une première piste — et je ne suis pas le premier à la proposer — serait, si nous ne pouvons pas sortir de la logique néolibérale, tenter au moins de sortir de la logique du soin « somatique », visible et mesurable, ancienne dans le médico-social, mais renforcée par la loi HPST de 2009[1]. Dans le monde du handicap comme dans celui du grand âge, si les conseils départementaux sont des acteurs essentiels, les agences régionales de santé sont toutes puissantes, puisqu'elles financent les soins en appliquant un management descendant, et elles sont gouvernées par des logiques budgétaires et technocratiques.

Et ensuite ?

Le « combat » est ancien ; au milieu des années 1950 à la suite de l'expérience de Tosquelles à Saint-Alban, Jean Oury et quelques autres avaient déjà inauguré, à la clinique de La Borde, une autre façon de faire. Certes, il s'agissait là de psychiatrie. Mais nous pouvons penser justement que, si ce fut possible en psychiatrie, cela devrait pouvoir l'être partout ailleurs et donc dans le médico-social. Nous ne ferons pas ici l'histoire de la psychothérapie institutionnelle, mais, au regard de ce qui nous occupe, nous relevons qu'un autre modèle est possible ; un modèle dans lequel rien ou presque ne distingue le personnel des personnes accompagnées, un modèle où : d'une part, le patient, le résident, la personne concernée a réellement le pouvoir de décider pour elle-même ; d'autre part, comme l'explique S. Didelet, « si la distinction soignants/soignés n'est pas complètement escamotée [...] elle n'est pas centrale, elle est discrète et il n'y a pas de séparation hiérarchique entre les deux groupes humains, dans la mesure où la vie quotidienne [...] est fondée sur la démocratie du partage des tâches et des responsabilités [...] » (Didelet 2021, p. 120).

Nous sommes ici à contre-courant, nous le savons bien et ceci n'arrivera pas. Néanmoins, nous sentons bien que les choses bougent. Quelques scandales évoqués çà et là à force de relais médiatiques, peuvent contribuer à faire changer les modes de penser, puis de faire. On entend aussi de plus en plus les voix des personnes concernées, qui sont lasses, pour ne pas dire plus, du système enfermant que nous leur proposons. Nous voyons l'émergence d'initiatives de petits collectifs de personnes « âgées » qui créent leur structure de vie, en habitat partagé. Différents collectifs de parents d'enfants en situation de handicap

1. Loi n° 2009-879 du 21 juillet 2009 portant réforme de l'hôpital et relative aux patients, à la santé et aux territoires, qui a notamment créé les agences régionales de santé (ARS).

s'organisent pour lutter contre l'absence de solution et, de plus en plus, pour combattre les politiques, les réflexes d'institutionnalisation, d'enfermement, de placement hors du monde, de la société, de l'école, etc.

Dans ce modèle que nous appelons de nos vœux, ouvert, libre, non excluant, attentif aux besoins et désirs des personnes, les professionnels devront prendre leur part. Je n'ai aucun doute quant à leur capacité de changer d'horizon, de se déplacer dans les relations avec les personnes, pour ne plus être, comme c'est encore souvent le cas, des « preneurs en charge », des prescripteurs (pour ne pas dire des décideurs). Pour cela, il faut commencer par le début : faire accepter la différence dès l'école et permettre aux enfants en situation de handicap d'être scolarisés avec les autres enfants. Cela coûte, c'est évident, mais c'est la condition *sine qua non* pour faire évoluer les regards de toutes et tous, et pour permettre ensuite une évolution de tout le système d'accompagnement. Par ailleurs, cela permettra aussi à la France de respecter ses engagements, particulièrement sa signature au bas de la Déclaration des droits de l'enfant (1959) et notamment dans son article 28 relatif à l'éducation et à la formation[1]. En rendant visibles ces invisibles que sont les enfants différents, nous pouvons espérer qu'un changement radical de regard s'opérera, et que les métiers de l'accompagnement, eux-mêmes « normalisés », seront ainsi valorisés.

Cela permettra l'émergence d'une réflexion neuve sur la façon dont nous formons ces professionnels du travail social, cela passera nécessairement par un accompagnement de ceux-ci, par une reconnaissance de leurs compétences, monétaire comme symbolique. Le chantier est immense, et tous, pouvoirs publics, employeurs, OPCO[2], branches professionnelles... doivent s'y engager.

C'est à ce prix que nous pourrons être fiers de notre société, au regard du sort qu'elle réserve aux différents, aux fragiles, aux « hors-norme ». C'est à ce prix également que nous pourrons garantir aux neuf cent mille salariés du secteur médico-social des conditions de travail et de vie dignes, valorisées et valorisantes.

1. Cela contribuerait aussi pour la France à mieux honorer sa signature de la Convention de l'ONU relative aux droits des personnes handicapées (CIDPH), adoptée le 13 décembre 2006.

2. Opérateurs de compétences, qui ont pour missions de financer l'apprentissage, d'aider les branches professionnelles à construire les certifications professionnelles et d'accompagner les employeurs à définir leurs besoins en formation.

Repères réglementaires

Loi n° 2009-879 du 21 juillet 2009 portant réforme de l'hôpital et relative aux patients, à la santé et aux territoires.

Bibliographie

Brugère F. (2020). « Chapitre 8 : Le *care* à l'épreuve du néolibéralisme », in Bourgault S., Cloutier S. et Gaudet S. (éd.). *Éthiques de l'hospitalité, du don et du* care. *Actualité, regards croisés*, Ottawa, Les Presses de l'Université d'Ottawa, p. 179-202

Didelet S. (2021). *Abécédaire provisoire de la psychothérapie institutionnelle*, Paris, L'Harmattan.

Nuss M. (2005). *La présence à l'autre*, Paris, Dunod.

Stiker H.-J., Puig J., et Huet O. (2014). *Handicap et accompagnement. Nouvelles attentes, nouvelles pratiques*, Paris, Dunod. https://doi.org/10.3917/dunod.stike.2014.01.

Prendre soin : pratiques et politiques en question

Chapitre 14

Prendre soin dans le médico-social

Aude Béliard, Livia Velpry, Pierre Vidal-Naquet

RÉSUMÉ

Ce chapitre explore les pratiques développées dans les structures médico-sociales pour prendre soin des personnes. La qualification de ces pratiques, entre « social », « médico-social » ou « sanitaire », est variable selon les contextes et relativement indéterminée, y compris pour les acteurs eux-mêmes. Nous analysons alors le prendre-soin à partir des pratiques concrètes de travail, observées lors d'enquêtes sociologiques dans des structures accompagnant des personnes à domicile ou en établissement. S'y révèle une forte porosité des frontières entre soin médical et accompagnement social, ainsi que des tensions entre différents régimes (le régime thérapeutique, celui des libertés individuelles, celui de la justice sociale et celui des risques psychosociaux). L'articulation entre ces différents régimes et l'hybridation entre dimensions sociale et médicale dépendent du contexte de travail, notamment du type de coopération entre professionnelles et de son encadrement.

Mots-clés : établissements et services médico-sociaux, prendre soin, *care*, éthique.

LE SECTEUR SOCIAL et médico-social correspond aujourd'hui en France à un ensemble de structures spécialisées dans l'accompagnement social, l'aide dans les tâches de la vie quotidienne et le soin médical de personnes présentant différentes formes de vulnérabilité. Ces structures rassemblent des intervenants (professionnels ou non) dont les savoirs et les missions sont divers. On se propose, dans ce chapitre, d'explorer les pratiques développées dans ces structures pour montrer qu'elles articulent plusieurs dimensions qui constituent ce que nous appelons le « prendre soin ». Pour cela, après une brève caractérisation des interventions dans les établissements et services médico-sociaux (ESMS), nous privilégions une démarche empirique, appuyée sur des observations et enquêtes que nous avons menées dans plusieurs structures médico-sociales. Au-delà des intentions réglementaires et législatives, il nous semble en effet nécessaire d'examiner comment ces pratiques se déploient et finalement se construisent dans le cours de l'action.

LA DIFFICILE QUALIFICATION DU SOIN EN PRATIQUE

Le secteur médico-social a été institué en France au cours du dernier quart du XXe siècle dans un mouvement de séparation d'avec le secteur sanitaire et, dans une moindre mesure, le secteur social. Différents textes réglementaires et législatifs (voir rubrique « Repères institutionnels et réglementaires ») établissent ainsi la distinction entre l'orientation sanitaire de l'hôpital et la spécialisation sociale des établissements et services médico-sociaux (ESMS) qui peuvent — sur un mode mineur et second — être médicalisés. Dans ce cas, cette médicalisation s'accompagne d'un financement par l'assurance-maladie qui distingue ces structures du secteur social (voir chapitre 1).

Pour autant, le périmètre des interventions propres au secteur médico-social est difficile à circonscrire ; surtout, la distinction entre les interventions qui relèvent du médical et du social y est particulièrement flottante. Certains actes spécialisés ne peuvent être pratiqués que sous autorité ou prescription médicale ou encore n'être pris en charge que par des professionnelles paramédicales[1] (les injections par exemple), ce qui les place du côté sanitaire. D'autres relèveront des prérogatives des intervenantes éducatives. Mais un grand nombre d'actes, notamment ceux liés aux besoins essentiels ou vitaux (alimentation, hygiène, mobilité/déplacements) peuvent aussi bien être pris en charge par des professionnelles médicales que paramédicales ou sociales.

Structurante en termes de financements et d'appartenances professionnelles, cette qualification médico-sociale fluctue ainsi très largement en fonction des contextes. Selon que l'on se trouve dans un établissement hébergeant des personnes âgées dépendantes, dans un foyer d'accueil de jour accueillant des

1. Nous choisissons dans ce texte d'employer le féminin pour évoquer les professionnels et professionnelles, dans la mesure où les pratiques de prendre soin que nous décrivons sont très féminisées.

personnes en situation de handicap ou dans un service d'intervention à domicile auprès de personnes ayant des troubles psychiques, certains actes seront assurés par une professionnelle médicale, paramédicale ou sociale, par la personne aidée elle-même ou encore par un proche aidant. Des activités peuvent changer de statut en changeant d'opérateur : un soin d'hygiène réalisé par le patient lui-même ou un proche peut perdre sa qualification de soin médical. Dans tous les cas, ces actes mobilisent à la fois une logique thérapeutique et un souci plus large pour le quotidien de la personne et son environnement de vie.

Les orientations récentes des politiques sanitaires et sociales confortent cette porosité. D'une part, ces politiques mettent l'accent non plus sur la sécurisation des places mais sur le soutien aux parcours et aux projets individuels. Dans ce contexte, les personnes accueillies ou suivies dans le secteur social et médico-social doivent pouvoir — pour leurs besoins de santé — mieux accéder au système de santé, que celui-ci soit public ou privé, aussi bien en ambulatoire qu'en étant hébergées dans les structures sanitaires. Elles doivent aussi pouvoir, en fonction de leurs besoins, « naviguer » entre le sanitaire et le social. Projets de vie et projets de soins ne sont plus considérés de façon dissociée. Ils balisent les parcours des usagers. Quant aux professionnelles de l'un et l'autre secteur, elles ont désormais pour mission d'intégrer les projets de soin dans les projets de vie et réciproquement, autrement dit, d'accompagner les usagers dans leurs parcours tout en se coordonnant entre elles.

D'autre part, depuis la fin du XXe siècle, se multiplient les dispositifs qui ont pour ambition de rapprocher acteurs du soin médical et de l'accompagnement social. La coopération, plus ou moins poussée selon les endroits, prend des formes très diverses. Les collaborations informelles et partielles existent depuis longtemps (autour du médecin généraliste par exemple). Elles sont renforcées par une structuration réticulaire de l'offre, que celle-ci soit sanitaire ou bien sociale et médico-sociale avec des degrés d'intégration très variables du soin médical et de l'accompagnement social (voir chapitre 6). Par exemple, les réseaux de santé, à dominante médicale, peuvent intégrer plus ou moins des professionnelles du secteur social. D'autres au contraire, comme les réseaux « personnes âgées », cherchent principalement à coordonner les interventions des professionnelles du secteur sanitaire et de celui du social, pour favoriser le maintien à domicile. En complément de cette structuration réticulaire de l'offre, se développent des services centrés sur l'aide aux parcours des personnes vulnérables (en raison de l'âge, du handicap ou d'une maladie invalidante) et qui intègrent, à des degrés divers, des professionnelles de santé et des professionnelles de l'accompagnement social et/ou administratif. On peut par exemple citer les SESSAD (services d'éducation et de soins spécialisés à domicile), les Samsah (services d'accompagnement médico-social des adultes handicapés) ou bien encore les ESA (équipes spécialisées Alzheimer).

« Prendre soin », au croisement de plusieurs régimes d'intervention

Protéiforme, le soin médical dans les ESMS semble s'étendre de façon fluctuante dans les pratiques d'accompagnement social ou d'assistance aux besoins quotidiens, qui sont alors investies elles aussi d'une fonction soignante. Et inversement. C'est, nous semble-t-il, ce « métissage » qui caractérise les interventions dans les ESMS, et nous conduit à proposer de les désigner par le terme de « prendre soin ». Nous proposons, dans les lignes qui suivent, d'examiner comment les pratiques qui ont pour ambition de « prendre soin » s'actualisent, s'ajustent et se négocient dans les structures du médico-social. Puisque les catégories « social », « médico-social » ou « sanitaire » ne permettent pas de saisir empiriquement les pratiques du prendre soin, puisque la qualification des pratiques est variable selon les contextes et les objectifs des interventions, et relativement indéterminée y compris pour les acteurs eux-mêmes, nous choisissons d'analyser le soin à partir des pratiques concrètes de travail. Dans cette perspective, nous pouvons nous appuyer sur les recherches menées par les sociologues interactionnistes (Strauss *et al.*, 1985). Ceux-ci envisagent le « travail médical » comme une coopération, sur le long terme, entre une multitude d'acteurs aux positions hétérogènes (les divers acteurs professionnels, mais aussi les proches et le malade lui-même) n'ayant pas forcément tous le même statut, la même qualification, la même perception ou la même pratique du soin. Ces recherches sur le travail médical, portant au départ sur des contextes hospitaliers, peuvent inspirer des analyses du travail dans d'autres domaines, comme celui du médico-social. Nous mettons ainsi l'accent sur la variété des tâches et des acteurs impliqués, sur les enjeux et les tensions qui en découlent pour éclairer le « prendre soin » tel qu'il se décline dans les différents contextes.

Prendre soin dans les ESMS articule en effet généralement une pluralité d'objectifs qui renvoient autant à des normes scientifiques que sociales. Certes il peut s'agir d'apporter une réponse médicale à un problème de santé. Mais il peut s'agir aussi, dans le même temps, d'œuvrer à l'insertion sociale et professionnelle de la personne et à adapter son milieu de vie à ses besoins ou attentes. Ce soutien aux parcours nécessite l'implication et la coopération d'une multiplicité d'acteurs. Dans ce cadre, « prendre soin » relève du *care* (Ungerson, 1983 ; Gilligan, 1982 ; Tronto, 1993), que l'on peut définir, de manière large, comme la prise en compte des besoins des personnes, lesquels vont bien au-delà des besoins strictement médicaux. Les recherches menées dans cette perspective distinguent différentes phases du *care*, intriquées dans la pratique : se soucier de l'autre (*caring about*), se charger de lui (*taking care of*), lui accorder des soins (*care giving*), recevoir des soins (*care receiving*) (Tronto, 1993, p. 37). Le prendre soin que nous considérons intègre ces phases ; il nécessite tout à la fois de considérer les divers besoins de la personne, de prendre la responsabilité d'y répondre et de prodiguer, matériellement, le soin. Cette approche intègre donc la réponse médicale à un problème de santé (le *cure*) dans un ensemble de préoccupations et d'actions plus large. Ces recherches invitent aussi à réinscrire les relations de soin dans des réseaux d'interdépendance. Ainsi, il s'agit d'envisager non pas des relations deux à deux mais des collectifs plus larges, non pas des relations de soin unidirectionnelles mais des formes de vulnérabilités partagées. À la suite de ces travaux nous prêtons également attention à la spécificité des pratiques, des actions humaines concrètes impliquées dans le prendre soin (Molinier, Laugier, Paperman, 2009).

Ainsi défini, « prendre soin » dans le médico-social intègre des dimensions diverses. Les dimensions médicales ou thérapeutiques s'articulent à celles, sociales, de l'accompagnement au quotidien ou de l'assistance (toilette, alimentation, hébergement...). À cette intrication de dimensions sociales et médicales viennent s'articuler, notamment en raison du virage inclusif de ces dernières années, des activités relevant d'une dimension capacitaire, consistant à favoriser la participation, l'insertion sociale et l'autonomie des personnes.

Les politiques sanitaires comme sociales qui régulent les interventions de soin, d'aide et d'accompagnement ont en effet convergé, ces dernières décennies, vers un cadre normatif mettant en avant l'autonomie et la participation des personnes. Ces objectifs ont été intégrés au mandat des professionnelles et des institutions au même titre que leur mission de protection et de défense des intérêts de la personne. Ces régulations produisent et soutiennent des tensions entre des objectifs parfois contradictoires, tensions qui s'expriment de manière particulièrement forte dans le médico-social. Il s'agit certes de répondre aux besoins de la personne en termes d'accompagnement, de soin médical, ou d'assistance, mais aussi de veiller à minimiser les éventuelles conséquences négatives de cette intervention sur son bien-être et son autonomie. Que ce soit le risque d'intrusion lors de visites à domicile ou les règles de la vie collective dans les établissements d'accueil de longue durée, toute intervention dans le médico-social impose en effet une contrainte sur la personne en même temps qu'elle cherche à répondre à un besoin. Les personnes impliquées dans l'aide, en tant que proches ou professionnelles, sont sommées de se rapporter aux normes techniques, sociales, médicales censées déterminer ce qu'est le bien de la personne, tout en étant invitées à tenir compte de l'avis des personnes aidées, quand bien même cet avis va à l'encontre de ses intérêts ou besoins objectivés.

DES RÉGULATIONS CONTRADICTOIRES, DES DILEMMES MORAUX

Dans un tel contexte, les recherches portant sur différentes situations de soin montrent que les acteurs et actrices impliquées composent avec ces objectifs contradictoires dans leurs pratiques en donnant un contenu concret aux injonctions telles que la recherche du bien-être ou de l'autonomie des personnes, injonctions qu'ils peuvent interpréter de différentes manières, investir de différents sens. Par exemple, lorsque Jeannette Pols (2006) analyse les pratiques et les idéaux des professionnelles en charge de la toilette des patients dans des institutions de long séjour en santé mentale, elle fait ressortir à la fois la prégnance de certains idéaux (soigner les patients en favorisant leur participation à la communauté et leur accès à la citoyenneté) et les contenus très différents qui peuvent être donnés à ces idéaux, selon les professionnelles.

Nous souhaitons poursuivre ces réflexions en montrant que le prendre soin consiste à trouver un compromis entre un agir stratégique indexé sur les résultats, aussi bien dans le domaine de la santé que celui du bien-être et de l'insertion sociale, et un agir moral qui vise la préservation de la dignité et la promotion des capacités des personnes aidées tout en tenant compte des contraintes de temps et de moyens. Un tel compromis ne va pas de soi, d'abord parce que sa recherche est chronophage dans un contexte de restriction des moyens ; ensuite parce que les points de vue des acteurs impliqués — la personne aidée et ceux qui l'accompagnent — ne convergent pas forcément. La recherche du compromis peut alors poser d'importants problèmes moraux aux professionnelles ou aux proches quand ceux-ci doivent se plier à des avis qu'ils ne partagent pas, constater que manifestement les personnes aidées risquent de faire des choix qui pourraient leur nuire ou ne parviennent pas à exprimer clairement leurs demandes.

Les professionnelles que nous avons rencontrées au cours de nos enquêtes tentent, selon une démarche le plus souvent pragmatique, de reconstituer l'enchevêtrement des différents aspects d'une situation (aspects médicaux, sociaux, environnementaux, matériels, familiaux, financiers, juridiques...). Elles s'efforcent également de cerner l'articulation des rôles des acteurs impliqués dans la configuration, pour coordonner au mieux leur intervention avec celles des autres. L'idéal du soin est en permanence bousculé en pratique, ce qui place l'activité concrète de prendre soin et les « arrangements » qui se forment, sous la possibilité de la critique. Du fait de ces difficultés pour les professionnelles à définir et ajuster leurs mandats, on observe une multitude de négociations. Celles-ci peuvent porter à la fois sur les objectifs des interventions, sur leurs résultats ou sur les manières de soigner et d'accompagner, notamment sur les manières de respecter l'autonomie de la personne, de prendre en compte et de faire émerger son point de vue et sa capacité de décision.

Prendre soin consiste alors à agir « avec diplomatie », c'est-à-dire à tenir ensemble des exigences contradictoires et parfois non commensurables entre elles et par conséquent à définir dans l'action, sans grandes certitudes, les contours du prendre soin. La légitimité du mandat qui est prescrit mais qui se redéfinit dans le cours de l'action est particulièrement fragile. L'activité du prendre soin, en effet, s'appuie sur des règles, des savoirs et des objectifs prédéfinis. Mais elle consiste aussi à s'écarter de ce mandat prescrit pour s'adapter aux particularités de chaque situation, à l'ajuster selon des cheminements qui ne sont pas toujours clairement affichés ou affichables : Ravon et Vidal-Naquet (2018) proposent ainsi le terme « d'auto-mandat » pour analyser le travail d'interprétation et d'adaptation que mènent en permanence les professionnelles et qui les conduit à se décaler par rapport au mandat prescrit pour s'attribuer un mandat ajusté aux circonstances et à la complexité des situations.

Enjeux d'organisation et contraintes du contexte

Prendre soin dans le médico-social nécessite donc à la fois de l'ingéniosité et des prises de risques. Cela soulève de délicats enjeux de coordination et expose les professionnelles à d'importants problèmes moraux dans un contexte de fortes contraintes, économiques, matérielles et temporelles (Brodwin, 2014).

Ces conditions structurelles peuvent conduire à des arbitrages difficiles et insatisfaisants, tout particulièrement de la part des professionnelles les plus directement engagées dans les soins quotidiens aux personnes. Leurs interventions souvent féminisées et réalisées par des professionnelles peu formées sont en outre déconsidérées et peu rémunérées (voir chapitres 11 et 12). Ce sont pourtant sur ces professionnelles que se concentrent les critiques (pour maltraitance par exemple), plutôt que sur l'institution et les conditions de travail. Il est donc essentiel d'incorporer cet enjeu contextuel au cœur même de l'activité du prendre-soin.

Cependant, la grande diversité des structures qui composent le médico-social rend ces éléments de contexte parfois difficiles à cerner. Les équipes spécialisées Alzheimer (ESA) par exemple, sont composées d'infirmières coordinatrices, d'ergothérapeutes ou de psychomotriciennes et d'assistantes de soin en gérontologie qui interviennent pour des durées courtes (3 mois) auprès de personnes en début de maladie, à leur domicile. Ici, prendre soin consiste à faire le point sur chaque situation de manière très large, à prendre en compte les aspects relationnels et matériels dans toute leur complexité, à accompagner la personne malade mais aussi son entourage, pour mettre en place tout ce qui pourra faciliter un maintien à domicile. Les professionnelles des ESA abordent des situations dans lesquelles interviennent déjà des acteurs aux places et statuts différents, selon des configurations parfois difficiles à saisir. Se juxtaposent en effet les interventions des proches, celles de différents professionnels qui viennent à domicile ou au contraire auprès de qui il faut se rendre. Certains d'entre eux interviennent au long cours quand d'autres ne sont qu'occasionnels. La trace de leur passage auprès du patient n'est pas forcément visible. Leur rôle exact n'est pas facile à cerner, notamment lorsque la personne accompagnée n'est pas en mesure de le décrire. Une partie du travail de l'équipe ESA consiste donc à identifier et décrypter ces configurations complexes et à susciter l'adhésion et l'implication des personnes accompagnées, ainsi que celles des autres acteurs professionnels impliqués dans la situation. Mais le travail de ces services se fait dans un contexte de « pression faible » sur les personnes accompagnées, puisque l'intervention ne peut se faire que si les personnes ouvrent leur porte, sont présentes au rendez-vous et sont par conséquent — au moins formellement — consentantes.

Dans les établissements médico-sociaux, la « pression » est beaucoup plus forte. Certes, ici comme ailleurs, les libertés individuelles relèvent des droits fondamentaux. Aucune contrainte ne saurait donc en principe être envisagée. Mais les établissements sont des structures collectives avec des règles de fonctionnement qui, d'une façon ou d'une autre, s'imposent aux résidents quand bien même ces règles font l'objet de délibération dans les conseils de vie sociale, quand bien même la personnalisation des prestations est recherchée. Ce qui est loin d'être toujours le cas comme l'a montré récemment l'enquête de Victor Castanet (2022) sur le groupe Orpéa, dont les constats ne concernent pas uniquement le secteur privé lucratif.

Le prendre soin se construit donc selon des enjeux différents en fonction des contextes : type de service ou d'établissement, lieu d'exercice, situations sanitaires et sociales des personnes accompagnées, contraintes matérielles et horizon temporel dans lequel s'inscrivent les pratiques. Deux modalités principales d'articulation entre les dimensions médicales et les dimensions sociales peuvent être distinguées dans les pratiques, en fonction de la structure des relations entre les professionnels. Certaines situations donnent lieu à des relations réticulaires. Les acteurs, appartenant à différentes institutions et exerçant dans des lieux distincts, forment alors un réseau autour de la personne accompagnée et entretiennent des relations ponctuelles, plus ou moins fréquentes, deux à deux ou à plusieurs. L'hybridation consiste alors en une acculturation réciproque basée sur les échanges : échanges par mail, par courrier, par téléphone, et réunions de synthèse. Chacun continue à rester dans sa spécialité, mais tient compte de celle de l'autre. Dans d'autres situations, en particulier dans les établissements, les relations entre acteurs sont plus hiérarchisées, elles font l'objet de protocoles, de règlements, et sont contrôlées à différents niveaux organisationnels. L'hybridation résulte alors d'une coopération plus encadrée par des protocoles, chartes ou règlements.

Les deux études de cas qui suivent s'inscrivent chacune dans l'un de ces types d'organisation : les pratiques de soin d'une ESA se négocient sur un mode réticulaire au fil des multiples échanges entre professionnels qui se coordonnent autour d'une personne accompagnée, tandis que le cas d'un Ehpad permet d'évoquer les formes de coopération plus encadrées et plus explicitement hiérarchiques. En restituant des pratiques de prendre soin dans ces deux contextes spécifiques, nous invitons à une réflexion sur la porosité des frontières entre soin médical et accompagnement social, ainsi que sur les implications différentes de cette porosité selon les contextes.

▶ Prendre soin à domicile, entre hybridation des pratiques et négociations

Madame H. a 90 ans et vit seule à son domicile, avec l'intervention de plusieurs aides professionnelles à l'initiative de son fils. Une assistante sociale municipale l'adresse à une équipe spécialisée Alzheimer (ESA), pour travailler l'acceptation de l'aide à la toilette[1].

Quand les professionnelles de l'ESA se rendent chez Mme H., le problème et l'objectif de l'intervention n'apparaissent pas si clairs. La situation de Mme H. montre une intrication de difficultés de divers ordres, sociales, psychologiques, matérielles, médicales et familiales. Pour Clara D., la psychomotricienne de l'ESA, la relation avec Mme H. est difficile à nouer. Cette dernière est rétive à la venue des intervenantes tout en déplorant sa situation sur de nombreux plans, celui de la relation avec son fils, de l'exiguïté de son logement, de ses douleurs, de ses difficultés de déplacement. Après les trois séances d'évaluation, Clara est censée passer le relais à une assistante de soin en gérontologie chargée de mettre en œuvre le plan de soins. Or Clara ne voit pas comment le faire. La relation avec Mme H. est encore fragile, les objectifs trop difficiles à définir. Clara considère que le problème d'hygiène n'est pas central compte tenu des habitudes de vie de cette dame. Une douche par semaine et quelques « toilettes de chat » lui paraissent suffisantes. Elle en a parlé au médecin généraliste qui considère « qu'il n'est pas la peine de l'embêter avec ça ». En revanche, le risque de chute arrive au premier plan pour Clara ; à la fois pour des raisons physiologiques (difficultés de marche de Mme H.) et pour des raisons environnementales (Mme H. utilise un déambulateur mais ceci s'avère risqué compte tenu de l'exiguïté et de l'encombrement de son logement). Or Mme H. est peu demandeuse de réduire ce risque.

Après avoir échangé en équipe, Clara considère qu'une solution pourrait être de travailler la marche par des séances à domicile pour renforcer l'équilibre. Cependant, cette proposition de kinésithérapie est difficile à aborder avec l'intéressée. Clara évoque ce sujet à plusieurs reprises, mais Mme H. ne répond pas et reste sur sa réserve. Clara finit par lui proposer de faire un essai. Cette proposition de Clara est sans doute contrainte par le format court de l'intervention ESA : douze séances hebdomadaires pour faire avancer la situation. Mais dans ce contexte temporel contraint, Clara réfléchit à la bonne manière d'amener Mme H. à mieux décider : « Ce n'est pas assez concret pour elle, [...] elle ne peut pas se rendre compte [...] il faut savoir ce que c'est précisément que l'intervention du kiné, il faut aussi pouvoir se projeter [...]. Je lui parle du kiné et elle me parle de son Doliprane... [...] Je trouve que c'est mieux de commencer à faire les choses pour voir si elle est d'accord. » Or la position de Clara diffère de celles des

1. Ce récit s'appuie sur une enquête ethnographique sur le travail de deux équipes spécialisées Alzheimer, menée avec Alice Le Goff (Béliard, Le Goff, 2019) : nous avons observé des séances des professionnelles chez les personnes accompagnées, mené des entretiens avec les professionnelles de l'équipe et avec des responsables, observé des réunions d'équipe, consulté des documents utilisés et des dossiers de personnes accompagnées.

autres acteurs en présence. Le fils de Mme H. considère qu'il faut imposer les choses. La médecin généraliste conditionne la prescription des séances de kiné au consentement de la patiente. Clara envisage de négocier avec ce médecin pour obtenir une prescription en l'absence d'un consentement explicite.

Comme on le voit, dans cette situation, l'intervention de l'ESA mobilise, en réseau de fait, un nombre important d'intervenants : Mme H. elle-même, son fils, l'assistante sociale, l'infirmière et l'auxiliaire de vie, le médecin, la psychomotricienne, la kinésithérapeute, l'assistante de soin en gérontologie. Selon un rythme contraint par la courte durée de l'intervention ESA, ces acteurs collaborent tout en ajustant leurs pratiques à celle des autres et en fonction de ce qu'ils perçoivent de la situation. On pourrait classer ces intervenants dans des fonctions précises : sociale, administrative, médicale, paramédicale, profane. Or, dans la pratique, ces acteurs actualisent autrement leurs fonctions, passant parfois d'un registre à l'autre. Ainsi, pour Clara, s'entremêlent son travail d'évaluation, qui la conduit à identifier un problème de marche et à proposer une solution d'ordre technique et paramédical (les séances de kinésithérapie), son rôle de coordination qui l'amène à se mettre en lien avec tous les intervenants de la situation, et son accompagnement de proximité quand elle prend le temps d'écouter Mme H., de la rassurer, de créer une relation de confiance avec elle.

La définition du problème et des objectifs de l'accompagnement révèle des positions différenciées : certains s'appuient sur leur formation et restent cantonnés à leur spécialité, tandis que d'autres s'en décalent et se despécialisent. Les alliances sont fluctuantes. À propos de la toilette par exemple, certains se réfèrent aux normes sociales de propreté, comme peut-être l'assistante sociale qui a orienté cette dame à l'ESA. Les critères médicaux (risques d'irritations ou de lésions cutanées) justifient aussi l'objectif de la toilette. Mais le médecin généraliste ne mobilise pas ces critères et valorise plutôt, comme la psychomotricienne, le registre des libertés individuelles : « Il ne faut pas l'embêter avec ça. » Sur la question du risque de chute, les positions se répartissent d'une autre manière. Clara, en cohérence avec son champ de compétence de psychomotricienne, identifie ce risque et propose un traitement par la kinésithérapie. Mme H. définit le problème à partir de son expérience corporelle, celle de ses douleurs qui lui font préférer le Doliprane à la kinésithérapie. Le fils souhaiterait que Clara n'aille pas dans le sens de sa mère. Le médecin refuse d'endosser son rôle de prescripteur sans l'accord de Mme H. Clara souhaite passer outre l'avis du médecin pour « commencer à faire » et « voir comment cela se passe ».

Cette situation illustre les phénomènes d'hybridation et de déspécialisation à l'œuvre dans les pratiques de prendre soin. Certaines parties prenantes s'inscrivent, pour des raisons différentes, dans ce qu'on pourrait appeler un *régime thérapeutique ou biomédical*, ce qui ne signifie pas qu'elles sont d'accord entre elles. Au sein de ce régime thérapeutique, Mme H. est partisane d'une logique médicamenteuse, l'assistante sociale d'une logique socio-hygiéniste, la psychomotricienne, avec le soutien du fils, d'une logique fonctionnelle de traitement des troubles psychomoteurs. Le médecin est finalement la personne qui adopte la position la moins « médicale », privilégiant la préservation de l'autonomie et de la tranquillité de sa patiente, s'inscrivant alors dans *un régime des libertés individuelles*. Dans cette situation où l'hybridation entre les dimensions sociales et médicales de l'intervention est plutôt de type réticulaire, « prendre soin » se fabrique dans des formes fluctuantes, aux frontières entre soin médical, accompagnement social, droits fondamentaux, prise de risque, sécurité, relations de parenté etc.

▶ L'éthique du « prendre soin » en établissement

Dans les établissements, cette hybridation ne résulte pas seulement comme au domicile d'une négociation au chevet du patient. Elle s'inscrit dans un cadre plus collectif et plus hiérarchisé. Ainsi, dans certaines situations, lorsque ce qu'il convient de faire n'apparaît pas clairement, c'est vers une demande (ou une proposition) de clarification des orientations, des limites ou des directives que se tournent les professionnelles. Certaines structures sont dotées d'instances de délibérations, parfois de comités éthiques, pour traiter de situations qui mettent à l'épreuve le prendre soin et tenter de sécuriser l'action des professionnelles et plus largement de l'établissement. Nous présentons ici deux dilemmes auxquels ont été confrontés des professionnelles et qui ont fait l'objet de discussions serrées dans un comité éthique que nous avons suivi au cours d'une enquête dans deux Ehpad.

> Monsieur F. est atteint d'une sclérose latérale amyotrophique et souffre de troubles de la déglutition qui le soumettent de plus en plus souvent à des risques de fausse route. Ses capacités mentales ne sont pas altérées. Il décide, en toute connaissance de cause, de refuser la sonde gastrique qui lui est proposée. Un régime mixé lui a été imposé. Mais, avec le soutien de ses proches qui lui rendent visite, il déroge souvent à ce type d'alimentation en consommant des produits non mixés, saucissons, pâté, huîtres... « On l'a passé en mixé, mais il mange en douce. » D'où des fausses routes qui nécessitent des interventions d'urgence et l'appel du Samu pour éviter l'asphyxie.

Madame C. souffre, elle aussi, de dénutrition. Une alimentation mixée avec boissons épaissies lui est imposée. Entièrement dépendante, Madame C est alitée jour et nuit, seule dans sa chambre. Si elle conserve des capacités de compréhension, son usage de la parole est très dégradé et elle ne peut s'exprimer que par des réponses négatives ou positives.

Ces deux situations mettent à l'épreuve la professionnalité des soignantes sur un mode sensiblement différent. Celles-ci sont en effet confrontées aux décisions de Monsieur F., qui mettent régulièrement sa vie en danger. Elles se sentent soumises à une injonction paradoxale puisqu'elles doivent en même temps respecter la volonté du résident quand bien même celui-ci prend des risques, et l'assister quand les risques s'actualisent pour en limiter les effets. Les professionnelles de première ligne (aides-soignantes, agentes de service hospitalières) vivent très mal cette situation, chacune espérant ne pas avoir à assister à ces moments extrêmes toujours très pénibles pour tout le monde. « Il va mourir sous nos yeux... C'est insupportable. » D'où une question éthique récurrente : « Peut-on tolérer qu'un résident fasse un tel choix délibérément tout en demandant de l'aide en cas de problème ? »

Les interrogations éthiques concernant Madame C. sont un peu différentes. Celle-ci ne s'exprime pas ou peu, et les professionnelles se demandent en permanence si ce qu'elles font correspond à ses désirs. « Doit-on poursuivre l'alimentation ? » se demandent-elles. « Doit-on envisager la pose d'une sonde d'alimentation », ou la lever et l'emmener dans la salle à manger ? Aucune de ces solutions ne semble satisfaisante, d'où le sentiment que leur éthique est mise à mal et que leur capacité à prendre soin est altérée.

Les délibérations dans le comité éthique tournent autour de quatre régimes distincts. Deux de ces régimes étaient également au premier plan dans le contexte précédent (le suivi ESA à domicile), alors que les deux suivants apparaissent de manière beaucoup plus forte et distincte dans le contexte de l'établissement.

- Le premier d'entre eux est le régime *biomédical ou thérapeutique*, où ce qu'il convient de faire dans la relation de soin est défini par les normes et règles médicales. L'éthique consiste alors à se conformer aux normes et règles de la profession, après avoir objectivé par le diagnostic les besoins du patient ainsi que les modalités optimales de sa prise en charge. Certes, l'incertitude peut ne pas être levée (en cas par exemple d'incertitude diagnostique) mais son degré peut être mesuré selon une échelle bénéfices/risques. Dans les deux situations évoquées, l'éthique médicale est indexée sur le savoir médical. On connaît la sclérose latérale amyotrophique, les troubles de la déglutition, et on sait que les thérapeutiques sont l'alimentation mixée et/ou la sonde gastrique.

- Le deuxième régime est celui des *libertés individuelles*. Sur ce registre, l'éthique consiste à respecter les volontés et la liberté des patients et des résidents, à recueillir leur consentement. Là encore, l'incertitude n'est pas toujours levée, soit parce que les patients, après avoir donné un accord, peuvent changer d'avis, soit parce que le consentement est difficile à recueillir. Mais si l'on reste sur ce registre, il est aussi possible de mesurer le degré d'incertitude dans lequel on se trouve pour tenter de le réduire. Tel est le cas des soignantes lorsqu'elles sont attentives au moindre signe pour savoir si Madame C. est d'accord ou non pour rester alitée ou pour manger.
- Le troisième régime est celui de la *justice sociale,* particulièrement perceptible en établissement et beaucoup plus diffus dans l'aide à domicile. Il concerne la question de l'allocation des services et des biens. Dans un établissement comme les Ehpad, il se traduit par une organisation du travail permettant une égale attention aux résidents. Ce régime de la justice sociale a pris de l'importance dans les établissements médico-sociaux ces dernières années avec la promotion des démarches qualité et la lutte contre la maltraitance, dans un contexte de raréfaction et de rationalisation des moyens, qui ne favorise pas cette égale attention à porter aux résidents. Dans les deux situations analysées, les professionnelles évoquent ce souci éthique d'une juste allocation des prestations entre les résidents, et la mise à mal de celle-ci lorsque certains patients exigent plus que d'autres, et qu'une importante mobilisation du personnel est requise. Difficile de satisfaire les uns sans pénaliser les autres.
- Le quatrième régime enfin, concerne les *risques psycho-sociaux*. Dans les deux situations présentées, la charge morale des soignantes de première ligne a été évoquée. Sur ce registre les questions éthiques se posent à une échelle institutionnelle et organisationnelle. Comment faire pour maintenir le moral des soignantes pour qu'elles puissent assister les résidents en difficulté ? Comment leur permettre de supporter le sentiment d'impuissance qu'elles disent ressentir ? Comment soutenir leur professionnalité alors qu'elles estiment ne pas pouvoir bien faire leur travail compte tenu des conditions de travail qui leur sont imposées ?

Ainsi les questions éthiques liées au prendre soin se déploient selon quatre régimes distincts qui, en outre, ne sont pas commensurables entre eux. Autrement dit, l'éthique dans un établissement comme l'Ehpad consiste à accorder une égale attention aux diverses questions qui se posent sur ces différents registres. Dans le contexte actuel, la prise en compte d'un seul de ces régimes ou bien le sacrifice de l'un d'entre eux, ne saurait être considéré comme une position éthique. Par exemple, ignorer le régime des libertés afin de gagner en performance sur les trois autres régimes, ne pourrait être considéré comme une attitude éthique. Tel serait le cas par exemple, si la sonde gastrique était imposée pour garantir la sécurité du patient (registre biomédical), celle du personnel (registre des risques psychosociaux), celle enfin de l'ensemble des autres résidents (registre de la justice sociale). Mais inversement, tel serait aussi le cas, si les soignantes s'assujettissaient uniquement aux demandes du patient sans prendre en compte les trois autres registres.

Ces différents régimes, observables dans l'établissement, complexifient encore un peu les contours du prendre soin. Celui-ci ne consiste pas à s'occuper seulement du corps et de la psyché du patient. Prendre soin conduit aussi à se soucier de l'attribution de ses droits, mais aussi de la justice sociale ainsi que du bien-être des agents au travail. Prendre soin consiste alors à tenter de maintenir un équilibre instable et à gérer des paradoxes qui semblent souvent irréductibles.

Conclusion

La mise en regard de ces deux situations montre combien les contextes d'intervention orientent ce que recouvre, concrètement, le prendre soin dans le médico-social.

Dans le cas des interventions au domicile des personnes, des acteurs multiples sont amenés à interagir — proches et voisins, soignantes exerçant en libéral, intervenantes de services sociaux, de structures d'aide à domicile, d'équipes mobiles... Ces acteurs agissent conformément à une spécialité professionnelle ou s'en décalent, en fonction de ce qu'ils perçoivent des besoins de la personne et des actions des autres intervenants. Les règles collectives qui structurent l'intervention de l'ESA donnent lieu à des interprétations différentes. Le prendre soin se construit alors dans une hybridation des pratiques et dans des négociations au cas par cas, autant pour ce qui concerne les objectifs de l'intervention (ceux-ci mettant au premier plan un régime thérapeutique ou biomédical et un régime des libertés individuelles) que des manières de la mettre en œuvre et de gérer les tensions entre ces objectifs et les contraintes de temps et de moyens.

Par contraste, le deuxième exemple, situé en établissement, fait ressortir l'importance des règles collectives et des formes de délibération encadrées au niveau de l'établissement. Si les situations de soin à domicile mettent au premier plan la tension entre objectifs médicaux et impératifs de respect de l'autonomie et de la dignité de la personne, cette tension se joue de manière différente en établissement, du fait de la mise en avant, dans les délibérations collectives, de deux autres régimes, celui de la justice sociale et celui des risques psychosociaux. Ces deux régimes, également présents dans l'intervention à domicile, y sont de fait moins mobilisés — ou plus invisibilisés — dans les délibérations au cas par cas qui caractérisent ces contextes d'organisation réticulaire des soins.

Les services et établissements médico-sociaux articulent des pratiques d'accompagnement social, d'assistance et de soin médical. La distinction entre les dimensions sociales et médicales de leur intervention est structurante en ce qui concerne les appartenances professionnelles et les financements des établissements et services. En revanche, l'examen des pratiques concrètes révèle la forte porosité des frontières entre ces deux dimensions, ainsi que des tensions entre différents régimes d'intervention (le régime thérapeutique, celui des libertés individuelles, celui de la justice sociale et celui des risques psychosociaux). Inévitables, parce que résultant d'exigences paradoxales, ces tensions sont prises en charge par des dispositifs d'aide à la décision ou de reprise de l'action, variables selon les contextes de travail, les types de coopération entre professionnelles et les pratiques d'encadrement. Ces dispositifs s'actualisent selon plusieurs formes : réunions de synthèse, réunions de concertations pluridisciplinaires, etc., mais aussi par l'intermédiaire des groupes d'analyse de la pratique, de comités éthiques, etc. Autant de dispositifs qui sont à voir comme des instances destinées à réguler les fluctuations des pratiques de prendre soin.

REPÈRES INSTITUTIONNELS ET RÉGLEMENTAIRES

Dispositifs

Services de soins et d'éducation spécialisés (SESSAD) : Ils sont composés d'équipes pluridisciplinaires qui interviennent auprès d'enfants handicapés et de leur famille, dans leur lieu de vie et à l'école.

Services d'accompagnement médico-social des adultes handicapés (SAMSAH) : Ils sont composés d'équipes pluridisciplinaires et proposent un accompagnement à des adultes handicapés pour leur suivi médical et social, leur réinsertion sociale et professionnelle.

Équipes spécialisées Alzheimer (ESA) : Elles accompagnent les personnes atteintes de la maladie d'Alzheimer vivant à domicile et apportent un soutien à leurs proches. L'objectif des interventions est de leur permettre de rester vivre le plus longtemps à domicile.

Établissements d'hébergement pour personnes âgées dépendantes (Ehpad) : Ce sont des lieux de vie médicalisés qui accueillent des personnes âgées de plus de 60 ans ayant besoin d'aide et de soins au quotidien.

Lois

La loi hospitalière du 31 décembre 1970 introduit une séparation entre le secteur sanitaire d'un côté et le secteur social et médico-social de l'autre. Elle est suivie par la loi du 30 juin 1975 relatif aux institutions sociales et médico-sociales qui organise l'offre médico-sociale et en répartit les compétences entre l'État et les départements. Une autre loi promulguée le 30 juin 1975, en faveur des personnes handicapées, crée une première allocation de compensation du handicap. Une vingtaine d'années plus tard, la loi du 2 janvier 2002 relative à l'action sociale et médico-sociale propose une réforme qui met l'accent notamment sur les droits des usagers et l'évaluation de la qualité.

Pour aller plus loin

Hennion A., et Vidal-Naquet P.A. (2015). « La contrainte est-elle compatible avec le *care* ? Le cas de l'aide et du soin à domicile », *Alter*, *9* (3), p. 207-221.

Velpry L., Vidal-Naquet P. A., et Eyraud B. (éd.) (2022). *Contrainte et consentement en santé mentale : forcer, influencer, coopérer*, Rennes, Presses universitaires de Rennes.

Bibliographie

Bauduret J.-F. et Jaeger M. (2002). *Rénover l'action sociale et médico-sociale. Histoires d'une refondation*, Paris, Dunod.

Béliard A. et Le Goff A. (2019). « Desserrer des contraintes, structurer des choix. Le travail des professionnelles des équipes spécialisées Alzheimer », in Velpry L., Vidal-Naquet P. A., et Eyraud B. (éd.). *Contrainte et consentement en santé mentale. Forcer, influencer, coopérer*, Rennes, Presses Universitaires de Rennes, p. 39-52.

Brodwin P. (2013). *Everyday ethics : Voices from the front line of community psychiatry*, Berkeley, University of California Press.

Castanet V. (2022). *Les fossoyeurs*, Paris, Fayard.

Gilligan C. (1982). *In a Different Voice*, Harvard University Press, Cambridge, MA.

Molinier P., Laugier S., et Paperman P. (2009). *Qu'est-ce que le « care » ? : souci des autres, sensibilité, responsabilité*, Paris, Payot et Rivages.

Pols J. (2006). « Washing the citizen : washing, cleanliness and citizenship in mental health care », *Culture, medicine and psychiatry*, 30, p. 77-104.

Ravon B. et Vidal-Naquet P. (2018). « Les épreuves de professionnalité, entre automandat et délibération collective. L'exemple du travail social », *Rhizome*, 67 (1), p. 74-81.

Strauss A., Fagerhaugh S., Suczek B., et Wiener C. (1985). *Social organization of medical work*, University of Chicago Press.

Tronto J. (2009) [1993]. *Un monde vulnérable, pour une politique du* care. Paris, La Découverte.

Ungerson C. (1983). « Why do women care ? », in Finch J. et Groves D. (éd.), *A Labour of Love : Women Work and Caring*, Abingdon, Routledge.

Chapitre 15

La formalisation de l'aide informelle : entre opportunités et tensions

Arnaud Campéon, Olivier Giraud, Blanche Le Bihan

RÉSUMÉ

Ce chapitre propose une réflexion sur l'accompagnement des personnes en situation de handicap ou de perte d'autonomie par leurs proches aidants. Il montre qu'après être longtemps restée confinée dans le domaine privé, cette question devient un enjeu social et de santé publique majeur. En dépit de la création de services d'aide à domicile et en établissement, et dans un contexte budgétaire de plus en plus contraint, les années 2000 sont celles de la mobilisation des proches par les pouvoirs publics. Très investis dans les activités de *care* auprès de leur(s) parent(s) ou enfant(s) en besoin d'aide, ils sont reconnus comme des acteurs clés de l'accompagnement des personnes vulnérables. Cette reconnaissance se traduit par la mise en place d'un certain nombre de dispositifs publics visant à faciliter ce rôle d'aidant. La formalisation progressive de l'aide apportée par les proches, jusque-là diffuse et invisible, soulève cependant un certain nombre de questions quant au rôle attendu des proches aidants et, plus largement, à la conception de l'action publique en matière d'autonomie.

Mots-clés : aidant, familialisme, monétarisation, aide informelle, *care*.

D'APRÈS les dernières statistiques officielles, il y aurait aujourd'hui en France 9,3 millions de personnes déclarant apporter une aide régulière à un proche en situation de handicap ou de perte d'autonomie en 2021 (Blavet, 2023). En dépit de situations fortement contrastées en volume comme dans la nature de l'aide apportée, allant des quelques courses effectuées toutes les semaines à une présence continue auprès du proche, cette réalité démographique explique la centralité croissante que la question des aidants[1] a prise dans notre société. Pourtant, bien qu'il ne s'agisse pas d'un phénomène nouveau, son identification par les pouvoirs publics est récente. Pendant longtemps en effet, l'aide apportée à un proche était considérée comme « naturelle », sinon résiduelle, et donc comme une affaire privée dans laquelle l'État n'avait pas à intervenir directement. En conséquence, cette aide était rendue invisible aux yeux des pouvoirs publics, des chercheurs comme de la plupart des aidants eux-mêmes qui n'entrevoyaient pas, ou difficilement en raison de leurs obligations légales d'assistance, la possibilité d'un soutien extérieur (au sens institutionnel du terme) dans leur quotidien d'aide.

Ce n'est que durant les années 1970-1980 que cette question des « aidants », et plus largement des solidarités informelles, est progressivement devenue un sujet digne d'intérêt, tant dans l'arène politique que scientifique (Debordeaux et Strobel, 2003). Investis dans les activités de *care* auprès de leur(s) parent(s) ou enfant(s), les aidants sont aujourd'hui reconnus comme des acteurs clés de l'accompagnement des personnes vulnérables. Cette reconnaissance se traduit par un certain nombre de dispositifs publics visant à soutenir leur rôle. Mais ce qui peut apparaître comme une reconnaissance progressive de l'aide informelle, jusque-là diffuse et invisible, s'inscrit dans une interrogation plus large sur la conception de l'action publique en matière d'autonomie en France, soulevant une série de questions : qui prend soin des personnes vulnérables au sein d'une société ? Quelle intervention de l'État social et quel rôle de la famille ? La question n'est pas seulement celle de l'articulation ou de la complémentarité entre intervention publique et intervention familiale, mais aussi celle des modalités de l'intervention publique, qui peut se traduire par la création de services pour les personnes aidées, mais aussi de dispositifs d'aide destinés aux proches aidants. C'est ici la conception même de l'action publique en direction des personnes âgées et des personnes en situation de handicap et sa dimension familialiste qui est interrogée. Désignant à la fois l'idéologie politique qui fait de la famille la cellule de base de la société et les configurations des relations entre l'État et la

1. L'éditeur de cet ouvrage ne permet pas l'usage de l'écriture inclusive. La place des femmes dans l'aide est cependant prépondérante. Le terme « aidants » doit être entendu comme un terme générique incluant femmes et hommes dans une activité d'aide.

famille où celle-ci occupe une place privilégiée (Martin, 2003), le *familialisme* revêt différentes formes, en fonction des politiques d'autonomie développées (Leitner, 2003). Ainsi, il peut être « de fait » lorsque l'intervention des pouvoirs publics dans le secteur de l'autonomie est inexistante (absence de services tout particulièrement) et que les familles (donc les proches aidants) sont les seules pourvoyeuses d'aide et de soin, mais il peut également être « reconnu et soutenu » lorsque les pouvoirs publics s'appuient sur les proches aidants pour accompagner les personnes âgées ou en situation de handicap qui ont besoin d'aide et de soin.

Ce chapitre s'intéresse à la question de la *formalisation* de l'aide dite informelle, définie comme le processus de reconnaissance et d'intégration de l'aide apportée par les proches à l'action publique en direction des personnes âgées et des personnes en situation de handicap. Il s'agit d'en comprendre à la fois les enjeux, l'opérationnalisation en termes de dispositifs d'action publique mais également les questionnements qu'elle suscite. Aussi, après avoir rappelé la dynamique de reconnaissance institutionnelle de ces principaux acteurs que sont les proches aidants, et la pluralité de leurs profils et de leurs rôles, nous rendrons compte des dispositifs et mesures actuellement mis en œuvre par les politiques d'autonomie pour les soutenir et accompagner. À l'issue de cette analyse, qui révèle le rôle des proches aidants dans l'action publique en direction des personnes âgées et des personnes en situation de handicap et par là même la dimension familialiste des politiques d'autonomie, nous examinerons les logiques d'appropriation de ces dispositifs par les aidants eux-mêmes, et surtout les ambivalences suscitées par leur utilisation. Nous nous centrerons plus particulièrement sur deux enjeux importants : la monétarisation de l'aide apportée par les proches et la formation des aidants.

RETOUR SUR UNE DYNAMIQUE : DE L'INVISIBILITÉ À LA RECONNAISSANCE SOCIALE ET POLITIQUE DES AIDANTS

La notion d'« aidant », dont la catégorisation fluctue en fonction des sources mobilisées (aidants familiaux, informels, naturels, non professionnels, familiers, profanes, etc.), est difficile à saisir en raison de la multiplicité des situations qui la caractérise. Nous nous proposons donc, dans un premier temps, de questionner cette notion pour saisir ce qu'elle recouvre et les raisons pour lesquelles les pouvoirs publics ont progressivement été amenés à s'intéresser à ceux et celles qu'on appelle aujourd'hui les proches aidants.

▶ Les aidants : des profils et des situations d'aide diversifiés

Une première caractéristique essentielle concernant les aidants tient tout d'abord à la grande diversité de leurs profils et de leurs situations individuelles, selon leur âge bien sûr mais également selon leur situation socio-économique, leurs conditions d'habitat, de santé, de travail, de la nature de leur lien avec la personne aidée, etc. En dépit de cette diversité, les recherches menées en sciences sociales nous permettent néanmoins d'identifier quelques profils-types (Trabut, 2023).

Du côté des proches aidants de personnes âgées en perte d'autonomie, l'enquête « Capacités, aides et ressources » (Care) de l'Insee nous informe qu'ils sont âgés en moyenne de 73 ans pour les conjoints et 52,5 ans pour les enfants, qu'il s'agit le plus souvent de femmes (59,5 %), que 49 % sont retraités et que 37 % exercent encore une activité professionnelle (Besnard *et al.*, 2019). Derrière cette figure majoritairement féminine et en âge de travailler, se lisent aussi des trajectoires de femmes aux prises avec une fin de carrière souvent difficile et habitant à proximité d'un parent en perte d'autonomie. Dans ce type de situation, les personnes font fréquemment le choix de s'occuper de leur parent plutôt que de prolonger un chômage ou une précarité sur le marché du travail. Il peut également s'agir de femmes plus jeunes mais dont la profession (aide à domicile, femme de ménage ou de service chez des particuliers ou dans une entreprise, dans une école, etc.) conduit à une assignation familiale auprès d'un parent âgé. Du côté des proches aidants de personnes en situation de handicap, on retrouve fréquemment la situation de parents, souvent des mères, qui renoncent à leur emploi ou à un retour à l'emploi, suite à l'arrivée dans leur foyer d'un enfant en besoin d'aide. Ces éléments de différentiation sont importants à prendre en considération dans la mesure où ils ont nécessairement une influence significative sur l'investissement dans l'aide mais également sur la manière d'aider. On n'aide pas de la même façon ni pour les mêmes raisons, selon que l'on est conjoint, parent ou enfant ; mère célibataire, enfant unique ou issu d'une fratrie nombreuse ; cohabitant, habitant à proximité ou dans une autre région, en retraite ou en activité professionnelle, etc.

Il convient ainsi de rappeler que la situation des aidants est multiforme et qu'elle renvoie à des expériences plurielles. Plurielles parce que bien souvent, il n'y a pas un aidant mais plusieurs aidants qui se partagent la responsabilité d'un accompagnement, que ce soit au sein d'un ensemble familial et/ou d'un groupe d'aide extra-familial. On parlera alors de « configuration d'aide » dont l'agencement s'adapte au gré des situations de vie, de l'évolution de l'état de santé de la personne aidée mais également des (in)disponibilités des aidants potentiels. Plusieurs recherches se sont ainsi questionnées sur la nature de ces configurations, sur les règles implicites qui les régissent comme sur leur mise en mouvement (Campéon *et al.* 2018 ; Billaud, 2015), autant pour qualifier les conditions d'entrée dans la relation d'aide — par qui, à quels moments, pour quelles raisons ? — que de sortie ou encore pour renseigner le degré d'engagement ou la répartition des tâches.

Plurielles également car leurs rôles peuvent renvoyer à d'importantes différences, avec des logiques d'implications ou encore des degrés d'engagements distincts selon le profil de l'aidant (son genre, son âge, sa situation sociale, son lieu d'habitation, etc.) et le type de lien qui l'unit à l'aidé ; selon la nature du besoin d'aide à couvrir (s'agit-il de l'ensemble des actes de la vie quotidienne ou d'un appui plus mineur et ponctuel dans la réalisation de certaines activités ?), selon l'intensité et la durée de l'aide apportée (qui peut varier de quelques minutes à plusieurs heures par jour, comme de quelques semaines à plusieurs dizaines d'années) ou encore selon les ressources (matérielles, relationnelles, psychologiques, en termes d'accès aux dispositifs de soutien sur un territoire, etc.) dont ces aidants disposent pour faire-face à la situation d'aide rencontrée. Derrière la catégorie englobante d'aidants, se cachent donc des profils spécifiques et des situations d'aide diverses, complexes et généralement évolutives, qui ont des incidences significatives sur la manière dont ces aidants se considèrent, considèrent leurs rôles et investissent cette relation d'aide en fonction des contraintes qui sont les leurs.

Plurielles enfin, car la nature des tâches que ces aidants réalisent est hétérogène. Aider au quotidien ou de manière plus sporadique, c'est souvent endosser de multiples rôles qui vont façonner un répertoire de tâches, et donc de compétences, diversifié et d'intensité variable. Un répertoire qui, par ailleurs, est lui-même appelé à s'enrichir en fonction de l'évolution de la maladie ou du handicap de la personne accompagnée. Sans chercher à être exhaustifs, rappelons quelques-unes de ces responsabilités que les aidants sont susceptibles de prendre en charge :

- aide aux démarches administratives ;
- accompagnement aux sorties (médicale, de loisirs, etc.) ;
- soins médicaux et d'hygiène (dont l'aide aux soins du corps) ;
- aide à l'aménagement pour rendre un logement accessible ;

- préparation/aide aux repas ou administration des médicaments ;
- présence pour assurer une continuité de l'aide ;
- soutien à la parentalité ;
- visite récréative (qui se double généralement d'une veille) ;
- soutien moral, stimulation et valorisation, etc.

Ces activités peuvent être effectuées par les aidants seuls ou en collaboration plus ou moins étroite avec des professionnels qui leur permettent d'externaliser une partie de l'aide et du soin. Si cette sollicitation des professionnels soulage matériellement les aidants, elle se traduit aussi pour ces derniers par un travail supplémentaire de coordination des différentes interventions. C'est pour rendre compte de ce rôle majeur de coordination qu'a été mobilisée la notion de *care manager*, pour apprécier ce travail de médiation et d'articulation que les aidants réalisent pour assurer un arrangement d'aide stable et sécurisant pour la personne aidée. Ce sera par exemple à cet aidant de trouver les « bons » professionnels qui interviendront auprès de leur proche ; c'est également à ces derniers que reviendra la responsabilité de recruter puis de prendre contact avec les services d'aide à domicile, d'agencer le planning, d'anticiper les rendez-vous médicaux à l'hôpital ou avec les professionnels du soin, etc. En d'autres termes, si ce type de délégation allège les aidants d'un certain nombre d'activités concrètes, le plus souvent techniques, ils doivent désormais orchestrer cette délégation. Une fois celle-ci organisée, ils doivent veiller à son déroulement au quotidien, c'est-à-dire s'assurer à la fois d'une réponse adaptée aux besoins et aux attentes de leurs proches, mais également faire le lien entre les différentes interventions des professionnels pour permettre la continuité de l'accompagnement mis en place.

À ce suivi organisationnel déjà dense, s'ajoute enfin tout le travail relationnel et émotionnel (Le Bihan et Mallon, 2017) avec le proche accompagné ou encore avec les autres membres de la configuration d'aide, qu'ils soient professionnels ou de l'entourage proche. Dans le cas d'une délégation de tâche à un professionnel par exemple, ce travail consiste à s'assurer que l'aspect technique des activités déléguées ne soit pas réalisé au détriment d'une conception à la fois plus holistique (liée à la spécificité de l'histoire personnelle et familiale) mais également plus humaine dans la relation comme dans l'activité d'aide. Quelles que soient leurs particularités, la nature des tâches et des activités réalisées, les configurations d'aide dans lesquelles ils s'inscrivent, etc. ces aidants partagent donc un point commun, celui d'apporter une aide à leur proche de façon à ce que ce dernier puisse vivre dans des conditions aussi facilitantes et habilitantes que possible, en dépit de sa maladie, son handicap et/ou ses limitations fonctionnelles. Cet engagement rend compte d'un processus de construction identitaire spécifique qui va les amener à endosser certains rôles, parfois à en refuser et à en déléguer d'autres, pour assurer le bien-être de leur proche, au risque souvent de sous-estimer les conséquences de cet engagement dans leur vie comme sur leur propre santé.

En effet, ce rôle n'est pas sans incidence et si certaines recherches insistent sur les aspects positifs et gratifiants qui lui sont associés (Caradec, 2009), d'autres ont aussi pu en révéler le poids, en termes notamment de sentiment de pression ou encore de charge mentale (Le Bihan et Martin, 2006). Dans cette perspective, l'aide peut donc aussi être conçue comme un fardeau (en anglais *burden*, Zarit *et al.*, 1980) pour les proches des personnes vulnérables, ce qui invite à saisir l'aide prodiguée essentiellement par ses retentissements négatifs sur la santé, psychique et physique, des aidants. Celle-ci s'exprime autant chez les proches cohabitants que pour les aidants à distance également très investis dans la relation d'aide et de coordination. Dans un cas comme dans l'autre, la préoccupation et l'activité du *care* sont susceptibles d'envahir leur vie sociale et personnelle, comme leur vie professionnelle. Manque de temps, perte de concentration, insomnie et fatigue, isolement, dépression, etc. font ainsi partie des maux les plus couramment cités pour qualifier leurs expériences (Soullier, 2012). Ils témoignent à la fois de la complexité des enjeux liés à l'engagement au long cours auprès d'un proche mais également des difficultés éprouvées au quotidien pour assurer cet accompagnement de proximité. C'est à l'aune de ces difficultés qu'on peut alors apprécier l'indispensable reconnaissance de ce travail d'accompagnement et de coordination visant à soutenir les aidants.

▶ Les proches aidants comme catégorie d'action publique

Plusieurs déterminants ont joué un rôle dans ce que Claude Martin (2003) qualifie de « redécouverte opportune » des solidarités informelles. Sans prétendre à l'exhaustivité, rappelons que notre société a connu ces dernières décennies de profondes mutations, tant démographiques que sociales et économiques, qui ont conduit nos politiques à accorder une attention croissante aux liens sociaux de proximité et, plus précisément, aux multiples formes de solidarité que peuvent apporter la famille et la parenté à leurs membres, en remplacement ou en complément d'une solidarité publique confrontée à différentes crises économiques. Vieillissement de la population (dont l'arrivée en retraite des générations du baby-boom) et allongement de l'espérance de vie, transition épidémiologique et augmentation de la prévalence des maladies chroniques, dynamique de désinstitutionalisation, maîtrise des dépenses publiques dans un contexte de crise de l'État social, féminisation du marché du travail, mobilité géographique et transformation du modèle traditionnel de la famille, évolution des attentes des personnes accompagnées qui souhaitent être soignées chez elles, etc., apparaissent de ce point de vue comme autant de facteurs ayant permis de rendre plus manifeste l'existence mais aussi l'importance du soutien « informel », provenant en particulier de la famille.

Parallèlement à ces transformations structurelles, une autre dynamique mérite d'être soulignée, celle portée par les associations de personnes en situation de handicap ou de malades et, dans un second temps, de proches aidants qui se sont progressivement organisées, devenant ainsi plus visibles dans l'espace public. Si certaines de ces associations, historiquement instituées, ont connu une reconnaissance précoce (que l'on songe par exemple à l'Association des paralysés de France dès 1945, à l'Union nationale de familles et amis de personnes malades et/ou handicapées psychiques en 1963 ou à l'Association française contre les myopathies en 1976) d'autres ont progressivement émergé pour s'offrir une tribune d'échange et de partage autour de leurs expériences communes. Mobilisées socialement et politiquement, ces associations généralistes (comme l'Association française des aidants) ou dédiées à des pathologies spécifiques (comme l'association France Alzheimer) ont participé à donner sens et forme au travail de soin « profane » (Cresson, 2006), c'est-à-dire à faire reconnaître les aidants comme des « victimes cachées » et des acteurs majeurs du système de santé. À titre d'exemple, on peut mentionner la première Journée nationale des aidants lancée en 2010 par la secrétaire d'État chargée de la Santé, qui témoigne de la reconnaissance sociale de la question des aidants et qui, sur le plan symbolique, a contribué à en faire une question politique. Ce faisant, elles ont permis de créer les conditions favorables pour permettre son accès à l'agenda politique.

La mise en visibilité des aidants est donc le produit d'un travail progressif de traduction qui s'est inscrit dans une conjoncture historique spécifique au sein de laquelle la nécessité « d'aider les aidants à aider » s'est progressivement imposée comme un défi sociétal majeur. De ce point de vue, on ne peut que constater la dynamique institutionnelle engagée, depuis le début des années 2000, autour de la question des aidants qui sont devenus une catégorie cible de l'action publique et un enjeu prioritaire dans différents plans et schémas nationaux de santé (Autisme, Cancer, Alzheimer puis maladies neurodégénératives, accident vasculaire cérébral, handicaps rares, etc.). Bien que ce processus soit encore inachevé, plusieurs avancées majeures peuvent néanmoins être retenues pour en apprécier la formalisation politique. Dès 2001, la loi pour l'allocation personnalisée d'autonomie (APA) reconnaît le rôle de l'aidant dans la définition du plan d'aide élaboré conjointement par les professionnels et les familles, et depuis la loi d'adaptation de la société au vieillissement de 2015, les démarches d'évaluation suite à une demande d'APA doivent également tenir compte des besoins des aidants qui entourent la personne aidée. Ce sont désormais la personne en perte d'autonomie et les aidants qui sont accompagnés.

La formalisation de l'aide jusque-là invisible des proches s'est également traduite par une réflexion sur le statut des aidants. L'action publique a progressivement stabilisé une définition de l'aidant, lui donnant une première forme de reconnaissance institutionnelle, par la loi du 11 février 2005[1] et sa désignation légale des « aidants familiaux ». Mais c'est la loi relative à l'adaptation de la société au vieillissement (2015) qui en définit le périmètre en lui substituant le « proche aidant[2] » comme catégorie de référence. Dans son article 51, il est stipulé qu'est considéré « comme proche aidant d'une personne âgée son conjoint, le partenaire avec qui elle a conclu un pacte civil de solidarité ou son concubin, un parent ou un allié, définis comme aidants familiaux, ou une personne résidant avec elle ou entretenant avec elle des liens étroits et stables, qui lui vient en aide, de manière régulière et fréquente, à titre non professionnel, pour accomplir tout ou partie des actes ou des activités de la vie quotidienne ».

Une conception large des liens entre aidant et aidé est ainsi proposée, incluant les liens familiaux étendus et les relations de proximité en dehors des membres de la famille.

Outre le processus de désignation et de définition du proche aidant (membre de la famille ou non), la reconnaissance du travail de *care* informel donne également lieu à la création de multiples dispositifs visant à améliorer les conditions économiques et d'activité des proches aidants, ainsi qu'à les accompagner dans la réalisation de leurs tâches d'aide et de soin. Comme le souligne le rapport Libault (2019), il est nécessaire de soutenir efficacement ces solidarités de proximité, pour contrer le risque d'épuisement, d'isolement et de mauvaise santé de ceux et celles qui les portent (Soullier, 2012 ; Besnard *et al.* 2019). C'est d'ailleurs pour développer et rendre visible les mesures en faveur des aidants que différentes stratégies nationales ont pu être lancées ces dernières années,

1. Loi n° 2005-102 du 11 février 2005 pour l'égalité des droits et des chances, la participation et la citoyenneté des personnes handicapées.
2. Loi n° 2015-1776 du 28 décembre 2015 relative à l'adaptation de la société au vieillissement.

comme par exemple la stratégie de 2016 pour soutenir et accompagner les aidants de personnes en situation de handicap ou encore, en 2019, la stratégie de mobilisation et de soutien en faveur des aidants (« Agir pour les aidants 2020-2022 »).

UN ÉVENTAIL DE MESURES FAMILIALISTES EN FAVEUR DES AIDANTS

À partir des années 2000 et plus encore des années 2010, l'intervention des pouvoirs publics dans le secteur du handicap comme de la perte d'autonomie s'adresse de plus en plus aux aidants. Cette orientation pose la question de la conception même de l'action publique en matière d'autonomie et de sa dimension familialiste. Si la création de services professionnels à domicile ou en institution permet d'externaliser les activités d'aide et de soin et par là même de soulager les proches aidants, à l'inverse, les mesures de soutien explicite aux familles dans les activités d'aidant (l'existence de congés, l'indemnisation financière ou encore les formations) constituent un indicateur de familialisme (Leitner, 2003). À partir des années 2000-2010 l'intervention des pouvoirs publics n'est plus centrée sur la seule possibilité de déléguer les activités d'aide et de soin, elle intègre désormais des mesures en faveur des proches aidants. Ce familialisme de la politique autonomie se traduit par différents dispositifs qui peuvent être organisés autour de trois catégories. Les premiers correspondent à des mesures de compensation, visant à dédommager les proches aidants pour leur investissement dans les activités de *care* en leur accordant une indemnisation financière ou des droits sociaux. À cela s'ajoutent des mesures de conciliation entre l'investissement des aidants dans les activités de *care* et leur vie professionnelle, mais aussi leur vie familiale et personnelle. Enfin, des mesures destinées à développer les capacités des aidants et à les accompagner dans leur rôle ont été introduites depuis les années 2010.

▶ Compensation financière et droits sociaux

Ce premier type de mesures, qui traduit une forme de reconnaissance des activités de *care* jusque-là invisibles et intégrées au quotidien des familles, participe directement à la constitution d'un statut des aidants. Contrairement à d'autres pays (comme le Royaume-Uni), il n'existe pas en France d'allocations destinées directement aux aidants non professionnels. Cependant, l'allocation personnalisée d'autonomie (APA) comme la prestation de compensation du handicap (PCH), versées aux personnes éligibles, peuvent être utilisées, sous différentes conditions sur lesquelles nous reviendrons dans la dernière partie de ce chapitre, pour rémunérer sous la forme d'un salaire (dans le cas de l'APA), ou pour dédommager (dans le cas de la PCH) le travail de *care* effectué par les aidants. Autre forme de compensation financière, plus indirecte puisqu'elle s'inscrit dans le cadre de la lutte contre le travail non déclaré, les possibilités de crédits d'impôts, à hauteur de 50 % pour l'emploi d'une aide à domicile, ou de 25 % pour les travaux d'aménagement du logement. En termes de droits sociaux, il faut mentionner, depuis 2014, l'ouverture de l'assurance vieillesse aux aidants. L'ensemble de ces dispositions traduit la prise en compte des répercussions que peut avoir le rôle d'aidant sur les trajectoires de vie des aidants amenés à faire des choix pour s'occuper de leur(s) proche(s) vulnérable(s).

▶ Des mesures de conciliation

Comme le montrent les enquêtes, nombreux sont les aidants qui sont en situation d'emploi et doivent combiner leurs activités de *care* avec leurs obligations professionnelles. Plusieurs dispositifs existent, offrant au salarié qui assume l'accompagnement d'une personne en perte d'autonomie une certaine flexibilité dans l'organisation de son travail. Ont ainsi été proposées aux aidants présents sur le marché du travail des mesures d'aménagement horaires (loi handicap, 2005), mais aussi des congés spécifiques permettant de suspendre le temps de travail professionnel au profit du temps de travail de *care*. Le congé de solidarité familiale (2011) d'une durée de trois mois, renouvelable une fois, permet ainsi au salarié d'accompagner une personne en fin de vie, tandis que depuis 2016, le congé proche aidant (dans sa forme initiale congé de soutien familial) permet au salarié de soutenir « son conjoint, concubin, partenaire, ascendant, descendant, l'enfant dont il a la charge, le collatéral jusqu'au quatrième degré, ou l'ascendant, descendant ou collatéral jusqu'au quatrième degré de son conjoint, concubin ou partenaire, dès lors que cette personne présente un handicap ou une perte d'autonomie d'une particulière gravité » (Code du travail, L. 3142-16). Il offre ainsi la possibilité de suspendre son activité professionnelle de manière temporaire, afin de se consacrer au soutien d'un proche vulnérable. Renforcés par la loi d'adaptation de la société au vieillissement (2015), ces congés peuvent désormais être fractionnés ou convertis en temps partiel afin de s'adapter au plus près des contraintes rencontrées par l'aidant La demande du salarié ne peut être refusée et il est assuré de retrouver son emploi à son retour. Enfin, depuis octobre 2020, le congé de proche aidant donne accès à une indemnité financière (autour de 50 euros par jour), pour une durée de soixante-six jours au cours de l'ensemble de la carrière professionnelle. Dans cette perspective de conciliation des activités de *care* avec les obligations professionnelles, il faut également mentionner le dispositif de don de jours de repos non pris en faveur des proches aidants, possible depuis 2018.

D'autres mesures de conciliation existent avec le développement de dispositifs de répit. Ils ne sont pas ciblés sur les aidants qui travaillent mais visent à faciliter l'articulation des différents temps sociaux de manière plus globale (professionnel, mais aussi familial, personnel). Il s'agit d'éviter l'épuisement des aidants en leur offrant la possibilité de « souffler » et de se consacrer à d'autres activités que celles de *care*. Des « plateformes de répit » ont ainsi été créées dans le cadre du plan Alzheimer 2008-2012, permettant aux familles de bénéficier de dispositifs d'aide, parmi lesquels l'accueil de la personne aidée en centre de jour, des groupes de parole, des suivis psychologiques, des séjours vacances, etc. Des solutions sont également proposées par les associations dans le secteur du handicap. L'importance d'accorder du répit aux aidants s'est par ailleurs traduite par l'introduction d'un droit au répit et la création d'une allocation d'un montant de 500 € dans le cadre de la loi d'adaptation de la société au vieillissement (2015).

▶ La socialisation au rôle d'aidant

Les proches aidants bénéficient de façon croissante de mesures destinées à les accompagner dans leur « carrière » d'aidant ou, en tous les cas, dans la socialisation aux multiples dimensions de leur rôle. Ces mesures, qui s'inscrivent dans la continuité des préconisations portées par la conférence de la famille dès 2006, prennent différentes formes.

En premier lieu, l'accompagnement des aidants dans leur accès aux droits et à l'information est un enjeu majeur. La complexité des démarches administratives, la multiplicité des dispositifs et les incohérences liées à la pluralité des interlocuteurs dans les secteurs du social, du médico-social et du sanitaire confèrent une faible lisibilité aux mesures existantes pour répondre aux besoins des familles accompagnant un proche en perte d'autonomie. Plusieurs actions de clarification ont été entreprises avec la mise en place de plateformes internet ou de plaquettes d'informations. La création d'un guichet unique est en ce sens un enjeu récurrent. C'est dans cette perspective que se développent depuis 2016 les maisons des aînés et des aidants sur l'ensemble du territoire national, qui constituent à la fois des lieux « d'information, d'orientation, d'accompagnement dans les démarches et d'explicitation des droits » mais également des espaces de ressource pour amorcer la coordination des interventions sociales, médico-sociales et sanitaires. De plus, un certain nombre d'actions de formation — sur lesquelles nous reviendrons — se développent, afin de doter les aidants de compétences spécifiques pour leur permettre de mieux affronter leur rôle. Enfin, il faut citer les dispositifs de soutien moral, avec un accompagnement psychologique ou la participation à des groupes de parole d'aidants. L'objectif de ces différentes mesures est de développer une forme de socialisation au rôle d'aidant, afin de leur permettre d(e) (ré)acquérir la capacité de faire un choix éclairé, à prendre la décision adaptée à la situation qu'ils vivent au quotidien auprès de leur parent ou enfant vulnérable et à être en capacité d'effectuer eux-mêmes tout ou partie des tâches de *care*.

Cette multiplication des mesures d'aide aux aidants s'inscrit dans une logique du « libre choix » laissé aux familles dans l'accompagnement de leur proche vulnérable, par la mise à disposition d'un large éventail de solutions de compensation, de conciliation et d'accompagnement. Elle traduit par là même l'évolution de la conception de l'action publique en direction des personnes âgées et des personnes en situation de handicap vers une nouvelle forme de familialisme reconnu et soutenu par les pouvoirs publics (Le Bihan, 2023).

Comme le montre l'exploration de ces mesures, différents textes ou dispositifs visant à soutenir les proches aidants clarifient certaines dimensions de l'investissement des proches, notamment pour ce qui concerne leur rôle et leurs droits en relation avec la personne aidée. En revanche, on peut se demander si, dans la pratique, ces dispositifs ne maintiennent pas, voire favorisent la situation ambivalente dans laquelle sont placés les proches aidants.

Logiques d'appropriation par les aidants et impact sur les professionnels du secteur : ambivalences et tensions

Des ambivalences apparaissent lors de la mise en pratique de certains dispositifs d'aide aux aidants : la monétarisation des tâches d'aide réalisées par les aidants induite par les mesures de compensation évoquées ci-dessus et les mesures de formation dont ils peuvent bénéficier. Le déploiement des dispositifs contribue à accentuer la tension entre deux conceptions de l'aide informelle. La première l'inscrit dans une logique reposant avant tout sur les relations familiales et les liens affectifs. La deuxième la rattache à une logique contraire de professionnalisation des tâches d'aide auprès d'une personne vulnérable.

En premier lieu, la monétarisation des tâches d'aide par les proches aidants pose une double question. D'une part, leur disponibilité sur le marché du travail est favorisée par les différents dispositifs de congé ou répit évoqués dans la deuxième partie. De ce point de vue, en fonction de son niveau, mais aussi de la qualité des droits sociaux qui y sont attachés, la monétarisation de l'aide influe sur la décision des individus d'être ou non présents sur le marché du travail. D'autre part, la monétarisation de l'aide met en équivalence les prestations des proches aidants avec celles des professionnels. L'allocation personnalisée d'autonomie (APA) et la prestation de compensation du handicap (PCH) — cf. présentation détaillée infra — financent en effet des plans d'aide permettant aux individus et à leurs proches d'acquérir des services d'aide à domicile auprès de professionnels employés par des organismes de statut public, privé ou associatif, mais aussi de recruter des professionnels en emploi direct ou encore des proches aidants monétarisés. Les mesures de formation destinées aux proches aidants de personnes en situation de handicap ou de personnes âgées en perte d'autonomie sont également sources de tensions. Pour une part, elles permettent aux proches aidants de préserver leur propre santé, et, en comprenant mieux les pathologies, problèmes fonctionnels ou psychiatriques, etc., de mieux contribuer au bien-être des personnes aidées. Cependant, ces mesures, en dotant les proches de compétences et de connaissances, participent également à une professionnalisation des aidants profanes.

L'analyse des caractéristiques de différents dispositifs permettant la monétarisation de l'aide informelle et visant à former les aidants informels, puis des logiques d'appropriation de ces dispositifs par les aidants conduit à préciser la nature de ces ambivalences (Giraud, *et al.*, 2019[1] ; Petiau, Rist, 2019).

---

1. La Caisse nationale de solidarité pour l'autonomie (CNSA) qui a financé la recherche présente une synthèse des résultats et met à disposition l'intégralité du rapport de recherche : https://www.cnsa.fr/recherche-et-innovation/resultats-de-recherche/remunerations-et-statuts-des-aidants-et-des-aidantes.

Les ambivalences de la monétarisation des proches aidants

L'ambivalence de la monétarisation des proches aidants tient notamment aux conditions différenciées de son déploiement en fonction des bénéficiaires : personnes âgées en perte d'autonomie et personnes en situation de handicap. Les personnes de plus de 60 ans bénéficient de l'APA : les proches aidants sont rémunérés selon les conditions de l'emploi classique. Seul le lien de couple rend la rémunération impossible. Que la relation d'emploi soit conclue en emploi direct ou adossée à la médiation d'un service professionnel d'aide et accompagnement à domicile (service mandataire), les conditions de l'emploi restent les mêmes. Le niveau de rémunération correspond globalement au SMIC et les droits sociaux afférents au contrat de travail sont complets.

Cependant, la réalité constatée des conditions d'emploi entre membres d'une même famille ou entre proches reste le plus souvent largement dérogatoire par rapport aux pratiques usuelles du marché du travail. D'abord, alors que les services APA des conseils départementaux sont censés enregistrer (et contrôler) les contrats de travail entre employeurs et salariés en emploi direct, dans la réalité ces contrats ne sont que rarement rédigés et signés. Ensuite, les plans d'aide sont souvent élaborés en fonction de la disponibilité d'une aide familiale gratuite par des fonctionnaires soucieux de limiter les dépenses publiques (Dussuet, Ledoux, Sonnet, 2022). Or les membres de la famille, employés au titre de l'APA, tendent à aider leur proche bien au-delà des temps indemnisés. Cette situation est fréquemment constatée chez les proches aidants cohabitants. Par ailleurs, l'absence de lien régulier avec des services professionnels, mais surtout l'ambivalence de la situation de travail, à l'intersection entre relations familiales et situations d'emploi classique, sont autant d'obstacles aux remplacements en week-ends ou en période de vacances et, plus généralement, à l'application des normes d'emploi classiques.

La situation est encore plus ambivalente pour les proches aidants de personnes en situation de handicap. Les conditions de monétarisation sont, dans ce cas, particulièrement éloignées des normes d'emploi classiques. La PCH qui régit l'accompagnement des personnes en situation de handicap prévoit en effet que les proches aidants ne bénéficient généralement pas d'un salaire plein, mais seulement d'un « dédommagement » dont le montant s'élève de 4,24 euros de l'heure à 6,36 euros lorsque la personne a réduit sa présence sur le marché du travail. Plus encore, ces dédommagements n'ouvrent pas à des droits sociaux complets. Des droits à pension de retraite, de faible niveau, sont consentis en fonction de la durée d'aide apportée. Aucun droit à l'assurance chômage, ni même à l'assurance maladie n'est accordé. À cette monétarisation ancrée en dehors de la relation salariale (absence de contrat de travail) viennent s'ajouter les ambivalences mentionnées dans le cas de l'APA : inscription de la relation de travail dans le contexte familial, non-décompte des heures réelles de travail accomplies, difficulté de remplacement ou relayage pour des week-ends ou vacances, voire en cas de maladie. Dans les cas de handicaps particulièrement lourds requérant un accompagnement en aide humaine pratiquement en continu, les conditions d'emploi des proches rejoignent cependant celles qui s'appliquent pour l'APA.

Dans le cadre de nos travaux, plusieurs effets de l'ambivalence des conditions concrètes de la monétarisation des proches aidants ont également été relevés. En premier lieu, un grand nombre de proches aidants refusent d'assumer la réalité d'une situation dans laquelle ils sont réellement employés par leur proche. Les relations affectives, les liens familiaux ou encore les obligations morales sont largement plus importantes que les sentiments induits par la rémunération de l'aide apportée. Certaines personnes sont alors dans une forme de déni de la place de l'argent, voire de la situation d'emploi. Deuxièmement, certaines personnes sont en revanche en souffrance devant le caractère précaire de la relation d'emploi, la faiblesse des montants concrètement versés, ou encore le caractère irréaliste du décompte des temps de travail. Enfin, et c'est particulièrement le cas dans le domaine du handicap, la monétarisation tronquée des tâches d'aide est souvent mise en rapport avec le coût des services professionnels à domicile. Le rapport entre les quelque 4 euros ou 6 euros perçus par les proches apparaît ainsi comme une marque de déconsidération de leur aide, en regard des montants, souvent supérieurs à 20 euros, financés par la PCH à des services professionnels.

▶ La formation en question

La formation est un enjeu qui occupe une place importante dans les politiques du soutien aux proches aidants depuis le mitan des années 2000. L'association France Alzheimer a joué un rôle majeur dans la promotion de cet enjeu et dans la formulation des objectifs qui lui sont assignés par l'action publique. En général, la formation des proches aidants doit les soutenir dans leur rôle. Pour une part, il s'agit de les aider à préserver leur santé aussi bien physique que psychique, mais aussi d'améliorer la qualité des soins en informant mieux sur la ou les pathologies concernées, le handicap ou par l'acquisition de gestes techniques. Les formations comportent souvent un axe relatif à la relation aidant/aidé, particulièrement dans les cas où le handicap détériore les possibilités de communication. Souvent, elles visent aussi à faciliter le recours aux aides financées par les politiques publiques.

La Caisse nationale de solidarité pour l'autonomie (CNSA) finance des formations des proches aidants mises à disposition par des associations spécialisées. Le rôle moteur joué en la matière par France Alzheimer se reflète dans les subventions importantes dont bénéficie l'association, et l'offre large qu'elle propose sur le territoire national. D'autres formations sont aujourd'hui proposées par des associations généralistes qui peuvent s'appliquer à tout type de proches aidants. Enfin, la CNSA a signé avec une cinquantaine de conseils départementaux des conventions de développement de l'offre de formation aux proches aidants. Les Agences régionales de santé ont également une compétence en la matière.

Ces formations donnent lieu à des débats. Elles éveillent parfois le soupçon de provoquer chez leurs destinataires une logique de professionnalisation (Leduc, Jund, Lozac'h, 2013). Certains redoutent que la transmission de savoirs professionnels à des personnes investies dans l'aide au titre de leurs liens personnels ne débouche sur l'éviction de la dimension affective de la relation d'aide au profit d'aspects plus techniques, ou encore que cela contribue à inciter les personnes à suivre des carrières de professionnels de l'aide à domicile.

Les analyses qualitatives de réception des dispositifs (Giraud *et al.* 2019) ainsi que les enquêtes statistiques[1] montrent que les formations restent concrètement peu sollicitées car les proches aidants préfèrent souvent soit recourir à l'autoformation, soit apprendre « sur le tas », au contact des professionnels intervenant à domicile à leurs côtés. Il faut cependant souligner que des tensions aussi bien sur la compréhension des besoins des personnes, sur la valeur de l'engagement dans le travail d'aide ou encore sur les savoirs pertinents peuvent survenir entre professionnels et proches aidants (Giraud, 2022).

CONCLUSION

Depuis quelques décennies s'engage, en France comme plus globalement à l'échelle européenne, une réflexion de plus en plus affirmée à l'égard des proches aidants, en termes de reconnaissance (juridique et/ou symbolique) et de

1. En l'espèce, il s'agit du volet « Aidants » de l'enquête « Care Ménage » (enquête Capacités Aides et ressources des Séniors : https://drees.solidarites-sante.gouv.fr/sources-outils-et-enquetes/les-enquetes-capacites-aides-et-ressources-des-seniors-care#toc-care-m-nagest).

dispositifs destinés à les soutenir. Cette évolution rend compte d'une transition majeure, celle du passage d'un familialisme « de fait », c'est-à-dire dans lequel l'intervention des pouvoirs publics est quasi inexistante, à un familialisme reconnu par ces mêmes pouvoirs publics et dans lequel l'intervention des proches aidants est intégrée à l'action publique. Source d'ambivalences dans la répartition des tâches des uns et des autres, dans la reconnaissance de leurs contributions, dans les relations qui s'établissent entre intervenants professionnels et familiaux, ce familialisme constitue une tendance commune à différents pays européens (Le Bihan 2023). La mobilisation des proches aidants et, plus spécifiquement, des familles dans le domaine de l'autonomie, contribue ainsi à une évolution inédite dans le secteur médico-social. Elle joue également un rôle important dans des domaines plus orientés vers le médical, comme la santé mentale par exemple (Giraud *et al.* 2019).

Nous avons vu que les institutions et dispositifs qui financent, régulent et organisent concrètement l'accompagnement des personnes vulnérables ont partiellement progressé pour contribuer à dépasser certaines des ambivalences relevées dans le cadre de ce chapitre. Nous avons ainsi constaté que des dispositifs comme ceux qui organisent la monétarisation des proches aidants ou leur formation contribuent au contraire à entretenir la confusion des rôles et des identités, notamment avec les professionnels. Dans la pratique, la diversité et la complexité des configurations d'aides se confirment. Dans certains cas, les liens entre les différentes parties prenantes sont fluides, les savoirs se complètent, et les perceptions que les personnes ont de leur rôle dans le contexte de l'aide ne sont pas en conflit avec leur identité, leur histoire familiale ou encore leur appréhension des institutions et dispositifs auxquels ils sont confrontés. Dans d'autres cas cependant, des tensions parcourent les configurations d'aide, et plus encore, s'insinuent jusque dans les rôles et identités sociales des individus, au risque de perturber sensiblement et durablement le cadre des relations familiales et de proximité.

Repères institutionnels et réglementaires

Dispositifs

Aide personnalisée à l'autonomie (APA).

Prestation de compensation du handicap (PCH).

Agence

Caisse nationale de solidarité pour l'autonomie (CNSA).

Principales lois

Loi n° 2005-102 du 11 février 2005 pour l'égalité des droits et des chances, la participation et la citoyenneté des personnes handicapées.

Loi n° 2015-1776 du 28 décembre 2015 relative à l'adaptation de la société au vieillissement.

Pour aller plus loin

Capuano C. (2018). *Que faire de nos vieux ? Une histoire de la protection sociale de 1880 à nos jours*, Paris, Presses de Sciences Po.

Gimbert V. et Giraud O. (coord.) (2023). « Aidantes et aidants : besoins et formes de soutien », *Informations sociales*, n° 208.

Gojard S., Gramain A, et Weber F. (2003). *Charges de famille. Dépendance et parenté dans la France contemporaine*. Paris, La Découverte.

Le Bihan B., Lamura G., Marczak J., Fernandez J.L., Johansson L. and Sowa-Kofta A. (2019). Policy measures adopted to support unpaid care across Europe, Eurohealth, vol. 25 (4), p. 10-14.

Bibliographie

Besnard X., Brunel M., Couvert N. et Roy D. (2019). « Les proches aidants des seniors et leur ressenti sur l'aide apportée. Résultats des enquêtes « CARE » auprès des aidants (2015-2016) », *Les Dossiers de la Drees*, (45).

Billaud S. (2015). « Des configurations d'aide en mouvement. Les mobilisations des fratries à la suite de l'entrée d'un parent âgé en institution », *Politiques sociales et familiales*, (119), p. 19-30.

Blavet T. (2023). « 9,3 millions de personnes déclarent apporter une aide régulière à un proche en situation de handicap », *Études et Résultats*, Drees, n° 1255.

Campéon A., Le Bihan B. et Mallon I. (2018). *Analyse compréhensive de l'intensité de l'aide : des configurations au sens de l'aide*, Rapport de recherche, Post-enquête qualitative CARE, Drees.

Caradec V. (2009). « Vieillir, un fardeau pour les proches ? », *Lien social et Politiques*, (62), p. 111-122.

Cresson G. (2006). « La production familiale de soins et de santé. La prise en compte tardive et inachevée d'une participation essentielle », *Recherches familiales*, (3), p. 6-15.

Debordeaux D. et Strobel P. (2003). *Solidarités familiales en question. Entraide et transmission*. Paris, France : LGDJ

Dussuet, A., Ledoux, C. et Sonnet, C. (2022). « Gouverner le pouvoir discrétionnaire des *street-level bureaucrats*. Le cas de la mise en œuvre de l'APA », *Revue française des affaires sociales*, p. 67-89.

Giraud, O. (2023). « La formation des aidants et des aidantes au-delà de la concurrence des savoirs : diversité des besoins et des pratiques », *Informations sociales*, n° 208, p ; 110-118.

Giraud O., Petiau A., Touahria-Gaillard A., Trenta A., Rist B. (2019). *Rémunérations et statuts des aidant.e.s. Parcours, transactions familiales et types d'usage des dispositifs d'aide*, Rapport de recherche pour la Caisse nationale de solidarité pour l'autonomie, Paris.

Leitner S. 2003, « Varieties of Familialism : The Caring Function of the Family in Comparative Perspective », *European Societies*, 5 (4), p. 353-375.

Le Bihan B. (2023). « Place des proches aidants dans les systèmes de protection sociale : le cas français au regard des autres modèles européens », *Informations sociales*, n° 208, p. 82-92.

Le Bihan B et Mallon I. (2017). « Le poids des émotions : Une réflexion sur les variations de l'intensité de l'(entr) aide familiale auprès de proches dépendants », *Sociologie*, 8 (2), p. 121-138.

Le Bihan-Youinou B. et Martin C. (2006). « Travailler et prendre soin d'un parent âgé dépendant », *Travail, genre et sociétés*, (16), p. 77-96.

Leduc F., Jund E., Lozac'h C. (2013). « Former les aidants : comment ? pourquoi ? pour quoi faire ? ». *Gérontologie et société*, n° 147, p. 189-198.

Martin C. (2003). « Les solidarités familiales : bon ou mauvais objet sociologique », in Debordeaux D. et Strobel P. (éd.), *Solidarités familiales en question. Entraide et transmission*, Paris, France : LGDJ, p. 41-71.

Petiau A. et Rist B. (2019). « Dilemmes moraux et conflictualités autour des frontières du *care* entre aidé·e·s et aidant·e·s rémunéré·e·s », *Revue française des affaires sociales*, p. 133-157. https://doi.org/10. 3917/rfas.191.0133.

Soullier N. (2012). « Aider un proche âgé à domicile : la charge ressentie », *Études et Résultats*, n° 799.

Trabut L. (2023). « Aider un proche aujourd'hui : état des lieux et perspectives », *Informations sociales*, vol. 208 (4), p. 14-23.

Zarit S.H., Reeves K.E., Bach-Peterson J. (1980). « Relatives of the impaired Elderly : Correlates of feelings of burden », *The Gerontologist*, vol. 20, p. 649-655.

▶ Rapport cité

Libault D. (éd.) (2019). *Rapport de la concertation Grand âge et autonomie*. Rapport remis à la ministre des Solidarités et de la Santé Agnès Buzyn le 28 mars 2019, Paris.

Chapitre 16

Ce que veut dire pour moi « accompagner »

Réaction d'Anne-Lyse Chabert

RÉSUMÉ

Dans cet article sur le sens de l'accompagnement à domicile, j'explique dans le miroir de mon vécu quels sont les grands équilibres à réaliser et à pérenniser à mon sens, pour permettre à la relation d'aide de s'épanouir. Comment est-ce que je jongle avec chacun des auxiliaires de vie qui gravitent autour de moi ? De leur côté, quelles sont les grandes compétences dont ils doivent faire preuve ? Je parle également de l'importance d'une communication fluide, avec chacun des intervenants du circuit de l'aide à domicile. Enfin, le métier d'auxiliaire de vie relativement invisibilisé, peu connu et précarisé est pourtant un très beau métier lorsqu'il est accompli dans les règles de l'art : l'aidant permet alors à la personne aidée de regagner des possibles dont le handicap l'a *a priori* privée.

Mots-clés : autonomie, domicile, dépendance, équipe, binôme, handicap.

« À l'heure où l'on parle fréquemment de perte de sens et de la grande démission, il serait bon de revaloriser les métiers de l'humain à la forte utilité sociale. Plutôt que de continuer tête baissée à la recherche du profit et de la rentabilité coûte que coûte.

Le métier d'auxiliaire de vie est un travail comme un autre, avec ses avantages et ses inconvénients. Certes un travail physique avec des horaires parfois décalés, mais avec de belles rencontres, un enrichissement mutuel, la satisfaction de permettre

> à des personnes de vivre normalement malgré le handicap, l'âge ou la maladie. Certes, il y a parfois des situations de vie difficiles, mais aussi des personnes qui retrouvent le bonheur et l'autonomie, grâce à leurs aidants, souvent reconnaissantes pour leur travail » (extrait d'un post Facebook d'Antoine Durand du 21 février 2023).

L'extrait de ce post Facebook de l'un de mes amis proches, Antoine Durand, dont le lourd handicap moteur implique, comme dans ma situation, l'assistance continuelle d'aides de vie à ses côtés, a éveillé en moi bien des résonances quant à mon expérience passée et présente avec mes auxiliaires de vie. Je lui dédie, à ce titre, ce bref chapitre. C'est très spontanément qu'à la lecture des chapitres 14 et 15 de cet ouvrage j'ai eu envie de parler du sens que je donne, notamment au travers de mon expérience, à la relation d'aide dont il est ici question. Mettre en avant mon expérience personnelle n'est pas un exercice facile, mais cela me permet de mettre des mots sur des événements que je vis au quotidien depuis des années, et donc de mieux les comprendre. J'espère que ce sens sera éclairé par mon travail de recherche qui s'attache principalement à déconstruire et à reconsidérer la notion même de handicap. Mon souci permanent d'universalité cédera donc ici le pas, pour une fois, au flair de la personne de terrain qui essaie simplement de mettre en lumière toutes les distinctions entre les situations. D'autres personnes lourdement handicapées n'auront pas forcément la même vision ni les mêmes attentes que celles que je développe ici.

Que veut dire pour moi « aider » au sens d'« accompagner », au regard de ma vie quotidienne ? Quelles sont les conditions à rassembler pour une aide réussie, ou au contraire quels sont les obstacles qui empêchent d'établir un lien solide et durable d'accompagnement ? Quels sont les jalons qui renforcent l'émergence et la pérennité de cet accompagnement ? Par ailleurs, quelles sont, à mon sens, les compétences primordiales d'une auxiliaire, de la personne qui accompagne le quotidien d'une personne plus fragile[1] durablement — c'est-à-dire sur la durée de plusieurs heures, répétées régulièrement dans la semaine ou dans le mois ? Quelle image la société véhicule-t-elle concernant ces métiers de l'accompagnement ? Quelle reconnaissance sociale leur accorde-t-elle ? Est-ce justifié à mon sens ? Enfin, en quoi l'aide professionnelle que je décris ici se distingue-t-elle d'une aide plus informelle que procure bénévolement un proche aidant ?

1. J'ai en effet choisi de limiter le terme d'accompagnement à ces premiers intervenants de mon quotidien, même si je suis également accompagnée dans le cadre de ma pathologie par des kinésithérapeutes, orthophonistes, et bien d'autres thérapeutes qui se rendent très régulièrement chez moi.

Ces questions m'interpellent depuis des années au fil de mes expériences partagées avec mes aides de vie ; je ne cesse de m'interroger sur mes relations parfois plus ou moins réussies avec elles. Une bonne relation avec son auxiliaire et plus largement son équipe d'auxiliaires est, à mon sens, à la fois le signe d'une réussite et ce qui permet à la personne dite « aidée » d'avoir une meilleure qualité de vie. Je voudrais par ailleurs attirer l'attention de mon lecteur ou de ma lectrice sur une réalité que l'on ne répétera jamais assez : il ne faut pas oublier que la relation d'aide ne prend tout son sens que parce qu'il y a une personne qui a besoin d'aide. C'est autour d'elle que s'organise l'aide qui se déploie alors. Évacuer la personne aidée de la question de l'aide, c'est réaliser un contresens majeur. Comment parler d'aidant sans jamais parler de la personne spécifique qui est aidée ? Cela revient à étouffer sa part d'existence, sa part d'essentielle actrice, même apparemment « passive », dans la constitution de l'écosystème qui gravite autour d'elle. C'est donc toujours d'elle qu'il est question lorsqu'on parle du bien-être de la personne qui aide, même en filigrane. Le manque de reconnaissance sociale et les défauts d'organisation institutionnelle qui pèsent encore sur les métiers de l'accompagnement et vulnérabilisent la personne qui aide, sont alors autant de freins qui se répercutent sur le bien-être de la personne aidée.

Pour mieux comprendre comment s'organise l'aide autour de la personne aidée, il convient de considérer en tout premier lieu l'ensemble de sa situation, c'est-à-dire de prendre en compte ses besoins, ses obstacles, ses aspirations. En ce qui me concerne, j'ai aujourd'hui 39 ans, je suis chercheuse au CNRS en philosophie depuis quelques années, et j'ai un lourd handicap moteur dû à l'évolution d'une maladie neurodégénérative sévère. J'ai besoin d'être aidée en permanence ; toutefois j'entends bien vivre ma vie chez moi et non pas dans les replis et les obligations d'un établissement d'hébergement. Vivre à domicile nous donne à nous autres personnes vulnérables une certaine liberté, celle de choisir comment et avec qui travailler dans une certaine mesure. Cette liberté s'accompagne nécessairement de multiples contraintes pour organiser un quotidien ; néanmoins, c'est aussi cela qui donne sa hauteur à ce choix de vie à domicile.

Quel binôme avec mon auxiliaire de vie ?

J'essaie d'abord de décrire la façon dont je conçois le binôme que je constitue avec mon auxiliaire. Ce qui me frappe chaque fois que je réfléchis à notre relation, c'est qu'au fond, lorsqu'on parle d'aide, c'est avant tout à une affaire d'altérité qu'on se confronte, altérité que nous éprouvons tous à diverses échelles ; mais dans le cadre de la relation d'aide, cette altérité est particulièrement accentuée, de sorte qu'elle constitue un effet « loupe ». En effet, dans quantité de situations, la personne a affaire à un vis-à-vis. Ici le moteur qui régit les deux intervenants et renforce leur collaboration est l'inégalité initiale qui réunit les deux acteurs en présence, quant aux possibilités d'accomplissement de la personne qui a besoin d'aide et de la personne aidante qui peut l'assister. Je ne suis accompagnée de mon aide que parce que j'ai besoin de son assistance, et que sans cette intervention, je ne pourrai pas parvenir aux mêmes accomplissements que je réalise dans mon parcours quotidien.

Une conséquence évidente de ce premier constat : dans les milieux qui s'intéressent à la question du handicap, j'ai souvent entendu qu'il était légitime que la personne aidée fasse « comme si » elle n'avait pas besoin d'aide, « comme si » l'auxiliaire était là comme une compensation presque technique à invisibiliser au maximum. Or l'aidant est justement là pour élargir à nouveau le périmètre de liberté de la personne qui a besoin d'aide. Il est donc préjudiciable, en tout cas pour chacun des deux acteurs, de nier cette seconde force en présence qui est bien là pour apporter une plus-value à la personne qui a besoin d'aide. C'est désormais un binôme qu'il faut prendre en compte, et non pas une simple personne qui serait aidée d'une béquille. Ce sont de nouveaux équilibres à trouver, et non pas des équilibres d'une situation « normale » ou ordinaire à regagner. C'est donc une nouvelle façon de faire qu'il faudra prendre en compte en intégrant tous les éléments qui la constituent.

La vision que j'ai de mes dépendances grandissantes a évolué dans le temps, comme je l'écris dans l'article « Éclairer nos dépendances » (Chabert, 2021). J'ai longtemps appréhendé l'aide de vie à l'instar de l'image qu'on pouvait véhiculer autour de la notion, comme un intrus dans ma vie privée qu'il faut chercher à invisibiliser au maximum afin de retrouver un équilibre dit « pseudo-ordinaire ». J'ai mis du temps à comprendre que je me nuisais à moi-même en perpétuant cette idée : c'est avant tout la chance de la rencontre de l'autre qu'il fallait mettre en avant même dans les situations les plus troublantes de mon parcours, seule condition qui rend possible le réel accomplissement de notre binôme avec elle. Nous faisons de notre mieux, elle comme moi, pour ne pas empiéter sur le vis-à-vis.

Je précise pour plus de clarté que la majorité des aides qui gravitent autour de moi ont la casquette d'aide professionnelle, c'est-à-dire qu'outre le fait qu'elles sont rémunérées, elles ont des horaires de travail *a priori* définis et des tâches qui le sont tout autant. Ce cadre professionnel nous protège, elles et moi, des dérives potentielles d'une aide qui serait trop informelle et invasive, bénévole et trop mal quantifiée, comme pourrait l'être l'aide d'un ami proche qui flouterait les contours et les limites de ce que celui qui a besoin est en mesure d'attendre de celui qui l'aide. Elle instaure de fait une certaine distance entre les deux protagonistes qui se doivent chacun de respecter le non-franchissement de certaines barrières tout simplement sociales avant tout. En d'autres termes, le croisement de leurs deux vulnérabilités d'être humain est artificiellement limité par l'invasion de ce monde professionnel, sauf exception sur un souhait partagé des deux personnes en présence. Par rapport à l'aide d'un proche qui serait hors cadre professionnel, la balance des pouvoirs instaurée par la rémunération et le cadre du travail permet aux deux forces en présence de retrouver un équilibre. De mon côté, cette plus-value professionnelle me donne la liberté de pouvoir être relativement exigeante avec mes aides de vie, de poser très clairement les motifs de notre réunion à toutes les deux, à savoir réaliser le mieux possible, avec nos contraintes respectives, les jalons du parcours d'accomplissement de la vie que je souhaite mener. Mais la distinction entre l'aide d'un professionnel et l'aide d'un proche aidant ne recoupe pas la distinction entre aide formelle et aide informelle : il y a de l'informel et du non encadré dans chacun de ces deux rôles, même s'il y en a moins du côté du professionnel. Il est vrai que comme dans toute relation humaine, les risques de dérives et d'excès sont toujours présents, au moins en filigrane ; mais il ne serait pas possible, ni même souhaitable en fait, que tout soit contrôlé. C'est d'ailleurs l'existence de cette marge de manœuvre qui permet à la relation d'être heureuse, car elle laisse à chacun des deux acteurs la possibilité de s'adapter aux spécificités de l'autre, toujours différent.

Mais la première condition d'une aide réussie, c'est que chacun des deux intervenants reconnaisse à l'autre une forme d'égalité : même si je suis différent de toi, nous avons la même valeur, la même dignité. De cette égalité reconnue réciproquement émerge une responsabilité commune. Chaque acteur peut alors se sentir responsable de la relation dans laquelle il est engagé, c'est-à-dire ressentir une liberté accrue du fait d'une coresponsabilité, et non pas le fardeau qu'on attribue traditionnellement à cette dernière notion de responsabilité. De mon côté, je me sens toujours coresponsable du chemin que je fais avec mon auxiliaire, même si nous ne partageons pas les mêmes responsabilités dans notre relation toutes les deux. En tout cas, si l'égalité n'est pas posée dès le départ, aucune collaboration heureuse ne peut émerger.

Je n'ai pas du tout les mêmes compétences que l'auxiliaire, et pourtant, je me considère comme un membre de l'équipe à part entière. Et même peut-être, comme le membre primordial qui conditionne la faisabilité du reste du travail de l'équipe, puisque c'est moi qui vais guider les auxiliaires qui apprennent à m'aider en s'adaptant à ma situation. Un point qui percute mon quotidien tous les jours : l'importance de la communication. La communication, constituée entre autres par le véhicule de l'information, est rendue difficile au moins au début de notre travail ensemble car l'auxiliaire ne me comprend généralement pas. J'ai pu rencontrer des exceptions ; certaines avaient déjà connu d'autres personnes de pathologies similaires, et étaient donc déjà habituées au mode d'élocution un peu particulier qui est le mien. J'ai également eu des personnes dont je n'explique pas la compréhension plus aisée qu'à l'habitude. Mais je me dis souvent que pour que l'auxiliaire me comprenne, il faut de mon côté que je fasse de gros efforts physiques pour articuler, chaque fois que nous échangeons, pour être suffisamment intelligible. À cet égard, évalue-t-on avec justesse la quantité gigantesque d'efforts que cela me demande ? Sans doute que si c'était le cas, les auxiliaires auraient tout lieu de se retenir encore davantage de me faire répéter. Ce que je ne souhaite pourtant pas car l'objectif *in fine* est qu'elles me comprennent pour qu'elles puissent suivre ce que je demande ; et je suis toujours prête à répéter quand il le faut.

De son côté, il faut qu'elle soit la plus attentive possible à ce que je veux exprimer, qu'elle soit familière avec le langage que je pourrais employer même si ce sont des mots *a priori* simples que j'utilise. Et qu'elle fasse du lien entre les éléments dont je peux avoir besoin. Je ne lui demanderai pas par exemple des éléments de cuisine alors que nous sommes dans la salle de bain, selon toute vraisemblance. Il faut donc du bon sens dans la grande majorité des cas, en dehors de quelques exceptions. Il faut également qu'elle sache se détacher, comme l'écrivent les auteurs de l'article sur le soin : maîtriser une règle, c'est aussi savoir la contourner[1].

Il ne faut pas non plus que l'auxiliaire s'entrave elle-même avec des barrières psychologiques, en se disant d'avance qu'elle ne me comprendra pas, car c'est justement la première raison qui fera qu'elle n'aura aucune chance de me comprendre. Et je peux contribuer à cette levée des barrières qu'elle s'est elle-même

1. « L'activité du prendre soin, en effet, s'appuie sur des règles, des savoirs et des objectifs prédéfinis. Mais elle consiste aussi à s'écarter de ce mandat prescrit pour s'adapter aux particularités de chaque situation, à l'ajuster selon des cheminements qui ne sont pas toujours clairement affichés ou affichables : Ravon et Vidal Naquet (2018) proposent ainsi le terme "d'auto-mandat" pour analyser le travail d'interprétation et d'adaptation que mènent en permanence les professionnelles et qui les conduit à se décaler par rapport au mandat prescrit pour s'attribuer un mandat ajusté aux circonstances et à la complexité des situations », chapitre 14 de cet ouvrage, p.301.

imposée, en participant au fait qu'elle ait confiance dans le binôme que nous constituons. Ce binôme ne peut fonctionner que si nous communiquons avec un minimum d'aisance l'une avec l'autre. La communication n'est pas le matériau brut de l'information mais l'outil qui permet entre autres de la véhiculer. La communication ne se résume pas à la seule transmission d'une information. Bien plus, elle est le lien qui cimente les informations entre elles en même temps qu'elle les véhicule, et permet de coconstruire une relation qui grandit malgré les difficultés que mon handicap implique. Ceci est particulièrement vrai dans les débuts de notre travail ensemble, quand nous n'avons pas encore pris nos marques l'une avec l'autre. Mais il me semble avoir partagé de si belles choses avec certaines de mes auxiliaires que je peux dire avec certitude que notre communication, au prix d'efforts communs que nous engageons chacune de notre côté, n'a rien à envier à la qualité d'une communication plus « standard ».

L'ENJEU ESSENTIEL DE LA COMMUNICATION AVEC LES AIDANTS PROFESSIONNELS

Je dois entretenir la communication la plus harmonieuse possible avec tous les acteurs du processus d'aide. Un des enjeux essentiels est d'avoir l'échange le plus fluide possible avec le prestataire qui m'aide à organiser la rencontre, la formation, puis le déroulement et l'enchaînement du travail des auxiliaires chez moi. En effet, j'ai choisi de travailler avec un prestataire de services qui gère toute la partie officielle de mes auxiliaires (la partie administrative et les rémunérations). Pour information, il existe trois modes de gestion des heures d'aide humaine que propose la MDPH (maison départementale des personnes handicapées) : le premier est le mode gré à gré, soit l'emploi direct, la personne handicapée devient l'employeur et est donc juridiquement responsable de ses salariés. Elle est censée tout organiser, du planning à la fiche de paie, en passant par le risque de licenciement, les formations, congés, arrêts maladie, et autres problèmes administratifs. Le mode mandataire, dans un deuxième temps, permet un accompagnement de cet emploi direct un peu plus serein car un peu plus accompagné sans que la personne soit pourtant privée des responsabilités qui vont lui permettre d'établir les liens directs et authentiques avec ses auxiliaires de vie, et où le mandataire ne peut que donner des conseils et des orientations juridiques à la personne. Enfin, il existe le mode prestataire où tout est censé être pris en charge par un prestataire de service à qui on délègue l'ensemble du travail qui se déploie autour de la personne handicapée. Étant donné que l'emploi direct en grande quantité comme dans ma situation demande énormément d'énergie et de temps à des personnes qui n'en ont pas toujours, ce mode de travail se justifie. Il peut quand même être assoupli quand le prestataire a l'intelligence de travailler main dans la main avec la personne « cliente » qui le lui demande, comme dans mon cas par exemple. Ainsi le prestataire auquel j'ai recours a assoupli ce mode de travail, en lien avec ma demande ; aussi, la relation que j'entretiens avec mes auxiliaires frise la relation en emploi direct. Toutefois, le mode de gestion du financement des auxiliaires de vie par la MDPH n'est pas sans influencer la relation plus ou moins directe et authentique que je peux avoir avec mes auxiliaires de vie, à l'instar de celle que j'ai avec le prestataire qui est juridiquement responsable de ses salariés et salariées.

Mais mon auxiliaire doit en faire tout autant que moi quant à ces exigences de bien communiquer avec l'ensemble des acteurs. Pour assurer un suivi dans la prestation et compenser la grande distribution des relais, nous avons par exemple mis en place un groupe sur un réseau social. Celui-ci permet à chacun et chacune d'avoir l'information quand j'ai une remarque à donner. Car, bien sûr, si je ne fais pas l'effort de notifier au fur et à mesure de notre travail ensemble ce qui ne me convient pas, l'erreur est répétée et c'est le meilleur moyen de se fâcher avec celle qui la fera un jour où nous sommes toutes les deux un peu fatiguées. C'est donc un moyen qui me permet de communiquer des informations sans trop de difficultés et qui leur permet de communiquer entre elles puisqu'elles se voient rarement. Il est très important aussi de communiquer avec le prestataire pour être chez moi au bon moment s'il y a des exceptions au planning, ce qui arrive parfois. En aucun cas je ne peux rester seule ; l'une de nos contraintes principales, au prestataire et à moi, est donc d'avoir une seule personne au bon moment, sans superposition ni absence.

L'AUXILIAIRE COMME UNE PERSONNE DONNEUSE DE POSSIBLES

Je perçois mon auxiliaire comme celle qui est censée me redonner la liberté dont l'évolution de ma pathologie me prive. Cela implique qu'il lui faut être très protéiforme : elle doit comprendre mes possibilités de mouvement et être capable physiquement d'assurer les transferts pour m'aider à me déplacer chez moi. Mais elle doit également être familière avec la langue française, au risque de ne pas du tout me comprendre et de ne pas du tout pouvoir écrire ce que je lui demande de noter puisque je ne peux plus écrire toute seule. De même, j'ai à présent besoin qu'on me fasse la lecture, ce qui me décourage profondément avec certaines de mes auxiliaires quand je sais qu'elles butent de façon récurrente sur certains mots. Je préfère alors confier à celles-ci une autre tâche où elles seront plus à l'aise et donc plus efficaces ; cela implique que dans mon entourage ou dans l'équipe dans le meilleur des cas, je puisse déléguer cette lecture à voix haute à une autre personne. C'est ainsi que j'essaie de répartir au mieux le travail entre mes auxiliaires selon leurs compétences, même s'il y a des tâches dont elles doivent toutes être capables.

Mon auxiliaire, c'est surtout celle qui va me permettre de mieux communiquer avec un monde extérieur dans lequel je me sens si fragile dès que je sors de chez moi — chez moi où je me sens relativement protégée, moins handicapée en quelque sorte — en répétant tout d'abord ce que je dis, car la plupart des gens ne me comprennent pas, lors de nos premiers échanges du moins. Mais c'est une aide à la communication qui va au-delà d'un simple jeu de langage : l'auxiliaire permet de remettre du « liant[1] » entre moi et ce « dehors » qui ne me comprend déjà plus sans son aide. Elle est là pour réinstaurer un dialogue entre moi et le monde qui m'environne. Bref, un très beau métier, mais un très beau métier dont l'exercice n'est pas toujours rendu possible, souvent plus par l'ensemble de la société que par l'individu lui-même. On comprend donc aisément pourquoi je dois bien m'entendre avant tout avec l'auxiliaire avec laquelle je passe plusieurs heures dans la semaine. Et pourquoi cette personne devient importante pour moi, puisque, avec le reste de mon équipe, elle conditionne en partie ma qualité de vie, au moins pour le moment où nous travaillons ensemble.

Plus largement, ce n'est pas de ma simple personne, de mon simple corps dont elle doit prendre soin. C'est de mon écosystème tout entier, c'est-à-dire qu'elle doit veiller à ce que j'évolue dans un univers relativement habitable, au moins aussi ordonné que celui qu'elle a trouvé, univers qui est également marqué par les nombreuses personnes qui viennent m'aider et qui doivent travailler dans de bonnes conditions. Il me semble avoir intégré dans mon paradigme de l'assistance que mon lieu de vie était également un lieu de travail du point de vue des professionnels qui viennent m'aider.

---

1. Qui est propre à lier, à maintenir ensemble différents éléments, à assurer leur cohésion ou leur union (CNRTL, Centre national de ressources textuelles et lexicales).

LES LIMITES ENTRE L'AIDE PROFESSIONNELLE ET L'AIDE INFORMELLE D'UN PROCHE AIDANT

Je reviens brièvement sur les limites entre l'aide professionnelle et l'aide, plus informelle, que pourrait être celle d'un proche aidant : tout le monde n'a pas la chance, tant s'en faut, de bénéficier dans sa vie, ne serait-ce que temporairement, de l'authenticité de l'aide d'un proche aidant. Dans mon expérience, même si je continue à bénéficier de l'aide de ma mère qui est maintenant à une distance géographique qui la rend inopérante sur bien des aspects de ma vie, et que j'ai également la chance d'avoir autour de moi de nombreux amis dont le précieux accompagnement ne cesse d'animer tous les jours mon quotidien, j'ai déjà souligné le fait que la plupart de mes aides sont des aides professionnelles. J'ai eu la chance, il y a quelques années, d'avoir pu profiter de l'inestimable concours d'une tante qui partageait avec un dévouement sans bornes mes propres projets et mes propres aspirations. Si bien qu'aujourd'hui encore, une dizaine d'années après son décès, il me semble continuer le chantier qu'elle avait commencé avec moi lorsque, à peine étudiante, j'allais la retrouver de ma province à Paris, pour intégrer une grande école parisienne. Ce genre d'aide ne se chiffre pas, ne se quantifie pas et échappe à tout contrôle. C'est sans doute ce qui en fait la beauté et rend possible la transmission dans le binôme que j'ai constitué à l'époque avec ma tante les années où elle s'est occupée de moi, même si j'étais de loin bien moins dépendante qu'à ce jour. Il reste évident qu'une telle aide, surtout quand la personne qui s'investit la donne aussi pleinement, est profondément incompatible avec tout cadre de travail comportant des horaires et des tâches régulières. Ce faisant, cette incompatibilité ne protège plus l'aidant qui est alors susceptible d'épuisement à trop vouloir tout gérer. Il y a quelques années, j'ai également vu comment ma mère a tout fait pour s'occuper de mon père quand il est tombé malade, jusqu'à l'épuisement et au risque de la maltraitance toujours latente à la fois pour elle et pour lui. Il reste donc à mon sens bien des progrès à faire concernant à la fois l'aide des professionnels et plus encore celle des proches aidants. On doit donner à ces derniers la possibilité de déléguer une partie des tâches qu'ils assument pour leur proche, et accorder aux deux types d'aidants de manière générale une reconnaissance sociale à la hauteur de leur implication. Moins fragilisés, ceux-ci seraient plus aptes à abonder vers le mieux-être de la personne qu'ils aident, selon le rôle dans lequel on les définit ici. Ils seraient en tout cas moins susceptibles de maltraitance à l'égard de la personne dont ils s'occupent, car la maltraitance ne se pose pas clairement et explicitement la plupart du temps, mais est toujours un risque dans la relation d'aide.

Conclusion

Si je devais résumer en quelques mots le concret des compétences de mon auxiliaire de vie idéale, je dirais que je la considère avant tout comme celle qui remet de l'ordre (les conditions d'hygiène irréprochables vont sans dire, mais pas seulement : il s'agit de prendre soin de tout mon écosystème), une veilleuse toujours prête à réagir de manière dynamique quand j'ai besoin d'elle à l'intérieur ou à l'extérieur de chez moi. J'ai parfois la chance de travailler avec des gens dont le plaisir d'un travail bien fait accompagne les gestes. La bonne communication prime à tous les niveaux de l'équipe, ce qui commence par l'écoute la plus attentive à mon égard. L'auxiliaire doit savoir être discrète, ou au contraire accompagnante à mes côtés quand il le faut, et de manière générale en toute situation faire preuve de tact, c'est-à-dire en gardant l'oreille assez fine pour entendre ce qui peut se dire à demi-mot. Enfin, elle m'aide à maintenir, voire encourage sous certains aspects mon autonomie en me laissant la possibilité des erreurs que mes choix peuvent induire. Et quand elle peut amener la joie avec elle, c'est encore mieux.

Le métier d'auxiliaire de vie est donc un très beau métier lorsqu'il est accompli dans les règles de l'art, c'est-à-dire centré autour des besoins que la personne en situation de handicap exprime. Ce travail est toutefois conditionné par de nombreux facteurs qui peuvent l'entraver voire le dénaturer insidieusement, et le terme d'« accompagnement » perd alors tout son sens. Les idées reçues communément véhiculées, le plus souvent de manière inconsciente, par les préjugés collectifs, ainsi que la déconsidération sociale dont souffrent ces professions ne sont pas seulement injustifiées. Un tel regard, qui se décline en de multiples implications, est proprement injuste et contre-productif car vulnérabiliser l'aidant, c'est invariablement compromettre le bien-être de l'aidé qui est la première instance interrogée dans la relation d'aide.

Comme le rappelle Antoine Durand dans la citation en exergue, porter un tel regard sur le métier d'auxiliaire de vie est très préjudiciable du fait de l'image dégradée que les jeunes générations gardent à l'esprit. L'image véhiculée est celle d'un travail mal payé, physiquement très fatigant, et donc exercé à défaut par des personnes qui n'ont pas trouvé un meilleur poste. Le métier d'auxiliaire de vie, à l'instar de la personne handicapée qu'elle accompagne, subit la volonté des uns et des autres de ne pas prendre en compte cette situation précaire, du fait principalement de l'ignorance générale. Ne faut-il pas à l'inverse revisiter la trop maigre considération actuelle attribuée à ce métier au cœur de la relation humaine ? En effet, quel plus beau métier que celui de donner à l'autre plus fragile la possibilité de s'accomplir à nouveau, lui que la vie aurait privé de la réalisation de certaines de ses aspirations ?

BIBLIOGRAPHIE

Chabert A.-L. (2021). *Vivre son destin, vivre sa pensée*, Paris, Albin Michel.

Ravon B. et Vidal-Naquet P. (2018). « Les épreuves de professionnalité, entre auto-mandat et délibération collective. L'exemple du travail social », *Rhizome*, 67 (1), p. 74-81.

L'approche par les droits : quelle réception dans le médico-social ?

Chapitre 17

Les influences du mouvement transnational pour les droits humains dans le médico-social

Benoît Eyraud

RÉSUMÉ

Depuis quelques années, différentes instances supranationales critiquent les politiques publiques françaises envers les personnes vulnérables, au nom d'une approche par les droits humains des handicaps. Nous nous intéresserons dans ce chapitre à l'émergence d'un langage transnational des droits humains dans le domaine du handicap et des vulnérabilités, et à l'influence de ce modèle international dans le secteur médico-social en France.

Mots-clés : approche par les droits, modèle social du handicap, modèle médical du handicap, CIDPH, droits humains, capacité juridique, désinstitutionnalisation.

En avril 2023, différentes associations appartenant au domaine du handicap lancent une campagne de sensibilisation intitulée « douce France, pays des droits de l'homme... mais pas des personnes en situation de handicap ». Cette campagne fait suite à la publication par le comité européen des droits sociaux, organe de la Cour européenne des droits de l'homme, d'une décision dénonçant les violations par la France de la charte européenne des droits sociaux, suite à une réclamation collective portée par des associations européennes et françaises, en l'occurrence APF France Handicap, le CLAPEAHA, la Fnath, l'Unafam, et l'Unapei. Cette décision s'inscrit dans le prolongement de différentes condamnations par des instances supranationales de la politique française du handicap, mais aussi de santé mentale, de la protection juridique des majeurs, ou encore des personnes âgées. En août 2021, c'est le comité des droits de la Convention internationale pour les droits des personnes handicapées (CIDPH) qui avait critiqué les insuffisances des politiques publiques françaises dans la mise en œuvre de la convention. Pour appuyer cette critique, le comité a fait référence à un « modèle du handicap basé sur les droits de l'homme[1] ». Les exemples donnés par le rapporteur du comité des droits concernent aussi bien « la non-harmonisation de la loi de 2005 avec la convention », « la feuille de route sur la psychiatrie et la santé mentale », que le fait que « 700 000 personnes restent privées en France de leur capacité juridique ». La spécificité du cadre juridique du médico-social français, soulignée par les éditeurs de cet ouvrage, n'est pas directement visée par le rapporteur du comité des droits, mais l'approche médicale qui a eu tendance à le sous-tendre est explicitement contestée par des instances supranationales.

La diversité des approches du handicap

Les approches du handicap font l'objet de discussions théoriques et politiques nourries qui trouvent des échos au niveau des instances supranationales. Dans la littérature, on oppose schématiquement les approches médicales et sociales du handicap. Les approches médicales, dites aussi individuelles, du handicap considèrent que le handicap se définit par des déficiences individuelles qui peuvent être médicalement objectivées et faire l'objet de traitements, de techniques de réhabilitation ou de compensation. Les approches sociales du handicap considèrent que le handicap est la résultante des barrières que la société oppose aux fonctionnements spécifiques des individus ; ces approches sociales sont parfois qualifiées d'universalisantes ou de *mainstream*, dans le sens où elles soulignent que les adaptations de la société aux handicaps sont utiles à tous les membres de la société et non pas à certaines catégories de personnes ayant l'expérience de déficiences.

Des auteurs considèrent qu'une « approche par les droits humains des handicaps » dépasse l'opposition entre modèle médical et modèle social en ce sens qu'elle insiste sur la reconnaissance des droits des personnes quelles que soient leurs déficiences à participer de manière égale à la vie sociale (Degener, 2017). Nous utilisons dans

1. https://www.ohchr.org/fr/press-releases/2021/08/experts-committee-rights-persons-disabilities-raise-questions-about-medical, dernière consultation le 15 avril 2023.

ce chapitre l'expression « approche par les droits humains des handicaps et vulnérabilités » pour marquer le fait que l'approche par les droits humains ne définit pas le handicap à partir de catégories de déficiences mais à travers des empêchements à la participation que l'ajout du terme de « vulnérabilités » permet de faire entendre. Cette approche, ainsi entendue, inclut tant les personnes handicapées que les personnes dont la dépendance est liée à l'âge.

La multiplication des critiques provenant d'instances supranationales invite à s'intéresser concomitamment à l'émergence d'un langage transnational des droits humains dans le domaine du handicap et des vulnérabilités, et à l'influence de ce modèle international dans le secteur médico-social en France. Des travaux en sciences sociales ont montré l'influence des normes supranationales dans le domaine des handicaps, de la santé ou de la vieillesse dans différents pays (Brégain, 2017 ; Heyer, 2000, 2002 ; Vanhala, 2015). Les spécificités de l'exemple français ne sont, en revanche, que peu analysées alors même qu'elles soulèvent de manière particulièrement saillante le paradoxe de la faible réception d'un modèle se fondant sur les droits humains dans un pays qui se représente, comme le rappelle la campagne associative d'avril 2023 #passidoucelaFrance[1], pays des droits de l'homme.

Nous proposons dans ce chapitre d'éclairer la genèse, la circulation et les modalités d'appropriation des normes relatives à une approche du handicap et des vulnérabilités par les droits humains, en montrant les influences des mouvements supranationaux sur le contexte français. Nous commencerons par donner quelques points de repères sur la genèse de cette approche internationale, dont la CIDPH, adoptée en 2006 par les Nations-Unies, constitue le socle. Nous évoquerons dans un second temps les modalités de son appropriation dans le contexte français. Enfin, nous nous focaliserons sur la place que peuvent tenir les sciences sociales dans cette dynamique d'élaboration/appropriation d'une nouvelle approche dans le domaine du médico-social.

1. « Douce France, Patrie des droits de l'homme... mais pas des droits des personnes en situation de handicap »

L'APPROCHE PAR LES DROITS HUMAINS : UNE GESTATION TRANSNATIONALE

Les promoteurs d'une approche par les droits humains des handicaps et vulnérabilités donnent une place centrale à la CIDPH. Reprenant cette perspective, nous proposons de donner quelques jalons relatifs à la genèse et l'interprétation de cette approche dans la séquence historique qui va de la création des organes supranationaux (l'ONU en 1946, le Conseil de l'Europe et l'OMS en 1949) à l'adoption et à l'interprétation de la CIDPH. Nous soulignons une certaine imbrication entre l'affirmation d'idées et d'idéaux, les mouvements sociaux et les évolutions institutionnelles. Nous évoquerons la (faible) place prise par les acteurs et les idées relatifs au médico-social à la française dans cette dynamique.

POINTS DE REPÈRES RELATIFS AU DROIT SUPRANATIONAL DES DROITS DE L'HOMME

Le droit international des droits de l'homme a été développé à la suite de la Déclaration universelle des droits de l'homme adoptée par l'assemblée générale des Nations-Unies en 1948.

Il est composé de traités et d'instances de suivis relevant directement de l'Organisation des Nations Unies, comme la Convention internationale pour les droits des personnes handicapées et le comité des droits qui en assure le suivi. Il est également composé de traités dits régionaux, comprenant des aires géographiques larges comme l'Europe, les Amériques, l'Afrique, l'Asie. Le Conseil de l'Europe a ainsi adopté en 1950 la Convention européenne des droits de l'homme, correspondant aux droits dits civils et politiques, puis en 1961 la Charte européenne des droits sociaux. Le suivi de cette charte est assuré par le comité européen des droits sociaux. Cette charte et ce comité ne relèvent pas de l'Union européenne. Pour autant, la plupart des droits ont une correspondance au niveau du droit de l'Union européenne et de sa charte des droits fondamentaux.

Au niveau de l'ONU, deux déclarations non contraignantes ont été adoptées par l'assemblée générale de l'ONU dans les années 1970 : d'abord la déclaration des droits du déficient mental en 1971 ; puis la déclaration sur les droits des personnes handicapées en 1975. Ces déclarations n'ont pas été immédiatement accompagnées d'instruments de suivi. La CIDPH prévoit en revanche différentes obligations pour les États qui la ratifient.

▶ La genèse d'une approche par les droits humains des handicaps et vulnérabilités

La CIDPH s'inscrit dans le corpus international des droits de l'homme développé à partir de la Déclaration universelle des droits de l'homme de 1948. Si cette Déclaration n'évoque pas les enjeux relatifs aux handicaps ou aux vulnérabilités, elle participe à l'introduction de références aux droits fondamentaux dans la pratique juridique. Elle fait figurer en bonne place le principe de non-discrimination, et plus timidement celui de participation. Cette référence supranationale aux droits fondamentaux est de plus en plus mobilisée depuis lors, dans les contextes locaux et nationaux. Cette dynamique passe par un certain nombre de mouvements sociaux, d'organes juridictionnels et de politiques publiques, conduisant des chercheurs à décrire l'ère d'une politique des droits (Baudot et Revillard, 2015). Cette référence au langage des droits va progressivement être introduite par des groupes sociaux dont les droits sont particulièrement mal respectés, conduisant à la production de nouvelles représentations et approches normatives.

C'est d'abord dans le contexte états-unien des années 1950 que le référentiel de « lutte contre les discriminations » s'impose, à l'articulation du mouvement des *civil rights* (droits civils), de décisions de la Cour suprême, et d'évolutions législatives. Dans les domaines de la santé et de l'action sociale, une politique de désinstitutionnalisation se développe au début des années 1960, parallèlement à l'émergence d'un mouvement social de personnes handicapées dénonçant les discriminations qu'elles subissent[1]. Des contentieux sont portés devant les tribunaux, conduisant, d'abord aux États-Unis, puis dans de nombreux pays, au développement de législations interdisant les discriminations, notamment envers les personnes en situation de handicap. Cette exigence de non-discrimination s'est imposée pour les personnes dites « handicapées », d'abord avec une loi sur la réhabilitation (Rehabilitation Act) de 1973, parfois considérée comme le Civil Rights Act des personnes handicapées, puis, avec la loi américaine sur les handicaps en 1990 (American Disabilities Act), qui va influencer des réformes législatives dans de nombreux pays.

1. De ce point de vue, l'histoire française est différente. La critique des établissements, forte dans les années 1950 et 1960, a porté principalement sur les hôpitaux psychiatriques et elle n'a été que peu portée par le mouvement social des personnes handicapées. Les lois de 1975 marquent, *a contrario* des dynamiques nord-américaines, la stabilisation d'une approche statutaire du médico-social, organisé par des associations gestionnaires d'établissements hébergeant des personnes handicapées, articulée à la mobilisation de catégories médicales du handicap et de catégories d'âge. Pour plus de précisions, voir chapitre 5.

Ce référentiel s'internationalise dans les années 1970 et constitue une motivation centrale de la naissance du mouvement international des personnes handicapées. La création de l'Organisation mondiale des personnes handicapées (Disabled People International) en 1979, composée exclusivement de personnes en situation de handicap, en constitue un jalon important. Ce mouvement milite pour la transformation des politiques envers les personnes handicapées, fondées sur « la charité » et les « prestations sociales », en une politique basée sur les droits pour promouvoir l'égale participation de tous à la vie sociale. Le mot d'ordre « *Nothing about us without us* » (« Rien sur nous sans nous ») symbolise l'émergence de cette exigence de participation dans les mouvements promouvant les droits des personnes handicapées. Ceux-ci sont vite reconnus au sein des Nations-Unies. Les années 1982-1992 sont déclarées par les Nations-Unies « décennie en faveur des personnes handicapées ». Cette décennie conduit à l'élaboration des « Règles universelles pour l'égalisation des chances des personnes handicapées » [ONU, 1994].

L'internationalisation de ce mouvement de défense des droits des personnes handicapées participe d'un changement des représentations du handicap en en discutant également les appréhensions théoriques. Des organisations internationales de personnes handicapées sont ainsi amenées à contester la classification que l'Organisation mondiale de la santé a officialisée à la fin des années 1970. Cette Classification internationale du handicap, souvent dénommée « modèle de Wood », invitait à distinguer le niveau des déficiences, celui des incapacités, et celui des désavantages sociaux (CIH, 1979 ; Winance, Ville et Ravaud, 2007). Les travaux développés dans les années 1980-1990 entrent explicitement en rupture avec les modèles médicaux classiques qui considèrent le handicap à partir des déficiences personnelles. Ils mettent en évidence le rôle central de l'environnement dans la production et l'expérience du handicap, parfois en lien avec le développement d'un modèle social du handicap promu par ce qui devient les *disabilities studies* (Oliver, 2009). Celles-ci insistent tout particulièrement sur l'importance des savoirs expérientiels. Les travaux en lien avec l'Organisation mondiale de la santé conduisent pour leur part à des nouvelles formes de modélisation, comme le processus de production du handicap (Fougeyrollas *et al.*, 1998) et la Classification internationale du fonctionnement (CIF, 2001) qui font ressortir la mise en équivalence de la notion de limitation d'activité et de restriction de participation avec celle de handicap.

▶ La CIDPH, pierre angulaire d'une approche par les droits humains du handicap et des vulnérabilités

Au début des années 2000, la mise sur agenda par l'Organisation des Nations-Unies d'une convention aux personnes handicapées se situe à l'intersection de ces différentes dynamiques. Les liens importants entre des organisations transnationales de personnes handicapées et les instances de l'ONU rendent possible la production d'une norme d'un rang supérieur, une convention engageant les États-Parties et apparaissant dès lors comme du droit « dur ». Le rapporteur spécial du haut-commissariat aux droits humains de l'ONU cadre alors très explicitement la perspective : « *Disabilities are a human rights issue* » (les handicaps sont un enjeu de droit humain). Plusieurs instances reformulent parallèlement au tout début des années 2000 la demande d'une convention internationale spécifique. Le Haut-Commissariat aux droits humains confie à son rapporteur spécial la mission d'évaluer la pertinence d'une nouvelle convention. Celle-ci s'appuie sur les résultats du rapport « Droits humains et handicap » dirigé par Gérard Quinn et Thérésia Degener (2002). Ce rapport reprend alors à la fois le « modèle social du handicap », tel qu'il a pu être élaboré par les *disabilities studies*, et le « langage des droits » promu par les organisations non gouvernementales. L'analyse des traités existants conduit les auteurs à considérer que la question du handicap n'est pas visible dans le corpus juridique international des droits humains, justifiant l'élaboration d'une nouvelle convention.

À l'initiative du Mexique, l'assemblée générale des Nations-Unies valide en 2001 cette perspective. Les organisations transnationales de personnes handicapées se regroupent pour parler d'une seule voix et défendre des propositions fortes dans l'écriture de cette convention. Si une organisation internationale française, Handicap International, apporte un soutien logistique important au travail des organisations de personnes handicapées, les organisations françaises restent en revanche discrètes durant les négociations. Après d'âpres discussions entre les organisations de personnes handicapées et les États, la CIDPH est adoptée par l'assemblée générale des Nations-Unies en décembre 2006. Celle-ci énonce que la participation des personnes handicapées, *via* les organisations qui les représentent, est essentielle pour toute décision les concernant. Elle rappelle le rôle central de la société civile, notamment les organisations de personnes handicapées, pour assurer le suivi de la mise en œuvre des droits, et le respect par l'État de ses obligations. Aux lendemains de la signature de la CIDPH par l'ONU, un certain nombre d'activistes, de juristes internationaux et d'instances internationales en défendent une interprétation radicale. Quelques articles, notamment l'article 12 et l'article 19 de la convention, font l'objet d'interprétations radicales et de controverses.

L'article 12, portant sur la personnalité et la capacité juridique, fait l'objet d'une attention particulière. Le comité des droits de la CIDPH considère que cet article reconnaît une capacité juridique universelle et exige l'abolition des systèmes de prise de décision substitutive comme les tutelles/curatelles et les mesures de soins forcés. La première observation générale de ce comité explicite les attentes de transformations radicales suscitées par l'approche par les droits humains :

> « Depuis toujours, les personnes handicapées sont privées de leur droit à la capacité juridique dans de nombreux domaines de manière discriminatoire dans le cadre de systèmes de prise de décisions substitutive comme la tutelle, la curatelle et les lois relatives à la santé mentale qui permettent le traitement forcé. Ces pratiques doivent être abolies afin que les personnes handicapées retrouvent une pleine capacité juridique, sur la base de l'égalité avec les autres. » (Comité des droits de la convention internationale des droits des personnes handicapées, Observation générale n° 1, 2014)

Cette position abolitionniste fait l'objet de nombreuses critiques de la part notamment de professionnels des relations de soin et d'accompagnement (Eyraud, Minoc et Hanon, 2018).

L'article 19 fait lui aussi l'objet d'interprétations contrastées. Pour le comité des droits, celui-ci est une invitation à une politique de « désinstitutionalisation ». Dans des lignes directrices publiées en septembre 2022, le comité propose une interprétation très large :

> « L'institutionnalisation des personnes handicapées renvoie à tout placement en détention au motif du handicap, seul ou en conjonction avec d'autres motifs tels que les "soins" ou le "traitement". Parmi les institutions dans lesquelles les personnes handicapées sont détenues figurent notamment, mais pas seulement, les établissements de soins sociaux, les établissements psychiatriques, les hôpitaux de long séjour, les maisons de retraite, les unités sécurisées pour personnes en situation de démence, les internats spécialisés, les centres de réadaptation autres que les centres de proximité, les foyers de transition, les foyers collectifs, les foyers de type familial pour enfants, les foyers de vie protégés, les établissements de psychiatrie médico-légale, les foyers temporaires, les foyers pour personnes atteintes d'albinisme, les "colonies pour lépreux" et d'autres structures collectives [...] Les États parties devraient abolir toutes les formes d'institutionnalisation, renoncer à tout nouveau placement en institution et s'abstenir d'investir dans les institutions. »

Les interprétations du comité des droits de la CIPDH font l'objet de controverses. Certains organes comme la Cour européenne des droits de l'homme peuvent parfois exprimer des interprétations dissonantes (Hachez, Triaille, 2021).

Au-delà des interprétations proposées par le comité des droits, différentes caractéristiques d'une approche par les droits humains sont discutées dans la littérature. On peut retenir notamment la dimension centrale de la reconnaissance de la personnalité et de la capacité juridique quelles que soient les déficiences vécues et l'indissociabilité des droits civils et politiques et des droits économiques et sociaux (appréhendés bien souvent comme discriminatoires par le modèle social du handicap) (Degener, 2017).

Ainsi, en quelques décennies, le handicap est devenu un enjeu de droits humains pour les mouvements sociaux transnationaux comme pour les instances supranationales et les politiques publiques nationales. Sa reconnaissance a conduit à l'élaboration d'une approche des handicaps par les droits humains, à l'articulation du langage des droits et d'un modèle social du handicap. Elle repose sur une approche universaliste des situations de handicap et sur une contestation forte des dispositions protectrices envers les personnes handicapées.

La réception de l'approche par les droits humains dans le contexte français

Ces dynamiques supranationales, impliquant mouvements sociaux, représentations institutionnelles et évolutions épistémologiques semblent n'avoir que peu influencé les dynamiques françaises dans les années 1970-1980. Les deux lois du 30 juin 1975, pour l'une, en faveur des personnes handicapées et, pour l'autre, relative aux institutions sociales et médico-sociales, ont fait prévaloir une approche solidariste, catégorielle et assistancielle des publics, ne se référant pas à la déclaration de l'ONU de 1975 relative aux droits des personnes handicapées. Une inflexion se fait sentir à la fin des années 1990, par le truchement de l'Union européenne, avec l'émergence de politiques de lutte contre les discriminations (Chauvière, 2003) et d'accessibilité universelle (Sanchez, 1992). Cette inflexion se traduit par de nombreuses évolutions législatives dans les années 2000 reprenant, pour partie, les influences internationales donnant une place importante aux enjeux de non-discrimination et à la participation des publics des politiques du sanitaire, du social et du médico-social. Pour autant, la réception de la CIDPH et d'un modèle basé sur les droits de l'homme semble faire l'objet de certaines réticences.

▶ Préservation d'un modèle français et influences de l'Union européenne

Dans les années 1990, le référentiel de la non-discrimination et de l'inclusion émerge en France par le truchement des politiques européennes. L'Union européenne s'est alors donné des objectifs de lutte contre les discriminations et de promotion de l'inclusion visant les personnes exclues de manière générale. L'article 13 du traité d'Amsterdam du 2 octobre 1997 modifiant le traité sur l'Union Européenne inclut explicitement les handicaps comme critère de discrimination :

> « Sans préjudice des autres dispositions du présent traité et dans les limites des compétences que celui-ci confère à la Communauté, le Conseil, statuant à l'unanimité sur proposition de la Commission et après consultation du Parlement européen, peut prendre les mesures nécessaires en vue de combattre toute discrimination fondée sur le sexe, la race ou l'origine ethnique, la religion ou les convictions, un handicap, l'âge ou l'orientation sexuelle. »

La lutte contre les discriminations s'articule à une approche inclusive soucieuse de prévenir les limitations de participation :

> « L'inclusion sociale est un processus qui permet aux personnes en danger de pauvreté et d'exclusion sociale de *participer* à la vie économique, sociale et culturelle. Ces personnes doivent être impliquées dans les prises de décision qui affectent leur vie et bénéficier d'un meilleur accès à leurs droits fondamentaux[1]. »

Dans le référentiel inclusif, l'action publique n'a pas à cibler des groupes sociaux spécifiques qui sont limités dans leur participation ; l'objectif d'accessibilité universelle doit permettre à l'environnement d'être adapté à chaque personne.

Cette influence des évolutions supranationales est identifiable dans le cycle législatif du début des années 2000 de manière toutefois assez différenciée (Callu, 2005). L'exposé des motifs de la loi du 2 janvier 2002 rénovant l'action sociale et médico-sociale indique que le premier objectif de celle-ci est relatif « à l'affirmation et à la promotion des droits des bénéficiaires et de leur entourage », s'inscrivant clairement dans la dynamique d'une politique des droits. Les influences internationales ne sont cependant pas évoquées, contrairement aux rapports législatifs qui accompagnent la loi du 4 mars 2002 relative aux droits des malades et à la qualité du système de santé et, surtout, la loi du 11 février 2005 pour l'égalité des droits et des chances, la participation et la citoyenneté des personnes handicapées.

---

1. Commission européenne, « L'inclusion sociale », *Document de politique transversale française*, projet de loi de finances pour 2011, p. 9, cité par Bouquet (2015, p. 18).

Des dispositions encouragent, dans les lois de 2002, la participation des patients et des usagers des services et établissements sociaux et médico-sociaux. Cette incitation porte non seulement sur les décisions qui les concernent, mais aussi sur la gouvernance des collectifs dans lesquels ils s'inscrivent, et plus largement sur les politiques nationales ou locales. Elles conduisent à organiser dans les établissements la participation, notamment *via* le déploiement d'instances locales telles que les commissions des usagers au sein des établissements de santé ou les conseils de vie sociale au sein des établissements et services médico-sociaux.

La loi de 2005 définit le handicap comme « toute limitation d'activité ou restriction de participation à la vie en société subie dans son environnement par une personne en raison d'une altération substantielle, durable ou définitive d'une ou plusieurs fonctions physiques, sensorielles ». Elle instaure notamment un droit à compensation par des aides, pour permettre à la personne concernée d'accéder à, de maintenir ou de recouvrer sa « participation à la société ». L'exposé des motifs de la loi du 11 février 2005 indique ainsi que « la France a adhéré à plusieurs textes européens et internationaux dont l'objectif majeur est de prohiber toute forme de discrimination du fait du handicap ». Les parlementaires évoquent les transformations de la « notion de handicap » et constatent « le déplacement du regard » vers le rôle que l'environnement joue dans les difficultés de participation à la vie sociale des personnes handicapées. Ils citent l'organisation mondiale de la santé (OMS) et « sa nouvelle classification internationale du fonctionnement, du handicap et de la santé ».

▶ Des réticences vis-à-vis des dimensions radicales de l'approche dite par les droits humains

Si l'influence internationale se fait ressentir fortement dans la loi de 2005, celle-ci va paradoxalement invisibiliser à la fois les évolutions d'une approche par les droits humains du handicap et la CIDPH. Cette invisibilisation s'explique par deux raisons.

Une première est la proximité temporelle mais aussi thématique entre la loi du 11 février 2005 et la CIDPH. Les deux textes mettent en avant l'objectif de favoriser la participation sociale des personnes en situation de handicap. Or beaucoup d'acteurs des politiques publiques du handicap se représentent la loi française comme en avance sur la convention internationale. Les quelques échanges publics évoquant la convention dans les années qui ont suivi son adoption sont très emblématiques. En réponse à des questions de parlementaires s'étonnant de la lenteur du processus de ratification de la CIDPH en droit français, la secrétaire d'État aux personnes handicapées répond en 2009 que cette convention s'adresserait aux pays en voie de développement, et que le cadre législatif français est tout à fait adapté grâce à la loi du 11 février 2005. Cette perception de la convention comme destinée à d'autres pays s'accompagne aussi du sentiment de distance provoqué par la référence à l'ONU, perçue comme une instance lointaine et peu effective.

La deuxième raison est plus profonde. Elle relève précisément de la difficulté à saisir le déplacement d'une approche catégorielle à l'approche universaliste proposée par la convention. De fait, de nombreux acteurs concernés par la convention ne s'y intéressent pas, faute de la connaître, certes, mais aussi faute de se sentir concernés. À leurs yeux, la convention concerne les politiques publiques du handicap, et non pas d'autres politiques publiques, comme la protection juridique des majeurs, les soins psychiatriques, ou celles relatives aux personnes âgées. Ni la loi du 5 mars 2007 relative à la réforme de la protection juridique des majeurs, ni plus tardivement celle du 28 décembre 2015 relative à l'adaptation de la société au vieillissement n'évoquent d'influences supranationales. La loi du 5 juillet 2011 relative aux droits et à la protection des personnes faisant l'objet de soin psychiatrique et aux modalités de leurs prises en charge déclare quant à elle « prendre en considération les recommandations européennes », en l'occurrence une recommandation du conseil de l'Europe du 20 septembre 2004 relative à « la protection des droits de l'homme et à la dignité des personnes atteintes de troubles mentaux » antérieure à la CIDPH. De fait, la référence aux « droits de l'homme » n'est pas l'approche par les droits humains du handicap, mais elle porte plus spécifiquement sur les garanties relatives aux libertés individuelles. Plus largement, ces différentes lois ont comme point commun de développer une approche catégorielle et, pour une part, médico-centrée de leur public :

- la loi du 5 mars 2007 pose une distinction entre les publics vulnérables faisant l'objet d'altérations de leurs facultés personnelles et ceux ne faisant pas l'objet d'altération sur la base d'une évaluation médicale ;
- la loi du 5 juillet est centrée sur une évaluation médicale du soin en santé mentale ;
- la loi d'adaptation de la société au vieillissement insiste sur une meilleure protection des droits des résidents mais autorise des limitations de libertés à condition qu'elles soient avisées par le médecin coordonnateur de l'établissement.

Ainsi, jusqu'au milieu des années 2010, l'approche du handicap par les droits humains est fortement ignorée en France. Depuis quelques années, la convention s'invite cependant explicitement dans l'action publique française, notamment à travers son article 12. Plusieurs facteurs expliquent l'émergence de cet enjeu : la publication de l'observation générale n° 1 par le comité des droits de la CIDPH en 2014, exigeant « une abolition des systèmes légaux de prise de décision substitutive, comme la curatelle et le soin forcé » ; le développement de travaux académiques[1] ; l'anniversaire des 10 ans de l'adoption du texte par l'Assemblée générale de l'ONU. Des modifications relatives au droit de la protection juridique des majeurs vont se faire en prenant en compte des dispositions de la CIDPH.

Toutefois, les interprétations relatives à la capacité juridique universelle ou à la désinstitutionalisation font l'objet de contestations explicites. Des juges et professeurs de droit critiquent l'approche défendue par la CIDPH au moment du projet de réforme de la protection juridique des majeurs. Par exemple, un professeur de droit disqualifie le recours au langage des droits humains : « Il ne faudrait pas qu'une revendication clamée avec énergie au nom des droits de l'homme se compte, en définitive, presque sur les doigts de l'homme [...] » (Noguéro, 2016, p. 967). Il s'interroge sur l'opportunité d'une convention internationale concernant les droits des personnes handicapées alors qu'il existe déjà une convention internationale, dite de La Haye dédiée spécifiquement à la protection des adultes. La distinction entre « les personnes handicapées » et les personnes « ayant besoin d'une protection juridique » est utilisée pour écarter la CIDPH des discussions.

L'enjeu de la désinstitutionalisation fait aussi l'objet de plus en plus de discussions. Certaines organisations de personnes handicapées, comme le « collectif Lutte Handicap Égalité Émancipation » (CLHEE), s'appuient explicitement sur les recommandations supranationales pour dénoncer les politiques françaises :

> « À l'heure actuelle, au mépris des textes et recommandations internationales relatives au handicap, la France continue de présenter l'institutionnalisation comme la réponse privilégiée aux besoins spécifiques réels ou supposés des personnes handicapées » (Manifeste du CLEE, https://clhee.org/).

Le rôle des associations gestionnaires est pointé comme faisant partie des difficultés dans l'appropriation d'une approche par les droits humains du handicap. Le

1. Différents acteurs et programmes de recherche participent à la sensibilisation aux discussions internationales : on peut évoquer la création la FIRAH, qui, à partir de 2010, participe à la réception des modèles internationaux, l'existence du programme AJUpiD qui vise à favoriser l'accès des personnes en situation de handicap à la justice, ou encore la démarche de recherche citoyenne Capdroits présentée ci-après.

collectif Handicaps qui regroupe notamment de nombreuses associations gestionnaires se montre de fait plutôt réticent aux politiques de désinstitutionalisation. Le terme n'est pas utilisé dans la présentation des revendications du collectif sur son site internet en 2023, et celui-ci a réagi « avec réserve » aux lignes directrices publiées par le comité des droits de la CIDPH.

Certaines fédérations du collectif sont favorables à cette politique. L'Unapei considère ainsi que la désinstitutionalisation constitue un « levier » pour une société inclusive bien que le terme soit considéré comme « anxiogène » :

> « L'Unapei est convaincue que la désinstitutionalisation ne se traduira pas par l'extinction du modèle médico-social né d'un combat militant ni par la fermeture des établissements mais constituera bien une évolution positive d'une société ouverte qui prône le Vivre ensemble » (*Les essentiels de l'Unapei*, 2015).

Inversement, le groupe Polyhandicap France exprime une réserve forte, défendant le fait que les établissements médico-sociaux puissent participer à une société plus inclusive. Il considère que l'interprétation du comité des droits est « un dévoiement de l'article 19 » et qu'elle est faite par un « groupe de gens qui prônent l'inclusion dans la cité y compris pour des personnes dont ils ne connaissent ni les besoins ni les difficultés. À n'importe quel prix[1] ! ».

En contraste avec les années 1970 et 1980 au cours desquelles un modèle français du médico-social s'est constitué sans référence explicite aux références supranationales, les dernières décennies se caractérisent par la porosité aux idées et normes internationales dans le domaine du médico-social. Celle-ci s'est d'abord faite par l'entremise de l'Union européenne, puis, au cours de ces dernières années, par l'entremise de l'influence onusienne. Si les termes de participation et de société inclusive font consensus, leurs traductions concrètes sont beaucoup plus controversées.

L'appropriation du langage des droits humains : l'exemple de la démarche de recherche citoyenne Capdroits

Nous voudrions dans cette troisième partie évoquer des effets d'une approche par les droits humains sur la manière de faire de la recherche dans le domaine du

1. https://gpf.asso.fr/wp-content/uploads/2021/09/Communiqu%C3%A9-de-Presse-ONU-17-sept-2021.pdf.

médico-social, en y développant l'exigence participative, à partir de l'exemple de la démarche Capdroits.

▶ Une méthodologie d'enquête en résonance avec les exigences d'une approche par les droits humains

L'origine de cette démarche réside dans le constat de l'absence de réception de l'article 12 de la CIDPH en France au début des années 2010. L'organisation d'une conférence sur cet enjeu avec d'autres chercheurs en sciences sociales a conduit des personnes handicapées militantes dans des associations à exiger une participation significative de personnes concernées. Pour répondre à cette exigence, une action innovante a été financée par la Caisse nationale solidarité autonomie (CNSA) en vue de favoriser la participation de personnes concernées par des empêchements à l'exercice des droits. Différents partenaires rassemblés par des chercheurs académiques ont engagé le programme « Accompagner l'exercice des droits et libertés dans la citoyenneté », dit « Capdroits ». Parmi ces partenaires, des représentants d'acteurs du médico-social se sont impliqués, notamment le Conseil français des personnes handicapées pour les affaires européennes et internationales (CFHE), des fédérations nationales gérant de nombreux services relevant du médico-social comme l'APF ou Ladapt, ainsi que des professionnels de centres d'hébergement et de réinsertion sociale ou d'Ehpad et services gériatriques. Le programme est inspiré dans ses objectifs et sa méthodologie par la CIDPH. Il a pour objectif de favoriser la participation des personnes susceptibles d'être concernées par des mesures de contrainte légale aux débats publics et scientifiques les concernant : en les accompagnant pour transformer leur expérience en savoirs et expertise ; en cherchant à faire entendre et reconnaître cette expertise dans l'espace public ; en donnant ainsi un éclairage scientifique et citoyen aussi bien sur le fond, que sur la forme des débats.

La méthode dite de « mise en problème public de l'expérience » reconnaît la capacité de toutes les personnes concernées à participer à une démarche de recherche. Elle vise à partager les sentiments de justice et d'injustice vécues par des personnes en situation de handicap et les faire entrer en résonance avec les idéaux des droits humains et leurs reformulations. L'accessibilité de la démarche est assurée notamment par des appels à participation diffusés par des « partenaires-relais », le plus souvent des intermédiaires « professionnels » relevant d'établissements ou services sanitaires, sociaux, ou médico-sociaux, et plus rarement à des intermédiaires représentants d'associations d'usagers. Les participants se réunissent en groupes locaux dans plusieurs régions de France pour partager leur expérience et l'analyser collectivement. Les analyses et productions collectives sont présentées dans des forums, comme des conférences scientifiques, qui visent aussi à favoriser une réception publique de l'expertise des personnes vulnérabilisées par des handicaps. À la suite de ces conférences, des productions sont réalisées, entrant explicitement en écho avec des articles de la CIDPH, conduisant à contribuer à l'approche par les droits humains des handicaps et vulnérabilités. Ces productions sont élaborées de manière indissociable en langue argumentative académique et en langage direct, inspirée des règles du français « Facile à lire et à comprendre » (Falc), destinée à rendre accessible l'espace de recherche. Ces productions sont autant que possibles co-auteurisées. Rendre accessible l'autorat et le co-autorat apparaît comme un enjeu central de justice épistémique et de reconnaissance des savoirs d'expérience (cochercheurs Capdroits, 2022). La méthodologie de la démarche entre ainsi en résonance avec les exigences de l'approche par les droits humains.

▶ Contribuer au langage des droits humains dans le domaine du médico-social

Les productions issues de cette démarche cherchent à tenir ensemble l'exigence d'enracinement dans l'expérience des savoirs produits sur les vulnérabilités et l'ouverture à l'horizon des droits humains.

À la suite de la première phase d'enquête, un manifeste commun Confcap-Capdroits, « Toutes et tous vulnérables ! Toutes et tous capables[1] ! », a été publié, accompagné d'un livret de plaidoyer : « capacités civiles et contraintes légales ». Le manifeste souligne le problème posé par le recours à des mesures de contrainte légale dans les familles, les hôpitaux, les Ehpad, les services publics, les établissements médico-sociaux, l'espace public, et insiste également sur la référence à la solidarité et aux modalités de protection. Il appelle à l'ouverture d'un dialogue national et européen, fondé notamment sur la CIDPH, en vue d'une politique et d'une gouvernance en matière de protection et de respect des droits fondamentaux des personnes en situation de handicap ou de vulnérabilité qui prennent plus en considération l'expression des acteurs impliqués.

1. https://confcap-capdroits.org/2018/06/06/manifeste-tou-te-s-vulnerables-tou-te-s-capables/.

À la suite de la seconde phase d'enquête, la démarche a publié un « livret contributif sur les conditions relationnelles et institutionnelles de l'autonomie[1] ». Là encore, une prise de position s'est dessinée mettant en avant d'une part le droit à l'autonomie de vie, en contraste avec les analyses et discours faisant de la référence à l'autonomie une injonction administrative et, d'autre part, préférant, au terme de désinstitutionalisation, une invitation à s'emparer des institutions.

Pour de nombreuses personnes participant à la démarche, la référence au droit international n'est pas signifiante. En revanche, le langage des droits humains résonne et permet d'entendre l'interpellation suscitée par la CIDPH. Il n'en demeure pas moins que de nombreuses personnes concernées expriment des nuances par rapport à deux des positions les plus radicales promues par le modèle des droits humains, à savoir : la demande d'abolition de tous les systèmes légaux de prise de décision substitutive et l'exigence de désinstitutionalisation.

En mettant en discussion des articles de la CIDPH à partir d'un partage raisonné de l'expérience, la démarche Capdroits participe à l'appropriation du langage des droits humains en même temps qu'elle invite à poursuivre son élaboration.

Conclusion

Historiquement, l'approche française du médico-social s'est pensée à partir d'une référence « solidariste » qui ne mobilisait paradoxalement pas le « langage des droits de l'homme ». Elle est aujourd'hui critiquée par les instances supranationales qui mettent en avant une approche par les droits humains du handicap et des vulnérabilités. De manière emblématique, la campagne de sensibilisation intitulée « douce France, pays des droits de l'homme… mais pas des personnes en situation de handicap » symbolise cette appropriation du langage des droits humains par ces acteurs centraux du domaine du médico-social qu'on a souvent présenté comme réticents aux influences internationales. Cette dynamique invite à réfléchir à une appropriation à la française d'une approche par les droits humains des handicaps et vulnérabilités, articulant les acquis solidaristes du médico-social et une attention nouvelle au pouvoir effectif des publics vulnérabilisés.

1. https://confcap-capdroits.org/wp-content/uploads/2022/08/livretv26aout22.pdf.

Repères institutionnels et réglementaires

Agences publiques ou parapubliques

Comité des droits de la Convention internationale pour les droits des personnes handicapées.

Comité européen des droits sociaux.

Conseil de l'Europe.

Cour européenne des droits de l'homme.

Haut-commissariat aux droits humains de l'ONU.

Organisation mondiale des personnes handicapées.

Organisation des Nations-Unies (ONU).

Organisation mondiale de la santé (OMS).

Principales lois

Loi n° 75-534 du 30 juin 1975 d'orientation en faveur des personnes handicapées.

Loi n° 75-535 du 30 juin 1975 relative aux institutions sociales et médico-sociales.

Loi n° 2002-303 du 4 mars 2002 relative aux droits des malades et à la qualité du système de santé.

Loi n° 2005-102 du 11 février 2005 pour l'égalité des droits et des chances, la participation et la citoyenneté des personnes handicapées.

Pour aller plus loin

Eyraud B. (2024). *Reconnaître la capacité comme droit humain ? Une sociologie affirmative*, ENS de Lyon Éditions.

Bibliographie

Appelbaum P. S. (2016). « Protecting the rights of persons with disabilities : a convention and its problems », *Psychiatric Services*, 67 (4), p. 366-368.

Barral C. (2008). « Reconfiguration internationale du handicap et loi du 11 février 2005 », *La lettre de l'enfance et de l'adolescence*, 73 (3), p. 95-102.

Baudot P.-Y., Borelle C., et Revillard A. (éd.) (2013). « Politiques du handicap. Introduction », *Terrains et Travaux*, 23 (2), p. 5-15.

Blanc A. (2006). *Le handicap ou le désordre des apparences*, Paris, Armand Colin.

Brégain G. (2018). *Pour une histoire du handicap au xxe siècle. Approches transnationales (Europe et Amériques)*, Rennes, Presses Universitaires de Rennes.

Bouquet, B. (2015). « L'inclusion : approche sociosémantique », *Vie sociale*, 11 (3), p. 15-25.

Cefaï, D. (2017). « Handicap visible : de la reconnaissance du stigmate et du déni de déviance à la revendication de droits », *Alter — European Journal of Disability Research/Revue européenne de recherche sur le handicap*, 11 (2), p. 113-133.

Charlton J. (1998). *Nothing about us without us : Disability Oppression and empowerment*, Berkeley, University of California Press.

Chauvière M. (2003). « Handicap et discriminations. Genèse et ambiguïtés d'une inflexion de l'action publique », in D. Borrillo (éd.), *Lutter contre les discriminations*, Paris, La Découverte, p. 100-122

Cochercheurs Capdroits (Béal, A., Bonnot-Briey, S., Bruno, C., Daniel, S., Eyraud, B., François, G., Lemard, V., Letailleur, C., Lequien, J., Meile, B., Perriot-Comte, I., Taran, I., Wooley, S. (2019). « Du partage d'expérience à la signature d'un manifeste sur l'exercice des droits : Les formes d'engagement dans la recherche citoyenne Capdroits », *Vie sociale*, 27 (3), p. 135-151.

Cochercheurs Capdroits (A. Béal, N. Bezghiche, S. Bonnot Briey, Ch. Bruno, E. Cattez, J.-Ph. Cobbaut, S. Daniel, B. Eyraud, G. François, J. Grard, G. Klein, M. Lalemant, C. Lefebvre, V. Lemard, J. Lequien, C. Letailleur, C. Levray, A. Marques, B. Meile, N. Ordener, M. Romdhani, N. Saenen, S. Saetta, I. Taran, F. Vuattoux) (2020). « Une recherche citoyenne sur l'article 12 de la convention de l'ONU sur les droits des personnes handicapées », *Alter*, 15, 2, p. 165-176.

Degener T. (2017). « A new human rights model of disability ». In Della R., Cera V. et Palmisano G. (éd.). *The United Nations Convention on the Rights of Persons with Disabilities. A commentary*, Springer, p. 1-27

Eyraud, B., Minoc, J., et Hanon, C. (éd.) (2018). *Choisir et agir pour autrui ? Controverse autour de la Convention de l'ONU relative aux droits des personnes handicapées*, Paris, John Libbey.

Eyraud, B. (2023). *Reconnaître la capacité juridique universelle ? Une sociologie affirmative des droits humains*, Lyon, ENS de Lyon Éditions.

Fougeyrollas P., Cloutier P, Bergeron H., Côté J., St Michel G. (1998). *Classification québécoise Processus de production du handicap*, Québec, Réseau international sur le processus de production du handicap (RIPPH)/SCCIDIH.

Heyer K. (2013). « Droits ou quotas ? L'American with Disabilities Act (ADA) comme modèle des droits des personnes handicapées », *Terrains et travaux*, 2 (23) p. 127-158.

Larrouy M. (2011). *L'invention de l'accessibilité. Des politiques de transports des personnes handicapées aux politiques d'accessibilité (1975-2005)*, Grenoble, PUG.

Noguéro D., « Pour la protection à la française des majeurs protégés malgré la Convention des Nations Unies relative aux droits des personnes handicapées », *Revue de droit sanitaire et social* (RDSS), sept.-oct. 2016-5, p. 964-972.

Oliver M. (2009). *Understanding disability : from theory to practice*, Red Globe Press.

Organisation mondiale de la santé (2001). *Classification internationale du fonctionnement*.

Organisation mondiale de la santé (1979). *Classification internationale du handicap*.

Risse T., Ropp S. C. et Sikkink K. (éd.) (1999). *The Power of Human Rights : International Norms and Domestic Change*, Cambridge, Cambridge University Press.

Sanchez J. (1992). « Accessibilités, mobilités et handicaps : La construction sociale du champ du handicap ». In *Les Annales de la recherche urbaine. Espaces publics en villes*, 57-58, p. 127-134.

Vanhala L. (2011). *Making Rights a Reality ? Disability Rights Activists and Legal Mobilization*, New York, Cambridge University Press.

Winance M., Ville I., Ravaud J.-F. (2007). « Disability Policies in France : Changes and Tensions between the Category-Based, Universalist and Personalized Approaches », *Scandinavian Journal of Disability Research*, 9 (3-4), p. 160-181.

Zuber V. (2014). Le culte des *droits de l'homme*, Paris, Gallimard.

▶ Rapports cités

Compagnon C., et Ghadi V. (2014). *Pour l'An II de la démocratie sanitaire*. Rapport à la ministre des Affaires sociales et de la Santé, Paris.

Quinn G., Degener T. (2002). *Human rights and disability : The current use and future potential of United Nations human rights instruments in the context of disability*, New York-Genève, ONU.

Chapitre 18

Le loup dans la bergerie ? Comment les droits viennent aux organisations médico-sociales

Pierre-Yves Baudot

Résumé

Les organisations médico-sociales voient leur existence même remise en cause aujourd'hui par les injonctions à la désinstitutionnalisation soutenues par les conventions internationales. Ce conflit entre droits fondamentaux et organisations médico-sociales masque toutefois des relations plus complexes. Ce chapitre montre comment les organisations médico-sociales travaillent avec les droits. Elles sont structurées par le droit de l'action sociale et contribuent à faire valoir les droits des individus. L'émergence, liée à de nombreux facteurs, des droits fondamentaux les contraint à aménager leurs pratiques pour intégrer les nouveaux principes juridiques. Cette juridicisation des organisations n'est pas exempte d'un travail d'évidement des contraintes juridiques, mais elle arme aussi la critique que les équipes professionnelles peuvent porter sur la managérialisation croissante de leurs métiers. Les tribunaux peuvent aussi venir placer les organisations médico-sociales sous leur supervision et contraindre leur fonctionnement.

Mots-clés : accès aux droits, politiques des droits, usagers, réforme administrative, nouvelle gestion publique, sociologie du droit, participation, émancipation, *empowerment*, consentement, bureaucraties professionnelles.

PARTICULIÈREMENT vive aujourd'hui dans le champ du handicap, la controverse sur la désinstitutionnalisation se polarise autour de deux positions : la première, appuyée sur les droits fondamentaux, les conventions internationales ratifiées par la France et les rapports du comité des droits des personnes handicapées de l'ONU, réclame la fermeture des établissements spécialisés pour personnes handicapées. Face à elle, la deuxième position défend l'importance des organisations médico-sociales et du travail dans la protection des catégories d'individus les plus vulnérables, mais aussi leur rôle-clé dans l'accès aux droits de ces populations. Cette polarisation rend complexe l'émergence d'un compromis entre ces deux approches. Le travail social et les organisations médico-sociales sont renvoyés du côté du paternalisme des politiques sociales, exact opposé des perspectives émancipatrices portées par la désinstitutionnalisation et d'une vie autonome en milieu ordinaire accompagnée par un ensemble de services à la personne. D'un côté, les droits fondamentaux, tels que définis par les grandes organisations (ONU, Union européenne) et conventions internationales (Convention internationale sur le droit des personnes handicapées — CIPDH) ; de l'autre, les établissements des politiques sociales et médico-sociales, décrites comme des structures bureaucratiques soumises à des régulations juridiques centrées sur les dimensions gestionnaires de l'activité de ces établissements, et non sur les droits des personnes qu'elles encadrent.

Structurant le débat politique sur le devenir des politiques publiques en France, en Europe et en Amérique du Nord mais aussi dans le Sud global, cette lecture porte peu attention aux nombreux agencements entre droits fondamentaux et organisations médico-sociales : le droit et les droits fondamentaux ont transformé en profondeur les organisations et les pratiques professionnelles. L'hybridation de ces logiques (celle du droit, celle des droits et celle des bureaucraties professionnelles) a fait évoluer les organisations du médico-social. C'est à la description des modalités de cette hybridation que ce chapitre est consacré.

Dans un premier temps, nous présentons la façon dont les droits, le travail social et les établissements médico-sociaux ont été placés dans une relation de face-à-face, avant de voir dans un second temps comment le droit et les droits sont entrés dans les organisations médico-sociales.

De la régulation des organisations aux droits des usagers : le médico-social face à différents types de droits

En quoi consistent les droits sur lesquels les institutions médico-sociales doivent aligner leurs pratiques ? Après avoir montré de quoi sont faits ces droits, nous expliquons l'enchevêtrement de processus ayant conduit à leur émergence dans le domaine du médico-social. Nous concluons cette partie par une analyse du travail d'accès aux droits que réalisent les travailleurs sociaux.

▶ Le droit des organisations contre le droit des usagers

Les organisations du médico-social n'ont jamais été en dehors du droit. Celui qu'elles connaissaient était essentiellement celui de la régulation des établissements, tel que défini notamment par la loi du 30 juin 1975 relative aux institutions sociales et médico-sociales : financement, régime d'autorisation, agrément préalable, règles de comptabilité, conventions collectives... Mais depuis les années 1970, c'est un nouveau type de droits qui émerge : les droits fondamentaux, fondés sur les droits de l'homme et du citoyen, mobilisés, le plus souvent, pour critiquer l'emprise des organisations médico-sociales.

Plusieurs textes, de portée différente, jalonnent la marche vers ce nouveau type de droits. Ceux-ci sont définis dans la Convention internationale des droits de l'homme (1948), dans la Convention internationale des droits de l'enfant (1989), qui pose le principe de respect de leur dignité, dans la Convention internationale pour les droits des personnes handicapées (2006). La Convention européenne des droits de l'homme (1953) et la Charte sociale européenne révisée (1996) définissent les obligations des États en matière « d'intégration dans la vie de la communauté ».

Ces droits sont ensuite intégrés en France par une série de textes législatifs de portée interne. La loi d'orientation du 29 juillet 1998 relative à la lutte contre les exclusions énonce dans son article 1er que « la lutte contre les exclusions est un impératif national fondé sur le respect de l'égale dignité de tous les êtres humains ». La loi du 2 janvier 2002 rénovant l'action sociale et médico-sociale, proclame dans son article 3 que « l'action sociale et médico-sociale est conduite dans le respect de l'égale dignité de tous les êtres humains avec l'objectif de répondre de façon adaptée aux besoins de chacun d'entre eux et en leur garantissant un accès équitable sur l'ensemble du territoire ». L'article L. 311-3 du Code de l'action sociale et des familles (CASF) consacre une section aux « droits des usagers du secteur social et médico-social ». La loi du 11 février 2005 pour l'égalité des droits et des chances, la participation et la citoyenneté des personnes handicapées correspond à un alignement partiel du droit français sur les normes internationales, notamment la directive européenne 2000/78/CE du Conseil de l'Union européenne du 27 novembre 2000 portant création d'un cadre général en faveur de l'égalité de traitement en matière d'emploi et de travail. Le décret n° 2017-877 du 6 mai 2017 définit dans le CASF le travail social comme visant « à permettre l'accès des personnes à l'ensemble des droits fondamentaux, à faciliter leur inclusion sociale et à exercer une pleine citoyenneté ». Ces droits sont également mobilisés dans une série de décisions faisant jurisprudence, comme plusieurs arrêts du Conseil d'État. La Cour de cassation estimait par ailleurs dans un arrêt de 1997 que les pratiques de contention non contrôlées ne respectaient pas la dignité de la personne.

Ces textes viennent consacrer les droits des usagers des structures sociales et médico-sociales, et plus largement de tous les individus relevant de l'action sociale. Ces droits portent sur le respect de leur dignité, de leur vie privée et de leur intimité, sur la libre pratique du culte en établissement, mais aussi sur le droit à une vie affective et sexuelle. À l'instar des évolutions de la démocratie en santé, les usagers des établissements et services sociaux et médico-sociaux ont un droit d'accès à leur dossier ainsi qu'un droit à l'information sur les droits. Les personnes placées sous tutelles ont fini par accéder en 2019 au droit de vote, au terme d'une lente évolution de la législation.

Cette émergence du paradigme des droits fondamentaux dans le champ de l'action sociale et médico-sociale a généré de nombreuses tensions. La principale porte sur le point de savoir si elle est néfaste pour le modèle catégoriel français de protection sociale.

Dans ce modèle catégoriel, les droits sont accordés à des individus au regard de leur situation socioprofessionnelle et de la catégorie d'action publique dont ils relèvent. Cet octroi est indexé sur les difficultés socio-économiques rencontrées. Dans une perspective solidariste, il est justifié par les risques que les inégalités socio-économiques font peser sur la cohésion sociale. Dans le modèle des droits fondamentaux, ceux-ci sont attribués à des individus en tant que tels, en vertu d'une description de la situation concrète d'atteinte à leurs droits fondamentaux (droit au logement, droit à la scolarisation, discriminations).

La sociologue spécialiste de la protection sociale française Colette Bec a vigoureusement dénoncé ce qui lui apparaît comme la remise en cause des droits sociaux par les droits de l'homme. Elle y lit une conséquence de l'individualisme libéral nord-américain au détriment d'une lecture du social fondée sur la structuration de la société en groupes sociaux interdépendants. Aux États-Unis, la définition de protections sociales *via* le droit civil plutôt que par les politiques sociales constituerait un progrès, puisque la couverture proposée n'est pas universelle. Mais en France, l'extension de la Sécurité sociale et de l'assistance rendrait inutile — voire dangereux pour la qualité de la protection collective — ce paradigme des droits (Bec 2007). À l'inverse, dans une perspective américaine, l'approche catégorielle serait nécessairement paternaliste et limiterait l'émancipation des personnes, en ne les protégeant que tant qu'elles sont assignées à une catégorie. Dans le champ du handicap, l'opposition des deux modèles est vive. Les défenseurs des établissements du travail protégé sont critiqués par les partisans de l'insertion en milieu ordinaire. Les premiers envisagent le travail protégé comme s'adressant à des personnes dont les capacités productives sont amoindries et qui ne pourraient à ce titre trouver de place sur le marché de l'emploi capitaliste. Les seconds affirment que le droit de la non-discrimination et une politique soutenue de développement des aménagements raisonnables — c'est-à-dire « des modifications et ajustements nécessaires, en fonction d'une situation donnée, [...] pour corriger des inégalités factuelles », selon les termes d'un arrêt de la Cour européenne des droits de l'homme (23 février 2016, CAM c. Turquie) — sont en mesure de lutter contre l'exclusion des personnes handicapées du milieu ordinaire. En outre, ils soulignent que les rémunérations sont très faibles et que le droit du travail ne s'applique pas en établissements, tendant à faire du travail protégé une exploitation de la main-d'œuvre handicapée. Cette controverse recoupe donc celle sur la désinstitutionnalisation, entendue comme l'abolition à terme de tous les établissements sociaux et médico-sociaux (Heyer 2013).

▶ Les processus entremêlés d'émergence du paradigme des droits fondamentaux

L'émergence de ce paradigme des droits entremêle plusieurs processus. Il est d'abord l'effet de plusieurs scandales médiatiques, dont le principal fut certainement l'affaire Émile Louis, assassin des jeunes femmes placées sous la protection de l'aide sociale à l'enfance qu'il avait transportées comme chauffeur de bus. Ce scandale, parmi d'autres, a contraint les pouvoirs publics à mettre en place plusieurs procédures de signalement et d'alerte. L'affaire fut évoquée à plusieurs reprises au moment des débats préparatoires à la loi 2002-2 rénovant l'action sociale et médico-sociale. D'autres affaires de mauvais traitements et d'abus sexuels, moins célèbres, ont alerté les établissements sur leurs manquements et les ont contraints à s'organiser pour répondre aux signalements. Ils ont ainsi dû améliorer la qualité des procédures à disposition des usagers pour faire entendre leur voix et faire respecter leurs droits. La gestion « à l'ancienne », basée sur le charisme, le paternalisme et l'informalité, est dévalorisée. Elle est remplacée par des procédures rationalisées : le formalisme renforce — sans le garantir — le respect des droits[1].

Le paradigme des droits est aussi le produit d'une convergence internationale issue des mobilisations transnationales d'activistes. La Convention internationale des droits de l'enfant adoptée par l'ONU en 1959 et la Convention relative aux droits des personnes handicapées adoptée en 2006 en sont le résultat (à ce sujet, voir le chapitre 17). Ce militantisme international a constitué un débouché pour des mobilisations nationales. En matière de handicap, les associations américaines et canadiennes ont réussi à donner une dimension internationale à la perspective défendue dans leurs pays. À l'inverse, ces arènes ont aussi été des espaces pour des mouvements n'arrivant pas à faire entendre leurs voix dans leur pays, notamment en Amérique du Sud (Brégain 2018).

Le développement du paradigme des droits s'inscrit également dans le processus de réforme de l'État par les usagers eux-mêmes. Cela ne signifie pas que les usagers se voient donner la possibilité effective de modifier les organisations administratives, mais que la figure d'un usager doté de droits est utilisée pour légitimer la réforme de bureaucraties professionnelles. Celles-ci étaient en effet fondées sur l'expertise de leurs professionnels et professionnelles, reconnue par des diplômes, consacrée par des associations dédiées et inscrite dans des référentiels de compétence. Pour toutes ces raisons, les acteurs politiques et administratifs les pensaient comme rétives au changement. Pour le faire advenir, l'usager est alors placé dans le vocabulaire réformateur « au centre des dispositifs ». C'est le cas par exemple dans la loi du 11 février 2005 sur les politiques du handicap ou encore dans celle portant réforme du service public de l'emploi en 2004. « L'usager » est instrumentalisé pour placer les organisations face à de nouvelles responsabilités formulées en termes de services garantis aux administrés. C'est ainsi que l'on peut comprendre l'accompagnement que doivent accomplir les services d'insertion dans l'emploi et l'objectif « zéro sans solution » à l'œuvre tant dans le secteur du handicap que dans l'orientation des étudiants à l'université. Les organisations doivent alors se restructurer pour remplir ces nouvelles obligations. Pour cela, elles sont autorisées à déroger

1. Voir le cas pratique que propose Lhuillier (2015).

au droit en expérimentant de nouveaux dispositifs. Pèse alors souvent sur les travailleurs une pression accrue. Il revient à ces derniers de faire face à l'urgence des situations humaines.

Tel que défini dans ces réformes administratives, cet « usager » est une simplification managériale : il ne correspond à aucune situation concrète. Par exemple, l'usager mobilisé dans les processus de numérisation de l'administration est expérimental. Il n'est pas issu des rapports effectifs à l'administration, des plaintes reçues ou de leur expérience concrète. C'est un usager expérimental qui n'est en rien représentatif ou moyen. Dans des « fablabs » (laboratoires unissant réformateurs, praticiens et chercheurs), il est observé par des *designers* de l'action publique pour traquer son « expérience utilisateur » et mesurer son « illectronisme ». La distance à l'administration électronique est perçue comme un problème technique, qui peut être solutionné par une amélioration de l'accessibilité des sites internet. Les programmes de simplification de l'administration ne correspondent donc pas à une diminution des complexités pour les usagers et des distances sociales, spatiales et symboliques à l'État, comme nous le verrons plus loin : ce sont d'abord et avant tout des modalités de réorganisation du travail administratif.

Le paradigme des droits provient enfin de l'émergence de nouvelles problématiques, comme celle de la « nouvelle pauvreté » aux débuts des années 1980 et face auxquelles les réponses de l'État-providence semblent inefficaces. Ces nouvelles questions exigent un redéploiement de l'aile protectrice de l'État (Rosanvallon 1981). La couverture assurantielle acquise par le travail devait permettre de protéger l'ensemble de la population par le rattachement des ayants droit aux bénéficiaires. L'épouse et les enfants seraient couverts par leurs liens familiaux avec le *male-breadwinner.* Dans ce modèle de « l'homme gagne-pain », le travail salarié est masculin et le travail domestique, non rémunéré, féminin. Ce modèle ne peut suffire dès lors qu'apparaît un chômage structurel de masse, projetant une grande partie de la population en dehors de la couverture assurantielle. Il ne peut suffire non plus dès lors que des mères isolées gagnent insuffisamment bien leur vie en raison des écarts salariaux et des discriminations d'accès au marché du travail pour pourvoir aux besoins de leur famille. L'incapacité des protections assurantielles à couvrir effectivement l'intégralité de la population a conduit à l'émergence de protections assistancielles (Castel 1995). Les personnes handicapées, durablement privées d'accès au marché de l'emploi, ont œuvré pour une extension de l'assistance, extension obtenue aux débuts des années 1970 avec la création de l'allocation adulte handicapé, non plus au nom de la charité, mais au nom des droits à mener une vie digne.

Cette marche vers les droits est portée par une nébuleuse réformatrice aux intentions et intérêts multiples. Elle se matérialise de plusieurs façons, à commencer par le fait que les organisations médico-sociales, avant de se considérer comme des lieux potentiels de mise en œuvre des droits, sont des instances qui accompagnent les individus pour faire valoir leurs droits.

▶ Le formulaire fait-il les droits ?

Faire valoir ses droits a d'abord été synonyme d'accompagnement dans l'accès aux droits. Pour les organisations du médico-social, celui-ci consiste en réalité à affronter les logiques des autres secteurs de politiques publiques. Avant d'être une affaire de formulaires et de complexité administrative, l'accès aux droits est d'abord tributaire des orientations données aux différentes politiques publiques. Par exemple, l'accès au logement est déterminé par l'offre de logements sociaux, directement déterminés par les intérêts des communes sur lesquelles ils sont construits, des bailleurs sociaux, des promoteurs immobiliers et des conditions de financement de ces logements. Confrontées à la pénurie organisée de moyens, les organisations du médico-social sont amenées non à aider les administrés et administrées à faire valoir leurs droits, mais à les trier, comme dans le cas du Samu social (Cefaï et Gardella 2011) ou des maisons départementales des personnes handicapées (MDPH) (Baudot et Revillard 2014). Ces organisations administratives sont amenées à tenir compte de l'effectivité des droits dans l'attribution de ceux-ci. Pour le dire autrement, elles tiennent compte des places et des budgets disponibles au moment d'évaluer les dossiers individuels. L'accès aux droits place donc d'abord les organisations du médico-social face aux limites de leur périmètre de compétence.

En dépit de cette dimension structurelle, l'accès aux droits est communément mesuré comme une épreuve individuelle : l'écart entre la population potentiellement concernée et celle qui en bénéficie effectivement définit le non-recours. Avec d'autres chercheurs comme Antoine Math, Philippe Warin a contribué à faire de cette notion un étalon de mesure de l'efficacité des politiques publiques. Sa typologie distingue quatre grandes modalités de non-recours (Warin 2016):

- la « non-connaissance de l'offre publique » à laquelle les individus pourraient prétendre ;
- le « non-recours par non-proposition » dans lequel l'agent administratif ne connaît pas la prestation, discrimine le demandeur ou intériorise les ressources contraintes de l'organisation dans laquelle il travaille ;

- le « non-recours par non-réception » : la prestation ou le droit sont demandés, mais non perçue du fait de la lourdeur et de la complexité des fonctionnements administratifs, ou non utilisée ;
- le « non-recours par non-demande » : en dépit de sa connaissance du dispositif ou de l'accessibilité de la prestation, l'individu ne la sollicite pas.

Au début des années 2000, les politiques sociales font de la lutte contre le non-recours aux droits sociaux un de leurs objectifs. Pour y parvenir, elles doivent produire une mesure claire du phénomène et de ses évolutions. Ce travail administratif a pour conséquence de réduire le phénomène complexe du non-recours à une alternative simple entre ceux que l'on va alors nommer « recourants » et « non-recourants ». À l'inverse, Clara Deville montre dans ses recherches sur les relations à l'État en zone rurale que cette distinction ne repose sur aucune réalité concrète : les individus sont engagés sur des chemins plus ou moins longs et efficaces. Les chances d'accéder rapidement à une prestation dépendent de l'administration qu'ils contactent en premier et de l'orientation qui va être donnée à leur dossier, de la présence ou non d'un agent administratif pour les guider et des appuis qu'ils trouvent dans leur entourage. Surtout, Clara Deville montre que la lutte contre le non-recours par le numérique accroît en réalité la distance aux administrations (Deville 2023).

Mais l'accompagnement social ne se limite pas à guider les individus dans le dédale administratif. Des interventions sous forme de « travail de rue », « d'*outreach* » ou « d'aller-vers » ont été développées, dans lesquelles la défense des droits apparaît comme une matrice importante. Ces différentes perspectives ne sont pas absolument identiques, mais désignent toutes un brouillage en pratique de la frontière entre l'administration et les populations. Les pratiques d'*outreach* se distinguent notamment dans la façon dont les catégories d'intervention publiques sont proposées aux populations, de façon plus ou moins éducative ou participative (Baillergeau et Grymonprez, 2020). Le lien avec les populations peut aussi se faire au-delà des guichets, dans un « entre-monde » de l'assistance, dans lequel, au-delà de leur mandat professionnel, travailleuses sociales, fonctionnaires et acteurs associatifs tissent un dernier filet de protection, comme par exemple dans la lutte pour la défense des droits des déboutés du droit d'asile (Ballière, 2021).

L'accès aux droits ne s'arrête pas au non-recours. Si le travail social est une passerelle vers les droits, les différents espaces du travail social sont en eux-mêmes des lieux d'exercice et d'expérimentation de ces droits.

FAIRE RENTRER LES DROITS FONDAMENTAUX DANS LES ORGANISATIONS MÉDICO-SOCIALES

Comment les droits fondamentaux entrent-ils dans les organisations médico-sociales ? Alors que ces bureaucraties professionnelles sont organisées autour de savoirs et de secrets professionnels mais aussi d'arrangements partiellement informalisés, l'irruption d'une régulation fondée sur la garantie des droits fondamentaux des usagers ne va pas de soi. La sociologie a initialement surtout pensé cette irruption comme un face-à-face entre l'invocation des droits fondamentaux et des règles de fonctionnement fondées sur la préservation de l'organisation et la valorisation des savoir-faire professionnels. Les travaux actuels cherchent davantage à montrer l'articulation entre ces deux logiques. La protection de l'autonomie des professionnels dans le travail (c'est-à-dire leur capacité à déterminer par eux-mêmes les normes régissant leurs pratiques) s'effectue moins par le rejet frontal des droits que par leur endogénéisation. Par ce terme, la sociologue Lauren B. Edelman montre comment des règles de droit, extérieures à la logique des organisations, peuvent y être intégrées au prix de leur hybridation. Pour Edelman, l'intégration des principes juridiques à l'intérieur des organisations professionnelles ne peut se faire sans une forme de « managérialisation », c'est-à-dire de soumission aux logiques constitutives de celles-ci. Les principes des droits sont ainsi souvent vidés de leur substance avant que l'organisation n'affiche qu'elle s'y est soumise (Edelman, 2016). L'alignement des organisations médico-sociales sur les droits n'échappe pas à ce phénomène. Mais ce n'est pas là la seule modalité d'introduction des droits fondamentaux dans les organisations. Ces droits fondamentaux vont être mobilisés par les professionnels et les professionnelles pour défendre leur périmètre de compétences face aux réformes managériales qui grignotent leurs prérogatives. En s'appuyant sur les droits, les professionnels défendent leur capacité à réfléchir à leurs propres pratiques, à mesure que s'empilent les réformes.

Cette endogénéisation s'inscrit en outre dans un environnement qui interagit avec les organisations médico-sociales. Autorités administratives indépendantes et tribunaux cherchent à établir un droit de regard sur les pratiques professionnelles et à réaliser l'alignement de ce secteur sur ces règles de droit.

▶ Comment les droits fondamentaux transforment-ils les pratiques professionnelles ?

La façon dont les droits fondamentaux sont pris en considération par les organisations médico-sociales est parfois paradoxale. Hugo Dupont le remarque à propos de la mise en œuvre des injonctions à la non-rupture des « parcours » dans le cas du handicap. Depuis le milieu des années 2010 et le rapport « zéro sans solution » de Denis Piveteau (2014), les MDPH ont dû mettre en place diverses commissions pour éviter les ruptures de parcours et la prise en compte des « situations critiques ». Les groupes opérationnels de synthèse (GOS) en sont un exemple. Mais leur fonctionnement se fait au détriment de la parole des personnes concernées (Dupont, 2018).

La mise en œuvre de la « réponse accompagnée pour tous » s'effectue également au sein de commissions des situations critiques (CSC) et des plans d'accompagnement global (PAG). La thèse d'Estelle Aragona montre que la logique qui prédomine dans ces commissions est davantage celle de l'optimisation de l'occupation des places disponibles dans les établissements que celle de la réponse aux projets de vie des individus (Aragona, 2022). Cela apparaît nettement dans la comparaison avec la filière de traitement des demandes ordinaires (c'est-à-dire non qualifiées d'urgentes ou de critiques). Les commissions des droits et de l'autonomie des personnes handicapées (CDAPH) comprennent des représentants des associations de personnes handicapées. À l'inverse, ces GOS, PAG et CSC fonctionnent dans un entre-soi d'organismes gestionnaires, notamment de structures médico-sociales. Ces dispositifs, inventés au nom de l'effectivité des droits des usagers, ne respectent toutefois pas d'autres dimensions des politiques des droits, notamment procédurales : redevabilité, transparence, coproduction. L'intégration du souci de l'usager se traduit donc par une bureaucratisation accrue.

Dans le champ de la psychiatrie, Livia Velpry montre comment la violence est endogénéisée par l'institution de deux façons. D'une part, l'encadrement voit dans les signalements des actes violents un indice de normalisation des institutions, preuve qu'elles fonctionnent comme les autres espaces sociaux. D'autre part, les professionnels définissent cette violence comme « normale » pour expliquer la spécificité de leurs activités et défendre leur expertise sur ce secteur « à part » (Velpry, 2019). D'un point de vue plus macrosociologique, Lise Demailly note que la critique de la violence institutionnelle a conduit à la fermeture des asiles, mais aussi à l'ouverture de davantage de structures répressives : « Ainsi va la violence institutionnelle, conclut-elle, capable d'incorporer les critiques formulées pour résister aux remises en cause » (Demailly, 2019).

En outre, les droits auxquels il s'agit d'accéder sont plus ou moins bien définis dans les textes législatifs ou réglementaires. Il en est ainsi par exemple de la notion de maltraitance institutionnelle de l'article L. 119-1 du Code de l'action sociale et des familles. Mais cette définition fixe un « cadre flou » pour l'action publique, « d'un point de vue conceptuel comme réglementaire, qui porte sur son objet même » (Velpry, 2019). Les formules juridiques soutenant la promotion des droits fondamentaux dans les organisations sont en effet très souples. Par exemple, la Charte de la personne hospitalisée énumère les droits des personnes accueillies dans les établissements de santé, mais, à l'instar de tous ces instruments de *soft law*, n'a aucun caractère contraignant ni opposable (Renaudie, 2022). Il en est de même pour la Charte des droits et libertés de la personne accueillie dans les établissements sociaux et médico-sociaux, reprise dans la loi de 2002-2. Dans les Ehpad, le contenu de cette charte est largement ignoré dans les pratiques quotidiennes des agents (Guérin, 2018).

Ce processus d'endogénéisation vide les droits de leurs dispositions les plus novatrices. Il contribue aussi à amenuiser la portée du droit, c'est-à-dire la prétention revendiquée de cette forme de régulation à gouverner le monde social.

L'endogénéisation de la critique formulée par les droits n'a toutefois pas uniquement conduit à un renforcement bureaucratique, limitant la participation des personnes concernées. De façon comparable à l'analyse de Corinne Rostaing sur la prison, il est possible de mettre en évidence un processus de « détotalisation » (Rostaing, 2009) des institutions médico-sociales. Par ce terme, Corinne Rostaing désigne une « déprise institutionnelle » : les établissements cessent d'englober l'ensemble des dimensions de la vie des personnes qui vivent dans leurs murs. Selon elle, l'irruption des droits et du droit en prison ont participé à ce processus. Dans le cas des organisations médico-sociales, plusieurs éléments soutiennent une telle lecture.

D'une part, les pratiques des équipes professionnelles sont confrontées à deux dynamiques qu'il convient de distinguer : d'un côté, l'introduction des exigences procédurales du droit, de l'autre les instruments de la régulation managériale. La juridicisation — c'est-à-dire le recours au langage et au formalisme juridique — des procédures au sein des institutions médico-sociales contraint les travailleurs à sécuriser davantage leurs pratiques. Ils doivent pouvoir justifier des différentes étapes de leurs interventions sur autrui. Cette redevabilité devant des instances judiciaires peut se traduire par la primauté accordée à la protection des équipes professionnelles et donc à réduire leurs marges de manœuvre dans les interactions avec les usagers. L'augmentation des risques de contentieux peut aboutir à un renforcement de la sécurité juridique des organisations, au détriment évident des individus (Baudot 2018). À elle seule non plus, la juridicisation ne garantit pas la mise en œuvre des droits fondamentaux dans les organisations. Mais elle confère des ressources aux usagers qui peuvent invoquer leurs droits dans leurs échanges avec l'administration. Cela conduit à contenir le pouvoir des institutions et à l'exposer à d'autres formes d'évaluation de son action.

La rationalisation managériale des organisations prend appui sur des instruments de *reporting*, de mesure et d'audit qui contraignent les organisations à rendre des comptes sur leur fonctionnement, offrant ainsi des prises pour des critiques venant de l'extérieur. Les données objectives sur leur fonctionnement (la liste d'attente pour entrer en établissement, le taux de sortie vers le milieu ordinaire des Esat, le montant des financements...) permettent de faire entrer cette question dans le débat public. Toutefois, la seule rationalisation gestionnaire n'assure en rien la conformité du fonctionnement des organisations aux principes des droits fondamentaux. Ainsi, dans les MDPH, les logiques comptables et la culture du résultat s'opposent à la capacité reconnue dans les textes de loi aux individus à peser sur leurs choix d'orientation (Bureau et Rist 2013). Ces logiques gestionnaires accroissent également les tensions au sein des associations, créant de nettes fractures par exemple au sein des associations gestionnaires d'établissements pour personnes handicapées, entre les parents siégeant dans les conseils d'administration d'une part, et les professionnels et les managers d'autre part (Cret, Robelet, et Jaubert 2013).

Comment se matérialise l'effet des droits fondamentaux sur les pratiques professionnelles et institutionnelles ? À partir de l'étude d'une association tutélaire, Benoît Eyraud et Magali Robelet montrent que, jusqu'au milieu des années 2000, le travail y était coordonné de façon souple : l'ajustement mutuel des différents professionnels était réalisé par un faible niveau de formalisation. Les compétences expérientielles primaient sur la division réglée du travail. La loi du 5 mars 2007 réformant la protection juridique des mineurs a amené à l'introduction d'une coordination plus explicite et formalisée, par exemple en matière de sécurité : alors que la solidarité entre collègues assurait que personne ne se retrouve seul dans les locaux de l'association tutélaire observée, l'exigence de sécurité est désormais réalisée par des procédures écrites et traduites dans l'organisation des horaires de travail. Les majeurs protégés bénéficient également — bien que lentement et partiellement — de ces procédures écrites, comme celle de la mise en place d'un document individuel de protection des majeurs (DIPM). Eyraud et Robelet concluent que « la connaissance du droit qui s'élabore et se formalise (dans l'association tutélaire) repose donc à la fois sur la référence aux règles de droit et sur les savoirs expérientiels des mandataires, qui se confrontent les uns aux autres » (Eyraud et Robelet, 2018).

D'autre part, cette détotalisation se matérialise dans l'institution de contre-pouvoirs à l'intérieur des organisations médico-sociales. La participation des usagers à des instances décisionnelles contribue à la remise en cause du monopole des professionnels sur l'édiction des normes en vigueur. Sans exagérer leur rôle, sous-estimer les tentatives de marginalisation dont elles font l'objet ou encore ignorer les effets d'exclusion qu'elles peuvent produire pour les personnes les plus vulnérables (Sanchez 2006), ces instances de participation internes aux organisations rendent possible l'expression des usagers dans la gouvernance de ces structures. Le format de ces instances varie beaucoup. Elles peuvent être auto-organisées, comme dans les groupements d'entraide mutuelle (GEM) ou relever de la démocratie représentative, comme les conseils de vie sociale (CVS)

Les droits fondamentaux sont portés depuis l'intérieur des organisations par de nouvelles instances mais ils s'appuient aussi sur de nouveaux savoirs (Carrel 2020). Dans le champ du handicap, les personnes concernées ont inventé une nouvelle discipline académique : les *disability studies* (Boucher et Charrier 2021). Paul Hunt, activiste en situation de handicap en est un exemple. Fondateur de l'Upias (Union of the Physically Impaired Against Segregation), il coordonna en 1966 un ouvrage collectif, avec une douzaine d'auteurs en situation de handicap : *Stigma. The Experience of Disability.* Considéré aujourd'hui comme l'un de ceux ayant ouvert la voie aux *disability studies* et au mouvement pour les droits des personnes handicapées, il a réalisé ce travail crucial de critique de l'institutionnalisation depuis l'intérieur d'un établissement pour adultes handicapés, le Court Cheshire Home, dans lequel il vivait alors depuis dix ans, après avoir passé toute une enfance dans différentes institutions spécialisées.

▶ La judiciarisation des organisations du médico-social

Les droits fondamentaux sont aussi soutenus de l'extérieur, notamment par l'institution judiciaire. En complément d'acteurs non judiciaires, comme le défenseur des droits, les tribunaux ont acquis ces dernières décennies un rôle croissant dans la régulation des acteurs et institutions du médico-social.

La juridicisation est définie comme l'emprise croissante des normes juridiques dans les interactions individuelles ou institutionnelles. La judiciarisation désigne plus spécifiquement le recours au juge pour trancher les litiges sur un domaine de compétences de plus en plus étendu. La justice joue trois fois sur les organisations. Elle tranche tout d'abord des conflits singuliers entre une organisation et un usager. Elle joue aussi en établissant une jurisprudence qui peut être ensuite mobilisée. De nouveaux outils juridiques, comme la question prioritaire de constitutionnalité[1] (QPC), ont été utilisés pour modifier la procédure d'admission d'un enfant en qualité de pupille de l'État[2]. Le Conseil d'État, sollicité par un mineur isolé, a reconnu à ce dernier un droit à la protection que l'aide sociale à l'enfance lui avait refusé[3]. Elle joue enfin en diffusant une culture juridique parmi les usagers de ces institutions. Les associations d'anciens placés de l'Aide sociale à l'enfance contribuent fortement à la socialisation juridique de leurs pairs, pour garantir un meilleur accès aux droits sociaux ou combler les lacunes institutionnelles (Lacroix, 2016).

Bien qu'il transforme effectivement les organisations, le recours à la justice doit toutefois être replacé dans le cadre plus large des inégalités d'accès à la justice. De fortes et persistantes inégalités d'accès à la procédure ont été mises en évidence par la sociologie de la justice et du droit. Plusieurs éléments entrent ici en considération. C'est d'une part l'effet des inégalités sociales, de revenu et de diplôme. Mais les règles de fonctionnement de ces instances judiciaires contribuent à avantager ceux qui sont en mesure d'apprendre le fonctionnement spécifique de la justice à force de la solliciter. L'accès à la justice est aussi fortement limité par l'institution judiciaire elle-même : en matière de contentieux de l'incapacité, les décisions des tribunaux ne font pas jurisprudence en raison de leur très faible niveau de publicité. Il faut enfin tenir compte de la faiblesse numérique des intermédiaires du droit spécialisés sur les questions médico-sociales. En matière de handicap, la complexité du droit du handicap, non codifié et éparpillé entre plusieurs spécialités juridiques (codes du logement, de l'éducation, de l'action sociale et des familles) joue contre l'émergence de professionnels du droit (notamment des avocats) susceptibles de ménager des voies de recours pour les usagers (Lejeune, 2021).

En dépit de ces limites manifestes dans la capacité des usagers à mobiliser le droit, les acteurs du médico-social perçoivent l'intrusion des tribunaux comme un

1. Introduite en 2010, une QPC permet à tout justiciable de soulever devant le juge la conformité à la constitution de la loi qui lui est appliquée pour le juger.

2. Conseil constitutionnel, 27 juillet 2012, décision n° 2012-268 QPC, comm. P. Verdier, *JDJ* n° 319, novembre 2012, p. 56 *et sq*.

3. Conseil d'État, référé, 18 mars 2014, n° 375956, comm. J.-L. Rongé, *JDJ*, n° 334, avril 2014, p. 51 *et sq*.

risque à contrôler. Sylvie Hennion-Moreau écrit dans la *Revue de droit sanitaire et social* :

> « La judiciarisation du travail social, parfois décriée et toujours redoutée, s'avère une réalité à l'instar d'autres domaines professionnels. Il n'y a pas lieu de s'en réjouir ou de s'en affliger mais de le considérer comme un risque professionnel que tant les travailleurs sociaux que les établissements ou services, dorénavant, doivent intégrer dans leur politique de sécurité » (Hennion-Moreau, 2012).

L'introduction d'un nouvel acteur — le juge — entre les organisations, les individus et les familles modifie les relations entre ces trois protagonistes. Toutefois, les effets de la judiciarisation sur le travail sont certainement plus liés à la mobilisation managériale de ce droit qu'à l'invocation par les personnes concernées de ces droits devant les cours de justice. Comme le notait dès 2001 Delphine Serre (Serre, 2001), l'accroissement des « signalements » à l'institution judiciaire est devenu, plus qu'un outil de défense des enfants, une norme d'évaluation du travail mené par les assistantes sociales, un résultat confirmé par d'autres travaux (Bellot, Bresson, et Jetté 2013).

Conclusion

Loin d'être irréconciliables, les droits et le travail des organisations médico-sociales sont largement hybridés. La prise en considération des droits fondamentaux des personnes accompagnées ne signifie ni une application pleine et entière des droits, ni leur instrumentalisation simple au profit des organisations. Les droits fondamentaux des individus ont été une matrice importante de réforme des organisations médico-sociales au cours des premières années du XXIe siècle. Ils ont transformé les relations de travail dans les organisations. Ils ont fait évoluer les relations des professionnels avec les usagers. Ce processus de « détotalisation » des institutions, mené sous l'effet des transformations du droit au niveau international, puis national, et dans le cadre d'un programme réformateur de l'État social amène à des questions toujours d'actualité : comment distinguer le bon grain transformateur et émancipateur de l'ivraie comptable et managériale néolibérale ? La transformation des pratiques suffit-elle à permettre l'émancipation des personnes placées sous la protection des professionnels du médico-social ?

Repères institutionnels et réglementaires

Lois

Loi n° 2002-2 du 2 janvier 2002 rénovant l'action sociale et médico-sociale.

Loi n° 2005-102 du 11 février 2005 sur l'égalité des chances, la participation et la citoyenneté des personnes handicapées.

Loi n° 2007-308 du 5 mars 2007 portant réforme de la protection juridique des majeurs.

Agences publiques

Centres communaux d'action sociale (CCAS) : ils sont en charge de l'action sociale dans les communes.

Caisse nationale des allocations familiales (Cnaf) : la Caisse nationale des allocations familiales (Cnaf) est un établissement public qui finance l'ensemble des régimes de prestations familiales. La Cnaf définit la stratégie de la branche Famille de la Sécurité sociale et les axes de la politique d'action sociale, qu'elle gère au travers du réseau formé par les Caisses d'allocations familiales (CAF) réparties sur tout le territoire. Les quatre grands domaines d'intervention de la branche Famille sont la petite enfance, l'enfance et jeunesse, la solidarité et l'insertion, le logement et le cadre de vie. La Caisse offre des services sous forme de compléments de revenus, d'équipements collectifs, de logement et d'amélioration du cadre de vie, de suivi et de conseils aux familles.

Caisse nationale de solidarité pour l'autonomie (CNSA) : la CNSA est un établissement public créé en 2004. Elle contribue aux politiques aux politiques publiques en faveur des personnes âgées en perte d'autonomie et des personnes en situation de handicap. Ses missions comprennent un rôle d'expertise et de recherche sur les questions liées à l'accès à l'autonomie, quels que soient l'âge et l'origine du handicap. Depuis le 1er janvier 2021, elle est gestionnaire de la 5e branche de la Sécurité Sociale, la branche Autonomie.

Conseil national consultatif des personnes handicapées (CNCPH) : le CNCPH est une instance consultative qui implique et organise la participation des personnes handicapées ou de leurs représentants à l'élaboration et la mise en œuvre de la politique du handicap.

Défenseur des droits (DDD) : le défenseur des droits est une autorité administrative indépendante, créé en 2011. Il a 2 missions : défendre les personnes dont les droits ne sont pas respectés et permettre l'égalité de tous.

Maison départementale des personnes handicapées (MDPH) : la maison départementale des personnes handicapées accompagne au quotidien les personnes handicapées dans tous les domaines de leur vie, quels que soient leur âge et leur situation. Elle a une mission d'accueil, d'information, d'accompagnement et de conseil des personnes handicapées et de leur famille, ainsi que de sensibilisation des citoyens au handicap.

Pour aller plus loin

Baudot P.-Y., Revillard A. (dir.) (2015). *L'État des droits. Politiques des droits et pratiques des institutions*, Paris, Presses de Sciences Po, 2015

Velpry L., Vidal-Naquet P. A. (dir.) (2018). *Contrainte et consentement en santé mentale : Forcer, influencer, coopérer*, Rennes, Presses universitaires de Rennes, coll. « Le sens social ».

Bibliographie

Aragona E. (2022). *À la recherche de l'admission. Sociologie politique de l'appariement en établissements spécialisés pour personnes en situation de handicap*. Amiens : Université de Picardie Jules-Verne.

Baillergeau É. et Grymonprez H. (2020). « "Aller-vers" les situations de grande marginalité sociale, les effets sociaux d'un champ de pratiques sociales », *Revue française des affaires sociales*, 2, p.117-136.

Ballière F. (2021). *Les recompositions de l'assistance aux exilé·e·s débouté·e·s du droit d'asile. Ethnographie d'un entre-monde*. Thèse pour le doctorat en sociologie. Amiens : Université de Picardie-Jules Verne.

Baudot P.-Y. (2018). « Layering Rights : The Case of Disability Policies in France (2006-2016) ». *Social Policy and Society*, 17, 1, p. 117-131.

Baudot P.-Y. et Revillard A. (2014). « L'autonomie de l'équilibriste. Contribution à une sociologie de la production institutionnelle des droits ». *Gouvernement et action publique*, 4, 4, p. 83-113.

Bec C. (2007). *De l'État social à l'État des droits de l'homme ?* Rennes, Presses universitaires de Rennes.

Bellot C., Bresson M. et Jetté C. (2013). *Le travail social et la nouvelle gestion publique*, PUQ.

Boucher, N., et Charrier F. (2021). « Handicap, autodétermination et recherche émancipatrice : les Disability Studies ». In Petiau A. (éd.). *De la prise de parole à l'émancipation des usagers*, p. 149-167, Rennes, Presses de l'EHESP.

Brégain G. (2018). *Pour une histoire du handicap au XXe siècle : Approches transnationales*. Rennes, PUR.

Bureau M.-C et Rist B. (2013). « La rationalisation gestionnaire contre la subjectivation. L'exemple de l'aide aux personnes handicapées ». In C. Bellot, M. Bresson et C. Jetté, *Le travail social et la nouvelle gestion publique*, Montreal, Presses de l'Université du Québec.

Carrel M. (2020). « Vers une épistémologie post-pauvreté ? Le croisement des savoirs avec les personnes en situation de pauvreté ». In *Du social business à l'économie solidaire*, 261-282. *Sociologie économique*. Toulouse, Érès.

Castel R. (1995). Les Métamorphoses de la question sociale : Une chronique du salariat. Paris, Fayard.

Cefaï D. et Gardella É. (2011). L'urgence sociale en action : ethnographie du Samusocial de Paris. Paris, La Découverte.

Cret B., Robelet M. et Jaubert G. (2013). « La (dé)construction politique des associations gestionnaires d'établissements ». *Terrains et travaux*, 23 (2), p. 39-58.

Demailly L. (2019). « Les résistances à la violence des institutions psychiatriques ». In D. Laforgue et C. Rostaing (éd.). *Violences et institutions : Réguler, innover ou résister ?*, Paris, CNRS Éditions, p. 181-201.

Deville C. (2023). L'État social à distance : Dématérialisation et accès aux droits des classes populaires rurales, Paris, Éditions du Croquant.

Dupont H. (2018). « La place de l'usager dans le système social et médico-social ». *Savoir/Agir*, 43 (1), 13-21.

Edelman L. B. (2016). *Working Law : Courts, Corporations, and Symbolic Civil Rights*. Chicago-Londres, University of Chicago Press.

Eyraud B. et Robelet M. (2018). « Formaliser l'exercice de la protection : entre souci du droit des personnes et exigence managériale ». In L. Velpry et P. A. Vidal-Naquet (éd.). *Contrainte et consentement en santé mentale : Forcer, influencer, coopérer*. Rennes, Presses universitaires de Rennes, coll. « Le sens social », p. 135-152.

Guérin L. (2018). « L'essentiel est qu'il(s) mange(nt). Participation sollicitée ou empêchée des résidents en Ehpad ». *Participations*, 22 (3), p. 159-183.

Hennion-Moreau S. (2012). « Violences, vulnérabilités et responsabilités des travailleurs sociaux ». *Revue de droit sanitaire et social*, 6, p. 1109-1122.

Heyer K. (2013). « Droits ou quotas ? L'American with Disabilities Act (ADA) comme modèle des droits des personnes handicapées », trad. par P.-Y. Baudot, C. Borelle, et A. Revillard, *Terrains et Travaux*, 23, p. 127-158.

Lacroix I. (2016). « Les associations d'anciens placés : des intermédiaires dans l'accès aux droits sociaux des jeunes sortant de la protection de l'enfance ? » *Agora débats/jeunesses*, 74 (3), p. 89-100.

Lejeune A. (2021). « Le handicap au tribunal ». In P.-Y. Baudot et E. Fillion (éd.). *Le handicap cause politique*, PUF. Paris.

Lhuillier J.-M. (2015). « La politique de lutte contre les mauvais traitements et la promotion des droits des usagers ». In *Le droit des usagers*, Rennes, Presses de l'EHESP, coll. « Références Santé social » p. 73-99.

Renaudie O. (2022). « Santé mentale et droit souple ». In L. Velpry et P. A. Vidal-Naquet (éd.). *Contrainte et consentement en santé mentale : Forcer, influencer, coopérer*. Rennes, Presses Universitaires de Rennes, coll. « Le sens social » p. 121-134.

Rosanvallon P. (1981). *La crise de l'État-providence*. Paris : Seuil.

Rostaing C. (2009). « Interroger les changements de la prison. Des processus de déprise et de reprise institutionnelle ». *Tracés*, 17 (2), p. 89-108.

Sanchez J. (2006). « La dignité et la citoyenneté comme fondements des droits des usagers et l'évolution des politiques sociales ». *Empan*, 64 (4), p. 13-22.

Serre D. (2001). « La "judiciarisation" en actes ». *Actes de la recherche en sciences sociales*, 136-137 (1), p. 70-82.

Velpry L. (2019). « Maltraitance, dangerosité ou souffrance au travail ? Quand la violence entre en psychiatrie ». In D. Laforgue et C. Rostaing (éd.). *Violences et institutions : Réguler, innover ou résister ?*. Paris, CNRS Éditions, p. 29-44.

Warin Ph. (2016). *Le non-recours aux politiques sociales*. Grenoble : Presses Universitaires de Grenoble.

▶ Rapports cités

Piveteau D. (2014). *« Zéro sans solution ». Le devoir collectif de permettre un parcours de vie sans rupture, pour les personnes en situation de handicap et pour leurs proches*. Rapport à la ministre des Affaires sociales et de la Santé et à la ministre déléguée en charge des Personnes handicapées et de la Lutte contre l'exclusion, Paris.

Chapitre 19

Le « médico-social » est-il un monde à part ?

Réaction de Stéphane Lenoir

RÉSUMÉ

Dans le champ du handicap, le secteur médico-social fait l'objet de vives critiques notamment parce qu'il s'oppose au droit commun. En effet, il s'adresse à une population particulière, ce qui laisse entendre qu'elle serait une population à part. Néanmoins, aujourd'hui, des personnes handicapées ne pourront trouver les professionnels et les conditions d'accompagnement dont elles ont besoin que dans ce secteur dit médico-social. Ce chapitre montre qu'il est vain de chercher à opposer droit commun et droit médico-social. Il y a d'abord urgence à rendre notre société accessible à toutes et tous pour éviter les phénomènes de ségrégation, et concomitamment, à réinterroger les fonctions des établissements et services médico-sociaux. Dans le cas contraire, nous continuerons à observer des espaces sociaux dédiés à des personnes handicapées.

« LE MILIEU ordinaire, pour ma fille, c'est la jungle ! » me rapportait une mère lors de la préparation d'une conférence de presse pour le Collectif Handicaps. Non pas qu'elle ne souhaitât pas que sa fille en fasse l'expérience, bien au contraire, mais pas au prix de sa mise en danger dans un cadre de vie inadapté.

Depuis que j'ai commencé ma carrière professionnelle en 2004 au sein du Groupement pour l'insertion des personnes handicapées physiques (GIHP), réseau d'associations composées de personnes handicapées motrices et/ou sensorielles, je ne compte plus les témoignages des personnes qui relatent les obstacles et les risques quotidiens pour la moindre activité banale de la vie courante. J'ai travaillé quinze ans au GIHP en tant que chargé de mission puis en tant que coordinateur national où j'ai compris, adopté et porté l'idée que les personnes élues ou adhérentes au GIHP aspiraient depuis les années 1960 à vivre dans un cadre de vie ordinaire. Le corollaire est la ferme intention de ne plus jamais retourner vivre dans un établissement médico-social pour la très grande majorité de celles et ceux qui en avaient fait l'expérience. Le positionnement politique du GIHP était clair : oui à tout ce qui permettait la participation et la vie en milieu ordinaire, non à ce qui incitait à la vie collective et à la stigmatisation des personnes handicapées[1]. C'est nourri de ces convictions que j'ai ensuite eu le privilège d'être le coordinateur du Collectif Handicaps en mai 2020, lieu où les débats ont été riches grâce à la diversité de ses membres.

Les réflexions que je présente ici sont donc le fruit de mon expérience de près de 20 ans. J'interroge à partir de celle-ci certaines relations ambivalentes entre le secteur médico-social et le droit commun qui produisent, de mon point de vue, en partie, des espaces sociaux dédiés aux personnes handicapées.

Dans la législation, l'action sociale et médico-sociale est définie comme un domaine d'actions visant à « promouvoir l'autonomie et la protection des personnes ». En théorie, ce champ d'actions spécifiques devrait pouvoir s'articuler au droit commun et permettre la participation sociale des personnes dans le milieu ordinaire. Concrètement, cependant, la mise en œuvre de ces actions, associée à l'incapacité de l'État français à rendre la société accessible, engendre des barrières entre ce qui est devenu « un secteur médico-social » et « le milieu ordinaire ». Dans certains cas, notamment lorsque les activités médico-sociales se déroulent dans un milieu dit « protégé » (tout particulièrement en Esat), le secteur médico-social apparaît comme un espace social distinct du milieu ordinaire, et séparé de lui par une frontière souvent infranchissable.

1. Nous utiliserons indifféremment les termes génériques « personnes en situation de handicap » et « personnes handicapées ». Notre conception du handicap est celle développée dans la convention relative aux droits des personnes handicapées des Nations unies. Autant que faire ce peu, nous adoptons l'écriture inclusive mais sans faire usage du point médian dans la mesure où il gêne ou empêche la lecture de certains ou certaines lectrices.

Fort heureusement, des évolutions dans le secteur médico-social sont en cours pour individualiser les prestations médico-sociales et, de préférence, dans un cadre de vie ordinaire. Néanmoins, elles restent trop lentes à l'échelle de la vie des individus et notamment pour ceux dont les besoins d'accompagnement sont complexes et continus. Quant au cadre de vie ordinaire, la nécessité de sa transformation n'est pas véritablement comprise et se heurte encore à de nombreux obstacles, notamment financiers.

Je vais dans un premier temps préciser les intentions et les objectifs du Collectif Handicaps car ils me permettent de mettre en perspective les débats et d'appuyer mon argumentation. Dans un deuxième temps, je reviendrai sur la distinction entre prestations médico-sociales et droit commun. Je m'interrogerai, troisièmement, sur l'exclusion sociale engendrée par cette distinction pour les personnes en situation de handicap.

Le Collectif Handicaps : une association faîtière pour la défense des droits des personnes en situation de handicap

▶ Une approche par les droits et les besoins des personnes et des familles

Le Collectif Handicaps est une association créée sur la base d'une précédente organisation, informelle, dénommée « le Comité d'entente ». Ce Comité d'entente avait été créé en 1982 pour défendre collectivement les droits des personnes handicapées. Il était lui-même l'héritage du « groupe des 21 », constitué au moment de la discussion des lois de 1975. À partir du constat que les pouvoirs publics prenaient de moins en moins en compte les revendications des membres du Comité d'entente, ces derniers ont décidé en 2019 de devenir une association afin d'être un interlocuteur identifié et de pouvoir recruter des professionnels.

Le Collectif Handicaps, qui réunit actuellement plus de cinquante associations, s'est donné pour mission de porter la voix des personnes en situation de handicap auprès des pouvoirs publics et d'être un lieu de réflexion. Ses statuts indiquent qu'il a pour ambition d'agir collectivement pour que les droits fondamentaux des personnes en situation de handicap et de leurs proches, énoncés dans la convention relative aux droits des personnes handicapées des Nations unies (CRDPH), soient reconnus et appliqués. Concrètement, l'activité du Collectif Handicaps est essentiellement d'établir des positions communes aux cinquante associations qui le composent, pour amender des textes législatifs ou réglementaires, coordonner des actions de communication ou de mobilisation, et participer à toutes les concertations des politiques publiques ayant un impact sur la vie des personnes handicapées, de leur famille ou des aidants.

Le Collectif Handicaps a abordé les questions médico-sociales par diverses entrées telles que :

- l'adéquation entre l'offre de service (établissements, services, etc.) et les attentes des personnes handicapées et des familles ;
- l'organisation territoriale (MDPH, compétences départements/agence régionale de santé, etc.) ;
- la transformation de l'offre ;
- les recommandations du Comité des droits des personnes handicapées de l'ONU ;
- les personnes sans solutions dont celles contraintes de partir en Belgique, etc.

Pour les membres du Collectif Handicaps, la question n'est pas tant de savoir ce qu'est le « médico-social » que de savoir si les enfants et les adultes handicapés bénéficient, dans notre société, d'opportunités, à égalité avec les autres, de se construire en tant que citoyen, d'acquérir, de préserver, et de soutenir les compétences nécessaires pour participer à la société et vivre en déterminant eux-mêmes autant que possible les orientations de leur vie. J'entends ici société au sens large et dans toutes ses dimensions, c'est-à-dire à la fois ses institutions, son organisation — école, hôpital, marché du travail, structures sportives et culturelles, etc.- mais aussi ses représentants politiques élus et les citoyens.

▶ Les situations de handicap sont à la fois plurielles et singulières

Les débats au sein du Collectif ont débouché sur la conviction qu'il était nécessaire de considérer que les situations de handicap sont à la fois plurielles et singulières parce que les besoins et les aspirations sont propres à chacun et chacune d'entre nous. Si les personnes en situation de handicap font l'expérience commune de discriminations au quotidien, d'obstacles administratifs, d'empêchements ou d'entraves dans les activités de la vie courante, de non-recours au droit, d'une vie où l'anticipation et la programmation sont nécessaires, elles ne peuvent pas pour autant se voir soumises aux cadres d'une seule politique publique leur proposant des objectifs et des réponses identiques, bien au contraire. Prenons l'exemple des accompagnantes des élèves en situation de handicap (AESH). Leurs missions et leurs rôles sont utiles pour un certain nombre d'élèves en situation de handicap mais cela ne signifie pas que les AESH soient l'unique solution pour permettre à tous les enfants handicapés d'être scolarisés.

Les termes globalisants tels que « personnes handicapées » ou « personnes en situation de handicap » peuvent facilement faire oublier que les situations de handicap dépendent de l'environnement propre à chaque personne, de ses facteurs personnels, de ses habitudes de vie ou encore de ses conditions sociales.

La CRDPH rappelle d'ailleurs dès son préambule qu'il est nécessaire de reconnaître « la diversité des personnes handicapées ». En effet, les conséquences des pathologies, des altérations fonctionnelles ou des troubles sont différentes selon les individus. Deux personnes tétraplégiques, par exemple, auront des aspirations et des besoins différents. Par conséquent, même si les personnes disposent des mêmes droits que tout le monde, une politique publique qui fixerait *une* solution pour *les* personnes en situation de handicap se retrouvera très probablement sans effets positifs pour un certain nombre d'entre elles.

Pour chacun des enjeux liés au handicap, il est donc nécessaire de se poser la question de *qui* nous parlons quand nous évoquons les personnes en situation de handicap, pour éviter de créer des réponses inadaptées. C'est la raison pour laquelle les établissements et les services doivent nécessairement s'adapter au projet personnel des personnes accompagnées s'ils souhaitent répondre à leurs attentes.

En quoi les prestations médico-sociales ne sont-elles pas de droit commun ?

L'article L. 116-1 du Code de l'action sociale et des familles (Casf) donne le périmètre de l'action sociale et médico-sociale[1]. Elle fait l'objet de politiques

1. « L'action sociale et médico-sociale tend à promouvoir, dans un cadre interministériel, l'autonomie et la protection des personnes, la cohésion sociale, l'exercice de la citoyenneté, à prévenir les exclusions et à en corriger les effets. Elle repose sur une évaluation continue des besoins et des attentes des membres de tous les groupes sociaux, en particulier des personnes handicapées et des personnes âgées, des personnes et des familles vulnérables, en situation de précarité ou de pauvreté, et sur la mise à leur disposition de prestations en espèces ou en nature. Elle est mise en œuvre par l'État, les collectivités territoriales et leurs établissements publics, les organismes de Sécurité sociale, les associations ainsi que par les institutions sociales et médico-sociales au sens de l'article L. 311-1. »

publiques dont l'objectif est notamment de « promouvoir l'autonomie et la protection des personnes » (art. L. 116-1). Cette action médico-sociale a engendré une organisation sociale avec sa culture, ses codes, son langage, ses professions, ses recherches, ses contrôles, ses autorisations, ses financements, ses colloques, ses associations, etc. Les différents acteurs, professionnels ou bénévoles, participent et sont contraints par cette organisation sociale, et au premier chef, les bénéficiaires de cette action médico-sociale dont les personnes handicapées.

Cette organisation sociale, dont l'origine historique ne sera pas décrite ici (voir chapitres 1 et 5 de cet ouvrage), s'articule autour de textes juridiques qui traduisent la volonté de nos représentants politiques et des administrations centrales.

Pour bénéficier des prestations médico-sociales, les personnes doivent y être éligibles selon des critères (âge, ressources, altérations fonctionnelles, etc.) qui diffèrent d'ailleurs selon les prestations et selon des référentiels ou barèmes. Il existe donc des droits spécifiques — par définition qui sortent du droit commun — pour les personnes qui ont obtenu une reconnaissance administrative de leur situation de handicap. Notons que toutes les personnes en situation de handicap ne jouissent pas nécessairement de droits spécifiques.

Les prestations médico-sociales s'adressent donc à une catégorie particulière de la population en vue du développement de son autonomie et de sa protection. Autonomie et protection sont des notions qui, par ailleurs, demanderaient à être redéfinies. Nous retiendrons l'idée que ces prestations médico-sociales doivent lui permettre de participer à la vie de la société dans la droite ligne de l'article 19 alinéa b de la CRDPH, qui énonce clairement que les États parties de la convention doivent veiller à ce que « les personnes handicapées aient accès à une gamme de services à domicile ou en établissement et autres services sociaux d'accompagnement, y compris l'aide personnelle nécessaire pour leur permettre de vivre dans la société et de s'y insérer et pour empêcher qu'elles ne soient isolées ou victimes de ségrégation ».

Comme évoqué précédemment, les situations de handicap sont plurielles et, par conséquent, les éventuels besoins à l'acquisition ou à la préservation des compétences pour être le plus autonome possible dans la conduite de sa vie, parmi les autres, doivent trouver des réponses individualisées qui sont pour la plupart apportées par des prestations médico-sociales. Des enfants polyhandicapés ou présentant des troubles sévères du spectre de l'autisme par exemple doivent être accompagnés par des professionnels spécifiquement formés.

En revanche, ces prestations ne doivent pas déboucher sur une atteinte des droits fondamentaux. Il est par exemple inconcevable que des personnes hébergées en établissement médico-social soient empêchées d'en sortir ou d'inviter qui elles souhaitent.

L'enjeu réside finalement dans le fait que l'organisation de l'action médico-sociale destinée aux enfants et adultes en situation de handicap qui ont besoin d'y recourir soit conciliable autant que possible avec d'autres activités ordinaires de la vie sociale (emploi, école, vie familiale, vie culturelle, etc.), en d'autres termes, que les prestations médico-sociales ne soient pas un frein à la participation des personnes à la vie de la cité, mais plutôt une étape ou un soutien à la participation de cette vie dans la cité. Le préalable est par conséquent un milieu ordinaire de vie parfaitement accessible, à *toutes* les situations de handicap.

Depuis les années 2000, l'objectif des pouvoirs publics est de faire évoluer l'offre médico-sociale de façon à « favoriser une vie en milieu ordinaire lorsque cela est possible et conforme aux souhaits de la personne » mais aussi de « répondre à des besoins spécifiques et parfois complexes, en fonction du type de handicap »[1].

Dans le champ du handicap, cette tension entre droit commun et « médico-social » est encore très fréquente. À travers les débats entre associations, on distingue assez nettement deux camps, celui des défenseurs par principe du milieu ordinaire ou du droit commun et celui des défenseurs de l'utilité des établissements médico-sociaux (les « gestionnaires »).

La question de la scolarisation des enfants en situation de handicap en est la parfaite illustration. Il y a les associations qui portent le principe que *tous* les enfants en situation de handicap doivent apprendre à l'école ordinaire, et celles qui, sans remettre en cause le principe républicain ou onusien, alertent sur le fait que l'école exclut des enfants en situation de handicap — et entre autres ceux qui perturbent le déroulement de la classe — et qu'elle n'est absolument pas conçue pour dispenser des apprentissages ou pour favoriser les interactions pour des élèves polyhandicapés ou qui présentent des troubles sévères de l'autisme par exemple. Les établissements médico-sociaux apparaissent alors nécessaires (sans pour autant nier leur nécessaire transformation, bien au contraire) (Dal'Secco, 2022).

1. Circulaire n° DGCS/3B/2017/148 du 2 mai 2017 relative à la transformation de l'offre d'accompagnement des personnes handicapées dans le cadre de la démarche « une réponse accompagnée pour tous », de la stratégie quinquennale de l'évolution de l'offre médico-sociale (2017-2021) et de la mise en œuvre des décisions du CIH du 2 décembre 2016.

Cette organisation politique du « médico-social » engendre-t-elle de l'exclusion sociale ?

Nous l'avons vu précédemment, l'offre médico-sociale ne relève pas du droit commun. Aujourd'hui, nous pouvons constater que l'offre médico-sociale est organisée en partie pour permettre à des personnes handicapées (encore une fois pas toutes) d'accéder à des activités sociales auxquelles elles n'ont pas accès dans le milieu ordinaire (travail, école, habitat, mobilité, etc.).

Lorsque le quotidien d'une personne handicapée est rythmé par la vie d'un établissement médico-social et/ou par une succession de prestations médico-sociales, dans un environnement ordinaire non ou mal adapté, de fait, elle sera exclue de larges pans d'activités sociales pratiquées par la majorité de la population. Elle expérimentera alors de nombreuses discriminations et exclusions sociales.

Nous pourrions même parler de frontière entre le « médico-social » et le milieu ordinaire. Nous avons commencé à le voir, cette frontière est à la fois physique, politique, sociale mais aussi culturelle. Elle n'est pas totalement étanche : sa barrière est plus ou moins haute et épaisse, elle dispose de ses contrôles et laissez-passer, elle délimite des espaces de vie sociale. Certains peuvent la traverser plus ou moins souvent, d'autres ne pourront jamais la franchir, voire cela leur sera interdit, quand ce ne seront pas les personnes elles-mêmes qui imagineront la traversée impossible. Il y a également celles et ceux qui sont dans un espace d'attente : ils ne correspondent pas aux critères d'éligibilité du médico-social mais éprouvent tout de même de grandes difficultés à une vie autonome et incluse dans la société et font face à des empêchements et discriminations dans le milieu ordinaire.

▶ Un milieu ordinaire inaccessible pour un très grand nombre de personnes handicapées

Je pose l'hypothèse que notre société est construite sur une figure, un présupposé qui n'existe pas, à l'image de l'Homme de Vitruve. Si une (petite) majorité de la population peut encore s'adapter ou s'accommoder des normes de notre société, une partie d'entre elles, dont les personnes handicapées, n'y trouve pas son compte. Ceci cause des retentissements importants dans la vie quotidienne, pouvant aller jusqu'à la violation de leurs droits fondamentaux et ce, depuis des siècles. Il s'est donc construit un cadre de vie ordinaire pour celles et ceux qui ont les *compétences et capacités* pour s'y exprimer. C'est finalement ce que nous dit Robert F. Murphy, anthropologue américain devenu tétraplégique : « Chaque élément de notre architecture, chaque voie accessible au public, du trottoir au métro, a été conçu pour des personnes dont les jambes fonctionnent » (Murphy, 1990, p. 90). Les autres sont alors contraints de vivre dans un milieu « médico-social », spécialisé, uniquement entre pairs, et parfois pendant toute leur vie.

Force est de constater que les enfants et adultes en situation de handicap font face à des restrictions au quotidien dans l'ensemble des activités de la vie sociale parce que ces dernières ne sont pas conçues pour leur permettre d'y participer. La manière dont sont imaginés nos espaces publics et privés participe à l'élévation d'une frontière et à la mise à l'écart des personnes handicapées. Encore aujourd'hui, pour une très grande partie d'entre elles, ces espaces sont inaccessibles (commerces, cabinets médicaux, logements, etc.). Je ne pense pas ici uniquement au cadre bâti mais aussi à tous les équipements et services, y compris numériques, aux informations publiques, y compris la signalétique, et aux comportements auxquels sont confrontées les personnes handicapées. Les constants refus des chiens-guides dans les espaces publics ou dans les transports en sont un exemple manifeste.

Il est d'autant plus difficile d'aménager un espace public, de concevoir un bâtiment, un service, accessible à toutes et tous si les personnes qui font l'expérience de ces empêchements au quotidien ne participent pas à leur conception par des procédures intégrant les expertises d'usages.

La France s'était engagée à mettre en œuvre l'accessibilité après les lois de 1975, puis dix ans après la loi du 11 février 2005, puis après l'ordonnance n° 2014-1090 du 26 septembre 2014 relative à la mise en accessibilité des établissements recevant du public, des transports publics, des bâtiments d'habitation et de la voirie pour les personnes handicapées. Le rapport de Claire-Lise Campion et d'Isabelle Debré (2012) avait alors reconnu un manque de volonté politique expliquant ces retards successifs et, en 2023, le gouvernement admet également, et malheureusement encore, un retard important en la matière.

▶ Les maisons départementales des personnes handicapées (MDPH), poste-frontière de l'accès aux droits

La MDPH est un guichet unique issu de la loi du 11 février 2005 qui « exerce une mission d'accueil, d'information, d'accompagnement et de conseil des personnes handicapées et de leur famille, ainsi que de sensibilisation de tous les citoyens au handicap » (art. L. 146-3 du Code de l'action sociale et des familles). L'objectif de la MDPH est de faciliter les démarches administratives et d'accès aux droits des personnes handicapées en concentrant en un lieu unique l'ensemble des démarches concernant l'école, les prestations de compensation, les aides techniques, les orientations vers les solutions médico-sociales, etc. Elle est la porte d'entrée pour l'accès aux prestations médico-sociales, porte au seuil de laquelle des personnes et des familles peuvent rester bloquées si elles ne rentrent pas dans les critères administratifs. Plusieurs freins expliquent que le processus d'accès aux droits peut être vécu comme un chemin chaotique voire sans issue.

Soulignons d'abord la difficile prise en compte de la parole des personnes et des familles dans les décisions administratives qui les concernent au premier chef. Trop peu d'évaluations des situations se déroulent dans l'environnement de la personne, et tout particulièrement à domicile. Le recueil d'informations, des besoins et du projet de vie se fait quasi exclusivement sur la base d'un formulaire administratif qui est particulièrement long à remplir mais néanmoins nécessaire à l'établissement d'une proposition de plan personnalisé de compensation (PPC). Ce PPC devrait être le plus complet possible avant sa transmission à la personne ou la famille pour lui permettre de faire des observations. Le dossier est ensuite soumis à la décision de la commission des droits et de l'autonomie des personnes handicapées (CDAPH). Les personnes devraient pouvoir s'exprimer à leur demande lors de l'examen de leur dossier devant la commission, ce qui est bien trop rarement le cas. En outre, le traitement des dossiers est vécu comme particulièrement long par les usagers de la MDPH qui est censée répondre dans les quatre mois. Ainsi, en Seine-Saint-Denis, le délai de traitement relatif à la prestation de compensation du handicap est de plus d'un an. En Corrèze, pour la même demande, le délai est d'un peu moins de quatre mois (Baromètre MDPH — Données de la MDPH de la Seine-Saint-Denis et de la Corrèze, janvier 2023).

Certaines décisions de la CDAPH peuvent même aller contre la CRDPH, en matière de scolarisation, lorsqu'elle oriente un enfant en milieu ordinaire ou spécialisé contre l'avis des parents. En outre, les associations constatent que l'Éducation nationale et la MDPH organisent souvent les réponses en fonction de l'offre sur le territoire et non en fonction des aspirations et besoins des enfants et de leur famille.

La MDPH qui est la partie visible du processus administratif d'accès aux droits joue un rôle-clé. Son fonctionnement exerce une influence sur l'effectivité des droits. C'est une des premières étapes qui va déterminer le sort des personnes et des familles.

Ce n'est pas le lieu ici de faire l'analyse de l'ensemble des améliorations qu'il conviendrait d'apporter aux MDPH pour qu'elles puissent remplir l'ensemble de leurs missions correctement mais évoquons rapidement leur manque de moyens, la formation de leurs professionnels, des systèmes d'information à optimiser, des outils d'évaluation à réviser ou encore des pratiques à harmoniser.

▶ Travailler en milieu ordinaire ou en milieu protégé ?

Les récentes réflexions sur la transformation des établissements et services d'aide par le travail (ESAT) montrent assez bien les tensions existantes entre milieu ordinaire et milieu protégé. Les ESAT sont des établissements médico-sociaux. Accusés par certains d'être des lieux d'assignation, voire d'exploitation du travail de personnes handicapées qui ne bénéficient pas des mêmes droits qu'un salarié en milieu ordinaire, ils sont pour d'autres un lieu permettant une activité de travail, de sociabilisation, de soutien ou d'acquisition de compétences. L'ESAT permettrait aux personnes handicapées y travaillant d'avoir, en somme, une vie sociale qu'elles ne trouveraient pas dans un milieu ordinaire de travail.

Les expressions « travail protégé » et « cadre ordinaire de travail et de vie » sont déjà présentes dans la loi n° 75-534 du 30 juin 1975 d'orientation en faveur des personnes handicapées et marquent une séparation que les travailleurs handicapés auront bien du mal à franchir une fois « orientés » dans le milieu protégé. C'est encore vrai aujourd'hui puisqu'un rapport de 2019 indique que seules 4 % des personnes sortant d'un ESAT trouvent un emploi en milieu ordinaire, dont 1 % en entreprise adaptée (IGF-Igas, 2019).

En outre, il faut rappeler qu'il peut être difficile pour un actif handicapé d'entrer sur le marché concurrentiel du travail. Les actifs en situation de handicap sont structurellement deux fois plus au chômage que la population active générale. Et les discriminations à l'embauche sont nombreuses. En 2022, et ce depuis 6 ans, le handicap est le premier motif de saisine de la défenseure des droits en matière de discrimination. Parmi ces saisines, l'emploi en est le premier domaine (Défenseur des droits, 2022).

Mais alors, si des actifs ne remplissent pas ou plus les critères d'employabilité pour des motifs liés à des situations de handicap, qui, rappelons-le, sont déterminées aussi par l'environnement de travail (au sens large), où vont-elles bien pouvoir exercer une activité professionnelle et gagner leur vie ? D'un point de vue social et politique, comment et à quelles conditions la société permet-elle à des actifs handicapés de participer à l'activité économique et de s'émanciper par le travail ? Lequel du milieu ordinaire ou protégé doit évoluer ? Sans aucun doute, les deux, concomitamment.

Avant le 1er janvier 2023, une personne reconnue « travailleur handicapé » par la CDAPH pouvait travailler exclusivement soit en milieu ordinaire, soit en milieu protégé, selon la décision d'orientation de la CDAPH.

La réforme des Esat permet en droit, à présent, une double orientation, offrant ainsi la possibilité au travailleur handicapé de travailler à temps partiel en ESAT et d'avoir une activité en milieu ordinaire. L'intention est de créer des parcours plus fluides et d'éviter des assignations en milieu protégé. Des ponts entre le milieu ordinaire et le milieu protégé devraient donc s'établir plus régulièrement et plus intensément. Nous verrons dans quelques années ce qu'il en sera de l'effectivité des droits et de la participation à la vie sociale des actifs en situation de handicap.

▶ Les espaces dédiés aux personnes handicapées, à côté du milieu ordinaire, sont partout

Cette logique d'espaces dédiés aux enfants et adultes handicapés se retrouve dans les domaines de l'emploi, comme nous venons de le voir, mais concerne également la pratique d'activités sportives et culturelles, pour les lieux d'habitation et d'hébergement, y compris en vacances, pour les stationnements, pour les transports, à l'école, etc. L'entrée dans ces espaces dédiés est contrôlée en grande partie par une MDPH qui applique une réglementation médico-sociale. Beaucoup de ces espaces dédiés exigent notamment la présence de professionnels formés, d'aménagements et de conditions particulières, souvent inexistants dans le milieu ordinaire.

Le risque, et c'est l'expérience vécue de personnes handicapées, est d'entretenir leur isolement social, dans un monde à part, et qu'elles soient « *obligées* de vivre dans un milieu de vie particulier ; [...] victimes de ségrégation » pour reprendre les termes de l'article 19 de la CRDPH — Autonomie de vie et inclusion dans la société.

En segmentant les espaces, l'organisation de notre société empêche les opportunités d'interactions sociales entre personnes handicapées et personnes valides, qui, en dehors du champ professionnel médico-social, sont trop peu nombreuses pour développer des sociabilités différentes, pour confronter les expériences de vie des uns et des autres, pour déconstruire les préjugés.

Est-ce à dire qu'il faut supprimer tous les espaces dédiés ? Pour permettre aux enfants et adultes en situation de handicap, « avec la même liberté de choix que les autres personnes, [...] leur pleine intégration et participation à la société », la question est, de mon point de vue, plutôt de savoir à quoi servent ces espaces. Il est indispensable de réinterroger, avec les personnes concernées, y compris avec celles qui y vivent ou s'y présentent, la fonction de l'ensemble des espaces dédiés et de vérifier effectivement s'ils n'interdisent pas la participation à la vie sociale.

Des enfants ou adultes handicapés peuvent désirer, avoir besoin, d'espaces dédiés, temporairement ou définitivement. Cela n'implique pas pour autant que ces espaces soient coupés du monde, et nécessite que leur fonction soit clairement définie pour offrir des prestations ou services de qualité en fonction des aspirations et besoins des personnes.

Conclusion

Le secteur médico-social est-il un monde à part ? Il l'est dans la mesure où il ne relève pas du droit commun et que ses acteurs constituent un milieu regroupant ses experts associatifs et professionnels, ainsi qu'un public spécifique. Ceci dit, heureusement que nous avons cette expertise. Mais par monde à part, nous entendons aussi un secteur qui éloigne, voire empêche encore trop souvent les personnes handicapées de participer à la vie sociale. À cette partie de la réponse, la responsabilité ne peut pas porter uniquement sur ce secteur médico-social.

Pour rendre effectif les droits fondamentaux des enfants et adultes en situation de handicap, il est donc nécessaire de faire évoluer concomitamment le cadre de vie ordinaire et le secteur médico-social. Les situations de handicap sont plurielles et certaines d'entre elles exigent un accompagnement médico-social spécifique. Néanmoins, cet accompagnement ne doit pas annihiler les droits des personnes ni les opportunités de participer pleinement à la vie de la société.

Je laisse aux juristes la question de savoir si le droit spécifique ne devrait pas être une forme de déclinaison du droit commun permettant d'individualiser l'organisation des réponses apportées aux spécificités de chacun.

Il y a un véritable travail social à fournir de la part de tous les acteurs (politiques, économiques, associatifs, citoyens, etc.). Les principes directeurs qui font consensus sont connus et rappelés justement dans la définition du travail social pour nous inspirer la conception de ce cadre de vie ordinaire « dans un but d'émancipation, d'accès à l'autonomie, de protection et de participation des personnes ».

Cette définition rappelle l'importance de se nourrir des apports théoriques universitaires, des savoirs pratiques et théoriques des professionnels et des savoirs issus de l'expérience des personnes accompagnées, « celles-ci étant associées à la construction des réponses à leurs besoins » (décret n° 2017-877 du 6 mai 2017 relatif à la définition du travail social).

Il y a, là, quelques ingrédients pour abaisser les frontières, ne plus opposer le cadre ordinaire de vie et l'expertise médico-sociale, et ne plus interdire des espaces sociaux à des personnes en situation de handicap.

Le chantier est vaste, je vous l'accorde, et c'est la raison pour laquelle il est urgent d'accélérer le mouvement. La responsabilité du changement professé aux acteurs médico-sociaux, aux personnes handicapées, à leur famille ou aidants, repose également (en premier lieu ?) sur l'ensemble des acteurs de la société.

Bibliographie

Dal'Secco E. (2022). « L'école inclusive pas pour tous : "dérapage" de Pap Ndiaye ? », *Handicap.fr*, le 18 novembre. https://informations.handicap.fr/a-Ecole-inclusive-pas-pour-tous-derapage-pap-ndiaye-33951.php.

Murphy R. (1990) *Vivre à corps perdu*. Paris, Plon.

▶ Rapports cités

Campion C.-L., Debré I. (2012). *Rapport d'information sur l'application de la loi du 11 février 2005 pour l'égalité des droits et des chances, la participation et la citoyenneté des personnes handicapées*. Rapport d'information n° 635, déposé le 4 juillet 2012. Sénat.

Défenseur des Droits (2022). *Rapport annuel d'activité*. https://www.defenseurdesdroits.fr/rapport-annuel-dactivite-2022-254, consulté le 14 octobre 2023.

IGF-Igas (2019). *Les établissements et services d'aide par le travail (ESAT)*, Rapport IGF (n° 2019-M-021-03), Igas (n° 2019-026R).

Savoirs d'expériences, expériences des savoirs

Chapitre 20

La recherche et le médico-social

Cyril Desjeux et Myriam Winance

RÉSUMÉ

Ce chapitre présente les différents types de recherche qui ont, à un moment ou l'autre, et dans une diversité d'espaces, exploré des problématiques et des dimensions du médico-social. Les auteurs montrent que cette recherche a longtemps été segmentée et portée par des acteurs divers, soit académiques, soit professionnels ou administratifs. Des recherches sur le médico-social ont ainsi été conduites *via* les entrées handicap, vieillissement et santé mentale. Cette recherche a en outre été développée en lien avec des nécessités politiques. Les auteurs présentent ensuite les différents types de recherches menées (recherche-action, recherche participative), et défendent l'idée que la recherche sur le médico-social a toujours été une recherche en prise avec le terrain. Enfin, ils reviennent sur la volonté actuelle de structurer un champ de recherche sur le médico-social, transversal aux différentes catégories, et dépassant les cloisonnements historiques.

Mots-clés : recherche participative, recherche-action, recherche émancipatoire, *disability studies*, *ageing studies*, *empowerment*.

LES AUTORITÉS publiques, certains acteurs (professionnels, associatifs, etc.), mais aussi certains chercheurs (dont nous faisons partie[1]) tentent de développer un champ de recherches sur et avec « le médico-social ». Du côté des

1. Voir l'introduction de cet ouvrage dans laquelle nous explicitons ce positionnement.

autorités et des acteurs, cette volonté s'appuie sur l'idée que la recherche est un levier potentiel de transformation du médico-social. Du côté des chercheurs, elle repose sur l'hypothèse que « le médico-social » renvoie à des problématiques spécifiques, dont l'analyse suppose un croisement des disciplines et des regards. Bien que récente, cette volonté puise dans des courants de recherche plus anciens. Dans ce chapitre, nous donnons des éléments de compréhension de ces liens entre recherche et médico-social, et de leur évolution.

Nous aborderons les questions suivantes : comment la recherche académique s'est-elle intéressée au médico-social ? Les acteurs du champ, professionnels, bénévoles, administratifs, politiques, personnes accompagnées, proches aidants, etc. s'intéressent-ils à la recherche et ont-ils produit eux-mêmes des recherches ? Quels sont les différents types de recherche menés sur le secteur médico-social ou avec ses acteurs ? La recherche peut-elle être un outil de transformation du secteur médico-social et comment ? Comment la recherche sur le médico-social s'est-elle structurée et avec quels soutiens ? Pour répondre à ces questions, nous nous appuierons sur certains exemples de chercheurs, d'enquêtes ou d'organismes ayant contribué au développement des recherches relatives au secteur médico-social. Notre objectif n'est cependant pas d'établir un panorama exhaustif de ces recherches. Il est d'esquisser une cartographie des domaines et des espaces dans lesquels elles ont pu se développer, à partir de ces exemples cités à titre illustratif.

Notre chapitre sera structuré en trois parties. Dans la première, nous décrivons les différents courants et espaces dans lesquels des recherches sur le médico-social ont été menées. Dans la seconde partie, nous présentons les différents modèles de recherche mis en œuvre par ces courants, de la recherche-action à la recherche participative. Enfin, dans la troisième partie, nous revenons sur la volonté actuelle de structurer une recherche sur le secteur médico-social, qui s'appuie sur ces courants et ces acteurs, et les rassemble.

UNE RECHERCHE SEGMENTÉE, PORTÉE PAR DES ACTEURS DIVERS

La recherche concernant le secteur médico-social se caractérise par une segmentation et un cloisonnement en fonction des espaces dans lesquels elle a été et est réalisée, des acteurs qui l'ont portée, et des catégories de population qu'elle concerne. Elle a la particularité d'avoir difficilement problématisé le « médico-social » comme objet de recherche spécifique. Dans certains courants de recherche, le « médico-social » se retrouve intégré, voire confondu, avec la question de l'action et du travail social, une question proche, mais néanmoins différente.

Dans cette section, nous présentons brièvement cette segmentation et cette imbrication du médico-social dans le social. Nous distinguons quatre espaces dans lesquels des recherches sur le secteur médico-social ont été développées : les centres techniques, l'espace académique, celui du travail social, et enfin, l'espace associatif. Dans chacun de ces espaces, les enjeux liés aux recherches ont été différents.

▶ Une recherche au service des autorités publiques

Le secteur médico-social fait l'objet, dès les années 1960-1970, de recherches spécifiques conduites notamment dans des centres techniques à des fins d'orientation des politiques publiques. Plusieurs centres techniques nationaux sont créés. D'une part, il y a le Centre de liaison, d'étude, d'information et de recherche sur les problèmes des personnes âgées (Cleirppa) créé en 1970. Il produira des recherches-actions dans le domaine de la gérontologie et fermera ses portes dans les années 2010. D'autre part, le Centre technique national d'études et de recherches sur les handicaps et les inadaptations (CTNERHI) a succédé, en 1975[1], au Centre technique national pour l'enfance et l'adolescence inadaptée (CTNEAI) créé en 1964. Le CTNERHI avait un rôle de conseil et d'expertise technique pour les autorités publiques. Si sa mission était, de manière générale, d'éclairer le ministre des Affaires sociales sur les besoins « des enfants et adultes handicapés ou inadaptés » et sur les politiques publiques les concernant, il a mené de nombreuses études sur le secteur médico-social, sur son organisation, ses pratiques[2], etc. De 1978 à 2005, il a édité une revue ; celle-ci s'appelle *Handicaps et inadaptations : les cahiers du CTNERHI* jusqu'en 1998, puis *Handicap : revue de sciences humaines et sociales* jusqu'en 2005. Ce centre a été fermé en 2011, et ses personnels et activités ont été repris par l'École des hautes études en santé publique (EHESP), dans le cadre de la Maison des sciences sociales du handicap (MSSH), structure qui n'existe plus sous cette forme aujourd'hui.

---

1. Sa création est prévue par la première grande loi française sur le handicap, « la loi d'orientation en faveur des personnes handicapées » du 30 juin 1975.
2. Le site Web du CTNERHI n'existe plus, mais une grande partie de ses rapports de recherche a été rassemblée par des chercheurs de l'UQAC : http://classiques.uqac.ca/contemporains/handicap_et_inadaptation/.

Un autre espace de production technique de recherches sur le médico-social est constitué de la Direction de la recherche, des études, de l'évaluation et des statistiques (Drees), des différentes agences publiques, et des observatoires. La Drees mène ainsi un ensemble d'enquêtes statistiques sur le secteur médico-social. Les enquêtes « Établissements sociaux » (ES) s'intéressent depuis les années 1980 à l'activité des établissements et services pour personnes handicapées, au personnel en fonction, ainsi qu'aux personnes accueillies dans ces structures. Les enquêtes « EHPA » ont, elles, été menées auprès des établissements pour personnes âgées. Celles sur les services d'aide aux personnes à domicile (enquêtes « Sapad ») incluaient l'activité auprès des personnes âgées ou en situation de handicap. On peut également citer les grandes enquêtes sur le handicap et la dépendance « Handicap, Incapacité, Dépendance » (HID) de 1998-2001, « Handicap-Santé » (HS) de 2007-2009, « *Care* » de 2014-2016 et le dispositif d'enquêtes « autonomie » de 2021-2024 qui ont un volet établissement. De leur côté, les instituts, inspections et agences d'État devant élaborer des recommandations pour les professionnels du secteur médico-social[1] ont produit des rapports de recherche éclairant le fonctionnement de certaines structures de ce secteur. Enfin, plusieurs observatoires ont été impulsés par les pouvoirs publics pour éclairer certaines thématiques spécifiques. Il y a notamment eu l'Observatoire national sur la formation, la recherche et l'innovation sur le handicap (l'Onfrih) installé en 2007 (mais qui n'existe plus), l'Observatoire national de la fin de vie créé en 2010 ou la plateforme nationale pour la recherche sur la fin de vie depuis 2018.

Au niveau local, les Creai[2], créés en 1964, joue un rôle similaire à celui joué, au niveau national, par le CTNERHI. Leur mission est notamment d'évaluer et d'observer les besoins au niveau régional, d'étudier les réponses à y apporter, de conseiller les établissements et services, et les autorités publiques territoriales. Entre les années 1960 et aujourd'hui, ils produiront de nombreuses études et recherches sur le secteur médico-social. Cependant, elles resteront souvent locales et peu valorisées. Dans une moindre mesure, les observatoires régionaux

1. On peut citer par exemple : l'Agence nationale de l'évaluation et de la qualité des établissements et services sociaux et médico-sociaux (Anesm), l'Agence nationale de la performance sanitaire et médico-sociale (Anap), l'Inspection générale interministérielle du secteur social (Igas), etc.

2. Initialement, le sigle signifiait « Centres régionaux pour l'enfance et l'adolescence inadaptée » ; mais la terminologie « enfant inadaptée » n'étant plus employée, leur nom a été modifié et est devenu « Centres régionaux d'études d'actions et d'informations, en faveur des personnes en situation de vulnérabilité ».

de santé (ORS) dont le premier fut créé en 1974 en Île-de-France, participeront également à produire de la connaissance sur le secteur médico-social.

Tant le CTNERHI, les Creai que les ORS, sont des centres de recherches articulés à l'espace politique et administratif. Ils réalisent des recherches à visée technique, en lien avec des enjeux de politiques publiques, notamment sociales. La recherche est ici un outil politique dans la mesure où elle doit conseiller ou informer la décision prise par les autorités administratives ou les acteurs politiques. Bien que nombreuses et riches en termes de connaissances, les recherches produites dans ces espaces sont peu visibles dans l'espace académique et disciplinaire de la recherche française. Elles sont peu valorisées en tant que telles, et donnent peu lieu à des publications sous d'autres formes que le rapport de recherche.

▶ Une recherche académique structurée autour des catégories de population

Dans le champ académique, les recherches se sont développées et structurées sur la base de catégories de population. Les questions de handicap, de santé mentale ou relatives aux personnes âgées en perte d'autonomie ont été investiguées de manière séparée, en lien avec des disciplines et des cadres théoriques différents. La plupart de ces recherches ne se sont pas intéressées au secteur médico-social comme objet central de recherche. Celui-ci a été, le plus souvent, un terrain d'enquête et, parfois, seulement exploré comme problématique de recherche. Nous décrivons ci-dessous brièvement le développement de ces trois champs de recherches en France, sans chercher l'exhaustivité, en indiquant la manière dont ils ont pu — ou pourraient — nourrir la recherche sur le médico-social.

Concernant le handicap, certains chercheurs académiques développent, à partir des années 1970-1980, des recherches sur l'enfance inadaptée, sur l'éducation spécialisée, sur l'histoire du handicap, etc. À la fin des années 1980, des tentatives de regroupement sont réalisées par ces chercheurs. Le handicap commence à être problématisé comme un objet de recherche fédérateur, dont l'analyse suppose une approche interdisciplinaire (Albrecht, Ravaud et Stiker, 2001). Une première initiative est la création de la société Alter (Société internationale pour l'histoire des infirmités, déficiences, inadaptations, handicaps), par un groupe de chercheurs en 1989. En 2007, la société Alter lance une revue scientifique, portant son nom, *Alter, revue européenne de recherche sur le handicap,* qui succède et prend le relais de la revue *Handicap : revue de sciences humaines et sociales,* évoquée ci-dessus et qui s'était arrêtée en 2005. Enfin, en 2011,

Alter se transforme en réseau de recherche européen sous le nom Alter, Société européenne de recherche sur le handicap.

En 1994, une seconde initiative de structuration de la recherche sur le handicap avait également vu le jour : l'Institut fédératif de recherche sur le handicap (IFRH) ; il rassemble des unités et chercheurs travaillant sur le handicap dans différentes disciplines (santé publique et sciences humaines et sociales, sciences technologiques, sciences cliniques et sciences de la réadaptation). En 2020, l'IFRH a renouvelé son projet sous le nom de Fédération pour la recherche sur le handicap et l'autonomie (Fedrha). En outre, durant toute cette période (1990-aujourd'hui), les chercheurs nouent des liens et sont influencés par le développement, à l'international, d'un champ de recherches spécialisées, les *disability studies*. La création de la Caisse nationale de solidarité pour l'autonomie (CNSA), en 2004, dont les missions incluent le développement de la recherche, donne une impulsion au déploiement et à la structuration d'un champ de recherche français sur le handicap. Parmi ces recherches menées sur le handicap depuis les années 1970, nombreuses sont celles qui s'intéressent aux établissements ou services médico-sociaux, aux pratiques d'accompagnement, aux professionnels, etc. sans cependant forcément s'identifier comme recherches sur le secteur médico-social. Notons que la CNSA, dont le champ est la question de l'autonomie, jouera le même rôle pour les recherches sur la dépendance liée au vieillissement, que nous abordons dans le paragraphe suivant.

La deuxième problématique analysée par les sciences sociales et humaines, est celle de la vieillesse ou des personnes âgées (Weber, 2017). Dans les années 1960, suite au rapport Laroque (1962), les chercheurs se focalisent sur la pauvreté, l'isolement, l'exclusion des personnes âgées. Entre 1980 et 2000, un glissement s'opère vers des travaux qui se penchent sur la dépendance des personnes âgées, notamment celle liée aux démences séniles (dont la maladie d'Alzheimer). Ce mouvement est visible à travers la revue *Gérontologie et société,* créée par le démographe Paul Paillat en 1972, *via* la Fondation nationale de gérontologie (FNG), et reprise par la Caisse nationale d'assurance vieillesse (CNAV) en 2014. La création de la prestation spécifique dépendance (PSD) en 1997, la canicule de 2003, suivie de la création de la CNSA, servent d'impulseurs au développement des recherches centrées sur la dépendance des personnes âgées. Le champ de recherche sur la vieillesse se décompose donc en deux grands types d'analyses : celles sur le vieillissement en général, en lien avec certains domaines de vie ou dimensions sociales comme la pauvreté des retraités, et celles qui portent sur la fragilité[1] et la perte d'autonomie (Weber, 2017). Dans le cadre de ce second axe, des recherches portent sur le fonctionnement des établissements et services pour personnes âgées. D'autres s'intéressent aux dispositifs de prévention et de coordination de la dépendance ainsi qu'au coût de la dépendance.

Comme pour le handicap, mais plus tardivement, les chercheurs travaillant sur le vieillissement structurent un champ de recherche spécifique. À l'international, ce champ se développe à partir des années 1990 sous le nom d'*ageing studies*. En France, un premier « réseau pour la recherche sociologique sur la vieillesse et le vieillissement » est créé en 2003, qui débouche, en 2014 sur la création d'un groupement de recherche (GDR), puis, en 2018, sur celle de l'Institut de la longévité, des vieillesses et du vieillissement (ILVV)[2]. Celui-ci regroupe les deux axes de recherche mentionnés ci-dessus, sur le vieillissement et la perte d'autonomie. Sa mission est de structurer ce champ de recherche en sciences sociales et humaines, de promouvoir l'interdisciplinarité et de soutenir le dialogue entre la communauté académique et les institutions publiques. On peut également citer la mise en place d'un réseau d'études international sur l'âge, la citoyenneté et l'intégration socio-économique (Reiactis) depuis 2006 et le réseau jeunes chercheurs « VieillissementS et Société » depuis 2010. La Fondation Médéric Alzheimer créera en 2014 un réseau de chercheurs académiques, de professionnels de terrain et d'acteurs institutionnels, spécifiquement sur la maladie d'Alzheimer (Chamahian, Caradec, 2023).

Enfin, il existe, dans le champ académique, un champ de recherche, ancien, relatif à la santé mentale (et avant que cette formulation ne la remplace, à la maladie mentale) (Coutant *et al.*, 2019 ; Sicot, 2006). En effet, si le handicap et le vieillissement ne sont devenus des objets de recherche pour les sciences sociales et humaines que récemment, la maladie mentale est un objet plus ancien. À l'international comme en France, elle a été analysée dans le cadre de la sociologie de la médecine — devenue sociologie de la santé —, de l'histoire, de l'anthropologie, etc. Ces travaux ont pour la plupart été centrés, et le sont toujours, sur la psychiatrie et la maladie mentale, puis à partir des années 2000, sur la santé mentale.

Certains de ces travaux ont influencé la recherche sur le médico-social en problématisant l'institution. Dans les années 1960, la Fédération des groupes d'études et de recherches institutionnelles (FGERI), puis le Centre d'études, de recherches

1. Ce terme de fragilité est à comprendre dans son sens gériatrique.
2. https://www.ilvv.fr/index.php/fr, consultée le 29/08/2022.

et de formation institutionnelles (CERFI), créés notamment par Félix Guattari, rassemblent des chercheurs issus de différentes disciplines, qui tous s'intéressent à la « question institutionnelle », notamment en lien avec une volonté de transformer l'hôpital psychiatrique et de mettre en place une psychiatrie de secteur. Ces chercheurs développent une recherche sous forme « d'expérimentation sociale », financée *via* des contrats passés avec l'État, et qui déborde le champ de la santé mentale[1]. À partir des années 1980, la MiRe (initialement, Mission recherche expérimentation), une sous-direction de la Drees, jouera un rôle moteur dans le développement des recherches en santé mentale, *via* plusieurs appels à projets. La question de l'institution, puis du processus de désinstitutionnalisation, est restée centrale dans ce champ de recherche. Elle a conduit certains auteurs à analyser le « médico-social » comme une forme d'accompagnement qui intrique les réponses aux besoins sociaux et médicaux.

Le développement et la structuration, en France, de ces trois champs de recherche sont liés à des enjeux multiples que ce chapitre n'a pas pour objectif de présenter. Néanmoins, nous voudrions souligner qu'ils se sont opérés d'une part en lien avec des thématiques et des champs de recherche identifiés à l'international. Handicap, vieillissement, santé mentale sont trois objets de recherche ayant des équivalents internationaux : *disability, ageing, mental health*. Or cette équivalence est importante pour les chercheurs académiques puisqu'elle ouvre la possibilité de publications et d'une inscription dans un champ de recherche international. D'autre part, la structuration de ces trois champs de recherche s'est réalisée sous l'impulsion des autorités publiques, en lien avec des demandes que celles-ci formulaient. Dans les années 1960-1970, ces demandes donnent lieu à une contractualisation de gré à gré entre les chercheurs et l'État. Les appels à projets gérés par des organismes publics (dont la MiRe, la CNSA, l'IReSP, etc.) ou privés (Firah, Fondation Maladies rares, etc.) feront ensuite leur apparition, et orienteront les problématiques explorées par les chercheurs académiques. La mise en place de plans et d'axes prioritaires de recherche en lien avec des stratégies politiques plus générales (Alzheimer, autisme, handicaps rares, « volet polyhandicap » de la stratégie quinquennale d'évolution de l'offre médico-social, etc.) sera également un élément d'orientation de ces recherches. Chacun de ces champs académiques a abordé l'une ou l'autre question relative au secteur médico-social, mais en restant situé dans son propre cadre théorique et disciplinaire. Or certaines problématiques — comme celles relatives aux modèles économiques, aux professions, à la coordination ou aux inégalités — sont transversales et

1. Elles portent également sur l'école, la ville, la famille, la classe ouvrière, etc.

gagneraient à être explorées en tant que telles. Comme l'indique C. Martin dans le chapitre 2, l'une des difficultés à structurer un champ de recherche académique sur le médico-social est notamment l'absence, à l'international, d'un objet équivalent et d'un champ de recherche institué autour de cet objet. La notion de *social care* est sans doute celle qui se rapproche le plus de notre « médico-social », mais elle pose un certain nombre de difficultés, dans la mesure où, comme d'ailleurs « le médico-social », elle se comprend en lien avec et dans un contexte politique et historique national.

▶ La recherche sur le travail social : proximité des questionnements, mais spécificité d'un champ construit autour d'une identité professionnelle

Des recherches se sont développées à partir du et sur le travail social, à la fois dans le champ académique et comme un champ spécifique autonome (hors champ académique) (Jaeger, 2014). Dans le champ académique, le travail social a été investi comme objet de recherche par certains chercheurs. Mais il a aussi et surtout donné lieu à une volonté, portée par les acteurs, de constituer un champ de recherche spécifique.

L'histoire de ce champ est relativement ancienne comme on peut le voir avec le Cédias-Musée social[1], qui a contribué à son développement. Elle repose sur des liens multiples entre travailleurs sociaux et sciences humaines et sociales, et des liens complexes entre les écoles de travail social et les universités. Elle est liée à l'histoire des différents diplômes des métiers du social, notamment la création dans les années 1970, du diplôme supérieur en travail social (DST) — délivré par les écoles et reconnu comme équivalent à la maîtrise universitaire de l'époque —, remplacé en 2006 par le diplôme d'État d'ingénierie sociale (DEIS). Ces deux diplômes comportent une formation à la recherche, *via* la réalisation d'un mémoire, et font de la recherche un domaine de compétences des professionnels. Plus récemment, au début des années 2000, un processus de mastérisation de l'ensemble des métiers du social a été engagé, et la question d'un doctorat en travail social a été posée. Les instituts régionaux du travail social (IRTS), créés en 1986, avaient une mission recherche parmi leurs missions, qu'ils ont cependant inégalement investie et développée.

---

1. « Le CEDIAS-Musée social, Fondation privée reconnue d'utilité publique, est le fruit de la fusion survenue en 1963 du Musée social, créé en 1894, et de l'Office central des œuvres de bienfaisance (Ocob) créé en 1890 ». http://www.cedias.org/index.php?lvl=cmspage&pageid=6&id_rubrique=37, consultée le 29/08/2022.

La spécificité de ce champ de recherche sur le travail social, toujours en quête de reconnaissance institutionnelle, a été d'être initié et porté par les acteurs du champ, notamment à partir des écoles de formation. Ces acteurs ont progressivement cherché à institutionnaliser ce champ de recherche. On peut citer le regroupement au niveau national des écoles de formations dans un comité ; la création en 1976, d'une revue, *Forum* ; la création en 1993 d'une association, l'Affuts (Association française pour le développement de la recherche en travail social)[1] ; des rapprochements européens (création en 2001 du Centre européen de ressources pour la recherche en travail social, Certs) ; et enfin, la création en 2001 d'une chaire du travail social au Cnam (Conservatoire national des arts et métiers).

Le développement de ce champ a été l'objet de controverses, qui se sont cristallisées, dans le courant des années 2000, sur le clivage entre d'une part, une « recherche en travail social », portée de l'intérieur par les travailleurs sociaux, et, d'autre part, une « recherche sur le travail social », réalisée par des chercheurs extérieurs, notamment universitaires. Dit plus simplement, ce clivage oppose « savoirs professionnels » et « savoirs académiques ». Au cœur de ce débat, se trouve l'enjeu de la reconnaissance des savoirs professionnels spécifiques en tant que savoirs scientifiques.

Ce champ de recherche s'est construit sur la question du travail social. Si cette question est distincte de celle du médico-social, les recoupements sont nombreux et plusieurs chercheurs (Barreyre, 2014 ; Jaeger, 2020) sont à la croisée des deux champs. Ce croisement participe d'une difficulté à faire du médico-social un objet de recherche indépendant de celui du social. Il existe bien des terrains d'enquête communs et un partage de certaines problématiques : la question des pratiques, de l'accompagnement, de la professionnalisation, de la coordination, de l'accès aux droits, etc. Cependant, le champ de la recherche en lien avec le secteur social se définit davantage autour d'une identité professionnelle, celle de travailleur social, et du type de connaissance scientifique que ces professionnels peuvent produire. Dans ces recherches, l'action sociale est étendue au médico-social, ne faisant pas de ce dernier un objet à part et spécifique. Au-delà du partage de certaines questions, la recherche sur le travail social a favorisé le croisement de savoirs différemment situés et articulés pour produire une connaissance dont l'enjeu est pratique et politique, y compris pour le médico-social.

1. http://affuts.org/nous-connaitre/.

▶ Une recherche initiée par des acteurs pour soutenir des causes et transformer les conditions de vie des personnes

Enfin, les acteurs du secteur médico-social, notamment associatifs, ont investi la recherche pour résoudre des problématiques de terrain, auxquelles ils étaient confrontés, pour mettre en évidence et rendre visibles des causes qu'ils défendaient, pour faire évoluer l'organisation et les pratiques de ce secteur.

Par exemple, le Comité d'étude, d'éducation, et de soins auprès des personnes polyhandicapées (Cesap, à l'époque appelé Comité d'étude et de soins aux arriérés profonds de la région parisienne) conduit, dès les années 1970, des recherches sur la prise en charge des « arriérés profonds ». Il s'agissait de faire évoluer cette prise en charge, ainsi que la catégorie « d'arriérés profonds » elle-même. Un peu plus tard, le Clapeaha qui se préoccupe de l'inexistence d'une prise en charge éducative adaptée pour les enfants atteints de handicaps associés, mène différentes enquêtes : d'une part pour recenser le nombre d'enfants concernés et le nombre d'établissements médico-sociaux pouvant les accueillir, d'autre part pour caractériser ces établissements médico-sociaux qui peuvent les accueillir. Plus récemment, il commandite la recherche menée entre 2007 et 2013 par le Cedias/Creai, sur les situations complexes de handicap (Barreyre et *al.*, 2011, Barreyre et *al.*, 2013). L'enjeu, pour lui, avec l'ensemble de ces recherches, est de rendre visible, pour les autorités publiques, le problème des enfants et adultes atteints de handicaps associés, pour lesquels, dans le secteur médico-social de l'époque, il n'existe pas de prise en charge adaptée. Il est également de réfléchir à ce que serait cette prise en charge adaptée et à la manière de l'organiser. Ce sont ces recherches qui le conduiront à proposer la création des centres ressources nationaux handicaps rares, dispositif atypique dans le secteur médico-social. À l'image du Cesap et du Clapeaha, d'autres acteurs associatifs (ou non) ont pu à un moment ou l'autre de leur histoire mener des recherches en lien avec leurs préoccupations. Néanmoins, la production de connaissances dans le cadre de ces recherches est au service de leur action politique et n'est donc pas valorisée en tant que telle.

Dans les années 2010, plusieurs associations du secteur du handicap se réunissent pour créer la Firah et Handéo. Ces deux organismes ont comme fondateurs communs l'APF, la Fegapei et la fédération Apajh. Ils ont tous les deux une mission de production de connaissances. La Firah a pour mission de financer des projets de recherche appliquée, de favoriser le transfert de connaissances et d'être un soutien sur le terrain au transfert d'innovations sociales. L'association Handeo réalise, *via* son observatoire, des recherches qui reposent sur une démarche participative et une mise en application des connaissances produites, sur différentes thématiques : autisme, handicap psychique, polyhandicap, lésions cérébrales acquises, jeunes aidants, etc. D'une part, cette démarche associe les personnes concernées, leurs proches aidants, les professionnels qui les accompagnent, les institutions qui représentent ces différents acteurs, les pouvoirs publics et des chercheurs. L'enjeu est de croiser des savoirs différemment situés. D'autre part, l'objectif de ces recherches est de trouver des leviers pour agir sur le social et de s'inscrire dans une dynamique émancipatoire pour les personnes.

En définitive, la recherche sur, par et avec le médico-social, est traversée par plusieurs mouvements. Pour le champ académique, le médico-social apparaît comme un objet secondaire. Pour les autorités administratives, l'enjeu est de réguler l'activité et les finances publiques. La recherche sur le médico-social pose aussi l'enjeu de la reconnaissance de savoirs non académiques pouvant être valorisés scientifiquement ou être utilisés comme outils, parfois très locaux, pour les pratiques des professionnels et les politiques publiques.

DIFFÉRENTS MODÈLES DE RECHERCHES EN PRISE AVEC LE TERRAIN

Les recherches conduites sur le médico-social ont été ce que l'on peut appeler, de manière générique, des « recherches en prise avec le terrain », c'est-à-dire des recherches, qui sous différentes approches, sont ancrées dans le terrain et l'expérience des acteurs. En effet, même les recherches académiques menées sur cet objet l'ont été selon des méthodologies qui ancrent l'analyse et la production de connaissances dans des données empiriques, notamment qualitatives, récoltées sur le terrain. Certes, les problématiques explorées étaient formulées en lien avec des cadres théoriques, mais souvent également en lien avec les questionnements des acteurs du médico-social. Beaucoup de ces recherches académiques ont d'ailleurs été menées suite à des commandes (recherches sur contrat) ou en réponse à des appels à projets, orientés par les autorités publiques ou des acteurs privés.

La plupart des recherches menées sur le médico-social l'ont été selon des approches qui articulent directement enjeux pratiques et enjeux théoriques, et qui ont porté — et portent toujours — différents noms : recherches collaboratives, partenariales, interventionnelles, recherches-actions, etc. Chacun de ces noms indique l'orientation privilégiée par chaque modèle : soit sur les effets concrets de la recherche, soit sur l'implication d'une diversité d'acteurs dans le processus de recherche. Ces dernières années, plusieurs états des lieux ont été réalisés sur ces recherches en France (Gardien et Jaeger, 2018 ; Les chercheurs ignorants, 2015)[1]. Dans les années 1980, il a surtout été question de recherches-actions. À partir des années 2000, ce modèle de recherche s'éclipse devant celui des recherches participatives. Nous présentons successivement ces deux modèles de recherche.

▶ Les recherches-actions

Pendant longtemps, et le modèle existe encore aujourd'hui, il a été question de « recherche-action » (Martin, 1986 ; Resweber, 1994). Avec ce modèle, la production de connaissance est orientée vers une mise en application. Ce modèle était par ailleurs organisé soit de manière linéaire, soit de manière intriquée. Dans le modèle linéaire, un problème se posait sur le terrain, une recherche était menée pour en comprendre les tenants et les aboutissants, et cette recherche devait permettre de définir une action. Dans certains cas, la recherche et l'action étaient plus intriquées, la recherche étant d'emblée pensée comme une action et l'action comme une recherche. Dans les deux cas, il pouvait ou non exister une collaboration entre les chercheurs et les acteurs, c'est-à-dire une volonté de « travailler ensemble ». Mais d'une part, l'accent n'était pas mis sur cette collaboration et, d'autre part, les rôles et les identités des uns et des autres restaient distincts. Enfin, la recherche-action restait un type de recherche différenciée des autres types de recherche (recherche fondamentale ou académique), et souvent portée par des chercheurs spécialisés dans ce type de recherche. Autrement dit, la « recherche-action » se présentait comme un domaine identifié de la recherche académique.

Dans le courant des années 2000, la terminologie change. De plus en plus, on parle de recherche participative ou collaborative. Ce changement de terminologie est significatif du déplacement réalisé ; l'enjeu de la recherche n'est plus « l'action » mais la « participation ». Si ce terme recouvre une multiplicité d'enjeux et de modalités, son usage est lié à la volonté d'impliquer dans la recherche une diversité d'acteurs, notamment, voire parfois exclusivement, des

1. L'IReSP a également réalisé un recensement des recherches participatives en santé (dans une vision large), qui fournit de nombreuses références utiles. Le livret est disponible sur son site, *via* le lien : https://iresp.net/wp-content/uploads/2022/05/Livret-des-references-sur-les-recherches-participatives_MAJ_27.04.22.pdf.

personnes considérées comme « concernées » : personnes en situation de handicap, patients, etc., c'est-à-dire des personnes ayant une expérience spécifique, celle qui fait l'objet de la recherche[1].

▶ Les recherches participatives

Le développement des recherches participatives ou collaboratives (Petiau, 2021 ; Winance et Ribrault, 2023) se comprend en lien avec des évolutions sociales plus générales, notamment l'avènement de la démocratie participative. Dans le champ de la santé et du handicap, il se comprend en lien avec l'importance prise, depuis trente ans, par les mobilisations collectives de patients ou de personnes handicapées. Premièrement, les mobilisations collectives, notamment autour du sida, mais aussi d'autres pathologies comme les maladies rares, ont abouti à une transformation du statut du patient, d'un patient passif à un patient actif, c'est-à-dire expert et informé. Ce patient expert a revendiqué de participer tant aux décisions médicales le concernant qu'aux processus de production des connaissances médicales. Deuxièmement, le mouvement des personnes handicapées anglo-saxon (*disability movement*) a défendu un modèle social du handicap (qui définit celui-ci comme résultant des barrières environnementales) et un modèle émancipatoire de la recherche (Boucher, 2003). Selon ce mouvement, la recherche doit être conduite dans le cadre du modèle social, permettre l'émancipation des personnes handicapées et l'amélioration de leurs conditions de vie, et pour cela, être contrôlées par ces personnes. Ces évolutions ont eu des conséquences pour la recherche sur le secteur médico-social qui, comme la recherche médicale, s'est progressivement ouverte à la participation des personnes concernées et des acteurs du secteur. En mettant l'accent sur la participation des acteurs ou personnes concernées, on ne crée pas pour autant un modèle unifié.

1. Notons que dans le champ des sciences naturelles, l'accent est mis sur la participation des « citoyens », catégorie potentiellement plus englobante et ouverte que celles souvent utilisées dans notre champ. D'ailleurs, on y parle aussi de « sciences citoyennes ». Autrement dit, derrière la notion de participation, se cache également une certaine conception de la « personne légitime à participer ». Cette conception n'est pas toujours explicitée et, dans nos champs, souvent réductrice.

Disability movement, disability studies et modèle social du handicap

Les *disability studies* (études sur le handicap) sont un champ de recherches qui s'est structuré à partir des années 1980, aux États-Unis et en Grande-Bretagne, en lien avec le mouvement des personnes handicapées (*disability movement*) qui s'était créé dans ces deux pays, dans les années 1970. En effet, cette période, qui est la fin des Trente Glorieuses, est une période de croissance économique, d'effervescence politique (avec le mouvement féministe, les mouvements pour les droits civils, les mouvements *gay*, mai 1968, etc.) et de progrès médicaux (évolution des traitements, généralisation des fauteuils roulants, etc.). Les attentes des personnes handicapées évoluent. Elles veulent sortir des établissements spécialisés qui les accueillent et participer à l'ensemble des activités de la vie : éducation, travail, vie familiale, etc. Mais elles vont se heurter à des oppositions, notamment de la part de professionnels, et à des obstacles physiques (inaccessibilité du bâti, des transports, etc.) ou sociaux (préjugés, attitudes discriminantes, etc.). Progressivement, sur base de ces expériences d'exclusion qu'elles vivent quotidiennement, elles se rassemblent dans un mouvement collectif, pour défendre leurs droits. L'histoire de ce mouvement diffère aux États-Unis et au Royaume-Uni. Aux États-Unis, son fil conducteur est la non-discrimination et la question des droits civils. Au Royaume-Uni, c'est l'exclusion économique, analysée dans une perspective marxiste, qui sera au cœur des revendications. Néanmoins, dans les deux pays, ces mouvements contestent les pratiques de réadaptation professionnelle (qui se sont développées après la Première Guerre mondiale dans les pays occidentaux), la soumission des personnes handicapées aux professionnels, leur ségrégation dans des établissements fermés, le peu de possibilités qui leur sont ouvertes. Elles revendiquent la possibilité d'une vie autonome dans la cité. Surtout, à partir de leurs expériences concrètes d'exclusion, elles proposent de redéfinir le handicap et formalisent cette redéfinition sous le terme de « modèle social du handicap ».

Ce modèle social repose sur l'idée selon laquelle le handicap résulte des barrières ou des obstacles qui empêchent les personnes porteuses d'une déficience de participer à la vie sociale ordinaire : il résulte d'un processus social d'exclusion. Autrement dit, le handicap est défini comme une réalité sociale. Mais ce modèle ne se comprend pas seul, il se comprend dans son opposition à ce que ces militants et chercheurs handicapés vont appeler le modèle médical du handicap. Ce modèle médical recouvre, pour les tenants du modèle social, des approches aussi diverses que celle de la réadaptation médicale, celle de sociologues de la maladie, ou encore celle de la première classification de l'OMS, la Classification internationale des handicaps (CIH). Il renvoie à l'idée que le handicap est la conséquence d'une déficience individuelle et insiste sur la dimension tragique de l'expérience de la déficience. Par rapport à ce modèle médical, le modèle social procède à un renversement de la causalité : le handicap n'est pas engendré par une déficience individuelle, mais par la société handicapante. L'accent est donc mis sur l'expérience d'exclusion sociale, présentée comme une expérience distincte de l'expérience de la déficience. La déficience et le handicap sont deux réalités différentes : biologique *versus* sociale. C'est ce double argument, sur la causalité et la distinction de deux réalités, qui a fait la force analytique et politique de ce modèle social initial.

La formalisation et le développement de ce modèle social seront rendus possibles *via* la création, dans les universités anglo-saxones, de départements spécialisés, et ensuite d'un champ de recherche structuré sur le handicap, appelé *disability studies*. Ce champ sera porté par certains des chercheurs, eux-mêmes en situation de handicap et engagés dans le mouvement des personnes handicapées. La structuration de ce champ est réalisée *via* la création de départements universitaires et de laboratoires de recherche, mais elle repose également sur la création de revues, notamment *Disability and Society*, une revue anglaise, de sociétés savantes, de cursus de formation, etc. Entre les années 1980 et aujourd'hui, ce champ se développe considérablement et évoluera également, *via* des débats relatifs aux différentes dimensions du modèle social. Récemment, certains chercheurs ont ainsi proposé de faire évoluer le modèle social vers le modèle validiste ou capacitiste ; ils ont proposé de parler des études validistes (en anglais *ableist studies*). Ces études déplacent la focale de l'étude du processus d'exclusion produisant le handicap à l'étude des processus de normalisation et d'anormalisation conduisant à la valorisation systémique des corps valides et à la dévalorisation systémique des corps handicapés.

En France, l'influence de ce modèle social sera plus tardive et plus diffuse, que ce soit au niveau politique ou au niveau scientifique. Ainsi, au niveau politique, la notion de « situation de handicap », de plus en plus utilisée à partir des années 2000, reprend l'idée d'une causalité sociale du handicap, mais sous la forme d'une interaction entre des facteurs individuels et des facteurs sociaux. Au niveau scientifique, le modèle social deviendra progressivement une référence importante, sans cependant s'imposer comme modèle théorique unique.

Pour une présentation du modèle social, des débats qui l'ont animé et de ses évolutions sur les trente dernières années, et une présentation des différents modèles de recherche, voir (Winance, 2024) dans la rubrique « Pour aller plus loin ».

Pour certaines recherches, la participation est un enjeu politique : il s'agit d'améliorer la participation sociale des personnes. Ce sont les recherches dites « émancipatoires », évoquées ci-dessus. Pour d'autres recherches, la participation est un enjeu méthodologique : il s'agit de faire participer les citoyens à la démarche de recherche et à la production des connaissances. Certaines recherches articulent ces deux pôles : l'enjeu politique et l'enjeu méthodologique. C'est d'ailleurs la position de la CNSA. En effet, son conseil scientifique, dans son avis du 31 janvier 2018, définit les recherches participatives ou collaboratives de la façon suivante :

> « La recherche collaborative consiste en un processus de production de connaissances partagées favorisant un espace de participation sociale, mobilisant une

> diversité d'expertises, relevant souvent de questions sociétales. Cette recherche, fondée sur le dialogue entre chercheurs et parties prenantes, répond à une double ambition, démocratique et cognitive : faire participer des citoyens à la science et accroître la participation sociale des personnes en situation de handicap d'une part, et d'autre part faire émerger de nouveaux savoirs — nouveaux parce que produits autrement, nouveaux parce que problématisés différemment. »

Comme l'énonce cette définition, faire collaborer une diversité d'acteurs à la production des connaissances doit permettre une transformation, non seulement des connaissances produites — de la science —, mais aussi de nos sociétés, en améliorant la participation sociale de tous et de chacun spécifiquement.

Lorsque la participation est un enjeu méthodologique, la participation des citoyens à la démarche de recherche peut prendre des formes variées. Elle peut se limiter à l'une des étapes de la recherche (définition de la question, réalisation de l'enquête, analyse des données, valorisation des résultats, définition d'action en lien avec la recherche) ou s'étendre à l'ensemble de ces étapes.

Dans tous les cas, si l'on force le trait, l'accent mis sur la participation tend à éclipser la question de « l'action ». Insister sur la dimension participative revient à penser autrement l'articulation entre recherche scientifique et transformation sociale, non *via* une action définie et mise en place durant ou à l'issue de la recherche, mais *via* les personnes impliquées. D'une certaine manière, dans la recherche participative, l'enjeu de transformation sociale est soit plus direct, soit beaucoup plus indirect, que dans la recherche-action. Il est plus direct car on vise une transformation des acteurs, chercheurs ou non, impliqués, et une transformation des relations sociales internes et externes à la recherche. Il est plus indirect car une recherche peut se revendiquer participative et n'avoir finalement que peu d'impact en termes de transformation sociale.

Enfin, si la recherche participative reste un type de recherche distinct des recherches scientifiques classiques, le modèle a tendance à infuser sur l'ensemble de la recherche. Dans certains pays, notamment anglo-saxons, « faire participer les personnes concernées » est devenu une condition *sine qua non* pour obtenir des financements. En France, des fondations comme la Firah en font également un critère de sélection des recherches financées.

Finalement les deux modèles, « recherche-action » et « recherche participative », coexistent actuellement et s'influencent mutuellement de sorte que chaque recherche met en œuvre un modèle spécifique, adapté à son objet et ses acteurs. Ce modèle dépend néanmoins du cadre dans lequel la connaissance est produite au regard de qui finance, qui pose le problème initial, qui conçoit et réalise la recherche et qui prolonge la recherche par des actions.

LE MÉDICO-SOCIAL, UN CHAMP DE RECHERCHE EN COURS DE STRUCTURATION

Si la recherche sur le médico-social a été, jusqu'à présent, dispersée dans différents espaces, il existe actuellement une volonté, portée par les pouvoirs publics, de structurer un champ de recherche spécifique sur et avec le « médico-social ». L'enjeu est double : d'une part, intégrer et reconnaître ce champ dans le monde académique et, d'autre part, en l'inscrivant dans des modèles de recherche « en prise avec le terrain », faire dialoguer ce champ avec les personnes concernées et les acteurs du médico-social tout en les faisant participer. Cette volonté est récente. Mais pour la comprendre, il faut remonter à la fin des années 1960 qui marque une évolution des conditions de financements de la recherche. Cette période amorce l'existence de liens entre les chercheurs et les actions de l'État, notamment autour des problématiques sociales, comprises dans un sens large, et des problématiques de santé. Des programmes de recherche hybride se mettent alors en place (Bezes *et al.*, 2017).

La Mission recherche (MiRe), aujourd'hui intégrée à la Drees amorce dans les années 1980 une première dynamique de recherche en sciences humaines et sociales dans le domaine de la santé, de la solidarité et de la protection sociale. La *Revue française des affaires sociales* (qui prend la suite, en 1967, de la *Revue française du travail*) éditée par le ministère des Affaires sociales a pour objectif d'éclairer les problèmes sociaux. Centrée sur une vision large du social, elle aborde des problématiques variées, dont certaines en lien avec le médico-social[1]. Mais c'est à partir des années 2000, à la suite de la création de la CNSA, que l'on observe, progressivement, l'émergence d'un intérêt spécifique pour le médico-social.

Dès sa création, la CNSA initie, en lien avec la MiRe, plusieurs programmes de recherche, comme « Handicap et perte d'autonomie » (2009), « Mesure de la qualité de l'aide au domicile des personnes fragiles et de leur satisfaction » (2009) ou « Qualité de l'aide au domicile des personnes fragiles » (2008). En 2011, l'Institut de recherche en santé publique (IReSP) reprend la gestion de ces appels à projet, réunis sous un même programme appelé « Handicap et perte d'autonomie », puis plus simplement, « Programme Autonomie ». Ces appels englobent d'emblée le handicap et la perte d'autonomie liée au vieillissement. En

1. Il est cependant intéressant de noter que le recensement des thématiques, réalisé par Laure Pitti en 2006, ne contient ni les termes de médico-social, ni ceux de handicap, de santé mentale ou de dépendance (Pitti, 2006).

parallèle, la direction scientifique de la CNSA a formalisé plusieurs conventions avec des chercheurs ou des organismes de recherche (EHESP, Observatoire Odenor, Lise, Institut des politiques publiques, etc.) passant commande sur des sujets très ciblés (par exemple, le non-recours aux droits sociaux, l'évolution de l'offre médico-sociale). Dans le cadre de sa politique sur les actions innovantes, la CNSA finance également des recherches-actions portées par des professionnels ou des bénévoles de l'économie sociale et solidaire par l'intermédiaire d'appels à projet thématiques ou ouverts. L'objectif de ces appels est d'accompagner l'évolution de l'offre médico-sociale et d'adapter les réponses aux besoins des personnes.

À partir de 2017, la CNSA finance, *via* l'IReSP, un appel à projets ciblé sur l'offre médico-sociale. L'IReSP a organisé plusieurs séminaires en lien avec cet appel, pour stimuler la réflexion sur ces sujets, faire se rencontrer les chercheurs, les professionnels du secteur et les personnes concernées par ces structures. Ces séminaires participent à faire émerger des sujets et des difficultés issus du terrain pour les proposer aux chercheurs, à confronter les différentes manières de les problématiser selon les positions occupées par chacun, leurs contraintes et leurs intérêts. Ils permettent également une meilleure diffusion des connaissances dans les sphères académiques et en dehors. Pour les professionnels et personnes concernées, ils facilitent l'appropriation des recherches réalisées. Ces actions s'inscrivent dans la promotion, voire l'institutionnalisation, d'une recherche participative et d'une recherche qui articulent une diversité de savoirs, scientifiques mais aussi professionnels et expérientiels.

Plus récemment, en 2020, l'État a annoncé le déploiement d'un programme prioritaire de recherche sur l'autonomie (PPR Autonomie). Comme les appels à projets de recherche, financés par la CNSA, ce PPR rassemble le champ du handicap et celui de la dépendance liée au vieillissement. Doté de 30 millions d'euros et piloté par le CNRS, son objectif est de développer et de structurer la recherche sur cette problématique, incluant le médico-social. L'Agence nationale de la recherche (ANR) a lancé deux appels en lien avec ce PPR, qui mettent l'accent sur la dimension innovante des recherches proposées. L'ANR a également été un vecteur de soutien pour mieux comprendre le fonctionnement médico-social avec la crise de la Covid-19.

Enfin, notons que les autorités publiques nationales ne sont pas seules à porter et à promouvoir les recherches médico-sociales. Il y a également les conseils départementaux et les agences régionales. Les groupes de protection sociale (OCIRP, Malakoff, Humanis, Klesia, Mutuelle Integrance, APICIL, AG2R la Mondiale, etc.), certaines fondations privées (fondation Alzheimer, fondation Médéric Alzheimer,

Firah, fondation Matmut Paul-Bennetot, Fondation Maladies rares, etc.), ou certaines sociétés savantes (SFGG, Sofmer, SFAP, etc.) ont produit des recherches ou ont été des sources de financements pour soutenir des projets incluant une phase de recherche dans le secteur médico-social.

Cette volonté de structurer un champ de recherches autour, sur et avec le secteur médico-social repose sur l'idée que la recherche est un outil de transformation de ce secteur, et ce de différentes manières : elle peut éclairer la décision politique, mais peut aussi, *via* la réflexivité qu'elle produit, équiper les professionnels dans leurs pratiques, et soutenir les personnes dans leur quotidien. Les recherches menées participent à mieux décrire et comprendre l'environnement dans lequel les différents acteurs gravitent. Elles contribuent ainsi à des formes d'*empowerment* des personnes : la meilleure connaissance des phénomènes sociaux qui les concernent est susceptible de renforcer leur pouvoir d'agir et de les aider à transformer leurs situations.

Le développement des recherches sur le médico-social est également lié à l'idée que ces recherches sont un outil d'évaluation de ce secteur. La demande d'une plus grande transparence en vue d'une meilleure qualité des accompagnements a été formulée tant par les autorités administratives que par les personnes concernées par ces structures. Cette évaluation est d'ailleurs devenue une obligation pour les organisations médico-sociales et est inscrite dans le Code de l'action sociale et des familles depuis 2002. Ces évaluations sont le plus souvent réalisées par des consultants ou prestataires qui utilisent des protocoles standardisés, reposant sur l'audit. Cependant certains revendiquent des approches plus qualitatives. Ils présentent leurs évaluations comme des recherches induisant une certaine réflexivité et produisant des connaissances relatives aux pratiques, ou aux organisations, et à leurs effets sur les personnes accompagnées.

Ainsi, tant les autorités publiques que les acteurs du secteur ou proches du secteur participent à faire, actuellement, du médico-social un champ de recherche spécifique distinct de celui du social ou du sanitaire. Sans pour autant défaire la logique segmentaire, ils contribuent également à caractériser un public convergeant autour des questions d'autonomie limitée et entravée. Cette dynamique a pour effet, en retour, de donner une réalité à la catégorie « médico-social » qui restait un objet secondaire de la recherche ou couplé au secteur social.

Conclusion

À ce jour, il n'existe pas, en France, un champ de recherche unifié et spécialisé sur le médico-social. Celui-ci reste, en France, comme à l'international d'ailleurs, un objet hybride : il articule des questions sanitaires et des questions sociales, et a, de ce fait, du mal à trouver sa place dans le champ scientifique. Il existe néanmoins, en France comme à l'international, de nombreuses recherches qui se sont interrogées sur cet objet hybride, à partir de divers positionnements, disciplines, cadres théoriques, etc. Nous n'avons pas réalisé dans ce chapitre une histoire des recherches sur le médico-social, ni dressé un panorama exhaustif de ces recherches. Nous avons posé certains jalons, et montré qu'il existe actuellement une volonté, portée tant par des chercheurs issus de champs thématiques, méthodologiques et théoriques différents, que par les professionnels et les autorités publiques, de structurer un tel champ de recherche. S'appuyant sur les recherches passées et existantes, ce champ pourrait être transversal aux catégories de population, aux disciplines des sciences humaines et sociales, et aux acteurs : chercheurs, professionnels, usagers, autorités publiques, etc.

Repères institutionnels et réglementaires

Liste d'agences publiques ou parapubliques intervenant dans la recherche

Agence nationale de l'évaluation et de la qualité des établissements et services sociaux et médico-sociaux (Anesm) : ses missions ont été reprises aujourd'hui par la Haute Autorité de santé (HAS).

Caisse nationale de solidarité pour l'autonomie (CNSA) : la CNSA est un établissement public créé en 2004. Elle contribue aux politiques publiques en faveur des personnes âgées en perte d'autonomie et des personnes en situation de handicap. Ses missions comprennent un rôle d'expertise et de recherche sur les questions liées à l'accès à l'autonomie, quels que soient l'âge et l'origine du handicap. Depuis le 1er janvier 2021, elle est gestionnaire de la 5e branche.

Centre technique national d'étude et de recherche sur les handicaps et les inadaptations (CTNERHI) : créé en 1975, le Centre technique national d'études et de recherches sur les handicaps et les inadaptations avait pour mission de réaliser des études et des recherches afin d'éclairer le ministre des Affaires sociales, notamment sur les besoins des enfants et adultes handicapés ou inadaptés, les méthodes de prévention et d'observation en matière de handicap ou d'inadaptation, l'efficacité des politiques publiques. Il avait également un rôle de centre documentaire et d'éditeur. Ses activités ont été reprises par l'EHESP en 2011.

Centre régional d'études, d'actions et d'informations en faveur des personnes en situation de vulnérabilité (CREAI) : Les CREAI ont été conçus comme des outils techniques au service des responsables de l'élaboration et la mise en œuvre des politiques publiques en faveur des personnes vulnérables. Ils ont un ancrage territorial local.

Direction de la recherche, des études, de l'évaluation et des statistiques (Drees) : créée par décret en 1998, la Drees fait partie du service statistique public. Elle intervient en appui à la conception et à l'évaluation des politiques publiques.

École des hautes études en santé publique (EHESP) : l'École des hautes études en santé publique est un établissement public exerçant une double mission de formation et de recherche en santé publique et action sociale.

Fédération pour la recherche sur le handicap et l'autonomie (Fedrha) : La Fedrha a succédé à l'Institut fédératif de recherche sur le handicap (IFRH). Sa mission est d'animer et de structurer le champ de recherche sur le handicap, en rassemblant trois ensembles de disciplines : les sciences sociales et humaines, les sciences de l'ingénieur, les sciences de la santé.

Institut de la longévité, des vieillesses et du vieillissement (ILVV) : l'ILVV a pour mission de connaître et de faire connaître la recherche française en sciences humaines et sociales sur le vieillissement.

Institut de recherche en santé publique (IReSP) : l'IReSP est un groupement d'intérêt scientifique (GIS), qui compte aujourd'hui douze membres, réunis par la volonté de développer et promouvoir la recherche en santé publique. Son rôle est de structurer ce champ de recherche, *via* la gestion d'appels à projets, mais également *via* des actions d'animation autour de ces appels à projets.

Mission recherche (MiRe) : Au sein de la sous-direction des synthèses, des études économiques et de l'évaluation de la Drees, la Mission recherche (MiRe) lance et coordonne des programmes de recherche visant à produire des connaissances sur les politiques sanitaires et sociales, et à alimenter les réflexions et les décisions des administrations, des partenaires institutionnels ou des acteurs opérationnels.

Quelques dispositifs

Fondation internationale de la recherche appliquée sur le handicap (Firah) : créée en 2009, la Firah est dédiée au développement de la recherche appliquée sur le handicap en France.

Handéo : Handéo est un groupe de l'économie sociale et solidaire dirigé par et au service des personnes en situation de handicap, des personnes âgées en perte d'autonomie et des proches aidants. Son action a pour objectif de renforcer l'effectivité des droits des personnes, elle comprend une dimension recherche, notamment le développement de recherches-actions.

Pour aller plus loin

D'Arripe, A. Routier, C. Cobbaut, J.-P. Tremblay, M. Lenne L. (2015). Faire de la recherche « avec » les personnes déficientes intellectuelles : changement de paradigme ou utopie ? *Sciences et Actions Sociales*, 1, p. 73-91.

Desjeux, C. (2023). Au-delà des capacités. Réflexions autour de notes de terrain liées aux pratiques de vote en santé mentale. *Revue Alter*, n° 17, 29-44.

Métis, C. (2019). *Patience, prudence et petits pas, A la recherche du sens du travail social et médico-social. L'exemple des Maisons de la métropole du territoire de Vénissieux, Saint-Fons*. Métropole du Grand Lyon.

Winance, M. (2024). *Les approches sociales du handicap, une recherche politique*, Paris, Presses des Mines.

Bibliographie

Albrecht G. L., Ravaud J.-F. et Stiker H.-J. (2001). « L'émergence des *disability studies* : état des lieux et perspectives », *Sciences sociales et santé*, *19* (4), 43-71.

Barreyre J.-Y. (2014). *Éloge de l'insuffisance : Les configurations sociales de la vulnérabilité*. Paris, Érès.

Barreyre, J.-Y., Asencio, A.-M., Fiacre, P., et Peintre, C. (2013). *Recherche-action nationale. Les situations de handicap complexe. Besoins, attentes et modes d'accompagnement des personnes avec altération des capacités de décision et d'action dans les actes essentiels de la vie quotidienne.* Etude réalisée par le Cedias, Cedias-Creahi IDF.

Barreyre, J.-Y., Asencio, A.-M., et Peintre, C. (2011). *Les situations complexes de handicap. Des populations qu'on ne veut pas voir, pas entendre, pas comprendre ?*, Recherche documentaire réalisée par le Cedias, Cedias-Creahi IDF.

Bezes P., Chauvière M., Chevallier J., de Montricher N., et Ocqueteau, F. (2017). *L'État à l'épreuve des sciences sociales : La fonction recherche dans les administrations sous la Ve République*, Paris, La Découverte.

Boucher N. (2003). « Handicap, recherche et changement social. L'émergence du paradigme émancipatoire dans l'étude de l'exclusion sociale des personnes handicapées », *Lien social et politiques*, 50, p. 147-164.

Chamahian A., Caradec V. (2023). *La sociologie face à la maladie d'Alzheimer*, Villeneuve d'Ascq, Presses universitaires du Septentrion.

Coutant I. et Wang S., (2019). *Santé mentale et souffrance psychique*, Paris, CNRS Éditions.

Gardien È., et Jaeger M. (2018). *L'implication citoyenne dans la recherche*. Toulouse, Érès.

Hugon M.-A., et Seibel C. (1988). *Recherches impliquées, recherches action : le cas de l'éducation : synthèse des contributions et des débats du colloque*. Bruxelles, De Boeck.

Jaeger M. (2014). *Le travail social et la recherche*. Conférence de consensus, Paris, Dunod.

Jaeger M. (2020). *Guide du secteur social et médico-social* — 11e éd, Paris, Dunod.

Les chercheurs ignorants (2015). *Les recherches-actions collaboratives : une révolution de la connaissance*, Rennes, Presses de l'EHESP.

Martin C. (1986). *Les Recherches Actions sociales : Miroir aux alouettes ou stratégies de qualification*, Paris, La Documentation française.

Petiau A. (2021). *De la prise de parole à l'émancipation des usagers : recherches participatives en intervention sociale*, Rennes, Presses de l'EHESP.

Pitti L. (2006). « Une source pour l'histoire des problèmes sociaux. Présentation de l'indexation thématique et des auteurs de la RFT et de la RFAS ». *Revue française des affaires sociales*, 4, p. 15-19.

Resweber J. P. (1994). *La Recherche action*, Paris, PUF.

Sicot F. (2006). « La maladie mentale, quel objet pour la sociologie ? » *Déviance et société*, 30 (2), p. 203-232.

Weber F. (2017). « Politiques et sciences sociales de la vieillesse en France (1962-2016) : de la retraite à la dépendance ». *Genèses*, 106 (1), p. 115-130.

Winance M., et Ribrault C. (2023). « Les recherches participatives en santé », in J. Kivits, F. Balard, C. Fournier, et M. Winance (éd.). *Les recherches qualitatives en santé*, Paris, Armand Colin, p. 105-136.

Rapports cités

Laroque P. (1962). *Politique de la vieillesse. Rapport de la commission d'étude des problèmes de la vieillesse*, Paris, La documentation française.

Chapitre 21

Savoir expérientiel et pair-aidance

Ève Gardien

RÉSUMÉ

Le concept de savoir expérientiel est issu du champ de l'analyse des groupes de *self-help*. Il est aujourd'hui au cœur de changements majeurs ayant cours au sein du secteur social et médico-social. Adoptée par un décret de 2017, la nouvelle définition du travail social s'appuie sur cette idée. Ce chapitre présente le développement de ce concept et de ses variantes en lien avec les objectifs des acteurs y ayant contribué. Deux enjeux théoriques sont détaillés : 1) les savoirs produits depuis l'intérieur ou l'extérieur de l'expérience, 2) les savoirs communément partagés et les savoirs rares. Le chapitre discute également deux enjeux pratiques : 1) suffit-il de faire se rencontrer des acteurs détenteurs de types de savoirs différents pour qu'une prise en compte des savoirs expérientiels rares soit effective dans le collectif ? 2) L'expérience équivaut-elle au savoir expérientiel ?

Mots-clés : savoir expérientiel, expérience, savoir expérientiel rare, pair-aidant, expérience vécue, emic, etic.

En France, depuis la loi du 2 janvier 2002 rénovant l'action sociale et médico-sociale et celle du 4 mars 2002 relative aux droits des malades et à la qualité du système de santé, dite loi Kouchner, de nouveaux rôles et responsabilités ont été attribués aux usagers des services et établissements des secteurs sanitaire, social et médico-social. À un niveau individuel, chaque patient ou usager a le droit à une information complète sur son état de santé ou encore d'accéder à son dossier éducatif. Il est également positionné comme acteur de sa vie ou de son projet de soin. Au niveau collectif, les statuts de représentant des usagers (RU) ou encore de président des conseils à la vie sociale (CVS) ont été institués. De nombreuses instances de réflexion, consultation, décision et même stratégiques ont réservé des sièges à des usagers pour leur contribution : par exemple, les commissions des droits et de l'autonomie des personnes handicapées (CDAPH), les conférences régionales de la santé et de l'autonomie (CRSA) ou encore le Conseil national consultatif des personnes handicapées (CNCPH), etc.

Autour des années 2010, l'action publique a franchi un nouveau cap avec l'introduction des « pairs[1] » dans les politiques publiques. Il s'agit là d'un nouveau type d'acteur — usager ou non des services et établissements des secteurs social, médico-social et sanitaire — reconnu et légitimé au nom de ses savoirs expérientiels. Expérience des addictions, de la violence domestique, de la maladie chronique, des situations de handicap, expérience de la grande pauvreté, de la vie à la rue, etc., autant de situations vécues dont il est pensé qu'un savoir pertinent et utile peut en être issu. Ces savoirs expérientiels peuvent également être conçus comme des compétences pouvant parfois amener à un emploi salarié de « pair », et le plus souvent à un engagement bénévole.

L'expérience servant de terreau au savoir expérientiel se comprend ici comme le contenu toujours changeant de la conscience d'un phénomène par un individu. L'expérience entendue en ce sens n'est pas la mémoire, ni les fruits de la raison ou de la réflexivité. Cette acception se distingue de l'expérience comme expérimentation (méthode scientifique). Elle se distingue également de l'expérience en tant qu'acquisitions faites par l'individu *via* l'éprouvé d'un phénomène, enrichissant sa pensée et apportant un progrès (valuation positive).

Aujourd'hui en France, ces « pairs » sont identifiés sous une variété d'intitulés, parmi lesquels : « pair-aidant », « pairémulateur », « pair-intervenant », « travailleur pair », « médiateur santé pair ». Les savoirs expérientiels des « pairs » sont mobilisés pour remplir une diversité de fonctions et atteindre une multiplicité d'objectifs. Les savoirs expérientiels des proches-aidants sont également sollicités.

L'intervention par les pairs existe depuis longtemps, mais essentiellement sous un mode informel. Deux dispositifs en santé mentale ont contribué à faire connaître

1. Pair est ici mis entre guillemets pour signifier qu'il s'agit du vocabulaire utilisé par les acteurs de terrain, sans pour autant que des relations de pairité soient systématiquement impliquées.

et reconnaître les savoirs expérientiels et par là même à professionnaliser les « pairs » dès le début des années 2010 en France. En partie subventionnée par l'État, l'expérimentation nationale « Un chez-soi d'abord » (2012-2016) s'adressait aux personnes sans-abri vivant avec des « troubles psychiatriques sévères ». Deux pairs-aidants ont été recrutés et salariés dans chacune des quatre équipes pluri-professionnelles durant toute la durée du programme. En 2012-2013, le Centre collaborateur de l'Organisation mondiale de la santé pour la recherche et la formation en santé mentale (CCOMS) de Lille et ses partenaires ont mis en œuvre une première formation en alternance de « médiateurs de santé pairs » dans le cadre d'un diplôme universitaire (DU) de l'université Paris-VIII. Ces pairs avaient ensuite vocation à être recrutés par leur lieu de stage dans le secteur psychiatrique.

Le savoir expérientiel est un concept (Borkman, 1976) mais aussi une raison d'agir pour de nombreux acteurs contemporains, qu'ils soient politiques, institutionnels, professionnels, proches-aidants, personnes directement concernées, en faveur de la reconnaissance desdits savoirs et des compétences des pairs et de leurs proches. Sous l'impulsion du dispositif « Une réponse accompagnée pour tous » (RAPT)[1], l'intervention par les pairs est aujourd'hui en cours de déploiement dans le secteur médico-social sur l'ensemble du territoire national. Par leurs propres initiatives, plusieurs alliances d'organisations et de fédérations participent à ce mouvement de mobilisation du savoir expérientiel. Enfin, la définition du travail social a été modifiée par décret le 6 mai 2017. Ce texte mentionne explicitement les « savoirs issus de l'expérience des personnes bénéficiant d'un accompagnement social » sur lesquels doit s'appuyer le travail social. Comprendre ce concept est donc particulièrement important pour mieux appréhender des changements majeurs en cours dans le médico-social aujourd'hui.

1. RAPT : le rapport du conseiller d'État Denis Piveteau intitulé *« Zéro sans solution » : le devoir collectif de permettre des parcours de vie sans rupture, pour les personnes en situation de handicap et pour leurs proches* (2014), a eu des suites bien réelles en termes d'action publique. Après en avoir pris connaissance, l'État a décidé d'impulser une politique facilitant les réponses globales, adaptées aux situations et accompagnée dans le temps. La RAPT (2015) est issue de ces objectifs. Ce dispositif est constitué de quatre axes, dont le troisième est le déploiement des pratiques d'accompagnement et de soutien par les pairs sur l'ensemble du territoire national. La mise en œuvre s'effectue avec le soutien des MDPH et des ARS, par l'engagement des acteurs locaux.

DÉFINITION DU TRAVAIL SOCIAL DANS LE DÉCRET DU 6 MAI 2017

« *Art. D. 142-1-1.* — [...] le travail social regroupe un ensemble de pratiques professionnelles qui s'inscrit dans un champ pluridisciplinaire et interdisciplinaire. Il s'appuie sur des principes éthiques et déontologiques, sur des savoirs universitaires en sciences sociales et humaines, sur les savoirs pratiques et théoriques des professionnels du travail social et *les savoirs issus de l'expérience des personnes bénéficiant d'un accompagnement social*, celles-ci étant associées à la construction des réponses à leurs besoins. Il se fonde sur la relation entre le professionnel du travail social et la personne accompagnée, dans le respect de la dignité de cette dernière. [...] »

Décret n° 2017-877 du 6 mai 2017. (Nous soulignons.)

Ce chapitre propose tout d'abord de comprendre comment le concept de « savoir expérientiel » et ses variantes ont émergé puis se sont déployés, dans quels domaines disciplinaires, pour répondre à quels objectifs de connaissance ou pratiques. Ensuite, deux enjeux théoriques seront explicités : le premier porte sur la distinction entre savoirs produits depuis une perspective intérieure ou extérieure à l'expérience, le second sur le partage des savoirs et leur mise en commun. Enfin, la discussion s'intéressera à deux enjeux pratiques :

1. Suffit-il de faire se rencontrer des acteurs détenteurs de types de savoirs différents pour qu'une prise en compte des savoirs expérientiels rares[1] soit effective dans le collectif ?
2. L'expérience équivaut-elle au savoir expérientiel ?

LES CARRIÈRES DU CONCEPT DE SAVOIR EXPÉRIENTIEL

En 2007, Yves Lochard débutait un article par un constat : l'adjectif « expérientiel » n'apparaissait dans aucun dictionnaire de français, alors que son usage était déjà en vigueur dans la presse, les domaines du travail social, de la pédagogie, du marketing et du tourisme. Selon Lochard, le premier usage académique retrouvé de l'adjectif « expérientiel » figure dans la traduction en français de l'ouvrage *La Politique de l'expérience* de l'antipsychiatre Ronald Laing (1969, p. 38). Si c'est dans le champ de la psychiatrie et de sa critique que cet adjectif a commencé à tracer son sillon dans notre langue, c'est cependant dans les sciences de l'éducation, les sciences sociales de la santé et le self-help que cette

1. Rare est ici à comprendre non pas dans son acception statistique de faible fréquence d'apparition, mais au sens de présenter des aspects remarquables et peu communs.

idée sera progressivement élaborée. Après avoir présenté l'apport de ces trois domaines à l'idée de savoirs expérientiels, nous reviendrons sur la mobilisation de cette notion dans le champ médico-social.

▶ Le savoir expérientiel au prisme des sciences de l'éducation

La première carrière de cet adjectif s'est déployée dans les domaines de la pédagogie pour adultes et des sciences de l'éducation. Dans ce champ, on retrouve des traces de la promotion des savoirs expérientiels par une diversité d'acteurs dès la fin des années 1960 (Lochard, 2007), même si la terminologie « savoir expérientiel » n'est pas toujours mobilisée. Par exemple, l'économiste Henri Desroche a prôné une pédagogie par la recherche-action, permettant à l'apprenant de construire ses propres savoirs en fonction de son expérience, de son inscription sociale, de sa biographie et de ses centres d'intérêt. Cette vision d'Henri Desroche a pris forme plus tard dans le mouvement des collèges coopératifs (1990).

La question des savoirs expérientiels a été présentée sous divers intitulés dans le champ académique de l'époque : « savoirs implicites », « savoirs informels », « travail réel » opposé à « travail prescrit », « compétences », « savoirs d'expérience ». La terminologie « savoir expérientiel » n'a pas été systématiquement utilisée. Néanmoins, une convergence de points de vue a été bâtie sur la conviction partagée de la valeur et la légitimité des savoirs acquis en pratique, en dehors du système scolaire et de l'enseignement supérieur, autrement dit des savoirs acquis par l'expérience. Des appuis théoriques ont fondé ou ont été mobilisés pour étayer cette perspective, parmi lesquels des ouvrages reconnus comme : *Experience and Education* (en français *Expérience et éducation*) de John Dewey (1988 [1938]), *Liberté pour apprendre ?* de Carl Rogers (1972 [1969]), *Une société sans école* d'Ivan Illich (1971) ou encore *Theory and Practice : Increasing Professional Effectiveness* (Argyris et Schön, 1974). Le premier article académique en français mobilisant véritablement la terminologie de savoir expérientiel retrouvé par Lochard (2007) date de 1970. Cet auteur signale également un essor de la littérature scientifique en 1989 avec la publication de numéros de revues dédiés à la thématique des « savoirs expérientiels ».

Une alliance entre universitaires du champ de la formation pour adultes (sciences de l'éducation) et monde associatif a fait advenir un projet politique de reconnaissance des savoirs issus de l'expérience professionnelle. Celui-ci s'est concrétisé par les législations relatives à la validation des acquis de la pratique[1] (VAP, 1985), puis à la validation des acquis de l'expérience (VAE, 2002). Un projet pédagogique a également pris forme : la formation expérientielle des adultes (Courtois et Pineau (dir.), 1991 ; Maulini et Perrenoud, 2003). La reconnaissance de la légitimité et de la validité des savoirs issus de l'expérience a donc tout d'abord été conquise par un travail de promotion dans le champ des sciences de l'éducation et de la formation professionnelle continue. Elle traduit la mise en valeur des compétences professionnelles acquises par la pratique et/ou l'expérience. Elle prend appui sur des référentiels métiers préalablement établis et reconnus par les secteurs d'activité comme par l'État français. La reconnaissance est donc limitée à l'expérience des acquis découlant de l'exercice d'un métier.

▶ Les savoirs expérientiels selon les sciences humaines et sociales portant sur la santé

La mobilisation de la terminologie « savoir expérientiel » dans les sciences humaines et sociales s'intéressant aux questions de santé a débuté plus tardivement. La base de données biomédicale PubMed recense le premier article anglais mobilisant ce mot-clé en 1966. Au cours de la décennie suivante, seuls vingt-neuf articles sont catalogués. Ils participent essentiellement des sciences infirmières, des neurosciences et de l'*experiential learning*. Puis, le nombre d'articles ou documents dénombrés progresse plus rapidement : environ six cents écrits recensés entre 1990 et 2022, quasi exclusivement en langue anglaise.

En réalité, le débat en sciences humaines et sociales de la santé n'a pas tant porté sur les « savoirs expérientiels » que sur les *lived experiences* des individus et des groupes. Cette terminologie phénoménologique a été popularisée par Patricia Deegan (1988) et est devenue une catégorie très usitée dans le champ de la santé mentale et au-delà. Si sa traduction littérale signifie « expérience vécue », son usage courant renvoie cependant uniquement aux vécus des populations cibles des politiques publiques, comme c'est également généralement le cas pour la terminologie « savoir expérientiel » aujourd'hui en français.

Les perspectives académiques des *disability studies* et de la *medical sociology* ont largement contribué à ces échanges sur l'expérience, à partir d'une définition

1. Ce projet de reconnaissance politique a été conçu pour la reconnaissance de l'expérience professionnelle. La VAP fait tout d'abord référence à la pratique professionnelle et la VAE qui lui succède met en avant l'expérience professionnelle. C'est ainsi qu'historiquement les acteurs engagés et les politiques ont pensé, exprimé et stabilisé les catégories de leur souci de reconnaissance.

différente de l'expérience et en visant des objectifs divergents. En effet, les chercheurs des *disability studies* se sont intéressés aux expériences des individus au sens de leurs autobiographies, d'anecdotes vécues, de leurs points de vue collectés lors d'interviews ou dans des sources afférentes à des organisations de lutte citoyenne. Par exemple, dans l'ouvrage de Jane Campbell et Mike Oliver (1996), une part importante du matériau mobilisé pour l'analyse était constituée des comptes rendus des réunions du Conseil britannique des organisations des personnes en situations de handicap (BCODP) et des interviews de trente-trois leaders de ce mouvement social. Il ne s'agit donc pas d'appréhender l'expérience comme flux sans cesse renouvelé des pensées, émotions et ressentis corporels traversant la conscience des individus vivant des situations de handicap au quotidien.

De plus, ces matériaux recueillis ont été analysés dans la perspective de documenter et de mieux comprendre les processus sociaux alimentant et perpétuant le *disablism* (Hunt, 1966 ; Barnes, 1990). Leurs efforts ont été quasi exclusivement orientés vers une meilleure compréhension d'une forme d'oppression sociale. Ce faisant, ils ont écarté la possibilité d'une investigation de l'expérience même du corps ou du psychisme trop en écart de leurs objectifs, ou bien de l'exploration des savoirs expérientiels, ou encore celle des résistances ou des alternatives pouvant en découler. La focale des *disability studies* est la justice sociale et la lutte politique.

Les chercheurs de la *medical sociology*, quant à eux, ont davantage mis la lumière sur ce qu'ils ont intitulé : l'expérience de la maladie chronique ou du handicap (Strauss et Glaser, 1975 ; Bury, 1982). Cette perspective intellectuelle met au cœur de son analyse les différences corporelles et psychiques, comprises comme maladie ou handicap, et uniquement celles-ci. Autrement dit, l'objet de leurs études n'est pas le flux incessant des contenus de la conscience d'un individu mais se limite au matériau collecté dans le cadre d'observations de terrain, d'entretiens, etc. En outre, les raisonnements tenus sont globalement sous-tendus par une compréhension en termes d'écart à la norme, de déviance. Les nosographies médicales ne sont en effet pas discutées au regard des expériences vécues par les individus, mais elles servent de préalables aux recherches développées et les circonscrivent.

Ces analyses sont inscrites dans des perspectives disciplinaires et des objets académiques, telles la sociologie, les ethnométhodologies, le pragmatisme, les *disability researchs*, etc. Les fruits de ces analyses donnent à comprendre non pas l'expérience vécue mais les processus de socialisation primaire et secondaire, de pathologisation, de ségrégation, de labellisation, de stigmatisation. Les comportements des personnes labélisées « déviantes » et tentant de négocier leur *normalisation* identitaire, les conséquences de l'apparition de la maladie, du handicap ou encore des traitements sur leur vie, sont tout particulièrement examinés.

UN EXEMPLE DE SAVOIR EXPÉRIENTIEL

Pour aider à appréhender en quoi ces analyses des *disability studies* et de la *medical sociology* ne donnent pas à comprendre ce que sont les savoirs expérientiels, le lecteur trouvera ici quelques éléments du savoir expérientiel rare (voir plus loin l'encadré sur ce concept) d'une personne malvoyante, issu de ses expériences de sollicitations d'individus divers pour s'orienter et parvenir à bon port lorsque le cheminement vers le lieu escompté est inconnu. Ce savoir est orienté pragmatiquement vers la meilleure gestion de cette situation sensible :

- créer du lien avec l'individu aidant (même lorsque l'aide est tout à fait ponctuelle), s'intéresser à la personne, établir une relation réciproque où chacun donne quelque chose à l'autre ;
- ne pas submerger l'aidant de questions, les poser progressivement, s'adapter à son rythme ;
- toujours croiser les informations données par l'aidant avec une autre source (par exemple : un GPS) ;
- ne pas imposer un contact physique à l'aidant malgré son utilité pour le guidage, car ce contact rapproché peut être mal interprété par l'aidant et le mettre mal à l'aise.

Qu'il s'agisse des *disability studies* ou de la *medical sociology*, l'expérience étudiée ne correspond donc pas au flux incessant de contenus de la conscience des individus. Il s'agit plutôt de l'analyse d'objets prédéfinis et préconstruits intéressant les chercheurs de ces deux traditions intellectuelles : l'oppression sociale dans le premier cas, la maladie ou le handicap dans le second cas. Aussi, ce n'est pas l'expérience vécue, dans tout son empan et sa richesse, telle qu'appréhendée du point de vue de la personne directement concernée qui est examinée.

▶ Le savoir expérientiel : un concept issu de l'analyse des groupes *self-help*

Une troisième tradition scientifique concernant le savoir expérientiel a été initiée au début des années 1970 aux États-Unis. Cette tradition a pour origine l'étude des groupes et relations *self-help* (Smiles, 1897) ou *mutual aid* (Kropotkin,

1972). C'est dans ce cadre de recherche que Thomasina Borkman publie en 1976 dans une revue scientifique consacrée au travail social un article proposant un nouveau concept : le « savoir expérientiel ».

Selon cette auteure, le savoir expérientiel est un élément essentiel et constitutif des collectifs *self-help*, qui les distingue d'autres types de collectifs, comme les groupes à visée thérapeutique mis en place et animés sous le contrôle ou par des professionnels. Borkman en a donné la définition suivante : « Le savoir expérientiel est une vérité apprise par l'expérience personnelle d'un phénomène plutôt qu'une vérité acquise par le raisonnement discursif, l'observation ou la réflexion sur des informations fournies par d'autres[1] » (1976, p. 446).

Par l'usage du terme « vérité », Borkman souligne la force de la conviction éprouvée par les personnes concernant la validité de leurs apprentissages par expérience, et la puissance de leur croyance en l'autorité des savoirs obtenus de cette manière. Elle ajoute que les groupes *self-help* ou *mutual aid* contribuent souvent à asseoir la certitude de leurs membres. La création de la terminologie « savoir expérientiel » par Borkman met en lumière la portée de cette conviction, contrairement à l'expression « savoirs profanes » jusqu'alors en usage dans le champ des sciences humaines et sociales (Prior, 2003).

Borkman n'évoque jamais le savoir expérientiel dans un autre contexte que celui des groupes *self-help/mutual aid*. En outre, elle souligne que le savoir professionnel est d'un autre type que le savoir expérientiel : le premier est divisé en domaines de spécialisation, alors que le second est général et holistique. Le savoir professionnel est fondé sur l'accumulation systématique de connaissances sur le long terme alors que le savoir expérientiel vise l'action ici et maintenant et des résultats tangibles du point de vue de l'individu concerné.

Borkman distingue aussi l'expérience du savoir expérientiel. Elle caractérise ce dernier terme en tant que sagesse et savoir-faire, acquis par l'expérience d'un phénomène. Il ne s'agit pas de faits et de sentiments désorganisés auxquels l'individu n'aurait pas réfléchi. L'expérience, quant à elle, est unique, limitée et plus ou moins représentative de l'expérience d'autres individus rencontrant le même problème (1976).

Les publications scientifiques qui se développeront ensuite dans ce sillage s'intéresseront essentiellement à discerner les apports et les effets des pairs lorsqu'ils

---

1. Notre traduction. La version originale de cette définition est la suivante : « *Experiential knowledge is truth learned from personal experience with a phenomenon rather than truth acquired by discursive reasoning, observation, or reflection on information provided by others* » (Borkman, 1976, p. 446).

participent à des équipes professionnelles (Salzer et coll., 2010 ; Demailly, 2016) ou encore lorsqu'ils produisent leurs propres dispositifs de soutien et d'accompagnement (Bellamy, Schmutte et Davidson, 2017). Pour autant, le fonctionnement même de ces échanges d'expérience ou les conditions de la production de ses savoirs expérientiels rares ne sont pas élucidés.

▶ Et le médico-social dans tout cela ?

Ce tour d'horizon des carrières du concept de « savoir expérientiel » permet d'établir deux idées-forces concernant le champ médico-social. Premièrement, ce concept n'a pas été développé pour ce secteur, bien qu'aujourd'hui il y soit introduit. Les traditions intellectuelles issues des sciences de l'éducation, *disability studies* ou de la *medical sociology* ont mobilisé les expériences des personnes directement concernées dans le cadre d'enquêtes et d'analyses visant des objectifs pédagogiques, politiques ou encore de compréhension des parcours de soin ou des travaux effectués par les patients et leurs proches. La tradition intellectuelle issue de l'analyse des groupes de *self help* ou *mutual aid* s'est forgée en vis-à-vis du champ médico-social. Elle donne à comprendre une alternative au travail social (le *peer-to-peer,* en français le travail « par et pour » les pairs ou bien « de pair à pair[s] ») et ses possibilités en termes d'apports et d'effets. Le soutien par les pairs a donc d'abord été pensé en opposition au travail social ou à l'hôpital psychiatrique par des auteurs comme Borkman (1976), Katz et Bender (1976) ou bien Chamberlin (1978). Historiquement, c'est seulement à la fin des années 1980 que ces accompagnements et soutiens par les pairs seront progressivement introduits dans l'offre de service du travail social et des soins en santé mentale aux États-Unis.

Deuxième idée-force, l'essentiel des contributions des trois traditions intellectuelles s'intéressent aux expériences vécues par les personnes directement concernées non pour elles-mêmes mais pour des visées politiques, d'élucidation d'un objet scientifique (la maladie ou le handicap) ou encore d'évaluation de l'impact et de l'efficacité de l'usage des savoirs expérientiels. Autrement dit, les expériences et les savoirs en découlant sont peu investigués scientifiquement pour eux-mêmes. Ils n'ont pas ou peu été l'objet de recherches s'intéressant au point de vue *emic* : le point de vue depuis l'intérieur de l'expérience. Les expériences rares des individus (flux sans cesse renouvelé de pensées, émotions et ressentis corporels singuliers traversant la conscience individuelle) sont encore largement méconnues. Se pose alors la question de leur reconnaissance qui est aujourd'hui au cœur des débats dans le champ médico-social. Le leitmotiv « rien sur nous sans nous » rappelle si besoin le refus d'être objectivé — rien sur nous — sans la prise en compte concomitante du point de vue intérieur à l'expérience — sans nous.

De quelques enjeux inhérents aux savoirs expérientiels rares

Dans cette section nous allons traiter plusieurs enjeux inhérents aux savoirs expérientiels et à leur usage, notamment dans le champ médico-social. Tout d'abord, nous expliciterons une spécificité des savoirs expérientiels rares : leur production depuis le point de vue intérieur à l'expérience. Ensuite, nous opérerons une clarification entre savoir expérientiel et savoir expérientiel rare afin de mieux cerner l'objet de notre propos. Enfin, nous pourrons contribuer à deux débats en cours dans le champ médico-social :

1. Suffit-il de faire se rencontrer des acteurs détenteurs de savoirs expérientiels rares, de savoirs professionnels ou académiques pour qu'un usage des savoirs expérientiels rares soit effectif par le collectif ?
2. L'expérience équivaut-elle au savoir expérientiel ?

▶ Produire des savoirs depuis l'intérieur de l'expérience vécue

Prenons le temps d'approfondir cette distinction structurante des débats du champ médico-social : savoirs expérientiels (*emic*) et savoirs professionnels et/ou scientifiques (généralement mais pas uniquement *etic*). L'enjeu d'étudier et de comprendre ces savoirs d'un point de vue extérieur ou intérieur à l'expérience vécue est loin d'être anodin. Le long débat scientifique autour des concepts d'*emic* et d'*etic* en rend compte (voir encadré *Emic*).

Emic

Les deux concepts *emic* et *etic* ont été largement mobilisés et débattus en anthropologie ainsi que dans des disciplines connexes, tout particulièrement dans le champ anglo-saxon. Ces concepts rendent compte d'efforts d'élaboration de distinctions, à opérer ou non, et si oui de quelle manière, entre discours des enquêtés et discours savants. Ils contribuent à une discussion de la validité des uns et des autres. Ils apportent enfin et surtout la possibilité heuristique de différencier l'interprétation des données dans l'*emic* et l'interprétation sur l'*emic*.

Historiquement, c'est au linguiste et anthropologue structuraliste Kenneth L. Pike (1954) que revient la paternité de ces deux concepts. L'*emic* s'applique aux oppositions pertinentes et distinctions significatives du point de vue des sujets parlants. L'emic est donc relié à une inscription culturelle des sujets parlants, au point de vue des acteurs concernés. L'*etic* rend compte des observations et des mesures restituées par des outils ou par l'application de méthodes scientifiques. L'*etic* correspond ainsi à une observation externe distincte voire affranchie du point de vue des acteurs concernés. Les travaux de Pike ont mis en lumière l'importance de différencier l'analyse culturellement ancrée (*culturaly specific*) et l'analyse transculturelle (*cross-culturally valid*).

L'anthropologue nord-américain Marvin Harris (1968) a largement contribué à populariser ces deux concepts au sein du monde académique. Il est aussi à l'origine d'un vaste débat à leur sujet. En effet, il considère la démarche *emic* comme faiblement valide, voire pas du tout, pour comprendre les sociétés et les cultures. Il avance plusieurs raisons pour justifier de sa position, parmi lesquelles l'impossibilité de croire les personnes sur parole, ou encore la non-fiabilité, la non-prédictivité et une falsification inopérable de ce type de résultats. La position et l'argumentaire de Marvin Harris évolueront face à la polémique et avec le temps.

S'appuyant sur une longue analyse des usages de ces deux concepts, l'anthropologue Jean-Pierre Olivier De Sardan (1998) propose de renoncer à celui d'*etic* en raison de sa polysémie confondant discours savant et données de terrain. Il invite à utiliser « émique » pour signifier les représentations et le discours des enquêtés, autrement dit leur point de vue ou leur vision du monde, cela afin d'éviter des vocables tels qu'« indigène », « local », « populaire » qui sous-tendraient une valuation négative. Il affirme également que les interprétations *emic* et *etic* ont un statut cognitif différent et un même statut moral.

La distinction entre les savoirs issus d'un point de vue intérieur ou extérieur à l'expérience a été scientifiquement établie. Leur éloignement en matière de modalités de production et de statut cognitif n'empêche en rien leur égale valeur (De Sardan, 1998). Davantage, cet écart montre que ces deux types de savoirs ne sont pas équivalents, identiques ou interchangeables. Ils donnent à connaître différemment un même réel. Aussi, les savoirs professionnels, en partie fondés sur des apports scientifiques, ne peuvent prétendre à se suffire en matière de décision car précisément les conséquences de ces décisions ont des effets sur une expérience qui n'est pas la leur et qui leur échappe en grande partie. Une fois comprise cette distinction structurante, la valeur des savoirs expérientiels devient plus claire, leur utilité prend davantage sens. Il ne s'agit pas de mise en concurrence, d'emplois à bas coûts, etc., entre pairs rémunérés et professionnels, mais bien de considérer l'importance de ne pas objectiver les personnes accompagnées pour au contraire travailler avec elles sur la base de leurs savoirs expérientiels.

▶ Des savoirs expérientiels en commun ou rares

Prendre la mesure des savoirs expérientiels et s'attacher à en tenir compte, amène en pratique à buter sur un autre obstacle : leur difficile appréhension. En effet, les nombreux savoirs expérientiels intéressant le champ du médico-social renvoient à l'expérience de personnes vivant des situations spécifiques : troubles de santé mentale, maladie chronique, vie à la rue, addictions, grande précarité, situations de handicap. Cette liste n'est pas exhaustive.

Il ne s'agit pas du savoir expérientiel acquis par tout un chacun au cours de son développement et de sa socialisation par l'entremise d'une multitude de situations traversées, ou encore du savoir expérientiel des professionnels du secteur médico-social. Le savoir expérientiel entrevu et désigné ainsi est en réalité un *savoir expérientiel rare* (Gardien, 2020). Rare est ici à comprendre non pas dans son acception statistique de faible fréquence d'apparition, mais au sens de présenter des aspects remarquables et peu communs[1]. En effet, ces savoirs expérientiels rares, lorsqu'ils sont formellement donnés à connaître, font saillance par certains aspects inhabituels et hors du commun qui les constituent. Ils ne permettent pas aisément une mise en lien avec les expériences d'une vie ordinaire car ils ne sont pas banals, voire pour certains exceptionnels.

Savoir expérientiel et savoir expérientiel rare

Tout l'intérêt porté à un individu et à sa situation, toute la bienveillance qu'on peut lui témoigner, ne suffisent pas toujours à le comprendre : certaines expériences restent difficiles à appréhender. Ces expériences ont pour caractéristiques de ne pas pouvoir être mises en signification de manière pertinente et efficace du point de vue des individus directement concernés (Gardien, 2020). Les savoirs mis à disposition dans les milieux sociaux fréquentés — autrement dit les significations charriées par l'intersubjectivité (Schütz, 1962) — ne sont ni appropriés, ni judicieux pour comprendre ce qui est vécu.

Chaque individu apprend de ses expériences depuis sa naissance au moins. Tout petit, l'être humain cherche à mettre en sens son expérience, autrement dit à comprendre le monde, lui-même et les autres. Son expérience ne fait pas sens en elle-même et par elle-même. Aussi est-il possible d'affirmer qu'elle n'est pas donnée mais en grande

1. Troisième sens du terme « rare » donné par le Centre national de ressources textuelles et lexicales (https://www.cnrtl.fr/lexicographie/rare, consulté le 21 octobre 2023).

partie acquise. L'individu s'appuie pour ce faire sur les savoirs mis socialement à disposition par ses proches, d'autres enfants, les milieux sociaux fréquentés, les médias, les jeux, Internet, l'école, etc. Il apprend qu'il est un petit garçon capricieux car ses parents parlent ainsi de lui, qu'une voiture a besoin d'essence pour fonctionner suite à la panne de la semaine dernière, etc.

Or certaines expériences ne sont pas mises en sens par les générations précédentes ou encore par l'environnement social au sens large. Aussi les personnes concernées font-elles face à un manque de savoirs disponibles pour comprendre ce qu'elles vivent. L'intersubjectivité est alors tout à fait inadéquate.

Prenons un exemple : une personne ressent de violentes douleurs musculaires, d'une intensité telle qu'elle ne pourra pas dormir la nuit suivante (constat déjà effectué par cette personne). Si elle exprime à son entourage la violence de cette douleur extrême, il est probable qu'on lui propose de prendre du paracétamol. Quoi de plus logique ? On va peut-être aussi lui conseiller d'essayer d'utiliser une source de chaleur (telle une bouillotte) pour décontracter ses muscles, ou encore du froid pour neutraliser sa sensation. Cela peut effectivement sembler très pertinent d'un point de vue extérieur à l'expérience. Il est également possible qu'on lui propose de masser la zone douloureuse avec une crème antalgique, ou encore de consulter son médecin traitant. Autant de savoirs expérientiels communs participant de l'intersubjectivité relative aux situations de grandes douleurs communément mis à disposition dans notre société.

Pour certains individus, malheureusement, aucune de ces solutions ne sera efficace. Par contre, la diminution drastique sur une durée de plusieurs heures à plusieurs jours des stimulations auxquelles ils sont soumis, et tout particulièrement des stimulations liées aux relations sociales, se révèle d'une rare efficacité. L'investigation de leur expérience amène à comprendre qu'à partir d'un certain seuil de stimulation, qui sera différent pour chaque individu (notamment concernant les individus vivant avec des troubles du spectre autistique), l'anxiété en découlant provoque cette extrême douleur, cette extrême tension intérieure.

Ce savoir expérientiel rare est usuellement connu uniquement par ceux traversant ces expériences de douleur, quand ces individus ont réussi à appréhender les déclencheurs de cette expérience rare. Ce savoir expérientiel rare n'est pas ou peu partagé. Il ne participe pas de l'intersubjectivité. C'est la raison pour laquelle il n'est pas ordinairement proposé face à une expérience de douleur extrême.

▶ Participation des citoyens/usagers et usage de leurs savoirs expérientiels rares

À ses débuts, tout concept ou notion apparaissant dans un champ disciplinaire ou de pratiques nécessite quelques clarifications, lesquelles deviendront des évidences au fil des années. Il en est ainsi du concept de « savoir expérientiel rare ». Le savoir expérientiel rare est aujourd'hui progressivement reconnu pour son intérêt et sa pertinence. Aussi, est-il de bon ton ou peut-il sembler moral d'associer de façon systématique les détenteurs de savoirs expérientiels aux actions et décisions qui les concernent. Loin de nous l'envie de critiquer ce principe, bien au contraire. Cependant, de nombreux usages pensés et annoncés comme relevant des savoirs expérientiels n'en relèvent en fait pas.

Prenons un exemple. Les recherches participatives, facilitant la participation d'acteurs non formés à la recherche scientifique, sont aujourd'hui très en vogue. Dans ce cadre, il peut être pensé que la simple coprésence d'acteurs détenteurs de différents types de savoirs permet le dialogue des savoirs. Mais les recherches participatives mobilisent-elles réellement les savoirs expérientiels ? Pas obligatoirement. Solliciter des personnes directement concernées par l'objet de la recherche pour contribuer à l'enquête n'équivaut pas à la production ou la mobilisation de savoir expérientiel rare, mais à celle de matériaux d'enquête (selon les règles de l'art si les personnes sont correctement formées). En outre, recueillir des récits autobiographiques ne constitue pas systématiquement du savoir expérientiel rare car raconter et analyser sa trajectoire de vie avec l'aide d'un chercheur n'équivaut pas à expliciter son expérience. À l'inverse, élaborer des objectifs de recherche à partir des demandes ou des aspirations de personnes souhaitant résoudre des difficultés rencontrées dans leur vie quotidienne, c'est faire confiance à leurs expériences et savoirs rares pour orienter un objet scientifique. Aussi, ce n'est pas la démarche ou la méthode mobilisée, ni la coprésence d'acteurs détenteurs de différents types de savoirs mais bien l'usage effectif des savoirs expérientiels rares qui engage un dialogue des savoirs.

Tous les savoirs issus de recherches scientifiques auxquelles ont contribué des citoyens, telles les mobilisations des patients autour des maladies, l'épidémiologie populaire, etc., ne créent pas systématiquement du savoir expérientiel. La recherche peut ne pas porter sur l'expérience rare et par suite ne pas produire de savoirs la concernant. Les méthodes d'enquête mobilisées peuvent ne pas viser le recueil de données sur l'expérience rare (le matériau recueilli n'est pas l'expérience). Les méthodes d'analyse peuvent viser d'autres objectifs que de comprendre l'expérience rare. Néanmoins, quelques recherches scientifiques mobilisent et coproduisent aujourd'hui des savoirs expérientiels rares.

Plus largement, cet exemple nous permet de comprendre en quoi la seule présence d'acteurs cognitifs variés dans un projet n'implique pas un usage systématique de l'ensemble des types de savoirs rassemblés. Faut-il que les objectifs et la démarche de recherche le permettent. Ce premier repère posé, reste maintenant à préciser si les individus détenteurs d'expérience rares sont opérationnels sur la seule base de cette expérience, ou si des savoirs expérientiels doivent être requis.

▶ Expériences ou savoirs rares : des compétences à reconnaître ?

Dans le domaine des sciences de l'éducation et de la santé, de nombreux auteurs s'intéressant aux savoirs expérientiels (Gross et Gagneyre, 2017 ; Jouet, Flora et Las Vergnas, 2010) n'interrogent cependant pas le processus de leur production à partir de l'expérience. Ils ne distinguent pas l'expérience du savoir expérientiel. Pour eux, l'expérience désigne le savoir acquis par l'individu au cours de sa traversée de l'expérience. Cette position est également la plus courante dans le champ anglo-saxon où l'expression *lived experience* se réfère également à l'expérience comme à un savoir acquis (Deegan, 1988).

À l'inverse, d'autres auteurs mettent l'accent sur le travail d'élaboration des expériences nécessaire à l'émergence du savoir expérientiel. Par exemple, dans un article intitulé « Vivre n'est pas savoir », Godrie (2016) attire l'attention du lecteur sur le fait que le savoir expérientiel ne consiste pas en la « simple compilation de situations de vie passées ». Selon lui, le savoir expérientiel de personnes vivant avec des troubles de santé mentale est établi à partir des six dimensions de l'expérience de la maladie : la maladie elle-même, l'hospitalisation en psychiatrie et les traitements, les services communautaires, les expériences connexes, les conséquences sociales de la maladie et le parcours personnel de rétablissement. Demailly et Garnoussi (2015) nuancent cette position en notant que si au cœur même de l'expérience, une activité cognitive se déroule, celle-ci n'est cependant pas systématique. Ces deux universitaires rappellent qu'un individu peut être sidéré, voire traumatisé, par un évènement. Ce cas de figure exemplaire met clairement en lumière le fait que de toute expérience ne découle pas du savoir.

Gardien (2017) souligne également que toute expérience ne devient pas systématiquement du savoir expérientiel, mais aussi qu'à l'inverse, de nombreuses expériences contiennent du savoir expérientiel. En outre, quand un type d'expérience a été largement typifié réciproquement (Berger et Luckmann, 1966), le savoir expérientiel en découlant est à disposition des individus fréquentant les milieux sociaux le détenant. Ce savoir expérientiel peut être approprié et même devenir une routine cognitive imprégnant jusqu'aux perceptions. En ce sens, il y a peu d'expériences qui ne contiennent pas du savoir expérientiel collectif ou individuel.

Enfin, Hejoaka, Simon, Halloy et Arborio (2019) mettent en lumière l'importance des interactions entre expérience et savoirs expérientiels. Ils décrivent deux mouvements : l'un allant de l'expérience aux savoirs, et l'autre des savoirs à l'expérience. En effet, ils expliquent que l'expérience vécue, même non verbalisée, peut faire l'objet d'une reprise réflexive aboutissant à des repères et à du sens. Des études ont été menées dans lesquelles des patients diabétiques, épileptiques ou hémophiles ont discerné des signaux les informant d'une hypoglycémie, d'une crise d'épilepsie ou d'une hémarthrose imminentes (Petitmengin *et al.*, 2007 ; Crozet et d'Ivernois, 2010 ; Baeza *et al.*, 2014). *A contrario*, des savoirs issus de l'expérience de leurs pairs ont été éprouvés en situation par d'autres individus, ils ont été appropriés, couramment adaptés aux besoins propres et aux spécificités des individus, modifiés ou étendus à d'autres usages (May et Hayes, 2012).

Le recours aux pairs pour leurs savoirs expérientiels demande donc de discerner quelles expériences et quels savoirs pourraient être utiles selon l'usage qu'on veut en faire et la fonction à exercer. En effet, pour le soutien entre pairs, la capacité à décrire son expérience est utile alors que pour l'élaboration de politiques publiques la capacité à penser la situation et les intérêts collectifs d'une population plutôt qu'une seule expérience personnelle est indispensable. Ce raisonnement vaut pour chacune des fonctions endossées[1] aujourd'hui par des individus détenteurs de savoirs expérientiels rares.

Conclusion

Reconnaître les savoirs expérientiels rares, discerner l'importance de la prise en considération du point de vue intérieur à l'expérience (*emic*) est une avancée nécessaire. Mais elle reste insuffisante au regard des objectifs de l'action publique ou encore des attentes contenues dans le principe porté par tant d'associations d'usagers : « rien sur nous sans nous ». L'enjeu est aujourd'hui de véritablement mobiliser les savoirs expérientiels pour bénéficier de leurs

1. Actuellement, diverses expérimentations et pratiques se déploient sur le territoire français. Les savoirs expérientiels sont notamment employés pour le soutien et l'accompagnement entre pairs : pair-aidance, travail-pair, GEM, club-house, groupes de parole, etc., mais aussi professionnel pair au sein d'équipes pluri-professionnelles du secteur médico-social. Ils participent également à la prise de décision ou à l'orientation stratégique (CA, design de politiques publiques, etc.), à la formation et au recrutement de professionnels, au montage de plaidoyers, à la construction d'actions de sensibilisation, à la lutte pour la défense des droits, à l'évaluation d'offres de service, à l'audit d'établissements et de services, etc.

plus-values, et de quitter les procédures de participation « alibi » des personnes directement concernées.

De nouveaux débats émergent donc concernant le choix de démarches facilitant réellement la contribution ou bien le recrutement de détenteurs de savoirs expérientiels pertinents (au regard des objectifs de l'action collective), ou encore concernant les modalités de l'évaluation et de la reconnaissance de leurs compétences. Le sens donné à ces nouvelles fonctions et à ces possibles futurs métiers à travers ces débats pèsera fortement sur la reconnaissance sociale à venir.

REPÈRES INSTITUTIONNELS ET RÉGLEMENTAIRES

Loi n° 2002-2 du 2 janvier 2002 rénovant l'action sociale et médico-sociale.

Loi n° 2002-303 du 4 mars 2002 relative aux droits des malades et à la qualité du système de santé.

Décret n° 2017-877 du 6 mai 2017 relatif à la définition du travail social.

POUR ALLER PLUS LOIN

Alain Bonnami (2019). *Le pair-aidant : un nouvel acteur du travail social ?*, Montrouge, ESF Éditeur.

Ève Gardien (2020). « Pairjectivité : des savoirs expérientiels ni objectifs, ni subjectifs », *Éducation et socialisation — Les cahiers du CERFEE*, 57, [En ligne], septembre 2020.

BIBLIOGRAPHIE

Argyris C. et Schön D. (1974). *Theory and Practice : Increasing Professional Effectiveness*, San Francisco, CA, Jossey Bass Publishers.

Baeza C., Verheye J.-C., Crozet C., De Andrade V., Sannié T., Lambert T., d'Ivernois J.-F. (2014). « Perception des signes précoces d'hémarthrose : vers une sémiologie personnelle issue des patients hémophiles sentinelles », *Éducation thérapeutique du patient*, 6 (2), p. 1-10.

Barnes C. (1990). *Cabbage Syndrome : The Social Construction of Dependency*, Londres, Tavistock Publications.

Bellamy C., Schmutte T. et Davidson L. (2017). « An update on the growing evidence base for peer support », *Mental Health and Social Inclusion*, 21 (3), p. 161-167.

Berger, P., et Luckmann, T. (1966). *The social construction of reality. A Treatise on sociology of Knowledge*, Doubleday et Company.

Borkman T. (1976). « Experiential Knowledge : A New Concept for the Analysis of Self-Help Groups », *Social Service Review*, 50 (3), p. 445-456.

Bury M. (1982). « Chronic Illness as Biographical Disruption », *Sociology of Health and Illness*, 4 (2), p. 167-182.

Campbell J. et Oliver M. (1996). *Disability politics. Understanding our Past, Changing our Future*, Abingdon, Routledge.

Chamberlin J. (1978). *On Our Own : Patient-controlled alternatives to the mental health system*, New York, McGraw-Hill.

Courtois B. et Pineau G. (1991). *La formation expérientielle des adultes*, Paris, La Documentation française.

Crozet C. et d'Ivernois J.-F. (2010). « L'apprentissage de la perception des symptômes fins par des patients diabétiques : compétence utile pour la gestion de leur maladie », *Recherches et Éducations*, 3, p. 197-219.

Deegan P. E. (1988). « Recovery : The Lived Experience of Rehabilitation », *Psychosocial Rehabilitation Journal*, 11 (4), p. 11-19.

Demailly L. et Garnoussi N. (2015). « Le savoir-faire des médiateurs de santé pairs en santé mentale, entre expérience, technique et style », *Sciences et Actions Sociales*, 1 (1), p. 51-72.

Demailly L. (2016). Bilan qualitatif de l'expérimentation, in J.-L. Roelandt J.-L., B. Staedel (éd.). *L'Expérimentation des médiateurs de santé-pairs : une révolution intranquille*, Paris, Doin, p. 213-222.

Desroche H. (1990). *Entreprendre d'apprendre. Apprentissage 3, De l'autobiographie raisonnée aux projets d'une recherche-action*, Les Éditions ouvrières.

Dewey J. (1988 [1938]). « Experience and Education », in *The Later Works 1925-1953, vol. 13, 1925-1953 : 1938-1939*. Edité par A. Boydston. Carbondale, Southern Illinois University Press, p. 1-62.

Gardien E. (2017). *L'accompagnement et le soutien par les pairs*, Fontaine, Presses Universitaires de Grenoble.

Gardien E. (2020). « Pairjectivité : des savoirs expérientiels ni objectifs, ni subjectifs », *Education et socialisation. Les cahiers du CERFEE*, 57, [En ligne], septembre 2020.

Godrie B. (2016). « Vivre n'est pas (toujours) savoir — Richesse et complexité du savoir expérientiel », *Le Partenaire*, 24 (3), p. 35-38

Gross, O., et Gagnayre, R. (2017). « Caractéristiques des savoirs des patients et liens avec leurs pouvoirs d'action : implication pour la formation médicale », *Revue française de pédagogie. Recherches en éducation*, (201), p. 71-82.

Harris M. (1968). *The rise of Anthropological Theory : a history of theories of culture*, New York, Crowell.

Hejoaka F., Halloy A., Simon, E., et Arborio, S. (2019). Introduction : La fabrique des savoirs expérientiels : généalogie de la notion, jalons définitionnels et descriptions en situation, in Hejoaka, F., Halloy, A., Simon, E., et Arborio, S. (éd.), *Les savoirs expérientiels en santé — Fondements épistémologiques et enjeux identitaires*, Nancy, Presses universitaires de Nancy — Éditions Universitaires de Lorraine, p. 1-48.

Hunt P. (éd.) (1966). *Stigma : The experience of Disability*, Londres, Dublin, Melbourne, G. Chapman Publisher.

Illich Y. (1971). *Une société sans école*, Paris, Seuil.

Jouet E., Flora L. et Las Vergnas O. (2010). « Construction et reconnaissance des savoirs expérientiels des patients », in Jouet E. et Flora L. (dir.). La part du savoir des malades dans le système de santé [note de synthèse du numéro], *Revue Pratiques de formation-analyses*, 58-59, p. 13-77.

Katz A. et Bender E. (1976). « Self-Help Groups in the Westerrn Society : History and Prospects », *The journal of the applied behavioural science*, 12 (3), p. 265-282.

Kropotkin P. (1972). *Mutual aid : a factor of evolution*, New York : New York university Press.

Laing R.D. (1969). *La politique de l'expérience*, Paris, Stock.

Lochard Y., (2007). « L'avènement des « savoirs expérientiels », *Revue de l'IRES*, 55, p. 79-100.

Maulini O. et Perrenoud P. (2003). « Formation des enseignants : entre savoirs issus de la recherche et savoirs issus de l'expérience professionnelle, intégration ou déni mutuel ? », Université de Genève, Rencontres du Réseau Éducation-Formation, 18-19 septembre.

May R. et Hayes J. (2012). « Le Mouvement des Entendeurs de Voix : une approche émancipatrice du rétablissement », in Gardien È. (éd.). *Des innovations sociales par et pour les personnes en situation de handicap*, Toulouse, Érès, p. 195-214.

Smiles S. (1897). *Self-help, with illustrations of Conduct and Perseverance*. Londres. John Murray.

Petitmengin C., Navarro V., Le Van Quyen M. (2007). « Anticipating seizure : Pre-reflective experience at the center of neurophenomenology », *Consciousness and Cognition*, 16 (3), p. 746-764.

Pike K.L. (1954). « Language in relation to a unified theory of the structure of human behavior (3 parts) », preliminary ed., *Linguistics*.

Prior L. (2003). « Belief, Knowledge and Expertise : The Emergence of the lay Expert in Medical Sociology », *Sociology of Health et Illness*, 25, p. 41-57.

Rogers C. R. (1969 [2013]). *Liberté pour apprendre ?*, Paris, Dunod.

Salzer M.S. and coll. (2010). « A randomized Controlled Study pf Internet Peer-to-peer Interactions among Women Newly Diagnosed with Breast Cancer », *Psycho-onclogy*, 19, p. 441-446.

De Sardan, J. P. O. (1998). « Émique », *L'homme*, p. 151-166.

Schütz A. (1962). *Collected Papers*, La Hague, Martinus Nijhof.

Strauss A. et Glaser B. (1975). *Chronic Illness and the Quality of Life*, St Louis, MO : Mosby.

Rapports cités

Piveteau D. (2014). *« Zéro sans solution ». Le devoir collectif de permettre un parcours de vie sans rupture, pour les personnes en situation de handicap et pour leurs proches*. Rapport à la ministre des Affaires sociales et de la Santé et à la ministre déléguée en charge des Personnes handicapées et de la Lutte contre l'exclusion, Paris.

Chapitre 22

Savoirs expérientiels : de l'expérience singulière au collectif et au travail avec le secteur médico-social

Réaction de Lara Hermann

RÉSUMÉ

Dans ce chapitre, Lara Hermann, présidente de l'Association française du syndrome d'Angelman (AFSA) de 2016 à 2022 et aidante de son fils, revient sur les processus complexes de l'acquisition d'une expertise par les personnes dont les proches sont concernés par une situation de handicap ou de perte d'autonomie. Confrontée aux savoirs professionnels, cette expertise n'a pas toujours une grande légitimité. Mais l'autrice montre que les voies pour faire reconnaître et faire peser dans l'espace public les connaissances auxquelles permet d'accéder cette expertise sont nombreuses. En présentant trois projets participatifs que l'Afsa mène avec des équipes de recherche, l'autrice revient sur les apports de ces expériences au niveau personnel, associatif et collectif, tout en menant une réflexion sur l'expérience d'enchevêtrement de ses rôles de parent expert et de présidente d'association (experte).

Mots-clés : savoirs expérientiels, expertise, recherche, empowerment, associations, handicap, parents.

JE SUIS devenue, sans le savoir, usagère du secteur médico-social il y a environ vingt ans, quand le syndrome d'Angelman[1] a été diagnostiqué à mon fils aîné à l'âge de trois ans et demi. À l'époque, jeune mère d'un enfant « différent », je me suis totalement mise entre les mains des personnels médicaux et paramédicaux qui suivaient mon fils et qui « savaient », distillant, trop souvent, leurs connaissances de manière descendante, presque académique.

Assez vite j'ai ressenti le besoin de me confronter aux expériences d'autres parents pour appréhender dans l'échange avec mes pairs les succès et les échecs du quotidien avec nos enfants, les pièges à éviter, les bonnes pratiques. Le milieu associatif étant pour moi une réalité connue depuis mon adolescence, j'ai adhéré à l'Association française du syndrome d'Angelman (Afsa)[2] ; assez vite je m'y suis engagée comme bénévole et j'y milite toujours, vingt ans après, en exerçant ou ayant exercé des responsabilités diverses, tant au niveau régional que national.

Au cours de ces vingt ans auprès de mon fils et en militant aux côtés des bénévoles de l'Afsa, j'ai beaucoup appris et j'ai été transformée tant par les expériences vécues que par les personnes (professionnels ou proches aidants) que j'ai eu la chance de connaître ou de croiser. J'ai acquis un savoir expérientiel, empirique, certes, mais exploitable, efficace et transposable, dans certains cas, à d'autres personnes ou d'autres situations.

J'ai emprunté ce chemin sans m'en apercevoir, de manière simple et fluide en devenant, au fil du temps, experte de mon fils en premier lieu et principalement (comme tous les parents le sont de leur propre enfant), mais également dans d'autres domaines. Je citerai les deux points qui me tiennent le plus à cœur : la communication améliorée et alternative (CAA)[3] et, par son biais, l'autodétermination des personnes avec le syndrome d'Angelman en particulier, et au-delà celles des personnes avec besoins complexes en communication (BCC).

---

1. Le syndrome d'Angelman est une maladie génétique rare du spectre des TND (troubles du neurodéveloppement). Elle touche une naissance sur 15 000 à 20 000. Les personnes avec ce syndrome sont très peu autonomes même à l'âge adulte et nécessitent un suivi médical et paramédical complexe tout au long de leur vie.

2. Association française du syndrome d'Angelman (Afsa) : association d'intérêt général créée en 1982, agréée par le ministère de la Santé depuis 2016. Elle compte environ 400 familles adhérentes. http://www.angelman-afsa.org/.

3. Communication améliorée et alternative : stratégies, méthodes et outils qui complètent ou remplacent les modes naturels et habituels de communication lors qu'ils sont altérés ou absents à cause d'un handicap, d'un accident, d'une maladie, du vieillissement.

Les proches aidants étant tous des experts en puissance, comment profiter de cette immense matière (infinie, j'oserais même dire) disponible, mais non classée, non codifiée, dispersée, non académique et souvent non conscientisée ? L'explosion des réseaux sociaux nous a mis sous le nez cette réalité en faisant circuler beaucoup plus rapidement et à grande échelle le savoir de ces experts « non officiels » : vidéos, tutoriels, photos, etc., sont là pour en témoigner. Parallèlement, le monde du savoir académique s'est transformé en s'ouvrant, de plus en plus, à d'autres formes de savoirs, à d'autres types d'acteurs, comme les deux chapitres précédents de cet ouvrage l'expliquent. Les savants, les chercheurs, les experts « officiels » sortent de leurs laboratoires, de leurs universités et intègrent de plus en plus souvent à leurs travaux de recherche les experts « non officiels » du domaine concerné, avec leurs savoirs expérientiels.

La rencontre de ces deux mondes ouvre de nouveaux territoires d'exploration et d'expression ; des dialogues jusqu'alors peu probables ont lieu et cela est passionnant. Le monde du savoir académique et celui du savoir empirique se rejoignent et travaillent ensemble : ces deux manières d'être et de faire ne sont pas en opposition. Au contraire, l'une donne sa légitimité à l'autre : l'une apporte la méthode, la rigueur, l'investigation, l'objectivité, l'autre l'expérience de terrain, du vécu, du quotidien ; la première observe et analyse, la deuxième raconte et relate ; les deux se complètent mutuellement, se transforment et transforment le savoir.

De l'expertise à la participation à la recherche

« Grâce à » ou « à cause de » ma double implication dans le domaine du syndrome d'Angelman, en tant que parent expert[1] et militante associative, j'ai la chance de participer, depuis 2019, à trois projets de recherche participative et collaborative : Synapse, ParticipAACtion et Polyordinaires, avec une implication différente.

1. Si on transporte la définition de la HAS du patient expert, le parent expert serait un parent qui développe et acquiert au fil du temps une connaissance fine de la pathologie de son enfant et dispose d'une réelle expertise relative au quotidien. Il s'implique volontairement auprès d'autres personnes et familles atteintes de la même maladie, sans remplacer pour autant les professionnels experts (médicaux, paramédicaux, éducatifs...) qui accompagnent les malades dans le cadre de leur métier. Pour la définition du patient expert, voir (Haute Autorité de santé, foire aux questions, « Qu'est-ce un patient expert ? », https://www.has-sante.fr/jcms/p_3226776/fr/foire-aux-questions-faq-representants-d-usagers, consulté le 1er octobre 2023).

▶ Synapse : un projet pour améliorer la qualité de vie des personnes *via* l'évolution des pratiques professionnelles

Synapse[1] est un projet de recherche-action porté par l'Afsa et financé en partie par la CNSA (Caisse nationale de solidarité pour l'autonomie). Il est né de la volonté de la présidente d'honneur de l'association, Denise Laporte, d'optimiser l'accompagnement des personnes avec le syndrome d'Angelman au sein du milieu médico-social.

Nous avons mené deux types d'analyses : la première anthropologique, conduite par Sophie Arborio[2], a porté sur les représentations que les professionnels de terrain ont des personnes accompagnées ; la seconde, de nature ergonomique, s'est intéressée à leurs pratiques professionnelles. Les deux ont permis de concevoir un dispositif d'accompagnement des équipes sur un temps long (douze à dix-huit mois). Celui-ci, nommé également Synapse, est actuellement en expérimentation dans trois établissements médico-sociaux, avec le soutien financier du Fonds national pour la démocratie en santé de la Cnam (Caisse nationale de l'assurance maladie). Son effet espéré est d'améliorer la qualité de vie et l'autodétermination des personnes avec syndrome d'Angelman par l'évolution des conditions de travail des professionnels qui les accompagnent.

L'aspect original et innovant de ce dispositif de formation est le choix fait par les chercheuses Vanessa Rémery et Myriam Mewly[3] de partir de l'analyse de situations réelles (un repas, une activité, une promenade...) filmées par des aidants familiaux et professionnels dans leur milieu de vie[4]. Les experts de terrain ont ainsi fourni la matière brute aux chercheuses, qui ont analysé et décortiqué les « savoirs expérientiels » pour les transformer en « savoirs » tout court.

Le cabinet de conseil Alcimed intervient depuis le début en tant qu'AMO (assistant à maîtrise d'ouvrage) pour aider les bénévoles de l'Afsa à définir et piloter le projet, ainsi que pour garantir un espace de parole, d'échange et de réflexion aux différentes instances du projet.

Mon implication dans ce projet se situe à trois niveaux : en tant que mère et aidante, j'ai fourni des vidéos du quotidien de mon fils et j'ai participé à des

1. Synapse : syndrome d'Angelman professionnels ESMS.
2. Sophie Arborio, maître de conférences, anthropologue de la santé, CREM, université de Lorraine.
3. Vanessa Rémery, professeure en éducation et formation spécialisée, université du Québec à Montréal ; Myriam Mewly, analyste du travail et responsable de formation, Workstream, Genève.
4. Les limites adaptatives de ces personnes nécessitent de revoir les méthodes d'investigation en privilégiant celles qui permettent d'exprimer aux mieux leurs compétences.

entretiens d'autoconfrontation avec les chercheuses ; en tant que présidente de l'Afsa[1], j'ai encouragé et soutenu ce projet et j'ai contribué activement à la recherche de financements externes ; en tant qu'experte, j'assiste depuis le début à diverses instances décisionnaires et de suivi du projet, ainsi qu'à la formation des formatrices qui déploieront le dispositif.

Quant à l'Afsa, elle est à l'initiative du projet, elle en a cadré les lignes directrices, mais elle en est également le financeur, le budget de Synapse reposant en partie sur des fonds propres de l'association. Grâce au réseau existant autour de l'Afsa, l'association a pu appeler à participer au projet les familles de personnes avec le syndrome d'Angelman, les professionnels de terrain les accompagnant mais aussi les chercheurs dans ces domaines de recherche.

▶ ParticipAACtion : un partenariat entre l'Afsa et des chercheurs

ParticipAACtion est un projet de recherche collaborative sur la communication des personnes avec un handicap complexe[2]. Porté par Amélie Rochet-Capellan et Marion Dohen[3], ce projet est soutenu par l'Afsa et a reçu le soutien financier de la Fondation Maladies Rares.

En partant du constat de l'absence ou de la rareté d'études et articles scientifiques sur la communication de personnes en situation de handicap complexe, les chercheuses visent à créer un corpus audiovisuel des actes de communication de ces personnes dans leur quotidien, filmées par leurs proches.

L'objectif du projet est de[4] :

- répertorier les modalités et les compétences communicationnelles de personnes avec handicap complexe ;
- identifier les outils et les contextes favorisant leur communication ;
- valoriser les compétences de ces personnes ;
- contribuer à l'utilisation de la communication alternative et augmentée (CAA), encore aujourd'hui sous-utilisée en France auprès de ce public.

1. Entre 2016 et 2022.
2. Handicap complexe : ici situation de handicap associant des déficits perceptifs, moteurs et cognitifs. Sa définition légale, plus large est donnée à l'article D. 344-5-1 du Code de l'action sociale et des familles.
3. Amélie Rochet-Capellan, chargée de recherche au CNRS, Gipsa Lab, Université de Grenoble Alpes ; Marion Dohen, maître de conférences, Gipsa Lab, université de Grenoble Alpes.
4. Source : http://www.participaaction.interaaction.com/

L'approche participative et interdisciplinaire de ce projet implique l'existence de différentes instances, telles qu'un comité de réflexion et un comité d'experts de la CAA, ainsi que la participation de proches aidants et professionnels à la collecte et à l'analyse des vidéos. La participation au projet de Cyril Desjeux[1], expert de la recherche participative dans le domaine du handicap, garantit le respect de la démarche collaborative et de l'intégration de toutes les parties prenantes aux différentes phases du projet.

Mon implication dans ParticipAACtion se situe, comme pour Synapse, à trois niveaux : en tant que parent d'un jeune homme en situation de handicap complexe, j'ai fourni des vidéos de mon fils dans son quotidien et ai répondu à plusieurs questionnaires et évaluations de ses compétences communicationnelles ; dans mon rôle de présidente (au début de la recherche) de l'Afsa, j'ai tissé des liens étroits avec les chercheuses du Gipsa Lab en les sensibilisant à l'absence d'études scientifiques sur la communication dans le syndrome d'Angelman ; enfin en tant qu'experte, je participe à différentes instances du projet, tant au niveau de la réflexion sur la méthodologie que sur les aspects techniques de la CAA.

L'Afsa est impliquée dans ParticipAACtion en tant que partenaire associatif principal, mais aussi en tant que vecteur d'information sur le projet auprès de la « communauté Angelman » de France, facilitant notamment le recrutement d'aidants et experts. Enfin l'Afsa participe au financement de l'un des livrables de la recherche.

▶ Polyordinaires : s'impliquer en tant que parent et expert de son enfant

Le projet de recherche participative Polyordinaires vise à décrire les différentes dimensions de la vie quotidienne des familles dont l'un des membres est polyhandicapé.

Financé par la CNSA et l'IReSP (Institut pour la recherche en santé publique) et porté par Myriam Winance[2], ce projet peut compter sur la participation

1. Cyril Desjeux, sociologue, directeur scientifique d'Handéo.
2. Myriam Winance, chargée de recherche à l'Inserm, sociologue, CERMES3, université Paris-Cité.

d'une équipe de quatre sociologues[1], de Handéo[2], de l'Atelier des jours à venir[3], ainsi que de parents et de professionnels engagés dans la réflexion sur cette thématique. Dans un contexte de transformation de l'offre médico-sociale, Polyordinaires a l'objectif de[4] :

- faire connaître les multiples facettes de l'ordinaire des familles des personnes polyhandicapées ;
- mieux comprendre leur fonctionnement quotidien ;
- identifier leurs difficultés et les ressources sur lesquelles elles s'appuient pour accompagner la personne polyhandicapée tout au long de sa vie.

Contrairement aux deux projets précédents, l'Afsa n'est pas directement partie prenante de Polyordinaires. Je participe à ce projet comme aidante familiale de mon fils en situation de handicap complexe et comme parent expert. En tant qu'aidante familiale, j'ai produit des récits écrits sur le quotidien de notre famille et ai rencontré deux sociologues à plusieurs reprises, dans le cadre d'entretiens semi-directifs pour développer certains aspects des récits. En tant que parent expert, je participe aux réflexions sur le contenu et la méthodologie de cette recherche participative, lors de réunions rassemblant l'ensemble des personnes impliquées (chercheurs, professionnels experts, parents experts) et lors d'ateliers thématiques pour approfondir un ou plusieurs aspects émergeant au cours de la recherche. L'Atelier des jours à venir endosse le rôle de garant de la participation de toutes les parties prenantes au projet, afin que chacune puisse trouver son espace de libre expression.

1. Livia Velpry, Pierre Vidal-Naquet, Béatrice Deries, Béatrice Bonniau.

2. Handéo : association créée en 2007 au service des personnes en situation de handicap et en perte d'autonomie ; elle s'intéresse à leur pouvoir d'agir, à leurs besoins et attentes, à l'accès aux droits https://www.handeo.fr/.

3. Atelier des jours à venir : coopérative de recherche et d'enseignement qui œuvre pour établir des pratiques de recherche responsables https://www.joursavenir.org/.

4. Flyer du projet Polyordinaires.

LA PARTICIPATION À LA RECHERCHE, UNE RESSOURCE AU QUOTIDIEN

▶ Au niveau personnel : la recherche comme ressource pour le quotidien

L'implication dans ces projets passionnants a donné un sens différent à mon quotidien, qui peut se résumer en trois mots : légitimité, reconnaissance, satisfaction. Le fait de participer aux différentes réunions (comités, ateliers, entretiens, etc.) m'a tout simplement fait sortir de la routine de l'accompagnement de mon fils (du *care*) en me permettant de prendre de la hauteur. La charge physique et mentale n'a pas changé, mais la manière de les aborder, de les vivre au quotidien a, elle, évolué. Raconter le quotidien, analyser les difficultés de communication ou d'inclusion de son enfant, documenter les succès ou les bonnes pratiques mises en œuvre en famille ou en établissement... représentent autant d'occasions d'intellectualiser ce que l'on vit, trop souvent sans même y penser. En faisant un pas de côté, j'ai pu réaliser le chemin parcouru par mon fils, par l'ensemble de la famille, par moi en tant qu'individu : au fil du temps, sans m'en apercevoir, j'ai acquis de l'expérience dans certains domaines très spécifiques, ne concernant plus seulement le « faire », l'« agir », mais désormais aussi le « savoir ». Un « savoir » basé sur l'expérience du quotidien, de mon quotidien, mis en perspective avec le quotidien des familles que j'ai pu croiser au fil de mon implication associative.

Cette montée en compétence (*empowerment*) progressive, silencieuse, empirique des parents experts, des proches aidants, ne peut exister que si elle est « dite », affirmée, assumée dans un contexte officiel (une association, un groupe de parole, les réseaux sociaux, une communauté de pairs, un projet de recherche...), reconnue par des tiers (d'autres experts ou pairs), qui la rendent ainsi légitime.

Son savoir reconnu, sa parole rendue légitime, le « parent » devenu « parent expert » peut ainsi s'exprimer plus librement sur son expérience singulière, individuelle, unique et personnelle ou, dans certaines instances, à titre pluriel et collectif, en parlant en son nom et au nom du groupe, de la communauté qu'il représente.

▶ Au niveau de l'association : le savoir expérientiel collectif comme ressource pour la recherche

La parole et le positionnement de l'Afsa ont également été modifiés par l'engagement dans les projets mentionnés plus haut. Selon moi, l'association n'est plus seulement un lieu d'accueil et d'écoute des personnes et des familles touchées par le syndrome d'Angelman, mais elle est devenue progressivement un espace de conseil, d'échange d'expériences, de création de savoir collectif et expérientiel. En contact avec le monde académique, les savoirs de l'Afsa sont devenus légitimes et sa parole est maintenant valorisée, écoutée, au même titre que celle d'autres experts officiels.

Dans les deux cas, celui de l'individu singulier et de la voix collective, portée par exemple par une association, l'expérience reconnue, rendue légitime et sortie de son quotidien, crée un savoir pointu, précis, spécifique et unique, impossible à trouver ailleurs, impossible à « fabriquer » et donc extrêmement précieux à documenter, à tracer, non seulement pour le rendre « académique » mais aussi pour le faire exister et le transmettre (pour ne pas le voir disparaître).

Le besoin de « capitaliser » sur ces savoirs non officiels et éparpillés, car individuels, pousse, à mon avis, tous les acteurs à se retrouver autour de projets de recherche participatifs ou collaboratifs, dans un accord gagnant-gagnant. Les projets Synapse et ParticipAACtion illustrent ce propos : l'Afsa était dépositaire ou avait la connaissance d'expériences individuelles et singulières, impossibles à utiliser sans les collecter et les analyser avec une méthode scientifique et robuste. C'est ainsi que, dans le premier cas, l'association a su s'entourer de chercheurs capables d'aller collecter ces expériences en milieu écologique et de les mettre en valeur, les transformant en savoir expérientiel. Dans le second cas, l'Afsa a fortement motivé une équipe de chercheurs rattachée à un laboratoire universitaire spécialisé à s'intéresser à un sujet jusqu'alors non exploré par les savants.

Dans les deux cas, le but ultime est de faire exister aux yeux du public (experts, professionnels, grand public) une réalité méconnue, pour améliorer *in fine* la qualité de vie des personnes concernées par le syndrome d'Angelman.

▶ La place des associations dans la recherche

Dans les projets cités, l'association a agi comme catalyseur (et dans l'un des projets, également comme financeur) à côté des organismes promouvant la recherche au niveau national et « officiel ». Lorsque le sujet de recherche est très spécifique et ne concerne qu'une niche, telle qu'une maladie rare voire très rare, ou un besoin très spécifique, comme la communication alternative des personnes avec troubles du développement intellectuel et non oralisantes[1], l'étincelle, l'inspiration ne peut venir, selon moi, que du bas, du terrain, où les besoins sont vécus, parfois subis, et parfaitement posés et exprimés.

Dans un monde parfaitement dichotomique, le rôle des associations serait celui d'accompagner, accueillir, soutenir, écouter les malades et leur entourage, tandis que les instances officielles devraient les soigner (au sens du *care* et du *cure*), former ceux et celles qui les éduquent, qui les assistent, qui les accompagnent, tout en créant les conditions pour produire et faire circuler les savoirs.

Cette séparation n'existant pas de fait, les deux réalités associative et institutionnelle se côtoient, s'interpénètrent, se complètent en permanence.

Ainsi les associations interviennent pour exprimer des besoins spécifiques non couverts, pour participer à combler ce vide, en créant du savoir là où il n'existait pas, en officialisant et formalisant des savoirs pour faire face à des situations spécifiques, en osant prendre la parole publiquement, en rendant possible et accessible un savoir collectif éclaté, en capitalisant sur ces expériences et en les rendant transmissibles, en favorisant, donc, une certaine progression des savoirs, et une transférabilité dans des domaines proches.

QUELLE PLACE POUR LES SAVOIRS EXPÉRIENTIELS DANS LE SECTEUR MÉDICO-SOCIAL ?

Le monde académique a donc su se saisir des savoirs expérientiels. Le secteur médico-social s'inscrit-il lui aussi dans cette démarche ?

▶ Dans mon expérience personnelle

Comme je l'ai expliqué plus haut, il y a vingt ans, nouvellement arrivée dans un monde qui m'était totalement inconnu, de plus mère d'un jeune enfant, je ne pensais pas avoir la légitimité pour opposer ma parole, mon opinion, mon ressenti à ceux des professionnels du secteur médico-social, qui savaient forcément, en vertu de leur formation initiale, de leur longue expérience de terrain.

1. Non oralisant : qui n'a pas accès à la parole, mais peut s'exprimer par d'autres modes de communication codifiés ou non codifiés.

D'ailleurs rares étaient les professionnels qui nous interrogeaient, nous les parents, en dehors des anamnèses encyclopédiques, répétées dans chaque nouveau service dans lequel nous mettions les pieds[1].

Au fil du temps, à force d'avoir accumulé des observations, d'avoir croisé les regards et échangé des expériences avec d'autres parents, et d'avoir engrangé ce savoir expérientiel, j'ai osé prendre la parole, la confronter à celle des experts professionnels, avec des accueils assez différents selon les cas. Certains m'écoutaient avec un air de compassion (« Pauvre maman, laissons-la parler, elle en a besoin »), d'autres opposaient un ferme « Oui, mais... » à mes propos (« Oui, mais ce n'est pas tout à fait comme vous le dites ou vous le pensez », « Oui, mais c'est moi le pro, je connais mon métier », ou encore plus déstabilisant : « Oui, mais vous n'êtes que sa mère »), antichambre d'un moins poli « Non, Madame ». D'autres encore débitaient un nombre de théories assommantes et vagues sans en venir au concret, au quotidien, et notamment à celui de l'enfant assis sur la chaise d'en face.

Le fait de militer à l'Afsa a ajouté de la crédibilité à ma parole de mère, peut-être en vertu du postulat selon lequel le savoir collectif a une valeur plus importante que le savoir individuel ; cela devait sans doute rassurer mes interlocuteurs sur l'origine et la fiabilité de mes prises de parole. Je me suis toujours interrogée sur le sort des parents ne pouvant pas s'appuyer sur une association (association non existante, informations non disponibles, souhait de ne pas adhérer ou d'appartenir à un collectif).

▶ Un parti pris de l'Afsa : impliquer les professionnels

Forte du constat d'une asymétrie des savoirs et des pratiques entre les familles et les Établissements et services médico-sociaux (ESMS) dans l'accompagnement des personnes avec syndrome d'Angelman, l'Afsa a fait le choix d'associer des professionnels d'ESMS dès le début du projet Synapse. Ils interviennent en tant que source d'informations captées directement sur le terrain et en situation réelle, mais aussi en tant que ressource dans les phases de réflexion, concertation et expérimentation du dispositif de formation.

1. L'anamnèse permet au patient de retracer l'histoire de sa maladie pour que le soignant puisse avoir un cadre précis de sa situation. Cependant, est-ce vraiment nécessaire d'interroger les parents sur le déroulement de la grossesse à l'arrivée dans un établissement pour adultes, la personne en situation de handicap concernée ayant plus de 20 ans ?

En effet, l'Afsa est convaincue que l'amélioration de la qualité de vie des personnes accueillies dans les ESMS passe nécessairement par l'amélioration de la qualité du travail des professionnels des ESMS, par un changement de posture vis-à-vis des personnes qu'ils accompagnent et par une organisation différente du travail.

Les ESMS impliqués dans le projet Synapse ont déjà entamé cette transformation et sont prêts à aller plus loin. Il s'agit de construire, avec les familles et les personnes, un partenariat fort et porteur de sens pour toutes les parties prenantes, avec un échange constructif de regards, bannissant toute chasse gardée de la part des professionnels, devenant véritablement « inclusifs ».

CONCLUSION : LE SECTEUR MÉDICO-SOCIAL MIS EN MOUVEMENT PAR LES SAVOIRS EXPÉRIENTIELS ?

En attendant que cette transformation s'opère et fasse tache d'huile dans le secteur médico-social, nous constatons en général une plus grande prise en compte des savoirs expérientiels des familles, une ouverture plus importante aux nouveautés, y compris celles venues de l'étranger, et une remise en discussion des pratiques. Cela ne peut qu'être favorable à un accueil plus efficace et digne de la personne, favorisant son autonomie, son bien-être, son autodétermination.

Les acteurs du médico-social ont également pris conscience que la recherche peut éclairer et soutenir les pratiques professionnelles, peut permettre de mieux agir au quotidien et d'améliorer la qualité de vie tant pour les accompagnants que pour les personnes accompagnées.

La participation à la production et à la circulation du savoir est également un moyen, pour le secteur médico-social, de s'ouvrir vers l'extérieur pour mettre en exergue son expertise et attirer l'attention sur les besoins non couverts, sur les éclairages nécessaires, sur les difficultés du terrain.

Le secteur médico-social, en quête de connaissance et reconnaissance, semble avoir saisi l'importance de travailler main dans la main avec le monde de la recherche, les partenaires associatifs, les familles et les personnes concernées : ce croisement de savoirs d'origine différente participe à sa transformation, à son ouverture vers l'extérieur. Il peut devenir acteur de ce virage en y apportant son savoir-faire, en visant un accompagnement d'excellence, « sur mesure », y compris des situations plus complexes et singulières.

Liste des sigles

ACT : appartement de coordination thérapeutique.

ADMR : aide à domicile en milieu rural.

AEMO : action éducative en milieu ouvert.

AESH : accompagnant ou accompagnante des élèves en situation de handicap.

Affuts : Association française pour le développement de la recherche en travail social.

Afnor : Association française de normalisation.

Afsa : Association française du syndrome d'Angelman.

Aggir (grille Aggir) : autonomie, gérontologie groupe ISO Ressources.

AMO : assistant à maîtrise d'ouvrage.

Anaes : Agence nationale d'accréditation et d'évaluation en santé.

Anap : Agence nationale d'appui à la performance des établissements de santé et médico-sociaux.

Anesm : Agence nationale de l'évaluation et de la qualité des établissements et services sociaux et médico-sociaux.

ANR : Agence nationale de la recherche.

APA : allocation personnalisée d'autonomie.

APF : Association des paralysés de France, aujourd'hui APF France handicap.

ARH : agence régionale de l'hospitalisation.

ARS : agence régionale de santé.

AS : aide-soignante.

ASE : aide sociale à l'enfance.

ASH : agent de services hospitaliers.

ATC : Autorités de tarification et de contrôle.

BCC : besoins complexes en communication.

BCODP : British Council of Organisations of Disabled People (en français, Conseil britannique des organisations des personnes en situations de handicap).

BEP : brevet d'études professionnelles.

C360° **:** communauté 360°.

CAA : communication améliorée et alternative.

Caarud : centre d'accueil et d'accompagnement à la réduction des risques pour usagers de drogue.

Cada : centre d'accueil pour demandeurs d'asile.

Camsp : centre d'action médico-sociale précoce.

Carsic : cellule d'appui à la résolution de situations complexes.

Casf : Code de l'action sociale et des familles.

CCAS : centre communal d'action sociale.

Ccoms : centre collaborateur de l'Organisation mondiale de la santé.

CCN BAD : convention collective nationale de la branche de l'aide, de l'accompagnement, des soins et des services à domicile.

CCN ESP : convention collective nationale des entreprises de services à la personne.

CCN SPE : convention collective nationale des salariés du particulier employeur.

CD : conseil départemental.

CDAPH : commissions des droits et de l'autonomie des personnes handicapées.

CDD : contrat à durée déterminée.

Cedias : centre d'études, de documentation, d'information et d'action sociales.

Cerfi : centre d'études, de recherches et de formation institutionnelles.

Certs : centre européen de ressources pour la recherche en travail social.

Cesap : comité d'étude, d'éducation, et de soins auprès des personnes polyhandicapés.

Cesu : chèque emploi service universel.

CHRS : centre d'hébergement et de réinsertion sociale.

CIAS : centre intercommunal d'action sociale.

CIDPH : Convention internationale sur le droit des personnes handicapées (aussi appelée parfois CRDPH : Convention relative aux droits des personnes handicapées).

CIF : Classification internationale du fonctionnement, du handicap et de la santé.

CIH : Classification internationale des handicaps.

Clapeaha : comité de liaison et d'action des parents d'enfants et d'adultes atteints de handicaps associés.

CLIC : centres locaux d'information et de coordination.

CMPP : centre médico-psychopédagogique.

Cnam : Caisse nationale de l'assurance maladie.

Cnam : Conservatoire national des arts et métiers.

Cnamts : Caisse nationale de l'assurance maladie des travailleurs salariés.

CNAV : Caisse nationale d'assurance vieillesse.

CNCPH : Conseil national consultatif des personnes handicapées.

Cnesms : Conseil national de l'évaluation sociale et médico-sociale.

CNSA : Caisse nationale de solidarité pour l'autonomie.

CNRS : Centre national de la recherche scientifique.

CNRTL : Centre national de ressources textuelles et lexicales.

COFRAC : Comité français d'accréditation.

COG : convention d'objectifs et de gestion.

CPOM : contrats pluriannuels d'objectifs et de moyens.

CRA : centre de ressources pour personnes autistes.

CRSA : conférences régionales de la santé et de l'autonomie.

CRDPH : Convention relative aux droits des personnes handicapées (aussi appelée CIDPH pour Convention internationale sur le droit des personnes handicapées).

Creai : centre régional d'études, d'actions et d'informations.

Crisms : commission régionale des institutions sociales et médico-sociales.

Cross : comité régional de l'organisation sanitaire et sociale.

Crosms : comité régional d'organisation sociale et médico-sociale.

Csapa : centre de soins, d'accompagnement et de prévention en addictologie.

CSC : commissions des situations critiques.

CTNEAI : Centre technique national pour l'enfance et l'adolescence inadaptée.

CTNERHI : Centre technique national d'études et de recherches sur les handicaps et les inadaptations.

CVS : conseils de vie sociale.

DAC : dispositif d'appui à la coordination.

DAM : dispositif d'accompagnement médico-éducatif.

Dares : Direction de l'animation de la recherche, des études et des statistiques.

DDASS : direction départementale des affaires sanitaires et sociales.

DEAVS : diplôme d'État d'auxiliaire de vie sociale.

DEIS : diplôme d'État d'ingénierie sociale.

DGAS : Direction générale de l'action sociale.

DIH : dispositif intégré handicap.

DIPM : document individuel de protection des majeurs.

DRASS : direction régionale des affaires sanitaires et sociales.

Drees : direction de la recherche, des études, de l'évaluation et des statistiques.

DST : diplôme supérieur en travail social.

DU : diplôme universitaire.

EAM : établissement d'accueil médicalisé.

EHESP : École des hautes études en santé publique.

Ehpa : établissement d'hébergement pour personnes âgées.

Ehpad : établissement d'hébergement pour personnes âgées dépendantes.

ERHR : équipe relais handicaps rares.

ESA : équipe spécialisée Alzheimer.

Esat : établissement et service d'aide par le travail.

ESMS : établissements et services médico-sociaux.

Espo : établissement et service de pré-orientation.

ESRP : établissement et service de réadaptation professionnelle.

ESSMS : établissements et services sociaux et médico-sociaux.

ETP : équivalent temps plein.

Falc : facile à lire et à comprendre.

FAM : foyer d'accueil médicalisé (devenu EAM).

FDT : foyer à double tarification.

Fedrha : Fédération pour la recherche sur le handicap et l'autonomie.

Fegapei : Fédération nationale des associations gestionnaires au service des personnes handicapées et fragiles.

FESP : Fédération du service aux particuliers.

FGERI : Fédération des groupes d'études et de recherches institutionnelles.

FH : foyer d'hébergement.

Firah : Fondation internationale de la recherche appliquée sur le handicap.

FJT : foyer de jeunes travailleurs.

Fnath : Fédération nationale des associations des accidentés de la vie.

FNG : Fondation nationale de gérontologie.

Gali : *global activity limitation indicator* (en français, indicateur global de restriction d'activité).

GEM : groupement d'entraide mutuelle.

Geva : guide d'évaluation des besoins de compensation de la personne handicapée.

GIHP : groupement pour l'insertion des personnes handicapées physiques.

GIP MDPH : groupement d'intérêt public maison départementale des personnes handicapées.

GIR : groupe ISO Ressource.

GMP : GIR moyen pondéré.

GOS : groupes opérationnels de synthèse.

HAS : Haute Autorité de santé.

HCAAM : Haut Conseil pour l'avenir de l'assurance maladie.

HPST : Hôpital, patient, santé territoire.

IFRH : Institut fédératif de recherche sur le handicap.

Igas : Inspection générale des affaires sociales.

ILVV : Institut de la longévité, des vieillesses et du vieillissement.

IME : institut médico-éducatif.

Impro : institut médico-professionnel.

Inpes : Institut national de prévention et d'éducation pour la santé, devenu aujourd'hui Santé publique France.

Iresp : Institut pour la recherche en santé publique.

IRTS : instituts régionaux du travail social.

ISO : International Organization for Standardization (en français, Organisation internationale de normalisation).

ITEP : institut thérapeutique, éducatif et pédagogique.

Ladapt : l'association pour l'insertion sociale et professionnelle des personnes handicapées.

LFSS : loi de financement de la Sécurité sociale.

Lise : laboratoire interdisciplinaire de sociologie économique.

Lolf : loi organique relative aux lois de finances.

Maia : méthode d'action pour l'intégration des services d'aide et de soin dans le champ de l'autonomie.

MAS : maison d'accueil spécialisé.

MDA : maison de l'autonomie.

MDPH : maison départementale des personnes handicapées.

MECS : maison d'enfants à caractère social.

Mire : mission recherche expérimentation.

MJPM : mandataire judiciaire à la protection des majeurs.

MSSH : Maison des sciences sociales du handicap.

NHS : National Health Service (en français, Service national de santé).

OCDE : Organisation de coopération et de développement économiques.

Ocirp : Union d'organismes de prévoyance.

Odenore : Observatoire des non-recours aux droits et aux services.

OGD : objectif global de dépenses.

OIT : Organisation internationale du travail.

OMS : Organisation mondiale de la santé.

Ondam : Objectif national de dépenses d'assurance maladie.

Ondam PA : Objectif national de dépenses d'assurance maladie personnes âgées.

Ondam PH : Objectif national de dépenses d'assurance maladie personnes handicapées.

Onfrih : Observatoire national sur la formation, la recherche et l'innovation sur le handicap.

ONU : Organisation des Nations-Unies.

Opco : opérateur de compétences.

ORS : observatoire régional de santé.

Paerpa : parcours de santé des personnes âgées en risque de perte d'autonomie.

PAG : plan d'accompagnement global.

PASS : programme d'analyse de système de service.

PCH : prestation de compensation du handicap.

PCO : plateformes de coordination et d'orientation des troubles du neuro-développement.

PCPE : pôles de compétences et de prestations externalisées.

PJJ : protection judiciaire de la jeunesse.

PMP : pathos moyen pondéré.

PPC : plan personnalisé de compensation.

PSD : prestation spécifique de dépendance.

PTA : plateformes territoriales d'appui.

PTND : plateforme du trouble neurodéveloppemental.

Rapt : réponse accompagnée pour tous.

Ratp : Régie autonome des transports parisiens.

RBPP : Recommandation de bonnes pratiques professionnelles.

RCB : rationalisation des choix budgétaires.

Reiactis : réseau d'études international sur l'âge, la citoyenneté et l'intégration socio-économique.

RU : représentant des usagers.

Saad : services d'aide et d'accompagnement à domicile.

SAD : service d'aide à domicile.

Samsah : services d'accompagnement médico-social pour adultes handicapés.

SAVS : services d'accompagnement à la vie sociale.

Serafin-PH : services et établissements réforme pour une adéquation des financements aux parcours des personnes handicapées.

Sessad : services d'éducation spécialisée et de soins à domicile.

SFGG : Société française de gériatrie et gérontologie.

Sfap : Société française d'accompagnement et de soins palliatifs.

Shurp : Swiss Nursing Homes Human Ressources Project (en français Projet suisse pour les ressources humaines en maison de retraite).

SMIC : salaire minimum interprofessionnel de croissance.

Sofmer : Société française de médecine physique et de réadaptation.

Ssiad : services de soins infirmiers à domicile.

TND : troubles du neurodéveloppement.

ONU : Organisation des Nations-Unies

Ueros : unité d'évaluation, de réentraînement et d'orientation sociale et socioprofessionnelle pour personnes cérébralisées.

UMI : unité mobile d'intervention.

Unafam : Union nationale de familles et amis de personnes malades et/ou handicapées psychiques.

Unapei : Union nationale des associations de parents d'enfants inadaptés.

Urcam : union régionale des caisses de l'assurance maladie.

USLD : unités de soins de longue durée.

VAP : validation des acquis de la pratique.

VAE : validation des acquis de l'expérience.

VIH : virus de l'immunodéficience humaine.

86632 - (I) - OSB 70° - CPW - BTT

Achevé d'imprimer par
La Nouvelle Imprimerie Laballery
58500 Clamecy (Nièvre)
N° d'impression : 404128
Dépôt légal : mai 2024

Imprimé en France